Meet the Expert: Wissen aus erster Hand

Reihen-Herausgeberin
Birgit Spinath
Psychologisches Institut
Universität Heidelberg
Heidelberg
Deutschland

Die Reihe „Meet the Expert: Wissen aus erster Hand" widmet sich aktuellen, angewandten Themen aus Psychologie und angrenzenden Wissenschaften, die für eine breite Leserschaft von Interesse sind. Das Besondere der Reihe ist das Format, in dem das Wissen vermittelt wird. Es handelt sich um Interviews mit führenden Expertinnen und Experten, die Auskunft über den Stand der Erkenntnisse in ihrem Gebiet geben. Die Interviews sind sowohl als Text als auch als Video verfügbar. Auf diese Weise vermittelt die Reihe nicht nur Wissen über interessante Inhalte, sondern stellt auch die Wissenschaftlerinnen und Wissenschaftler vor, die sich mit diesen Themen befassen.

Die Reihe adressiert eine breite Leserschaft. Durch den Interview-Stil sind die Bücher angenehm zu lesen und daher auch als Freizeitlektüre geeignet. Die Bücher können auch als Grundlage für Lehrveranstaltungen in Schulen und Hochschulen dienen.

Bände in der Reihe „Meet the Expert":

Spinath (Hrsg.), Empirische Bildungsforschung – Aktuelle Themen der Bildungspraxis und aktuelle Bildungsforschung, ISBN 978-642-41697-2

Lenhard (Hrsg.), Psychische Störungen bei Jugendlichen – Ausgewählte Phänomene und Determinanten, ISBN 978-3-662-47349-8

Bajwa/König (Hrsg.), Karriereperspektiven in der Arbeits- und Organisationspsychologie, ISBN 978-3-662-54239-2

Dickhäuser/Spinath (Hrsg.), Berufsfelder der Pädagogischen Psychologie, ISBN 978-3-662-55410-4

Weitere Bände sind in Planung.

Mehr Informationen zu dieser Reihe auf http://www.springer.com/series/13499

Andrea Beinicke
Tanja Bipp
Hrsg.

Strategische Personalentwicklung

Psychologische, pädagogische und betriebswirtschaftliche Kernthemen

Herausgeberinnen
Andrea Beinicke
Arbeits-, Betriebs- und
Organisationspsychologie
Universität Würzburg
Würzburg
Deutschland

Tanja Bipp
Arbeits-, Betriebs- und
Organisationspsychologie
Universität Würzburg
Würzburg
Deutschland

Elektronisches Zusatzmaterial
Die Online-Version für das Buch enthält Zusatzmaterial, das berechtigten Benutzern zur Verfügung steht. Oder laden Sie sich zum Streamen der Videos die „Springer Multimedia App" aus dem iOS- oder Android-App-Store und scannen Sie die Abbildung, die den „Playbutton" enthält.

Meet the Expert: Wissen aus erster Hand
ISBN 978-3-662-55688-7   ISBN 978-3-662-55689-4 (eBook)
https://doi.org/10.1007/978-3-662-55689-4

Die Deutsche Nationalbibliothek verzeichnet diese Publikation in der Deutschen Nationalbibliografie; detaillierte bibliografische Daten sind im Internet über http://dnb.d-nb.de abrufbar.

© Springer-Verlag GmbH Deutschland, ein Teil von Springer Nature 2019
Das Werk einschließlich aller seiner Teile ist urheberrechtlich geschützt. Jede Verwertung, die nicht ausdrücklich vom Urheberrechtsgesetz zugelassen ist, bedarf der vorherigen Zustimmung des Verlags. Das gilt insbesondere für Vervielfältigungen, Bearbeitungen, Übersetzungen, Mikroverfilmungen und die Einspeicherung und Verarbeitung in elektronischen Systemen.
Die Wiedergabe von Gebrauchsnamen, Handelsnamen, Warenbezeichnungen usw. in diesem Werk berechtigt auch ohne besondere Kennzeichnung nicht zu der Annahme, dass solche Namen im Sinne der Warenzeichen- und Markenschutz-Gesetzgebung als frei zu betrachten wären und daher von jedermann benutzt werden dürften.
Der Verlag, die Autoren und die Herausgeber gehen davon aus, dass die Angaben und Informationen in diesem Werk zum Zeitpunkt der Veröffentlichung vollständig und korrekt sind. Weder der Verlag, noch die Autoren oder die Herausgeber übernehmen, ausdrücklich oder implizit, Gewähr für den Inhalt des Werkes, etwaige Fehler oder Äußerungen. Der Verlag bleibt im Hinblick auf geografische Zuordnungen und Gebietsbezeichnungen in veröffentlichten Karten und Institutionsadressen neutral.

Verantwortlich im Verlag: Marion Krämer
Einbandabbildung: © iceteastock / stock.adobe.com

Gedruckt auf säurefreiem und chlorfrei gebleichtem Papier

Springer ist ein Imprint der eingetragenen Gesellschaft Springer-Verlag GmbH, DE und ist ein Teil von Springer Nature.
Die Anschrift der Gesellschaft ist: Heidelberger Platz 3, 14197 Berlin, Germany

Inhaltsverzeichnis

I Personalentwicklung im Wandel der Zeit

1 Wie wirkt sich der demografische Wandel auf die betriebliche Weiterbildung aus? 3
Thomas Zwick, Andrea Beinicke und Tanja Bipp
1.1 Einleitung 4
1.2 Interview mit Prof. Dr. Thomas Zwick, Professor für Personal und Organisation an der Universität Würzburg 5
1.3 Fazit 18
Literatur 19

2 Altersdiversität in Teams – (K)ein Erfolgsfaktor? 21
Thomas Ellwart, Andrea Beinicke und Tanja Bipp
2.1 Einleitung 22
2.2 Interview mit Prof. Dr. Thomas Ellwart, Professor für Wirtschaftspsychologie an der Universität Trier 23
2.3 Fazit 40
Literatur 40

3 Welche Bedeutung hat die berufliche Anpassungsfähigkeit in Zeiten des Wandels? 43
Ute-Christine Klehe, Andrea Beinicke und Tanja Bipp
3.1 Einleitung 44
3.2 Interview mit Prof. Ute-Christine Klehe (PhD), Professorin für Arbeits- und Organisationspsychologie an der Universität Gießen 45
3.3 Fazit 63
Literatur 63

II Weiterbildungssettings und Weiterbildungserfolge

4 Wie unterscheidet sich Lernen von Erwachsenen in verschiedenen europäischen Ländern? 69
Regina Egetenmeyer, Andrea Beinicke und Tanja Bipp
4.1 Einleitung 70
4.2 Interview mit Prof. Dr. Regina Egetenmeyer, Professorin für Erwachsenenbildung/Weiterbildung an der Universität Würzburg 71
4.3 Fazit 97
Literatur 97

5 Warum taugt Social Video Learning für eine Neuausrichtung bei Blended Learning und Wissenskooperation? 99
Frank Vohle, Andrea Beinicke und Tanja Bipp
5.1 Einleitung 100

5.2	Interview mit Dr. Frank Vohle, Geschäftsführer und Gründer der Ghostthinker GmbH in Hamburg	101
5.3	Fazit	122
	Literatur	122

6 Welche Determinanten und Verhaltensweisen führen zu effektiver Führung? ... 125
Jens Rowold, Andrea Beinicke und Tanja Bipp

6.1	Einleitung	126
6.2	Interview mit Prof. Dr. Jens Rowold, Professor für Personalentwicklung und Veränderungsmanagement an der Technischen Universität Dortmund	127
6.3	Fazit	141
	Literatur	142

7 Trainingsevaluation – Wie stellt man den Trainingserfolg sicher? ... 145
Simone Kauffeld, Andrea Beinicke und Tanja Bipp

7.1	Einleitung	146
7.2	Interview mit Prof. Dr. Simone Kauffeld, Professorin für Arbeits-, Organisations- und Sozialpsychologie an der Technischen Universität Braunschweig	147
7.3	Fazit	161
	Literatur	161

III Coaching und Mentoring

8 Wie wirksam ist Coaching? ... 165
Heidi Möller, Andrea Beinicke und Tanja Bipp

8.1	Einleitung	166
8.2	Interview mit Prof. Dr. Heidi Möller, Professorin für Theorie und Methodik der Beratung an der Universität Kassel	167
8.3	Fazit	186
	Literatur	187

9 Kann Coaching negative Auswirkungen haben? ... 189
Carsten C. Schermuly, Andrea Beinicke und Tanja Bipp

9.1	Einleitung	190
9.2	Interview mit Prof. Dr. Carsten C. Schermuly, Professor für Wirtschaftspsychologie an der SRH Hochschule Berlin	191
9.3	Fazit	204
	Literatur	205

10 Wie erfolgreich ist Mentoring? ... 207
Dagmar Höppel, Andrea Beinicke und Tanja Bipp

10.1	Einleitung	208
10.2	Interview mit Dr. Dagmar Höppel, Leiterin der Landeskonferenz der Gleichstellungsbeauftragten an den wissenschaftlichen Hochschulen Baden-Württembergs (LaKoG) an der Universität Stuttgart	209
10.3	Fazit	228
	Literatur	229

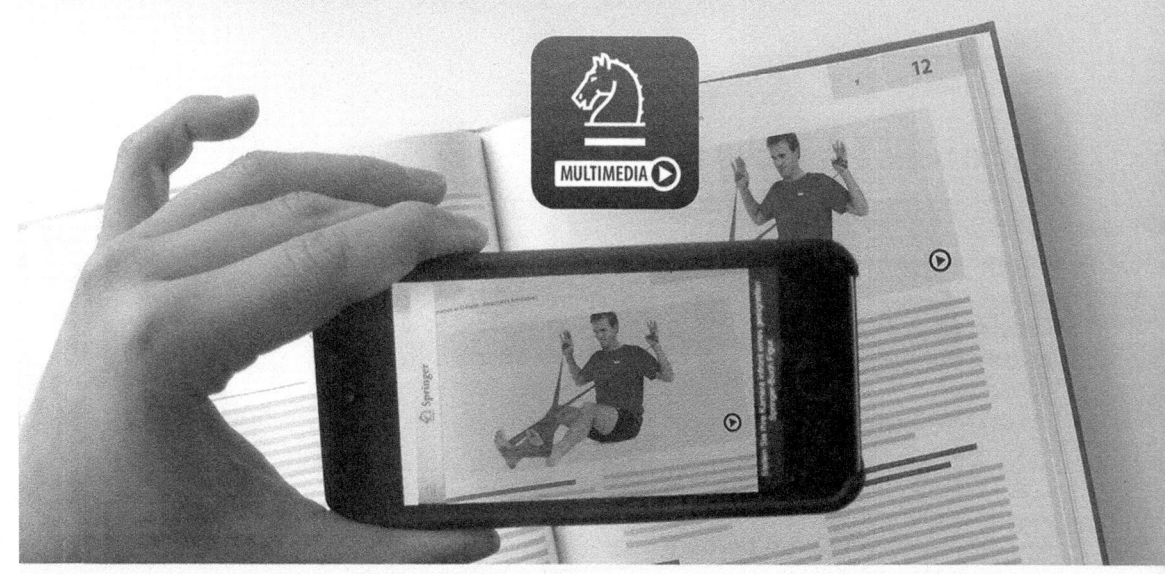

Die Springer Multimedia App

Videos und mehr mit einem „Klick"
kostenlos auf's Smartphone und Tablet

- Zu diesem Buch gibt es Zusatzmaterial online, das Sie mit der Springer Multimedia App erleben können.*

- Achten Sie dafür im Buch auf Abbildungen, die mit dem Play Button ⓘ markiert sind.

- Springer Multimedia App aus einem der App Stores (Apple oder Google) laden und öffnen.

- Smartphone auf die Abbildungen mit dem Play Button ⓘ halten und los geht's

Kostenlos zum Download!

* Hinweis: Bei den über die App angebotenen Zusatzmaterialien handelt es sich um digitales Anschauungsmaterial und sonstige Informationen, die die Inhalte dieses Buches ergänzen. Zum Zeitpunkt der Veröffentlichung des Buches waren sämtliche Zusatzmaterialien über die App abrufbar. Da die Zusatzmaterialien jedoch nicht ausschließlich über verlagseigene Server bereitgestellt werden, sondern zum Teil auch Verweise auf von Dritten bereitgestellte Inhalte aufgenommen wurden, kann nicht ausgeschlossen werden, dass einzelne Zusatzmaterialien zu einem späteren Zeitpunkt nicht mehr oder nicht mehr
in der ursprünglichen Form abrufbar sind.

Autorenverzeichnis

Dr. Andrea Beinicke
Julius-Maximilians-Universität Würzburg
Röntgenring 10
97070 Würzburg
Deutschland
E-mail: andrea.beinicke@uni-wuerzburg.de

Prof. Dr. Tanja Bipp
Julius-Maximilians-Universität Würzburg
Röntgenring 10
97070 Würzburg
Deutschland
E-mail: tanja.bipp@uni-wuerzburg.de

Prof. Dr. Regina Egetenmeyer
Julius-Maximilians-Universität Würzburg
Oswald-Külpe-Weg 82
97074 Würzburg
Deutschland
E-mail: regina.egetenmeyer@uni-wuerzburg.de

Prof. Dr. Thomas Ellwart
Universität Trier
Universitätsring 15
54296 Trier
Deutschland
E-mail: ellwart@uni-trier.de

Dr. Dagmar Höppel
Universität Stuttgart
Kronenstraße 36
70174 Stuttgart
Deutschland
E-mail: hoeppel@lakog.uni-stuttgart.de

Prof. Dr. Simone Kauffeld
TU Braunschweig
Spielmannstraße 19
38106 Braunschweig
Deutschland
E-mail: s.kauffeld@tu-braunschweig.de

Prof. Ute-Christine Klehe (PhD)
Justus-Liebig-Universität Gießen
Otto-Behaghel-Straße 10f
35394 Gießen
Deutschland
E-mail: ute-christine.klehe@psychol.uni-giessen.de

Prof. Dr. Heidi Möller
Universität Kassel
Holländische Straße 36-38
34127 Kassel
Deutschland
E-mail: heidi.moeller@uni-kassel.de

Prof. Dr. Jens Rowold
TU Dortmund
Hohe Straße 141
44139 Dortmund
Deutschland
E-mail: jens.rowold@tu-dortmund.de

Prof. Dr. Carsten C. Schermuly
SRH Hochschule Berlin
Ernst-Reuter-Platz 10
10587 Berlin
Deutschland
E-mail: carsten.schermuly@srh-hochschule-berlin.de

Dr. Frank Vohle
Ghostthinker GmbH
Burbekstraße 37b
22523 Hamburg
Deutschland
E-mail: vohle@ghostthinker.de

Prof. Dr. Thomas Zwick
Julius-Maximilians-Universität Würzburg
Sanderring 2
97070 Würzburg
Deutschland
E-mail: thomas.zwick@uni-wuerzburg.de

Einleitung

Lohnen sich Investitionen in Weiterbildung von Mitarbeitenden? Wie nützlich sind Coaching oder Mentoring? Wie können Führungskräfte und Unternehmen in Zeiten von gesellschaftlichen und technologischen Veränderungen das lebenslange Lernen von Mitarbeitenden unterstützen? Die aktuellen Herausforderungen, denen Unternehmen gegenüberstehen, beispielsweise im Rahmen der zunehmenden Digitalisierung der Arbeit, Globalisierung, ökonomischer Krisen oder gesellschaftlicher Veränderungen, stellen hohe Anforderungen an die beruflichen Kompetenzen von Mitarbeitenden. Dabei erscheint es für den nachhaltigen Personaleinsatz von zentraler Bedeutung, dass Unternehmen durch die Weiterentwicklung notwendiger Kompetenzen sicherstellen, dass Mitarbeitende heute, aber auch in Zukunft ihre Arbeit motiviert und gesund ausführen können. Damit ist das Thema „Berufliche Weiterbildung" nicht nur für den einzelnen Mitarbeitenden selbst von Bedeutung, sondern nimmt auch für Führungskräfte und Unternehmen heutzutage einen zentralen Stellenwert ein. Auch auf politischer Ebene ist die Relevanz dieses Thema angekommen. So führt die EU in ihrem aktuellen Arbeitsprogramm als eines der strategischen Ziele die Verwirklichung von effektiven Strategien für das lebenslange Lernen.

In diesem Buch geben Expertinnen und Experten Antworten auf aktuelle und für die Praxis zentrale Fragen rund um das Thema der beruflichen Weiterbildung in der heutigen Arbeitswelt. Das Buch beleuchtet dabei drei thematische Schwerpunkte:

1. *Personalentwicklung im Wandel der Zeit:* Im Streben nach Effizienz und langfristigen Erfolgen in der Personalentwicklung gewinnen insbesondere Themen zur Personalentwicklung im Wandel der Zeit an Bedeutung. Eine Herausforderung stellt die zunehmende Altersdiversität in Arbeitsgruppen und Organisationen durch den demografischen Wandel dar. Ältere, aber auch jüngere Beschäftigte haben im Rahmen betrieblicher Weiterbildung die Möglichkeit, sich fachlich weiter zu qualifizieren, um in Zeiten des Wandels beruflich anpassungsfähig zu bleiben. Insbesondere stellen sich hierzu die Fragen: Wie genau wirkt sich die alternde Arbeitsgesellschaft auf die betriebliche Weiterbildung aus? Ist Altersdiversität in Teams – (k)ein Erfolgskonzept? Und welche Bedeutung hat die berufliche Anpassungsfähigkeit in Zeiten des Wandels?
2. *Weiterbildungssettings und Weiterbildungserfolge:* Aus Sicht von Personalentwicklern ist es wichtig, klassische Weiterbildungsangebote, wie beispielsweise Präsenztrainings, durch neue Lernformate an die Veränderungen in der Arbeitswelt anzupassen und den Erfolg solcher Maßnahmen messbar zu machen. Lebenslanges Lernen, vor allem die kontinuierliche Erweiterung des eigenen Wissens durch betriebliche Weiterbildung, soll sich sowohl für die Beschäftigten selbst als auch für Organisationen auszahlen. Doch wie unterscheidet sich das Lernen von Erwachsenen in verschiedenen europäischen Ländern? Wie können Aspekte des *Social Video Learning* für eine Neuausrichtung bei der Kombination von Präsenz- und netzbasiertem Lernen und Wissenskooperation sorgen? Wie können Führungskräfte ihre Mitarbeitenden dazu befähigen, notwendige Kompetenzen für das heutige und zukünftige Arbeitsleben zu entwickeln? Wie stellt man den Erfolg von Trainingsmaßnahmen im Arbeitsalltag sicher?

3. *Coaching und Mentoring:* Expertinnen und Experten geben auch Einblicke in den Stand der Forschung rund um das Thema „Coaching und Mentoring". Dabei wird Coaching nicht nur in seinem Nutzen, sondern auch bezüglich negativer Effekte für die Beteiligten unter die Lupe genommen. Dieses Buch hat dabei das Ziel, diese zentralen Fragen der strategischen Personalentwicklung wissenschaftlich fundiert zu beleuchten und ihre Relevanz für die Praxis verständlich darzustellen.

Der Aufbau des Buches folgt dem innovativen Ansatz der Buchreihe „Meet the Expert: Wissen aus erster Hand". Das Buch besteht aus drei Teilen, den oben genannten Themenbereichen, und umfasst insgesamt zehn Kapitel. In den einzelnen Bereichen werden praxisbezogene relevante Fragen zur Thematik der beruflichen Weiterbildung in der heutigen Arbeitswelt von führenden Expertinnen und Experten aus der Psychologie, Erwachsenenbildung und Betriebswirtschaftslehre im Interviewstil beantwortet.

Jedes Kapitel ist als aktuelle Kernfrage formuliert und beinhaltet ein Interview, das eingebettet ist in eine vorangestellte Einleitung und ein abschließendes Fazit. Die Einleitung zeigt die Bedeutung und Aktualität des jeweiligen Kernthemas auf und stellt die jeweilige Expertin beziehungsweise den jeweiligen Experten kurz vor. Das Fazit fasst das Interview zusammen und gibt einen kurzen Ausblick in die Zukunft. Die Inhalte der Interviews werden durch Abbildungen und Tabellen veranschaulicht und durch Verlinkungen sinnvoll mit den anderen Kernthemen verknüpft. Themenspezifische, relevante Literaturangaben runden jede Kernfrage am Ende jedes Kapitels ab und sollen zur weiteren Vertiefung einladen.

Die Expertinnen und Experten zeichnen sich durch ihr Fachwissen und ihre Forschungsaktivitäten in dem jeweiligen Kernthema aus. Dadurch gewinnen Sie exklusive Einblicke in aktuelle Forschungsergebnisse und deren Bedeutung für die Praxis. Für jedes Kernthema wird zusätzlich zum abgedruckten Interview im Buch eine kostenfreie Multimedia App als anschauliches Zusatzmaterial bereitgestellt, sodass sich Nutzer zum Beispiel direkt mit dem Smartphone eine Kurzzusammenfassung des Interviews als Video anschauen können.

Für uns war es ein sehr spannendes Projekt mit dem Ziel, aktuelle Forschungsergebnisse für eine breite Leserschaft – Human Resources Professionals wie beispielsweise Personalverantwortliche, Personalentwickler, Personalleiter sowie Mitarbeitende aus Weiterbildungseinrichtungen und personalpsychologisch interessierte Führungskräfte, Mitarbeitende und Studierende – so aufzubereiten, dass diese angenehm und gut verständlich zu lesen und in der Multimedia App zusammenfassend zu sehen sind.

Wir bedanken uns ganz herzlich bei den zehn Expertinnen und Experten, die sich bereit erklärt haben, uns ihr spezifisches Forschungsfeld auf persönliche Art und Weise näherzubringen und fachlich fundierte Antworten auf unsere vielen neugierigen Fragen zu geben. Danke für die großartige Kooperation und die zuverlässige Zusammenarbeit!

Unser Dank gilt zudem den Psychologiestudierenden der Universität Würzburg, die im Rahmen des Projektseminars „Strategische Personalentwicklung" die Expertinnen und Experten interviewt haben. Die Studierenden ließen sich motiviert und begeistert auf diese aktive und neue Lernform ein, indem sie sich Fachwissen aneigneten und gleichzeitig persönlichen Kontakt zu Personen hatten, die sie bisher nur aus der Literatur kannten. Gerne erinnern wir uns an die vielen kleinen Anekdoten, die das Seminar so bezaubernd lebhaft gemacht haben, und die stolzen Gesichter der Gewinner der Video Awards!

Ein ganz großes Dankeschön geht auch an unsere studentische Hilfskraft Kathrin Köhler und Tina Heurich vom Medienzentrum der Uni Würzburg. Danke Kathrin, dass Du uns im Projekt in allen Phasen so tatkräftig und gewissenhaft unterstützt hast. Danke Tina für Deine professionelle Unterstützung beim Schneiden der Videos. Durch Euer Engagement ist dieses Projekt – als Buch mit den unterstützenden Videos – so gut gelungen.

Vielen Dank an Frau Marion Krämer und Frau Anja Groth vom Springer-Verlag für ihre redaktionelle Betreuung und Unterstützung im gesamten Projektverlauf. Zudem wäre ohne die Inspiration der ersten beiden Ausgaben der Buchreihe „Meet the Expert" dieses Buch nicht entstanden. In diesem Sinne, danke Birgit Spinath und Wolfgang Lenhard. Vielen Dank auch an Nida ul Habib Bajwa und Cornelius König, die uns einen Einblick in den Prozess der aktuellen Herausgeberschaft ihres Buches gewährt und somit auch zum Gelingen dieses Projekts beigetragen haben.

Und jetzt: Viel Spaß beim Lesen!

Andrea Beinicke und Tanja Bipp
Würzburg, November 2017

Personalentwicklung im Wandel der Zeit

Kapitel 1 Wie wirkt sich der demografische Wandel auf die betriebliche Weiterbildung aus? – 3
Thomas Zwick, Andrea Beinicke und Tanja Bipp

Kapitel 2 Altersdiversität in Teams – (K)ein Erfolgsfaktor? – 21
Thomas Ellwart, Andrea Beinicke und Tanja Bipp

Kapitel 3 Welche Bedeutung hat die berufliche Anpassungsfähigkeit in Zeiten des Wandels? – 43
Ute-Christine Klehe, Andrea Beinicke und Tanja Bipp

Wie wirkt sich der demografische Wandel auf die betriebliche Weiterbildung aus?

Thomas Zwick, Andrea Beinicke und Tanja Bipp

1.1 Einleitung – 4

1.2 Interview mit Prof. Dr. Thomas Zwick, Professor für Personal und Organisation an der Universität Würzburg – 5

1.3 Fazit – 18

Literatur – 19

Dieses Kapitel enthält Videos online auf https://doi.org/10.1007/978-3-662-55689-4_1; oder laden Sie zum Streamen der Videos die „Springer Multimedia App" aus dem iOS- oder Android App-Store und scannen eine Abbildung, die den „play button" enthält.

© Springer-Verlag GmbH Deutschland, ein Teil von Springer Nature 2019
A. Beinicke, T. Bipp (Hrsg.), *Strategische Personalentwicklung*, Meet the Expert: Wissen aus erster Hand,
https://doi.org/10.1007/978-3-662-55689-4_1

1.1 Einleitung

Andrea Beinicke

Die Arbeitsmärkte vor allem in westlichen Ländern stehen vor großen Herausforderungen durch den demografischen Wandel. Auch in Deutschland sind die Betriebe mit den Auswirkungen einer abnehmenden Bevölkerung und der alternden Gesellschaft konfrontiert (BMAS 2015). Einerseits ist der Anteil an älteren Beschäftigten in den letzten Jahren stark angestiegen. Gründe hierfür sind die gestiegene Lebenserwartung sowie die Anhebung und Flexibilisierung der Altersgrenzen bei Renteneintritt, die bei vielen Beschäftigten zu einem späteren Rentenbeginn führt. Andererseits starten durch vergleichsweise geburtenschwache Jahrgänge weniger junge Erwerbstätige ins Berufsleben. Als Konsequenz werden in Zukunft weniger qualifizierte Beschäftigte dem Arbeitsmarkt zur Verfügung stehen (Hertel und Zacher 2017).

Ein Ansatz, diesen Entwicklungen Rechnung zu tragen, sehen viele Unternehmen darin, in Weiterbildungsmaßnahmen zu investieren (BMAS 2016). Dabei finden Weiterbildungsangebote speziell für Ältere vor allem in kleinen und mittleren Unternehmen im Vergleich zu Jüngeren weniger Berücksichtigung. Auch wenn über alle Altersgruppen hinweg ein starker Anstieg der Weiterbildungsteilnahme zu verzeichnen ist, zeigt sich bei den über 55-Jährigen, dass nur 32 % betriebliche Weiterbildungsangebote wahrnehmen, im Vergleich zu 49 % der 25- bis 39-Jährigen. Internationale Vergleichsstudien weisen darauf hin, dass ältere Beschäftigte weniger in ihre (berufliche) Karriere investieren als jüngere Beschäftigte (Ng und Feldman 2012).

Es könnte der Eindruck entstehen, dass ältere Beschäftigte aufgrund eines geringeren Interesses an Karriereaufstieg folglich auch eine geringere Arbeitsleistung erbringen. Bisher zeigen empirische Studien keinen Beleg dafür, dass ältere Arbeitende (im Sinne von chronologischem Alter) schlechtere Arbeitsleistung erbringen (Ng und Feldman 2008). Auch wenn Studien zeigen konnten, dass ältere Beschäftigte nicht weniger motiviert sind als jüngere Beschäftigte (Ng und Feldmann 2008), sondern ganz im Gegenteil sogar eine positivere Einstellung gegenüber ihrer Arbeit haben (Ng und Feldman 2010), stellt sich die Frage danach, wie der Arbeitsmarkt von morgen auf die Bedürfnisse und Kompetenzen von älteren Beschäftigen ausgerichtet werden kann.

Das vorliegende Interview möchte daher Antworten unter anderem auf die folgenden Fragen geben: Wie wirkt sich die alternde Gesellschaft auf Betriebe aus? Welche Human-Resource-Maßnahmen können die Produktivität insbesondere älterer Beschäftigter erhöhen? Welche Rolle kommt der Weiterbildung in diesem Zusammenhang zu? Welche Herausforderungen sind mit der alternden Arbeitsgesellschaft für die Weiterbildung verbunden?

Prof. Dr. Thomas Zwick ist Wirtschaftswissenschaftler und leitet den Lehrstuhl für Personal und Organisation an der Julius-Maximilians-Universität Würzburg. Bereits während seiner Zeit am Zentrum für Europäische Wirtschaftsforschung in Mannheim beschäftigte er sich zunehmend mit den Themen „Betriebliche Weiterbildung" und „Produktivität von Beschäftigten". Seine Forschungsarbeiten zu den Auswirkungen des demografischen Wandels auf Betriebe vertiefte er als Professor mit dem Schwerpunkt Human Resource Management an der Ludwig-Maximilians-Universität München.

Referenzen

- BMAS (Bundesministerium für Arbeit und Soziales). (2015). *Fortschrittsreport „Altersgerechte Arbeitswelt" des BMAS*. http://www.bmas.de/DE/Themen/Arbeitsmarkt/Fachkraeftesicherung/Altersgerechte-Arbeitswelt/fortschrittsreport-altersgerechte-arbeitswelt.html
- BMAS (Bundesministerium für Arbeit und Soziales). (2016). *Fortschrittsbericht „Personalentwicklung und Weiterbildung" des BMAS*. http://www.bmas.de/DE/Service/Medien/Publikationen/Forschungsberichte/Forschungsberichte-Aus-Weiterbildung/fb-469-personalentwicklung-weiterbildung.html
- Hertel, G., & Zacher, H. (2018). Managing the aging workforce. In C. Viswesvaran, N. Anderson, D. S. Ones, & H. K. Sinangil (Hrsg.), *The SAGE handbook of industrial, work, & organizational psychology*, (S. 396–428). New York: Sage.
- Ng, T. W. H., & Feldman, D. C. (2008). The relationship of age to ten dimensions of job performance. *Journal of Applied Psychology, 93*, 392–423. https://doi.org/10.1037/0021-9010.93.2.392
- Ng, T. W. H., & Feldman, D. C. (2010). The relationships of age with job attitudes: A meta-analysis. *Personnel Psychology, 63*, 677–718. https://doi.org/10.1111/j.1744-6570.2010.01184.x
- Ng, T. W. H., & Feldman, D. C. (2012). Evaluating six common stereotypes about older workers with meta-analytic data. *Personnel Psychology, 65*, 821–858. https://doi.org/10.1111/peps.12003

1.2 Interview mit Prof. Dr. Thomas Zwick, Professor für Personal und Organisation an der Universität Würzburg

Das Interview, die Transkription und die Videoanfertigung erfolgten durch Ann-Katrin Weidner, Frauke Berghöfer, Linda Rademacher und Sophie Hofmann.

Interviewerin:

Herr Professor Dr. Zwick, Sie sind Wirtschaftswissenschaftler und haben den Lehrstuhl für Personal und Organisation an der Julius-Maximilians-Universität Würzburg inne. Warum haben Sie sich im breiten Spektrum der Wirtschaftswissenschaften auf das Thema der betrieblichen Weiterbildung fokussiert?

Prof. Dr. Thomas Zwick:

Mich hat immer schon der Mensch als Akteur im Wirtschaftsgeschehen interessiert. Dabei spielt Weiterbildung sowohl aus unternehmerischer als auch aus individueller Sicht eine große Rolle. Hinzu kommt, dass die betriebliche Weiterbildung ein wichtiger Erwerbszweig geworden ist. Spannend sind außerdem paradoxe Fragen, die noch nicht endgültig geklärt sind, über die es sich jedoch lohnt nachzudenken. Ein Beispiel für eine solche Frage ist, warum Unternehmen in Weiterbildungsarten investieren, die die Attraktivität der Beschäftigten auf dem Arbeitsmarkt verbessern und damit schnell zu Forderungen nach Lohnerhöhungen oder der Abwanderung der weitergebildeten Arbeitenden zu Konkurrenten führen können.

I:

Ihr derzeitiges Forschungsinteresse gilt insbesondere dem demografischen Wandel und dessen Auswirkungen auf die Arbeitswelt. Was ist unter einem demografischen Wandel grundsätzlich zu verstehen?

TZ:

Zunächst kann bezüglich des demografischen Wandels von einer engen und einer weiten Definition gesprochen werden. Dabei bezieht sich die enge Definition auf die Änderung der Größe von aufeinanderfolgenden Generationen oder Geburtsjahrgängen. Bei der weiten Definition kommen jedoch auch Aspekte hinzu, die in den Entscheidungen der Menschen liegen, wie beispielsweise wann die Beschäftigten in Rente gehen oder wie lange junge Menschen in der Ausbildungsphase verbleiben. Börsch-Supan und Wilke (2009) diskutieren die Auswirkungen der einzelnen Parameter auf die Alterung der Erwerbsbevölkerung sehr schön. All diese Aspekte haben einen sehr großen Einfluss auf den Arbeitsmarkt und sind im weiteren Sinne Teil des demografischen Wandels.

I:

Inwieweit wirkt sich diese Entwicklung aktuell auf den deutschen Arbeitsmarkt aus?

TZ:

Wir erleben aktuell eine Umwälzung in Bezug auf die Alterung der Belegschaften und einen möglichen Fachkräftemangel. Dadurch, dass wir immer älter werden, gerade große Jahrgänge in Rente gehen und tendenziell die Anzahl der Menschen im erwerbsfähigen Alter, die ja die Renten der Älteren zahlen müssen, abnimmt, laufen wir in Finanzierungsprobleme der Rentenversicherung hinein. Meiner Einschätzung nach liegt etwa der Hälfte dieser Veränderungen die reine demografische Abfolge zugrunde, also die Tatsache, dass die Geburtsjahrgänge deutlich kleiner sind als diejenigen, die derzeit aus dem Arbeitsmarkt austreten. Die andere Hälfte wird durch Entscheidungen der Akteure bestimmt. Hierzu zählen beispielsweise die Wahl längerer Ausbildungszeiten, die Bereitschaft, nach der Verrentung zu arbeiten, oder die Präferenz von Teil- gegenüber Vollzeitarbeit bei Arbeitenden über 50 Jahren. All diese Faktoren spielen derzeit im deutschen Arbeitsmarkt eine Rolle.

I:

Im Gegensatz zu dem von Ihnen angesprochenen wachsenden Anteil der Älteren in der Gesamtbevölkerung ist die Erwerbsbeteiligung dieser Altersgruppe in Deutschland gering. Laut einem Bericht der Organisation für wirtschaftliche Entwicklung und Zusammenarbeit (OECD) standen im Jahr 2002 lediglich knapp 40 % der 55- bis 64-Jährigen in einem Beschäftigungsverhältnis (Boockmann und Zwick 2004). Wie stellt sich die Situation heute, etwa 15 Jahre später, dar? Wie ist die Erwerbsbeteiligung älterer Arbeitenden in Deutschland im internationalen Vergleich einzuordnen? Bevor Sie aber diese Fragen beantworten, wäre es hilfreich, vorab zu klären, ab wann überhaupt von älteren beziehungsweise von jüngeren Arbeitenden gesprochen wird.

TZ:

Wie jüngere und ältere Arbeitende definiert werden, hängt stark von der Fragestellung ab. Spricht man beispielsweise von Ballettänzern, kann man diese ab einem Alter von 30 Jahren als ältere Arbeitende bezeichnen. Ansonsten hängt die Differenzierung stark von den zur

Verfügung stehenden Daten ab. Oft sind die Altersangaben der untersuchten Arbeitenden in den Datensätzen zu Blöcken zusammengefasst, sodass nur Aussagen zu der Gruppenzugehörigkeit, beispielsweise der über oder unter 60-Jährigen, getroffen werden können. Am Beispiel der Verrentung spricht man ab 60 Jahren von einem kritischen Alter. Die meisten Arbeitenden treten zwischen dem 61. und dem 64. Lebensjahr in den Ruhestand, sodass nur wenige 65-Jährige im Arbeitsmarkt verbleiben (Göbel und Zwick 2013). Auch hier würde man die Arbeitenden ab einem Alter von 60 Jahren als ältere Arbeitende bezeichnen. Wie Sie aufgrund der aufgeführten Aspekte erahnen, kann die Frage nach der Trennung jüngerer und älterer Arbeitenden nicht pauschal beantwortet werden.

In Bezug auf Ihre zweite Frage, die Erwerbsbeteiligung älterer Arbeitender, ist zunächst anzumerken, dass diese nicht so gering ist. Bis zum Jahr 2012 war das durchschnittliche Eintrittsalter in die Verrentung auf 62,3 Jahre gestiegen – eine Erhöhung um knapp zwei Jahre seit 2001 (Brussig 2015). Im internationalen Vergleich liegt die Erwerbsbeteiligung der über 55-Jährigen in Deutschland mit 68,6 % inzwischen weit oberhalb des Durchschnitts von 59,1 % der Mitgliedsstaaten der OECD (2016). Dies war in der Vergangenheit nicht so und stellt demnach aus meiner Sicht eine Verbesserung dar. Nichtsdestotrotz streben noch immer viele Beschäftigte danach, so früh wie möglich aus dem Erwerbsleben auszuscheiden, ohne dabei zu große Abstriche bei den Rentenansprüchen machen zu müssen.

I:

Im Rahmen des sogenannten Altersteilzeitmodells soll älteren Arbeitenden durch flexible beziehungsweise reduzierte Arbeitszeiten die Möglichkeit gegeben werden, sich altersentsprechenden Anliegen, wie der Pflege eines Familienmitglieds oder eigenen gesundheitlichen Beschwerden, zu widmen. Grundgedanke war es, ältere Arbeitende dadurch länger sowie motivierter in Betrieben zu halten (Göbel und Zwick 2013). Zeigt diese Maßnahme in der Realität Wirkung?

TZ:

Der ursprünglichen Idee nach sollte Arbeitenden durch Arbeitszeitreduktion ein flexibler Ausstieg aus dem Erwerbsleben ermöglicht werden. Gleichzeitig wurde das sogenannte Blockmodell, oft auch Altersteilzeitmodell genannt, angeboten, bei welchem die Arbeitenden nach zweijähriger Arbeit in Vollzeit bei nur mäßig reduzierten Rentenansprüchen zwei Jahre früher aus dem Erwerbsleben austreten können. Momentan wählen 90 % der Arbeitenden dieses Blockmodell, welches keine Arbeitszeitflexibilisierung darstellt, sondern den abrupten Ausstieg aus dem Erwerbsleben in Form einer Frühpensionierung. Dieses von den meisten älteren Arbeitenden präferierte Modell entspricht jedoch nicht der ursprünglichen Idee, den Beschäftigten die Arbeitszeitflexibilisierung zu ermöglichen, welche älteren Beschäftigten den Befragungen nach wichtig ist (Zwick et al. 2013).

I:

Aus medizinischer Sicht ist bei älteren Menschen nachweislich ein Absinken verschiedener Fähigkeitsbereiche, wie der kognitiven Leistungsfähigkeit, des Erinnerungsvermögens, aber auch der bloßen Muskelkraft zu verzeichnen (Craik und Bialystok 2006). Als Laie kann man deshalb leicht zu der Annahme kommen, dass ältere Beschäftigte weniger produktiv sind und Jüngere aus diesem Grund von Arbeitgebern bevorzugt werden (Zwick et al. 2013). Welche Ergebnisse zeigen sich bei der empirischen Betrachtung des Zusammenhangs zwischen Alter und Produktivität?

TZ:

Der Zusammenhang ist tatsächlich nicht so einfach, als dass man sagen könnte, die physische Ausstattung des Menschen lege eine ab einem bestimmten Alter sinkende Produktivität nahe. Früher wurde diese Annahme als gegeben betrachtet. Als man später den Zusammenhang zwischen Alter und Produktivität in den Betrieben tatsächlich mal ordentlich untersucht hat, war man überrascht, diesen so lange vermuteten Zusammenhang nicht nachweisen zu können. Dafür lassen sich zwei Gründe aufführen: Zunächst ist die physische Ausstattung des Menschen tatsächlich nicht so ausschlaggebend für die Produktivität, wie man das vielleicht vermuten würde. Dies liegt natürlich auch darin begründet, dass nicht jeder mit voller Kraft arbeiten muss oder auch in der möglichen Kompensation von altersbedingten Defiziten durch die Kolleginnen und Kollegen. Weiterhin verlassen die weniger gesunden Beschäftigten (momentan noch) den Arbeitsmarkt, und nur die, die fit sind, arbeiten bis ins hohe Alter. Aus diesem Grund wird Produktivität letztlich an dieser positiv selektierten Stichprobe gemessen (Zwick et al. 2013).

I:

Wie wurde Produktivität in diesem Zusammenhang gemessen?

TZ:

Die Produktivität wurde in einem sogenannten Alters-Produktivitäts-Profil gemessen und dargestellt. Grafisch gesehen stand auf der y-Achse die Wertschöpfung des Unternehmens (Umsatz minus Kosten Dritter) und auf der x-Achse die Altersstruktur des Unternehmens. Betrachtet wurde die Veränderung der Wertschöpfung, wenn in einem Betrieb beispielsweise der Anteil Älterer steigt und der Anteil Jüngerer abnimmt, während alle anderen Faktoren unverändert bleiben. Dabei haben wir herausgefunden, dass tatsächlich die Jüngeren einen negativen Effekt auf die Wertschöpfung ausüben. Diese scheinen nicht die Erfahrung mitzubringen und senken somit die Produktivität des Unternehmens. Bei den Älteren hingegen war im Durchschnitt keine Verringerung der Produktivität messbar (Zwick et al. 2013).

I:

Alter ist demnach nicht zwangsläufig mit einem Absinken der Produktivität assoziiert. Gibt es auch Kompetenzbereiche, in denen ältere Arbeitende ihren jüngeren Kolleginnen und Kollegen sogar überlegen sind?

TZ:

Es gibt Bereiche, in denen Ältere klar im Nachteil sind, darunter beispielsweise die allgemeine physische Ausstattung, Innovationskraft oder Neugierde. Diese sind bei Jüngeren im Durchschnitt gewiss deutlicher ausgeprägt als bei Älteren. Darüber hinaus gibt es jedoch auch Bereiche wie Erfahrungswissen, die Ruhe in sich selbst oder auch soziale Fähigkeiten, die bei Älteren stärker ausgeprägt sind und durch welche sie durchschnittlich mehr zur Produktivität beitragen als Jüngere (Boockmann und Zwick 2004).

I:

Trotz alledem werden neu zu besetzende Stellen vorzugsweise mit jüngeren Arbeitenden besetzt (Boockmann und Zwick 2004). Welche Gründe lassen sich für dieses Phänomen anführen?

TZ:

Dafür sind verschiedene Ursachen verantwortlich. Der einfachste Grund ist die Tradition. Betriebe sind es gewohnt, sich zunächst bei Schulabgängern umzuschauen, wenn sie Lehrlinge suchen. Analog suchen sie bei der Einstellung von Akademikern unter Universitäts- oder Fachhochschulabgängern. Während die Unternehmen bisher ihren Bedarf an Fachkräften durch dieses Vorgehen decken konnten, wird dieses Vorgehen zukünftig zunehmend weniger von Erfolg gekrönt sein, sodass sie sich nach Alternativen umsehen müssen. Dabei stellen sie fest, dass es durchaus aufwendiger ist und möglicherweise höhere Flexibilität erfordert, mit Neuzugängen umzugehen, die schon Arbeitserfahrung in anderen Unternehmen gesammelt haben und damit bestimmte Vorstellungen mitbringen. Zusätzlich haben ältere Einsteiger häufig relativ hohe Lohnforderungen. Grund dafür sind die in Abhängigkeit der Betriebszugehörigkeitsdauer stark ansteigenden Löhne, welche in Deutschland beobachtet werden können. Obwohl ältere Neueinsteiger diesen hohen monetären Erwartungen in ihrer Produktivität häufig nicht mehr gerecht werden, sind sie enttäuscht, wenn ihnen ein vergleichsweise geringeres Gehalt angeboten wird. Diese Problematik wird umgangen, indem Betriebe junge Leute einstellen.

I:

Es liegen Forschungsergebnisse vor, die zeigen, dass spezifische Human-Resource-Maßnahmen sich unterschiedlich stark auf Alters-Produktivitäts-Profile auswirken (Göbel und Zwick 2013; Zwick et al. 2013). Welche Maßnahmen wurden in diesem Zusammenhang untersucht? Welche empirischen Befunde liegen hinsichtlich deren Wirksamkeit vor?

TZ:

Insgesamt wurden Maßnahmen betrachtet, die auch mit der Bindung der Mitarbeitenden an das Unternehmen zusammenhängen. Die zugrunde liegende Prämisse ist die folgende: Wenn eine Maßnahme die Produktivität von Älteren zu erhöhen vermag, steigert sie möglicherweise auch deren Wohlbefinden und wirkt sich damit positiv auf die Betriebszugehörigkeitsdauer aus. Bei den untersuchten Maßnahmen handelte es sich um die Einbindung von Älteren in die Weiterbildung, altersgemischte Teams (▶ Kap. 2), altersgerechte Arbeitsplätze, altersgerechte Tätigkeiten sowie die Möglichkeiten zur Reduktion von Arbeit im Alter, wie beispielsweise Teilzeit Älterer oder Frühverrentung. Entgegen unserer Erwartung zeigte sich, dass weder die Arbeitszeitflexibilisierung noch die Weiterbildung der Älteren eine Steigerung der Produktivität erbracht hat. Im Gegensatz dazu waren altersgemischte Teams, altersspezifische Tätigkeiten und auch die Bereitstellung von Arbeitsplätzen, die speziell auf die Bedürfnisse der Älteren ausgerichtet sind, durchaus erfolgreich bei der Erhöhung der relativen Produktivität Älterer (◘ Abb. 1.1; Göbel und Zwick 2013; Zwick et al. 2013).

I:

Was können wir aus diesen Ergebnissen für die Organisation beziehungsweise die Ausgestaltung von Betrieben lernen?

TZ:

An dieser Stelle ist anzumerken, dass es sich hierbei nicht um kausale Zusammenhänge, sondern lediglich um sogenannte Korrelationen, also um statistisch gesicherte Zusammenhänge, handelt. In Betrieben, in denen die Älteren produktiver sind, werden demnach diese

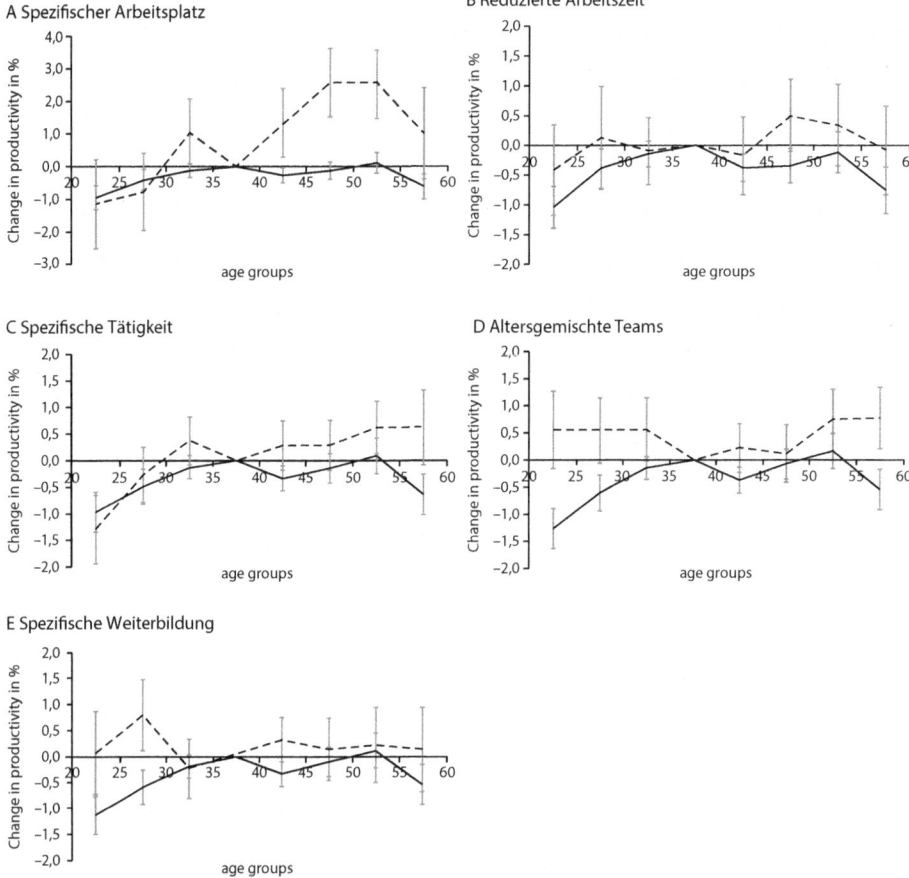

◘ **Abb. 1.1** Produktivität in Unternehmen mit (gestrichelte Linie) und ohne (durchgezogene Linie) spezifische Maßnahmen für ältere Arbeitende. Auf der horizontalen Achse sind die Altersgruppen (= *Age Groups*) und auf der vertikalen Achse die Veränderung der Produktivität in Prozent (= *Change In Productivity*) abgebildet. (Göbel und Zwick 2013, S. 90)

drei „wirksamen" Maßnahmen (altersgemischte Teams, altersspezifische Tätigkeiten und altersgerechte Arbeitsplätze) häufiger genutzt. Unklar ist jedoch, ob die Betriebe diese Maßnahmen eingeführt haben, um die Leistungsfähigkeit älterer Beschäftigter zu steigern, oder ob die Produktivität der Älteren vor der Einführung dieser Maßnahmen bereits hoch war. Nichtsdestotrotz kann aus diesen Korrelationen abgeleitet werden, dass für Betriebe, die vor einem Alterungsproblem stehen oder die Produktivität ihrer älteren Mitarbeitenden steigern möchten, diese drei Maßnahmen effektiv sein können (Göbel und Zwick 2013; Zwick et al. 2013).

I:

Interessanterweise hat die Weiterbildung Älterer keine Produktivitätssteigerung erbracht (Göbel und Zwick 2013). Neben den Auswirkungen des demografischen Wandels beschäftigen Sie sich intensiv mit genau diesem Thema der betrieblichen Weiterbildung. Welchen Stellenwert nimmt diese in der heutigen Arbeitswelt ein?

Kapitel 1 · Wie wirkt sich der demografische Wandel…

TZ:

Weiterbildung ist natürlich ein wichtiger Aspekt in vielen Lebenslagen. Wesentlich ist dabei sicherlich die Attraktivität als Arbeitnehmerin beziehungsweise Arbeitnehmer. Bei Arbeitsplatzgefährdung oder gar Arbeitslosigkeit ist es die Aufgabe der Arbeitenden, dafür zu sorgen, für den Arbeitsmarkt attraktiv zu werden. Weiterbildung ist an dieser Stelle ein Schlüssel. Lebenslanges Lernen ist essenziell, um über lange Zeit hinweg nicht den Anschluss zu verlieren. Man kann Beschäftigten daher nur raten, ihre Humankapitalausstattung aktuell zu halten (▶ Kap. 4). So können sie vermeiden, nach langen problemlosen Arbeitsjahren auf dem Abstellgleis zu landen und dabei so viele Zwischenschritte der technischen Entwicklung verpasst zu haben, dass es ihnen unmöglich ist, bei den aktuellen Entwicklungen Schritt zu halten.

I:

Sie haben soeben die Bedeutung des lebenslangen Lernens betont. Wie aus einem Bericht der Organisation für wirtschaftliche Zusammenarbeit und Entwicklung (OECD) aus dem Jahr 2005 zum Thema „Alterung und Beschäftigungsstrategien" hervorgeht, ist die Trainingsbeteiligung deutscher Arbeitenden im Vergleich zu anderen Ländern, wie beispielsweise Schweden, Schweiz oder Finnland, gering. Mit einer Beteiligung von nur 3,5 % befinden sich insbesondere die Gruppe der 50- bis 64-jährigen Deutschen im hinteren Drittel der Befragung (OECD 2005). Worauf ist dies zurückzuführen? Spiegeln die Daten ein Versäumnis Deutschlands wider, der Bedeutung von Weiterbildungsmaßnahmen in Betrieben nachzukommen, oder wird ein vorhandenes Angebot möglicherweise nicht adäquat genutzt?

TZ:

Ich denke, dass eine zu geringe Weiterbildungsbeteiligung, falls es diese tatsächlich geben sollte, stark den Betrieben angelastet werden kann. So weist beispielsweise Kauffeld (2016) im ersten Kapitel ihres aktuellen Übersichtsbuchs mehrfach darauf hin, dass die Initiative für Weiterbildung und auch deren Finanzierung zum überwiegenden Teil von den Betrieben ausgehen (▶ Kap. 7). Somit sind die Betriebe letztlich die Entscheider über die Weiterbildungsintensität, und die Beschäftigten bleiben diesbezüglich meist eher passiv.

Jedoch bin ich bei internationalen Vergleichen immer ein wenig skeptisch, da nicht klar ist, was genau verglichen wird. Möglicherweise sind die deutschen Arbeitenden beim Ausfüllen der Fragebögen von der OECD besonders ehrlich, oder sie haben eine enge Vorstellung von dem Begriff „Weiterbildung", während beispielsweise in Schweden eine breitere Auffassung von Weiterbildung besteht. Hinzu kommt die Tatsache, dass durch das duale Ausbildungssystem in Deutschland Weiterbildungen tendenziell weniger notwendig sind, da die Beschäftigten bereits so ausgebildet werden, dass sie genau dem Profil der Betriebe entsprechen. In Schweden (um bei dem Beispiel zu bleiben) kommen Fachkräfte aus der (Vollzeit-)Berufsschule, haben aber noch nie in Betrieben gearbeitet und müssen erst einmal sehr aufwendig in ihre konkreten Tätigkeiten eingearbeitet werden. Deswegen glaube ich nicht unbedingt, dass wir hier von einem Versäumnis der Betriebe sprechen sollten, auch wenn die Zahlen strukturell tatsächlich immer gegen Deutschland sprechen, was den finanziellen Beitrag der Betriebe zur Weiterbildung im internationalen Vergleich betrifft.

I:

Seit dieser Erhebung sind mehr als zehn Jahre vergangen. Wie hat sich die Situation seitdem entwickelt? Können Sie aktuelle Zahlen oder Daten in Bezug auf die Trainingsbeteiligung älterer Arbeitenden nennen?

TZ:

Prinzipiell denke ich, dass die Trainingsbeteiligung zugenommen hat. Die Angaben hängen jedoch sehr stark von der jeweiligen Quelle ab. Arbeitgebernahe Institute, wie beispielsweise das Institut der deutschen Wirtschaft aus Köln (IW), haben die Agenda, Betriebe als nützlichen Teil der Gesellschaft darzustellen. Insofern finden sich hier deutlich höhere Zahlen der Weiterbildungsbeteiligung als zum Beispiel bei der OECD. Aus diesem Grund bin ich bei diesen Statistiken immer etwas skeptisch. Was natürlich betrachtet werden kann, ist der relative Vergleich. So zeigt sich beim Vergleich der Altersgruppen innerhalb Deutschlands, dass die Trainingsbeteiligung mit zunehmendem Alter der Beschäftigten sinkt. Dabei stellt sich allerdings die Frage, ob dies ein Problem darstellt. Aus Perspektive des lebenslangen Lernens helfen diese Maßnahmen den Betroffenen nicht nur, ihren Arbeitsplatz zu behalten, sondern auch bei einem eventuellen Arbeitsplatzverlust etwas auf dem Arbeitsmarkt anbieten zu können. Generell erhöht Weiterbildung demnach die Chance, auf dem Arbeitsmarkt erfolgreich zu sein. Aus diesem Grund würde ich immer sagen, dass auch ein 55-Jähriger durch Weiterbildung seine Attraktivität sowie seine Beschäftigungsfähigkeit erhöhen kann und dies auch tun sollte.

I:

Würden Sie sagen, dass die zuvor diskutierten Entwicklungen im Rahmen des demografischen Wandels eine Herausforderung für aktuelle Weiterbildungsansätze darstellen?

TZ:

Ja, denn prinzipiell nimmt der Anteil der potenziellen Weiterbildungsteilnehmenden durch die Alterung der Belegschaften zu. Ich denke, dass einige Weiterbildungsanbieter und auch die Unternehmen selbst erkannt haben, dass dadurch eine Zielgruppe entstanden ist, die früher vernachlässigt wurde, bei der es sich jedoch möglicherweise inzwischen lohnt zu investieren.

I:

Forschungsergebnisse belegen, dass die Trainingsmaßnahmen, die sowohl von jüngeren als auch älteren Arbeitenden durchlaufen werden, sich in Aspekten wie Dauer, Kosten oder Anzahl an Weiterbildungen nicht unterscheiden (Zwick 2012). Dennoch beurteilen ältere Arbeitende die Effektivität ihrer Weiterbildung deutlich kritischer. Vorab zum Verständnis: Was bedeutet in diesem Zusammenhang Effektivität?

TZ:

Relevant für die Einschätzung der Effektivität von Weiterbildungen ist neben der subjektiven Verbesserung der Beschäftigungs- und Aufstiegschancen auch die Verbesserung des Einkommens und der Arbeitszufriedenheit. Zudem spielt aber auch die persönliche Zufriedenheit der Teilnehmerin beziehungsweise des Teilnehmers mit der Weiterbildung eine wichtige Rolle. Erfreulicherweise konnten wir auf einen Datensatz zurückgreifen, der die Weiterbildungsteilnehmenden nach ihrer subjektiven Einschätzung zu diesen relevanten Aspekten befragte. Dabei waren die Älteren deutlich skeptischer als die jüngeren Weiterbildungsteilnehmenden (Zwick 2012).

I:

Worin liegen diese unterschiedlichen Einschätzungen begründet?

TZ:

Um auszuschließen, dass Ältere nicht grundsätzlich negativer eingestellt sind und aus diesem Grund die Effektivität von Weiterbildungen schlechter bewerten, haben wir zunächst einen Vergleich beider Altersgruppen in Bezug auf die allgemeine Arbeitszufriedenheit angestellt. Dabei hat sich gezeigt, dass sich die Älteren in ihrer allgemeinen Arbeitszufriedenheit nicht von den Jüngeren unterscheiden.

Betrachtet man die Zufriedenheit mit Weiterbildungsmaßnahmen, muss mit einbezogen werden, dass generell weit weniger ältere Beschäftigte an Weiterbildungsmaßnahmen teilnehmen. Das bedeutet vermutlich, dass sich eher diejenigen für eine Teilnahme entscheiden, die motivierter und später wahrscheinlich auch zufriedener mit einer Weiterbildung sind. Dennoch ist die relative Unzufriedenheit mit der Weiterbildung auf Seiten der Älteren deutlich messbar. Dies liegt nach unserer Interpretation darin begründet, dass das Angebot der Betriebe nicht den Interessen der älteren Arbeitenden entspricht, sondern eine Art „Standardbehandlung" für alle angeboten wird. Dabei scheint insbesondere auf Weiterbildungsinhalte und -formen Wert gelegt zu werden, die zwar den Bedürfnissen der Jüngeren gerecht werden, die Ältere jedoch nicht im gleichen Ausmaß ansprechen (Zwick 2012).

I:

In Ihren Arbeiten erwähnen Sie in diesem Zusammenhang auch die kristalline und fluide Intelligenz (Horn und Cattell 1967). Was genau ist darunter zu verstehen, und wie entwickeln sich diese beiden Aspekte der Intelligenz über die Lebensspanne hinweg?

TZ:

Die psychologische Forschung zeigt, dass sich unsere Intelligenz aus diesen gut unterscheidbaren Aspekten zusammensetzt. Wie der Name schon sagt, wächst die eine Komponente wie ein Kristall im Laufe des Lebens immer weiter. Die kristalline Intelligenz nimmt also auch im Alter weiter zu und ermöglicht es uns, auf Erfahrungen zurückzugreifen sowie in bekannten Situationen adäquat zu reagieren. Die fluide Intelligenz hingegen ist wenig erfahrungsabhängig und beschreibt die kognitive Fähigkeit zum schlussfolgernden Denken und zum Problemlösen. Dabei spielt die Verarbeitungsgeschwindigkeit eine wichtige Rolle. Die fluide Intelligenz unterliegt altersbedingten Abbauprozessen und wird demnach eher den Jüngeren zugeschrieben. Diese Annahme gründet auf der Beobachtung, dass ein Mensch diese im Lauf seines Lebens ein wenig verliert (◘ Abb. 1.2; Reiserer und Mandl 2001).

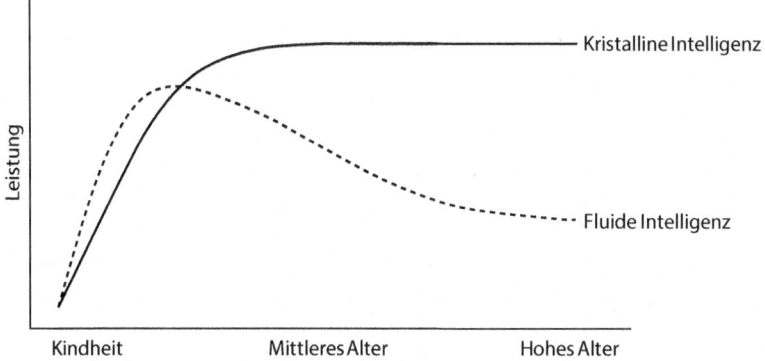

◘ **Abb. 1.2** Die kristalline (durchgezogene Linie) und fluide (gestrichelte Linie) Intelligenz über das Lebensalter hinweg. (Craik und Bialystok 2006, S. 133)

I:

Sie haben zuvor unterschiedliche Bedürfnisse von jüngeren und älteren Arbeitenden angesprochen. Können Sie konkretisieren, inwiefern sich die jeweiligen Bedürfnisse unterscheiden?

TZ:

Der wichtigste Ansatzpunkt ist die Position der Jüngeren und Älteren innerhalb des betrieblichen Organismus. Ältere Beschäftigte sind häufig bereits in einer sogenannten Parkposition. Sie haben nicht mehr die Hoffnung, ihre aktuelle Stellung im Betrieb verlassen zu können oder befördert zu werden. Dies trifft auf einen Großteil der über 50-jährigen Beschäftigten zu. Die Jüngeren sehen hingegen noch Möglichkeiten einer Verbesserung innerhalb des Betriebs oder eines Betriebswechsels, der für ihre Karriere förderlich ist. Das hat wiederum direkte Auswirkungen auf die Nachfrage nach Weiterbildung. Wer sich in einer „Parkposition" befindet, kann sich auch durch Weiterbildung weder eine Verbesserung seiner Position innerhalb eines Betriebs noch eine Steigerung seines Einkommens erhoffen. Letzteres zeigt sich auch empirisch (Zwick 2015). Im Gegensatz dazu sehen Jüngere die Chance, ihre Position verbessern zu können. Aufgrund dessen sind sie bereit, in Bereiche zu investieren, die keinen sofortigen Effekt mit sich bringen, sondern sich nur langfristig auszahlen, wenn sie Glück haben. So könnte sich das Gelernte später, beispielsweise in der Rolle des Gruppenleiters oder in einem anderen Betrieb, als gut investierte Mühe erweisen. Demgegenüber wollen Ältere Weiterbildungsmaßnahmen besuchen, die einen sofortigen positiven Effekt erzielen. Dies betrifft häufig weniger die Verbesserung von Beschäftigungsfähigkeit und Aufstiegschancen als das direkte soziale Umfeld. Ältere wollen zum Beispiel gerne lernen, mit Ärgernissen, menschlicher oder technischer Natur, besser umgehen zu können.

I:

Sie haben zuvor beschrieben, wie ein spezifisch auf Ältere ausgerichtetes Weiterbildungsangebot aussehen sollte. Gibt es denn bereits derartige spezifisch auf Ältere zugeschnittene Weiterbildungsmaßnahmen? Und wenn ja, gibt es empirische Belege hinsichtlich ihrer Wirksamkeit?

TZ:

Zunächst einmal ist zu erwähnen, dass viele Betriebe davor zurückschrecken, Weiterbildungsangebote auszuschreiben, die speziell an ältere Beschäftigte adressiert sind. Sie befürchten, dass Angebote wie beispielsweise „Teilnehmende nur ab 55" diskriminierend aufgefasst werden könnten und sich infolgedessen negativ auf die Motivation der potenziellen Teilnehmenden auswirken. Ein Unternehmen sollte die Altersspezifität somit nicht explizit angeben, sondern das Angebot geschickterweise so anbieten, dass sich gezielt eine Altersgruppe angesprochen fühlt und die Rückenschule beispielsweise hauptsächlich von über 55-Jährigen besucht wird.

Hinsichtlich Ihrer Frage nach der Evaluierung sehe ich momentan noch keine Evidenz für derartige Weiterbildungsangebote. Die Anforderungen an die Daten sind sehr hoch, und die meisten Betriebe haben zwar Kenntnis über die Teilnahmedaten ihrer Mitarbeitenden, veröffentlichen diese jedoch nicht. Die einzige, sehr subjektive Quelle zur Einordnung der Wirksamkeit solcher Weiterbildungsangebote stellen bisher meiner Kenntnis nach Befragungen der Teilnehmenden dar.

I:

Würden Sie es als sinnvoll erachten, getrennte Weiterbildungsmaßnahmen für Jüngere und für Ältere anzubieten? Und halten Sie es für möglich, dass entsprechende Vorteile entstehen könnten, wenn Jüngere und Ältere im Sinne eines generationsübergreifenden Lernansatzes gemeinsam in einer Gruppe lernen?

TZ:

Aufgrund der möglichen Diskriminierung durch altersspezifische Weiterbildungsangebote erachte ich es für sinnvoll, von dieser Separierung nach Altersgruppen abzusehen. Weiterbildungsangebote, die sich nur an jüngere Mitarbeitende richten, würden die Älteren insofern diskriminieren, dass sie sich gegenüber ihren jüngeren Kolleginnen und Kollegen mangelhaft qualifiziert fühlen. Sollte sich durch eine „natürliche" Selektion herauskristallisieren, dass manche Weiterbildungen vor allem von Älteren und andere von Jüngeren besucht werden, dann sehe ich dies nicht als problematisch an.

Bei der Mischung von Altersgruppen im Sinne eines generationsübergreifenden Lernansatzes sollte immer berücksichtigt werden, dass sich eine Rivalitätssituation entwickeln kann. Nehmen wir das Szenario an, dass eine ältere Mitarbeiterin oder ein älterer Mitarbeiter in einer leitenden Führungsposition eine Weiterbildung besucht, an der auch viele jüngere Mitarbeitende teilnehmen. Diese verfügen über mehr technisches Wissen und sind das Lernen beispielsweise von der Universität noch gewohnt, wodurch sie die Aufgaben insgesamt mit weniger Aufwand schneller und besser bearbeiten. In einer derartigen Situation könnte sich die ältere Mitarbeiterin beziehungsweise der ältere Mitarbeiter unwohl fühlen und sich der Weiterbildung in Zukunft ungern aussetzen oder diese gar vermeiden. Hier wäre es geschickter, die Weiterbildung getrennt zu gestalten, sodass sich die Älteren nicht in einer unterlegenen, defensiven Situation befinden und sich folglich auch keine Reibungssituation ergibt.

I:

Generell nimmt Technik in der heutigen Arbeitswelt einen zunehmend höheren Stellenwert ein. Viele Betriebe werden in ihrer Ausstattung immer moderner, richten Clouds ein, verwenden Smartboards und so weiter. Auch wenn sich generell speziell auf Ältere ausgerichtete Weiterbildungen besonders auf die kristallinen Fähigkeiten fokussieren, so ist es in solchen Betrieben dennoch unerlässlich, neue, zusätzliche Fähigkeiten zu erlernen. Welche Handlungsempfehlungen können Sie geben, damit auch in solchen Unternehmen auf Ältere eingegangen werden kann?

TZ:

Ich glaube, der wichtigste Aspekt ist der, den Älteren bewusst zu machen, dass die Entwicklung neuer Technologien von großer Wichtigkeit ist und sehr schnell voranschreitet. Nur in den wenigsten Fällen können ältere Mitarbeitende darauf hoffen, dass ihr einst angelerntes Wissen bis zum Ende ihres Arbeitslebens ausreicht. Die Einstellung, sich weniger weiterentwickeln und sich nicht mehr auf neue Entwicklungen einlassen zu müssen, macht es sehr schwierig, den Anschluss wiederzugewinnen und fortan zu behalten. Aufgrund dessen sollte dieses Bewusstsein bei den Älteren möglichst früh geschaffen werden, und sie sollten ermutigt werden, fortschrittliche Technik nicht außer Acht zu lassen.

I:

Sollte somit also zusammenfassend zuallererst ein Bewusstsein für die Bedeutung neuer Technologien geschaffen werden?

TZ:

Ohne dieses Bewusstsein gefährdet man seinen Arbeitsplatz und auch seine Wiederbeschäftigungsmöglichkeit. Außerdem kann es sehr interessant sein, sich neuen beispielsweise technischen Herausforderungen zu stellen. Dennoch vermute ich durch die befürchtete kognitive Anstrengung der Älteren, dass wenige diese Herausforderung als bereichernd empfinden und freiwillig annehmen, sondern eher, dass sie es durch die Forderung des Arbeitgebers auf sich nehmen. Die Intensität der Überzeugungsarbeit des Betriebs in diesem Kontext unterscheidet sich vermutlich stark zwischen jüngeren und älteren Mitarbeitenden.

I:

Nicht nur die Arbeitswelt an sich, sondern auch das Lernumfeld selbst stützt sich zunehmend auf moderne Technologien. *E-Learning*, das sogenannte elektronisch gestützte Lernen, ist aus dem Bereich der betrieblichen Weiterbildung nicht mehr wegzudenken (Welsh et al. 2003). Nach dem, was wir über die präferierten Lernformen älterer Arbeitenden erfahren haben: Stellt diese Lernmethode für ältere Menschen eine unüberwindbare Herausforderung dar, oder können auch diese von der Methode profitieren?

TZ:

Die Tatsache, dass wir insbesondere beim *E-Learning* so wenig Beteiligung der Älteren verzeichnen, ist sicherlich nicht deren mangelnder Kompetenz geschuldet, sondern vielmehr der Problematik, dass *E-Learning* davon lebt, dass die Benutzer den Mehrwert dieser Weiterbildungsform erkennen. Außerdem sollte man bei der Einschätzung der Benutzung von *E-Learning* durch Jüngere vorsichtig sein. Wenn diese kurz vor ihrem anstehenden Sommerurlaub einen Italienischkurs herunterladen, bezieht sich das *E-Learning* auf ihren Freizeitbereich und nicht auf die Materialien und Inhalte, die von dem Betrieb als förderlich und wünschenswert erachtet werden. Das generelle Manko des *E-Learning*, dass die Teilnehmenden eher ihren Interessen als denjenigen des Betriebs folgen, ist bei Jüngeren genauso wie bei Älteren zu beachten (▶ Kap. 5). Ansonsten sehe ich kaum altersspezifische Probleme bei der Nutzung von *E-Learning* – die Lernprogramme sind in der Regel so benutzerfreundlich, dass sie sich nicht nur *Digital Natives* erschließen.

I:

Inwieweit werden die von Ihnen aufgeführten Forschungserkenntnisse zum Thema „Demografischer Wandel in Bezug auf betriebliche Weiterbildung" bereits in der Praxis berücksichtigt?

TZ:

Ich habe durch Berichte in Publikumsmedien und Einladungen zu relevanten Veranstaltungen durchaus ein reges Interesse der Praktiker an diesem Forschungsfeld festgestellt, worüber ich mich freue. Ich sehe es als meinen Job an, das Denken derjenigen zu beeinflussen, die vor Ort die relevanten Entscheidungen treffen. Dennoch kann ich sicher nicht objektiv beurteilen, inwieweit meine Forschungserkenntnisse in diesem Feld von den Praktikern berücksichtigt werden.

I:

Um schließlich ein Fazit zu ziehen: Stellt betriebliche Weiterbildung Ihrer Meinung nach eine Chance dar, den Auswirkungen des demografischen Wandels auf die Arbeitswelt entgegenzuwirken und ältere Arbeitende auf dem Arbeitsmarkt somit wieder „attraktiver" werden zu lassen?

TZ:

Ja, ich denke, dass das einer der zentralen Aspekte ist. Durch die zukünftigen Einschränkungen der Frühverrentungsmöglichkeiten und die geringer werdenden Rentenansprüche wird es für Ältere schwieriger, sich dem Arbeitsmarkt zu entziehen. Weiterbildung und die damit verbundene Integration in den Arbeitsmarkt ermöglichen es (insbesondere auch älteren Menschen), im Alter noch in interessanten und gut bezahlten Jobs tätig zu sein.

I:

Die letzten Fragen richten ihren Blick in die Zukunft: Welche Probleme könnten sich zukünftig ergeben, wenn die Beschäftigungsquote Älterer weiterhin so niedrig bleibt? Welche Konsequenzen sollten daraus gezogen werden? Was halten Sie beispielsweise von einer „Altenquote"?

TZ:

Von Quoten halte ich prinzipiell wenig, da dadurch in wirtschaftliche Abläufe eingegriffen wird, die durch Freiwilligkeit sicherlich effizienter gestaltet werden könnten. Ich bin außerdem davon überzeugt, und das lässt sich auch empirisch belegen (Berkel und Börsch-Supan 2004), dass finanzielle Anreize ältere Menschen dazu bringen können, länger zu arbeiten. Generell denke ich, dass sich auch jetzt schon einige Ansätze entwickeln, die das Arbeiten im höheren Alter attraktiver machen.

Sogenannte Peer-Effekte werden ebenfalls einen Unterschied bringen. Das Verhalten von Freunden und Familienmitgliedern in einem ähnlichen Alter wird noch stärkeren Einfluss nehmen. Wenn es im persönlichen Umfeld älterer Mitarbeitender mehr Menschen geben wird, die noch wirtschaftlich aktiv bleiben, wird dies auch andere, die sonst prinzipiell eher zu einer früheren Verrentung tendiert hätten, zum Nachdenken bewegen. Außerdem darf auch nicht außer Acht gelassen werden, dass die Menschen immer länger gesund bleiben und immer älter werden. Dies bedeutet bei gleichbleibendem Renteneintrittsalter, dass die inaktive Phase bei guter Gesundheit immer länger wird. Die Aussicht darauf, eine so lange Zeit ohne eine regelmäßige Beschäftigung vor sich zu haben, wird Menschen dazu bewegen, auch noch nach der Verrentung zu arbeiten. Dabei können sie ihre gewohnten Sozialkontakte im Betrieb aufrechterhalten und stehen jedem Tag auch ein paar Herausforderungen gegenüber, die sie fit halten. Gleichzeitig sollten wir aber nicht übersehen, dass sich verrentete Menschen traditionell ihre Anregungen über soziales Engagement wie die Betreuung von Enkelkindern, ehrenamtliche Tätigkeiten oder die Pflege eines noch älteren Menschen gesucht haben. Diese Aktivitäten werden kaum in der Beschäftigungsstatistik erfasst, sind aber für unsere Gesellschaft natürlich von unschätzbarem Wert, und es wäre nicht wünschenswert, wenn sie von Erwerbsarbeit der Rentner verdrängt würden.

I:

Zu guter Letzt: Was sind Ihrer Meinung nach weitere Probleme oder Fragen in Bezug auf die bisher diskutierten Themen, mit denen sich die Forschung in Zukunft beschäftigen sollte?

TZ:

Ein Bereich, der uns konkret interessiert und zu dem es noch relativ wenige belastbare Aussagen gibt, ist die Rolle der Betriebe bei der Entscheidung ihrer Mitarbeitenden, im höheren Alter noch zu arbeiten oder früher aus dem Erwerbsleben auszuscheiden. Befragungen zeigen, dass die Betriebe einen sehr bedeutenden Einfluss auf diese Entscheidung ausüben

(Eurofound 2012). Viele Ältere hören gegen ihren eigentlichen Willen früher auf zu arbeiten, da die Betriebe signalisieren, dass sie keine Verwendung mehr für die Mitarbeiterin beziehungsweise den Mitarbeiter haben. Bisher gibt es vor allem Literatur über die individuellen Beweggründe und Eigenschaften älterer Mitarbeitender in Bezug auf den Verrentungszeitpunkt. Wir sind überzeugt, dass wir die Wirklichkeit viel besser erklären können, wenn wir auch die Arbeitgeber in den Blick nehmen. Wenn wir erst einmal wissen, welche Betriebe ältere Mitarbeitende länger in Beschäftigung halten wollen und können, eröffnet dies neue Ansätze für eine Wirtschaftspolitik, die die Erwerbsbeteiligung Älterer erhöhen will. Meine bisherigen Erfahrungen legen nahe, dass es ein interessanter Ansatzpunkt wäre, beim Arbeitgebereinfluss auf den Verrentungszeitpunkt insbesondere den Weg über die Führungskräfte in den Betrieben zu wählen. So deutet vieles darauf hin, dass Führungskräfte, die dem eigenen Alterungsprozess positiv gegenüberstehen, eher ihre älteren Mitarbeitenden an das Unternehmen binden können als Führungskräfte, die pessimistisch sind, was ihre eigene Leistungsfähigkeit im Alter betrifft.

I:

Herr Prof. Dr. Zwick, ich bedanke mich vielmals bei Ihnen für Ihre Zeit und die wertvollen Informationen, die Sie mit uns in den letzten 45 Minuten geteilt haben. Herzlichen Dank!

TZ:

Ich danke Ihnen.

Video des Interviews:

▶ http://tinyurl.com/Zwick01

1.3 Fazit

Durch die zukünftigen Einschränkungen der Frühverrentungsmöglichkeiten und die geringer werdenden Rentenansprüche in Deutschland wird es für Ältere zunehmend wichtiger, attraktiv für den Arbeitsmarkt zu bleiben. Gezielte betriebliche Weiterbildung, die an die Bedürfnisse und Interessen älterer Beschäftigte angepasst ist, stellt eine Chance dar, den

Auswirkungen des demografischen Wandels auf die Arbeitswelt entgegenzuwirken. Um die relative Produktivität Älterer zu erhöhen, zeigte sich, dass altersgemischte Teams, altersspezifische Tätigkeiten und auch die Bereitstellung von Arbeitsplätzen, die speziell auf die Bedürfnisse der Älteren ausgerichtet sind, besonders wirkungsvoll sind. Aus der Perspektive des lebenslangen Lernens ermöglicht betriebliche Weiterbildung älteren Menschen, im Alter noch produktiv tätig zu sein und somit in Zeiten des Wandels auf dem Arbeitsmarkt beruflich anpassungsfähig und attraktiv zu bleiben (▶ Kap. 3). Ein Bewusstseinswandel scheint nicht nur für die Unternehmen selbst, sondern auch für Weiterbildungsanbieter nötig, da durch den zunehmenden Anteil an älteren Weiterbildungsteilnehmenden neue Zielgruppen entstehen, in die es sich zu investieren lohnt.

Literatur

Berkel, B., & Börsch-Supan, A. (2004). Pension reform in Germany: The impact on retirement decisions. *Finanz Archiv, 60*(3), 393–421. https://doi.org/10.1628/0015221042396096

Boockmann, B., & Zwick, T. (2004). Betriebliche Determinanten der Beschäftigung älterer Arbeitnehmer. *Zeitschrift für Arbeitsmarktforschung, 37*(1), 53–63. http://doku.iab.de/zaf/2004/2004_1_zaf_boockmann_zwick.pdf

Börsch-Supan, A., & Wilke, C. B. (2009). Zur mittel-und langfristigen Entwicklung der Erwerbstätigkeit in Deutschland. *Zeitschrift für Arbeitsmarktforschung, 42*(1), 29–48. https://doi.org/10.1007/s12651-009-0006-x

Brussig, M. (2015). *Alter beim Austritt aus sozialversicherungspflichtiger Beschäftigung ist gestiegen, Altersübergangs- Report 2015-01*. Abgerufen von: Institut Arbeit und Qualifikation, Universität Duisburg-Essen. http://www.iaq.uni-due.de/auem-report/2015/2015-01/auem2015-01.pdf. Zugegriffen: 07. Dez. 2017.

Craik, F. I. M., & Bialystok, E. (2006). Cognition through the lifespan: Mechanism of change. *Trends in Cognitive Science, 10*(3), 131–138. https://doi.org/10.1016/j.tics.2006.01.007

Eurofound. (2012). *Income from work after retirement in the EU*. http://www.oxfordresearch.eu/media/136983/Income_after_retirement.pdf. Zugegriffen: 07. Dez. 2017.

Göbel, C., & Zwick, T. (2013). Are personnel measures effective in increasing productivity of old workers?. *Labour Economics, 22*, 80–93. https://doi.org/10.1016/j.labeco.2012.11.005

Horn, J. L., & Cattell, R. B. (1967). Age differences in fluid and crystallized intelligence. *Acta Psychologica, 26*, 107–129. https://doi.org/10.1016/0001-6918(67)90011-X

Kauffeld, S. (2016). *Nachhaltige Personalentwicklung und Weiterbildung*. Berlin: Springer Verlag.

OECD (Organisation for Economic Co-Operation and Development). (2005). *Ageing and employment policies: Germany 2005*. Paris: OECD publishing.

OECD (Organisation for Economic Co-Operation and Development). (2016). *Ageing and employment policies*. http://www.oecd.org/els/emp/ageingandemploymentpolicies.htm. Zugegriffen: 07. Dez. 2017.

Reiserer, M., & Mandl, H. (2001). *Individuelle Bedingungen lebensbegleitenden Lernens (Forschungsbericht Nr. 136)*. Abgerufen von: Ludwig-Maximilians-Universität München, Lehrstuhl für Empirische Pädagogik und Pädagogische Psychologie. https://epub.ub.uni-muenchen.de/244/1/FB_136.pdf. Zugegriffen: 07. Dez. 2017.

Welsh, E. T., Wanberg, C. R., Brown, K. G., & Simmering, M. J. (2003). E-learning: Emerging uses, empirical results and future directions. *International Journal of Training and Development, 7*(4), 245–258. https://doi.org/10.1046/j.1360-3736.2003.00184.x

Zwick, T. (2012). Effektivität der Weiterbildung aus Sicht älterer Beschäftigter. *BWP – Berufsbildung in Wissenschaft und Praxis, 41*(1), 15–18. https://www.bibb.de/veroeffentlichungen/de/bwp/show/6817

Zwick, T. (2015). Training older employees: What is effective? *International Journal of Manpower, 36*(2), 136–150. https://doi.org/10.1108/IJM-09-2012-0138

Zwick, T., Göbel, C., & Fries, J. (2013). Age-differentiated work systems enhance productivity and retention of old employees. In C. M. Schlick, E. Frieling, & J. Wegge (Hrsg.), *Age-differentiated work systems* (S. 25–44). Berlin: Springer. http://www.springer.com/de/book/9783642350566

Altersdiversität in Teams – (K)ein Erfolgsfaktor?

Thomas Ellwart, Andrea Beinicke und Tanja Bipp

2.1   Einleitung – 22

2.2   Interview mit Prof. Dr. Thomas Ellwart, Professor für Wirtschaftspsychologie an der Universität Trier – 23

2.3   Fazit – 40

Literatur – 40

Dieses Kapitel enthält Videos online auf https://doi.org/10.1007/978-3-662-55689-4_2; oder laden Sie zum Streamen der Videos die „Springer Multimedia App" aus dem iOS- oder Android App-Store und scannen eine Abbildung, die den „play button" enthält.

© Springer-Verlag GmbH Deutschland, ein Teil von Springer Nature 2019
A. Beinicke, T. Bipp (Hrsg.), *Strategische Personalentwicklung*, Meet the Expert: Wissen aus erster Hand, https://doi.org/10.1007/978-3-662-55689-4_2

2.1 Einleitung

Andrea Beinicke

Die alternde Arbeitsgesellschaft in vielen westlichen Industrienationen hat nicht nur einen Einfluss auf individuelle Mitarbeitende oder die Gesellschaft als Ganzes, sondern stellt auch neue Anforderungen an Organisationen und die Personalarbeit in Unternehmen (Hertel und Zacher 2017). Insbesondere wenn ältere und jüngere Mitarbeitende zusammen in Teams arbeiten (Van Dick und West 2013), stellt sich die Frage, wie Unternehmen mit diesem diversen Personalbestand am besten umgehen können (Hertel und Zacher 2017). Dabei wird sich in der Praxis leider oft auf negative Effekte konzentriert, da in Unternehmen zahlreiche Stereotype und Missverständnisse über ältere Mitarbeitende das Handeln beeinflussen. Empirisch findet sich jedoch für die meisten Vorstellungen darüber, wie sich das Alter auf das Arbeitshandeln auswirkt, keine Unterstützung (Posthuma und Campion 2009). Zusätzlich verschärft wird die Situation durch die öffentlich breit geführte Diskussion über mögliche Generationsunterschiede, für die wissenschaftlich jedoch auch keine überzeugenden empirischen Belege zu finden sind (Rudolph und Zacher 2018). Was festgehalten werden kann, ist, dass der heutige Personalbestand in Unternehmen heterogen in Bezug auf das Alter ist und einige Stereotype über ältere, aber auch jüngere Mitarbeitende existieren, die zu Diskriminierung führen können.

Das vorliegende Kapitel widmet sich daher dem Thema altersdiverser Teams und geht dabei den folgenden Fragen nach: Was sind objektive und subjektive Kennzeichen von altersgemischten Teams? Wie wirkt sich eine solche Zusammensetzung auf die Zusammenarbeit in Teams und deren Effektivität aus? Welche Rolle spielt dabei der Wissensaustausch zwischen Teammitgliedern oder die Identifikation mit dem Team? Welche weiteren Rahmenbedingungen beeinflussen die Teamleistung? Wie kann man die Einstellung zur Nutzung altersdiverser Teams positiv beeinflussen? Wie sollte man mit den aktuellen Herausforderungen der Altersdiversität und der Integration von Flüchtlingen in den Arbeitsmarkt umgehen? Wie könnte ein effektives *Diversity*-Management in Organisationen aussehen?

Prof. Dr. Thomas Ellwart ist Diplompsychologe und seit 2010 Professor für Wirtschaftspsychologie an der Universität Trier. Nach seinem Studium und seiner Promotion an der Technischen Universität Dresden war er zunächst an der Universität Kiel tätig, bevor er dem Ruf als Professor für Angewandte Psychologie an der Fachhochschule Nordwestschweiz folgte. Dort arbeitete er in den Bereichen Forschung, Weiterbildung und Unternehmensberatung. Er ist an zahlreichen Anwendungsprojekten zur Personal- beziehungsweise Organisationsdiagnostik und -entwicklung beteiligt und forscht momentan speziell auf dem Gebiet der Diversität in Arbeitsgruppen und Organisationen.

Referenzen
- Hertel, G., & Zacher, H. (2017). Managing the aging workforce. In C. Viswesvaran, N. Anderson, D. S. Ones, & H. K. Sinangil (Hrsg.), *The SAGE handbook of industrial, work, & organizational psychology*, (S. 396-428). New York: Sage.
- Rudolph, C. W., & Zacher, H. (2018). The Kids are alright: Taking stock of generational differences at work. *The Industrial-Organizational Psychologist*. https://doi.org/10.17605/OSF.IO/WBSH5

- Posthuma, R. A., & Campion, M. A. (2009). Age stereotypes in the workplace: Common stereotypes, moderators, and future research directions. *Journal of Management, 35*, https://doi.org/10.1177/0149206308318617
- Van Dick, R., & West, M. (2013). *Teamwork, Teamdiagnose, Teamentwicklung*. Göttingen: Hogrefe.

2.2 Interview mit Prof. Dr. Thomas Ellwart, Professor für Wirtschaftspsychologie an der Universität Trier

Das Interview und die Transkription führten Sonja Eschenbacher, Tim Kitzmann, Katharina Mackert und Felicitas Muth durch.

Interviewer:

Sehr geehrter Herr Professor Dr. Ellwart, Ihr aktueller Forschungsschwerpunkt liegt im Gebiet der Diversität in Arbeitsgruppen und Organisationen. Spezifisch befassen Sie sich hier auch mit dem Thema „Altersdiversität". In den Medien wird heutzutage immer wieder vom demografischen Wandel berichtet. Das heißt, es gibt eine Altersverschiebung in unserer Gesellschaft, die dazu führt, dass immer mehr ältere Menschen aufgrund des höheren Renteneinstiegsalters sehr lange im Berufsleben bleiben. Außerdem wurden die Schul- und Studienzeiten konstant verkürzt, wodurch die jungen Menschen immer früher in das Berufsleben einsteigen. Diese Entwicklung bedingt, dass in Unternehmen, konkreter noch in Abteilungen und Teams immer mehr Mitarbeitende unterschiedlichen Alters zusammenkommen und gemeinsam arbeiten werden. Mit diesem demografischen Wandel steigt aber auch der Druck auf Manager, sich mit dem Thema „Altersdiversität" in ihren Unternehmen auseinanderzusetzen. Bitte erklären Sie uns kurz, was Sie unter Altersdiversität verstehen und welche Beweggründe es für Sie gab, sich eingehender mit diesem Thema zu befassen.

Prof. Dr. Thomas Ellwart:

Zunächst einmal bedeutet Diversität Vielfalt, und diese kann sich auf verschiedene Kategorien beziehen. Auf die Kategorie des Alters übertragen bedeutet es, dass eine Gruppe nicht aus einer homogenen Alterskohorte besteht, sondern sich aus unterschiedliche Alterskohorten zusammensetzt, beispielsweise aus 20-, 45- und 60-Jährigen.

Dabei stellt sich die Frage, ab welchem objektiven Kriterium Gruppen als altersdivers gelten. In der Wissenschaft gibt es dafür kein eindeutiges Kriterium. Stattdessen werden häufig deskriptive Verteilungsmaße verwendet (zum Beispiel Streuung um den Mittelwert), um für die einzelne Gruppe das Maß an Altersdiversität auszudrücken und sie mit anderen Gruppen zu vergleichen. In der Praxis hingegen ist dieser Zugang wenig hilfreich und im persönlichen Umgang eher kritisch, da Mitarbeitende zum Teil unwillentlich stereotypbehafteten Alterskategorien zugeordnet werden. Wie wir später noch diskutieren können, lässt sich aus der bloßen Altersverteilung auch keine relevante Entscheidung für oder gegen Maßnahmen der Teamentwicklung ableiten.

I:

Wie hängen Altersdiversität und der demografische Wandel zusammen, und wie wirkt er sich auf die Gesellschaft aus?

TE:

Ein Blick auf die Demografie zeigt, dass es Altersdiversität schon immer gab und Ältere und Jüngere schon immer zusammengearbeitet haben. Die symmetrische Verteilung in Arbeitsgruppen – mit der Mehrheit an Mitarbeitenden im mittleren Alter zwischen 40 und 50 Jahren sowie weniger Mitarbeitenden an den Enden der Verteilung (unter 30 und über 60 Jahren) – wird sich in der Zukunft verschieben, was zu einer Erhöhung der Diversität beitragen wird (◘ Abb. 2.1).

Die Gründe sind das steigende Renteneintrittsalter, welches sich analog zur steigenden Lebenserwartung anpassen wird, um die Renten finanzieren zu können. Deshalb wird es mehr ältere Beschäftigte in den Arbeitsgruppen geben als heute. Jüngere Mitarbeiterkohorten werden stärker wachsen müssen, um die entstehende Fachkräftelücke zu schließen. Eine Maßnahme ist der Druck auf einen früheren Berufseinstieg, beispielsweise indem der Bachelor als berufsqualifizierender Abschluss weiter forciert wird.

Kurzum: Längere Berufszeiten, ein Mangel an neu ausgebildeten Fachkräften und das Vorziehen des Berufseintritts machen aus der klassischen Pyramide eine U-Form, die sich durch eine stärkere Altersdiversität in den Teams ausdrücken wird.

I:

Was waren Ihre persönlichen Beweggründe, sich mit dem Thema der Altersdiversität in Teams zu beschäftigen?

TE:

Mein Thema ist und war schon immer Teamarbeit, das heißt die Art und Weise, wie Teams miteinander kooperieren, koordinieren und kommunizieren, um erfolgreich ein Ziel zu erreichen. Mit meinem Wechsel an die Fachhochschule Nordwestschweiz wurde meine Forschung sehr anwendungsorientiert und stärker auf die Bedürfnisse der Unternehmen ausgerichtet. Hierbei stand das Thema „Demografischer Wandel" an erster Stelle, da einige Unternehmen schon damals antizipierten, dass in etwa zehn Jahren ein Drittel der Belegschaft in den Ruhestand gehen würde und mit ihnen ein großer Erfahrungs- und Wissensschatz (▶ Kap. 1). Dies war für mich ein sehr beeindruckender Moment und gleichzeitig auch der Auslöser, mich intensiver mit dem Forschungsgebiet des Wissenstransfers bei Altersdiversität zu befassen.

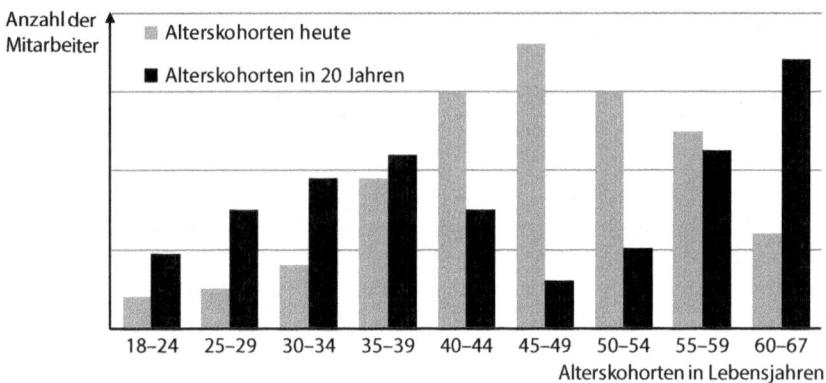

◘ **Abb. 2.1** Schematische Entwicklung der Altersverteilung in einem fiktiven Unternehmen über die nächsten 20 Jahre. (Daten angelehnt an Erfahrungswerte aus dem Industriebereich)

I:
Und ganz konkret, was sind Kennzeichen von altersgemischten Teams?

TE:
Zur Klassifikation altersgemischter Teams müssen objektive und subjektive Kriterien berücksichtigt werden. Zunächst einmal kann als objektives Kriterium der biologische Altersunterschied zwischen Personen herangezogen werden. Das bedeutet ganz nüchtern, altersdiverse Teams unterscheiden sich im biologischen Alter der einzelnen Mitglieder.

Viel wichtiger sind jedoch die darunterliegenden und vor allem die subjektiven Indikatoren der Altersdiversität. Dazu zählen zum einen die verschiedenen Berufserfahrungen der Mitarbeitenden. Dabei wird in der Praxis häufig in Begriffen wie „die jüngeren unerfahrenen Novizen" und „die älteren erfahrenen Experten" gedacht. Hierin liegt meiner Meinung nach allerdings ein kritischer Punkt, denn mit dieser Übertragung des Alters auf die Expertise wird nicht unbedingt ein korrektes Abbild des vermeintlichen Erfahrungsunterschieds wiedergegeben. Der Unterschied in der Berufserfahrung liegt in den konkreten aufgabenrelevanten Erfahrungen der einzelnen Mitarbeitenden und ihrer bis dato erworbenen Expertise, aber auch ihrem Lernpotenzial. 25-jährige Mitarbeitende können durchaus in manchen Bereichen eine höhere Fachexpertise haben als ihre 55-jährigen Kolleginnen beziehungsweise Kollegen.

Zusätzlich sollten auch die unterschiedlichen Motive der Mitarbeitenden in verschiedenen Lebenssituationen herangezogen werden. Zwar konnten Carstensen und Kollegen (2000; Carstensen 2006) zeigen, dass es alterskorrelierte Motivunterschiede gibt. So steht bei jüngeren Menschen mit einer entsprechend längeren Lebenserwartung der Wunsch nach zukunftsbezogenen Zielen, Wissenserweiterung und dem Aufbau von Beziehungen im Vordergrund. Ältere Menschen, deren Lebenserwartung kürzer ist, verfolgen nach dieser Theorie eher emotionale Ziele und kleinere Netzwerke mit tieferen Beziehungen. Aber auch hier ist Vorsicht geboten, diese entwicklungspsychologische Sicht direkt in die Arbeitswelt zu übertragen und individuelle Motive zu eng an eine Altersangabe zu koppeln. Eine 35-jährige Mitarbeiterin mit Kindern hat ganz andere Motive und Bedürfnisse an Arbeitszeitgestaltung und Flexibilität als ihre kinderlose gleichaltrige Kollegin. Das Alter spielt hier also keine Rolle, sondern das individuelle Bedürfnis und die Lebenssituation.

Ebenfalls alterskorreliert können die individuellen Leistungsvoraussetzungen sein. In der Diskussion um positive oder negative Alterstrends gibt Warr (1998) eine Antwort: In manchen Bereichen zeigt sich ein negativer Alterstrend, wenn es beispielsweise um die körperliche Leistungsfähigkeit oder die Geschwindigkeit der Informationsverarbeitung geht. Hier kann allgemein betrachtet ein „Abbau" beobachtet werden, wenn dieser auch interindividuell unterschiedlich sein kann und sich durch die steigende Lebenserwartung verschiebt. Es kann aber auch ein positiver Alterstrend beobachtet werden, insbesondere mit Blick auf Lebens- und Arbeitserfahrung der Mitarbeitenden, der so manche altersbezogene Einbuße wieder kompensiert. Mit Blick auf den allgemeinen Berufserfolg zeigt sich kein direkter Zusammenhang mit dem Alter – ein Umstand der uns mahnt, dass Lebensalter nicht zu überschätzen.

Zusammengefasst muss man sagen, Altersdiversität ist mehr als ein objektiver Unterschied im Geburtsjahr. Viel wichtiger sind mehr oder weniger alterskorrelierte Tiefenmerkmale, wie individuelle Motive, das Wissen, die Erfahrungen oder die körperliche Leistungsfähigkeit als Indikatoren der Diversität einer Arbeitsgruppe herangezogen werden sollten.

I:

Was Sie gerade erwähnt haben war, dass Altersdiversität im Team auch einen maßgeblichen subjektiven Anteil hat. Als Laie könnte man vermuten, dass sich die Frage nach dem Erfolg altersgemischter Teams damit leicht beantworten ließe: Altersdiversität ist automatisch schlecht, wenn die Mitarbeitenden Unterschiede wahrnehmen, und gut, wenn Unterschiede nicht sichtbar sind. Die empirischen Befunde zeigen jedoch, dass es nicht so einfach ist (Ellwart et al. 2013). Wo sehen Sie Potenziale und Herausforderungen, und auf welche Befunde berufen Sie sich?

TE:

An dieser Stelle ist es interessant zu differenzieren, weshalb es sowohl positive als auch negative Effekte der objektiven und subjektiven Altersdiversität auf die erfolgreiche Zusammenarbeit in Teams gibt. Das *Categorization-Elaboration Model* von Van Knippenberg und Kollegen (2004) kann hier eine gute Orientierung und differenzierte Erklärungen bieten (◘ Abb. 2.2).

Das Modell zeigt, welche Prozesse ablaufen können, wenn ein Team objektiv divers ist. Der negative Pfad der Diversität erklärt sich mit der Annahme, dass der treibende Faktor hinter Gruppenprozessen die soziale Identität ist. Laut der Theorie der sozialen Identität von Tajfel und Turner (1986) streben Menschen nach einer positiven persönlichen Identität in ihrem sozialen Umfeld und ordnen sich und andere automatisch sozialen Kategorien zu („In der altersgemischten Gruppe bin ich jung (*Ingroup*) und die Kollegin beziehungsweise der Kollege alt (*Outgroup*)"). Das ist ein automatischer Prozess, welcher vor allem dann abläuft, wenn soziale Kategorien sichtbar beziehungsweise salient und damit bewusst sind. Um die eigene soziale Kategorie stark zu machen, braucht es erstens eine Alternativkategorie (*Outgroup*), und zweitens müssen die Kategorien positiv und negativ bewertet werden. Die *Ingroup*- und *Outgroup*-Kategorisierung geht deshalb in der Regel mit einer automatischen Aufwertung der *Ingroup* und einer Abwertung der *Outgroup* einher. In der Zusammenarbeit wird sich dann weniger mit den Argumenten und Wissen der *Outgroup* auseinandergesetzt (geringe Elaboration infolge einer Kategorisierung), und die Leistung sinkt. Genau hier liegen die ersten zwei Herausforderungen bei Diversität: Die eine besteht darin,

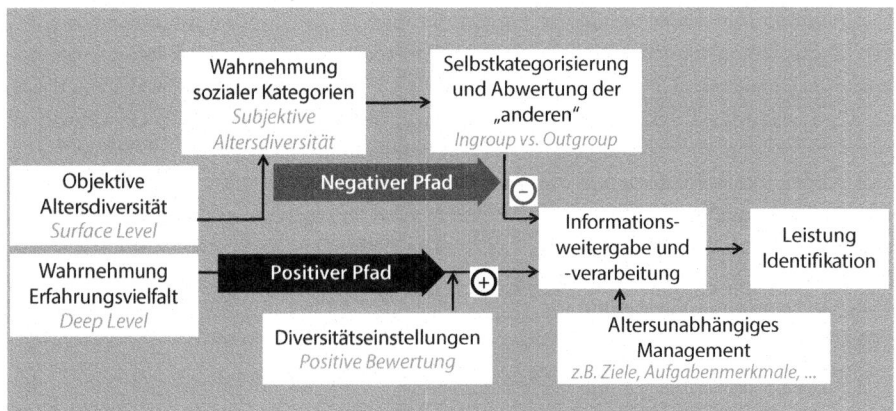

◘ **Abb. 2.2** Einfluss und Wirkung altersbezogener und altersunabhängiger Faktoren auf die Leistung und Identifikation in Teams. (Adaptiertes und erweitertes Kategorisierungs-Elaborations-Modell nach Van Knippenberg et al. 2004)

das Vorhandensein von sozialen Kategorien nicht zu stark zu strapazieren und ständig zu betonen, damit die Salienz dieser Kategorien eher gering bleibt, und die andere darin, die Aufwertung der eigenen und Abwertung der anderen Gruppe nicht von vorherrschenden Stereotypen oder unterschiedlicher Behandlung/Förderung noch zu verstärken (zum Beispiel Stereotype wie „Die Jungen haben heutzutage keine Leistungsbereitschaft" oder „Nur weil er älter ist, bekommt er bestimmte Zugeständnisse").

Der positive Pfad hingegen zeigt, dass es im Bereich der Diversität nicht nur das objektive Alter gibt, sondern auch Tiefenmerkmale wie die Vielfalt von Expertise und Erfahrungen. Diverse Gruppen sind erfolgreich, wenn es ihnen gelingt, diese Vielfalt wahrzunehmen und sie in der Informationsverarbeitung zu nutzen. Als dritter Schlüsselfaktor lässt sich somit die Vielfalt an Erfahrungen und Expertisen anführen, welche vor allem dann ein Potenzial darstellt, wenn der Glaube vorherrscht, dass diese Vielfalt das Team voranbringt. In der Wissenschaft sprechen wir von *Diversity Beliefs*. An dieser Stelle würde die Diversitätsforschung einen Schlussstrich ziehen. In meiner Forschung (z. B. Ellwart et al. 2013) habe ich jedoch die altersbezogenen Stellschrauben mit weiteren altersunkorrelierten Variablen der Führung und des Managements verglichen. Es zeigt sich, dass diese Faktoren ein altersgemischtes (wie auch ein altershomogenes) Team erfolgreich machen und viel mehr Einfluss haben als die oben angesprochenen Altersvariablen. Die Faktoren sind beispielsweise klare Ziele, Zeit für den Wissensaustausch und ein positives Teamklima.

Zusammenfassend gibt es somit bezüglich der Potenziale und Herausforderungen von Altersdiversität zahlreiche Stellschrauben, die es so zu justieren gilt, dass die schädigenden Effekte gering gehalten und die Potenziale bezüglich Wissensvielfalt und Wertschätzung des Wissens unterstützt werden.

I:

Nachdem Sie uns bereits einen breiten Einblick in die Grundlagen zum Thema „Altersdiversität" gegeben haben, möchten wir das Augenmerk folglich auf die grundlegenden Forschungsergebnisse richten. Was selbstverständlich immer entscheidend ist, ist die Frage, wie bestimmte Konstrukte, beispielsweise Altersdiversität, die Leistung der Mitarbeitenden und Teams beeinflussen. Dabei zeigt die Fachliteratur, dass eine inkonsistente Befundlage zum positiven oder negativen Einfluss der Altersdiversität auf die Produktivität vorliegt (Boehm et al. 2011). Wir wollen uns zunächst mit den positiven Effekten von Altersdiversität auseinandersetzen. Einer der Wirkmechanismen ist dabei der Wissensaustausch zwischen den Teammitgliedern (Ellwart et al. 2010). Welche Funktionen des Wissensaustauschs erachten Sie als wichtig, und welche Aspekte müssen bei der Frage berücksichtigt werden, wie Altersdiversität über Wissensaustausch die Leistung beeinflusst oder – wissenschaftlich gesprochen – „mediiert"?

TE:

Zunächst einmal stellt sich dabei die grundsätzliche Frage, weshalb wir annehmen, dass Wissenstransfer oder Wissensaustausch im Zusammenhang mit Gruppenarbeit eine so wichtige Variable darstellt. Der Informationsaustausch in Gruppen ist seit zehn Jahren mein Forschungsfeld, und deshalb würde ich zunächst behaupten, dass der Wissensaustausch der Klebstoff der Teamzusammenarbeit ist. Wir müssen Informationen, das heißt auch Wissen, kommunizieren, um eine koordinierte und kooperative Teamarbeit zu ermöglichen. Er stellt damit den zentralen Wirkmechanismus dar, der Teamarbeit ermöglicht und auch erfolgreich macht. Insgesamt möchte ich fünf zentrale Teamprozesse hervorheben, in denen Informations- und Wissensaustausch eine höchst relevante Rolle spielen. Im ersten

Schritt gehe ich angelehnt an die 3 K der Gruppenarbeit auf Kommunikation, Koordination und Kooperation ein.

Informations- und Wissensaustausch bedeuten immer auch ein Maß an Kommunikation. Um Informationen auszutauschen, muss kommuniziert werden, was einen wesentlichen Prozess der Zusammenarbeit darstellt. Von besonderem Interesse ist dabei die wissensbezogene Kommunikation. Durch Weitergabe von Information besteht die Möglichkeit, bestimmte Entwicklungen zu steuern, Probleme zurückzumelden und Wissen über verschiedene Personen hinweg zu synchronisieren. Zum Beispiel können zwei Personen über die Aspekte eines Projekts sprechen (Rollenverteilung, Aufgabenpakete, Verantwortlichkeiten, Zielvorstellungen etc.). Das dadurch entstandene geteilte mentale Modell des Teams fördert die Zusammenarbeit der beiden Personen und erleichtert ihre Kommunikation. Neben der wissensbasierten Kommunikation spielt auch die emotionsbezogene Kommunikation (affektive Komponente) am Arbeitsplatz eine zentrale Rolle. Der Austausch von Einstellungen, Gefühlen und Motiven fördert die interpersonelle Beziehung und damit auch die Zugehörigkeit.

Das zweite K ist die Koordination: Wissensaustausch erlaubt Koordination. Koordination bezeichnet die Abstimmung der Gruppenmitglieder für eine reibungslose Zusammenarbeit. Entsprechend müssen Wissen und Informationen kommuniziert werden, um auch die Koordination zu erleichtern. Kommunikation erleichtert aber auch das dritte K, die Kooperation, also das gemeinsame Zusammenarbeiten beziehungsweise das Miteinander-auf-ein-Ziel-Hinarbeiten. Hierfür ist jedoch auch die Abstimmung innerhalb der Gruppe notwendig. Teamerfolg, beispielsweise in der Verteidigung beim Fußball, kann nur stattfinden, wenn die Personen miteinander reden und Informationen austauschen (Kommunikation), sich abstimmen (Koordination) und gegenseitig unterstützen (Kooperation). Die sportliche Floskel „Pass du dort auf, ich passe hier auf" gilt im Sport wie im Arbeitsleben.

Etwas spezieller auf das Arbeitsleben zugeschnitten ist der vierte Aspekt, Wissensaustausch als Bereitstellung unterschiedlicher Expertisen. Wenn Teammitglieder Spezialbereiche oder Expertisen besitzen und diese erfolgreich weitergeben und einbringen, hat das Team einen Vorteil beim Lösen komplexer Probleme oder bei Innovationsprozessen. Wissensaustausch hilft Teams also dabei, Spezialwissen einzelner Mitglieder in die gemeinsame Aufgabe einzubringen und so das Team erfolgreich zu machen.

Damit zum letzten Punkt: Wissensaustausch ist Teil des Lernens. Lernen kann bedeuten, das eigene Wissen zu erweitern und im Sinne des Experten-Novizen-Austauschs Neues zu lernen. Hier spielt der Wissensaustausch eine wichtige Rolle. Lernen bedeutet aber auch, neue Erfahrungen zu sammeln. Wenn wir Wissen austauschen, können wir quasi stellvertretend Erfahrungen sammeln, können auf Situationen vorbereitet werden, die wir noch nicht erlebt haben. Auch hier müssen wir Wissen kommunizieren, um Lernprozesse zu fördern.

Zusammengefasst ist der Wissensaustausch oder -transfer in diesen fünf Teamprozessen (Kommunikation, Kooperation, Koordination, Expertiseweitergabe, Lernen) ein höchst relevanter Mechanismus, der Teams erfolgreich macht. Er fördert dabei nicht nur die Leistung der Teams, sondern auch den Zusammenhalt. Wissensaustausch macht Teams zuversichtlich, das Kommende zu meistern, und reduziert Ängste, kritische Situationen nicht meistern zu können. Die Kommunikation von Wissen und Erfahrungen ist deshalb Grundstein für erfolgreiche Teamarbeit oder der Klebstoff, der Teams zusammenhält.

I:

Sie haben bereits erwähnt, dass zur Altersdiversität mehr gehört als nur der objektive Altersunterschied. Gerade die subjektive Wahrnehmung scheint ein Schlüsselfaktor zu sein. Dabei unterscheiden Sie in Ihrer Forschung zwischen einer *Deep-Level*-Diversität und einer *Surface-Level*-Diversität (Ellwart et al. 2010). Worin besteht der Unterschied, und welche Folgen hat das für die Zusammenarbeit im Team?

TE:

Grundsätzlich ist die Unterscheidung in *Surface-Level*- und *Deep-Level*-Diversität eine Aufteilung in Oberflächen- und Tiefenmerkmale einer Person. *Surface-Level*-Diversitäten sind Oberflächenmerkmale, wie beispielsweise das Alter, das Geschlecht, Ethnizitäten oder manchmal auch Religionen (zum Beispiel sichtbar durch Kopftuch oder Kippa). Diese Merkmale oder Indikatoren können aufgrund der meist äußerlichen Manifestation bei erstmaliger Betrachtung einer Person identifiziert werden. Sie dividieren unsere Gruppe in verschiedene Subgruppen (zum Beispiel alte versus junge Menschen) und zur Aufteilung in *Ingroup* versus *Outgroup*.

Die Tiefenmerkmale hingegen sind jene Aspekte, die unter der Oberfläche liegen und in den Denk- und Verhaltensweisen einer Person zum Tragen kommen. Wichtig ist zu betonen, dass Tiefenmerkmale nicht ein bestimmtes Merkmal darstellen, sondern sich wieder aufteilen lassen in verschiedene Facetten, beispielsweise verschiedenes Fachwissen, Meinungen zum Thema X und Y, Einstellungen gegenüber bestimmten Sachverhalten oder individuelle Motive. Die Besonderheit liegt darin, dass sie erst durch die Kommunikation oder im Verhalten sichtbar werden.

Man kann sich die Unterscheidung in *Deep*- und *Surface-Level*-Diversität wie ein Eisbergmodell vorstellen. Über dem Wasser gibt es offensichtliche, objektive Unterschiede (zum Beispiel Mann und Frau), aber die zentrale Frage ist: Welche Unterschiede liegen unter der Oberfläche, und entsprechen die Unterschiede an der Oberfläche denen in der Tiefe? Vielleicht sind wir gar nicht so unterschiedlich, wie es unsere Oberflächenmerkmale andeuten. Oder aber genau umgekehrt, wir teilen gleiche Oberflächenmerkmale, unterscheiden uns aber in den tieferliegenden Merkmalen, weshalb die Betrachtung der Tiefenmerkmale aus meiner Sicht entscheidend ist.

Um die Folgen für die Teamarbeit herauszustellen, möchte ich in diesem Zusammenhang eine Studie von Harrison und Klein (2007) nennen, die drei unterschiedliche Arten von Diversität unterscheidet (*Separation, Variety, Disparity*) und unterschiedliche Auswirkungen postuliert. Zunächst einmal die *Separation* im Sinne von Unterschiedlichkeit bezüglich der Meinungen und Einstellungen. In einer eigenen Studie konnten mein Team und ich daraus ableiten, dass Unterschiede in den Meinungen und Einstellungen zu mehr Teamkonflikten führen, was sich negativ auf Teamprozesse auswirkt (Ellwart et al. 2013). Besonders betrachtet wurden hier unterschiedliche Einstellungen in Bezug auf die Aufgabenbearbeitung, Prioritätensetzung und die Bewertung unterschiedlicher Meinungen im Team. *Separation* kann in minimaler Form vorliegen, wenn die Einstellungen noch nahe beieinander liegen, oder in maximaler Form, wenn es zwei Lager gibt.

Die zweite Art der Tiefendiversität ist *Variety* und bezieht sich auf die Vielfalt in der Expertise. Ein Team kann minimale Expertiseunterschiede aufweisen (zum Beispiel nur Mathematiker bei der Führung eines Technikunternehmens) oder aber ein hohes Maß an Expertisevielfalt besitzen (zum Beispiel je ein Mathematiker, BWLer, Psychologen und Marktforscher leiten die Neueinführung eines technischen Produkts). Ein hohes Maß an Expertisevielfalt stellt dabei nicht nur Ressourcen für die Problemlöseprozesse, sondern ermöglicht es, Wissen zu reflektieren und zu synchronisieren. Demnach führte auch Wissensvielfalt (*Variety*) zu mehr Elaboration, Innovation und Austausch, wenn den einzelnen Teammitgliedern bekannt war, wer im Team welches Wissen besitzt (sogenanntes Metawissen).

Harrison und Klein (2007) führen noch eine dritte Ebene ein, die *Disparity*. Gemeint ist Unterschiedlichkeit bezüglich der hierarchischen Anordnung einer Gruppe. Diese Art der Diversität kann prinzipiell auf Tiefenmerkmalen basieren, aber auch durch *Surface*-Indikatoren sichtbar werden, wie ein eigenes Büro oder individuelle Parkplätze. Man kann zeigen, dass hohe Statusunterschiede den Wissensaustausch reduzieren (Ellwart und Fischer 2013), was sich wiederum negativ auf die Leistung und den Erfolg des Teams auswirkt. Wenn beispielsweise eine überstark ausgeprägte Hierarchie in einem Krankenhausteam die offene und ehrliche Kommunikation zwischen Oberarzt, Assistenzärzten und Krankenschwestern reduziert, dann können die unterschiedlichen Perspektiven der Teammitglieder nicht im Problemlöseprozess integriert und reflektiert werden.

Oft werden bei der Frage nach Diversität und Unterschieden zwischen Personen nur die leicht sichtbaren Merkmale des Alters oder Geschlechts (*Surface Level*) herangezogen. *Surface-Level*-Diversitäten geben uns jedoch kaum Auskunft darüber, warum Teams nicht funktionieren, wo Teamprozesse gestört sind und an welcher Stellschraube man arbeiten muss. Deshalb sollte es aus meiner Sicht bei der Klärung von Teamprozessen im Kern um die *Deep-Level*-Diversitäten gehen.

I:

Sie sprachen außerdem über den sozialen Zusammenhalt und die Identifikation mit dem eigenen Team. Es gibt sicherlich viele Beispiele aus dem eigenen Leben, die einem deutlich machen, wie wichtig Zugehörigkeit ist. Dennoch zeigen die empirischen Befunde, dass sich besonders dieser Faktor auch negativ auf die Leistung auswirken kann (Boehm et al. 2011; Wegge und Schmidt 2015). Was sind Gründe, die eine Person daran hindern, sich mit einem Team zu identifizieren?

TE:

Bisher lag unser Fokus auf dem Wissenstransfer als wichtigem verhaltensbezogenem Teamprozess. Mit der Teamidentifikation beziehungsweise dem Zugehörigkeitsgefühl wird ein emotionaler Zustand angesprochen, der ebenso erfolgsrelevant und wichtig für die Teamarbeit ist. Wir haben bereits oben die Selbstkategorisierung im Rahmen der sozialen Identität angesprochen. Schon dort wurde deutlich, wie wichtig das Zugehörigkeitsgefühl zu einer Gruppe ist, weil es das Denken, Gefühle, Bewertungen und Verhalten der Person gegenüber den Gruppenmitgliedern beeinflusst. Doch wie entsteht Teamidentifikation, und warum ist es manchmal schwierig, sich mit einem diversen Team zu identifizieren? Identifikation mit einem Team speist sich dabei aus drei unterschiedlichen Komponenten: der kognitiven, der evaluativen und der affektiven Komponente (Van Dick et al. 2004).

Die kognitive Komponente der Identifikation beschreibt das Wissen um die Zugehörigkeit zu einer Gruppe. Das klingt zunächst stark nach Lehrbuch, ist aber insbesondere beim Thema „Altersdiversität" sehr greifbar, vor allem wenn man sich eine fehlende Identifikation vor Augen führt. Wann denkt eine Person (Kognition), dass sie *nicht* zum Team dazugehört? Es wird besonders dann der Fall sein, wenn die Person sich stärker einer Subgruppe dazugehörig fühlt als der gesamten Gruppe. Dies wird auftreten, wenn oberflächliche soziale Kategorien ständig sichtbar gemacht werden, es zum Thema wird, anders zu sein. Dann werden sich Personen mit diesen salienten Subgruppen identifizieren (die Jungen versus die Älteren, die Frauen versus die Männer), und die Identifikation mit dem Gesamtteam wird reduziert. Hier können auch Fehler eines gut gemeinten *Diversity*-Managements liegen, wenn dies Unterschiede ständig betont und ungewollt soziale Kategorisierung von Subgruppen in Gang setzt. Als Arbeits-, Organisations- und Wirtschaftspsychologe betone ich die gemeinsame Aufgabe als sinnstiftendes Element der Teamarbeit. Es geht nicht um das Geschlecht oder das Alter, sondern um das gemeinsame Ziel. Wenn hier Personen die Zugehörigkeit zum Team festmachen, dann werden Altersunterschiede an Bedeutung verlieren.

Der zweite Aspekt der Identifikation ist die evaluative Komponente. Sie beinhaltet Fragen nach der Beurteilung des Teams: Wie wichtig ist mir das Team? Wie wichtig bin ich für das Team? Wie viel kann ich für das Team leisten? Damit unterliegt diese Komponente einem subjektiven Beurteilungsprozess, der stark durch Rückmeldung und Wertschätzung aus dem Umfeld durch Kolleginnen beziehungsweise Kollegen und Führungskräfte beeinflussbar ist. Die Identifikation mit einem Team ist dann hoch, wenn ich das Gefühl habe, als Teammitglied zur Aufgabe beizutragen, und niedrig, wenn meine Position und Aufgabe infrage gestellt wird. Bei der Betrachtung altersdiverser Teams stellt sich beispielsweise die Frage, welche Auswirkungen durch Frühpensionierungen ausgelöst werden. Älteren Mitarbeitenden wird das Signal vermittelt, dass ihre Arbeit nicht mehr gebraucht wird und sie das Unternehmen verlassen können. Mit hoher Wahrscheinlichkeit wird damit aber auch die Identifikation innerhalb des Teams sinken. Diese Prozesse entstehen allerdings auch im Zusammenhang mit jüngeren Arbeitenden, wenn das Gefühl aufkommt, dass ihr Beitrag zugunsten der älteren Mitarbeitenden übergangen wird. Auch in diesem Fall würde die Identifikation mit dem Team geringer ausfallen.

Beide Prozesse werden wahrscheinlich die dritte wichtige Komponente tangieren: die affektive Komponente der Identifikation. Dabei handelt es sich um das Gefühl der emotionalen Zugehörigkeit zu einer Gruppe. Zentrale Fragen sind, ob der Einzelne gerne Teil der Gruppe und wie zufrieden er in dem Team ist. Fallen die ersten Vergleichsprozesse (kognitive und evaluative Komponente) negativ aus, ist zu erwarten, dass auch emotional keine Verbindung mit dem Team aufgebaut wird.

Zusammenfassend kann man mit den drei Komponenten sehr gut verschiedene Ausprägungen der Identifikation in diversen Teams erklären. Die Identifikation selbst ist wiederum positive Einflussgröße auf zahlreiche anderer Variablen, wenn sie ein gesundes Maß an Zugehörigkeit nicht übersteigt. Teamidentifikation hängt zusammen mit Zufriedenheit, Motivation, Leistung, Extrarollenverhalten (Dinge neben der eigentlichen Aufgabe für das Unternehmen zu leisten), Gesundheit und vielen anderen Aspekten. Damit stellt die Identifikation als emotionale Variable neben dem Wissenstransfer den zweiten wichtigen Wirkmechanismus im Zusammenspiel zwischen Altersdiversität und Leistung dar.

I:

Ein weiterer Moderator im Zusammenhang von Altersdiversität und Produktivität ist die Komplexität der zu lösenden Aufgabe (Wegge et al. 2008). Roth und Kollegen (2007) fanden heraus, dass Altersdiversität besonders bei komplexen Aufgaben, das heißt Aufgaben, deren Lösung typischerweise unterschiedliche Perspektiven benötigt, einen Erfolgsfaktor darstellt. Genau das Gegenteil findet sich stattdessen für einfache Routineaufgaben, das heißt Aufgaben mit einem hohen Wiederholungsgrad und erlernten Abläufen. Schlüssel hierfür könnte der von Ihnen erwähnte Wissensaustausch sein (Ellwart et al. 2013). Wie erklären Sie sich den positiven Zusammenhang von Altersdiversität und Leistung speziell bei komplexen Aufgaben, und welche Implikationen lassen sich daraus ableiten?

TE:

Zunächst zeigt dieser Befund, dass die Forschung und Praxis auf moderierende Faktoren achten sollen, da diese als Rahmenbedingungen dafür verantwortlich sind, ob der Einfluss von Diversität auf die Leistung stärker oder schwächer wird. Die Art der Aufgabengestaltung spielt dabei eine wichtige Rolle. Der förderliche Aspekt wird besonders deutlich, wenn es um komplexe Aufgaben geht, da viele unterschiedliche Sichtweisen von Expertisen notwendig sind und die Notwendigkeit besteht, miteinander zu kooperieren. Komplexe Aufgaben sind Aufgaben, bei denen der Problemraum nicht sofort erkannt werden kann und in denen verschiedene Lösungswege verborgen liegen. Das Problem muss zuerst analysiert werden, und zu seinem Verständnis ist eine Vielfalt an Sichtweisen im Team hilfreich. An dieser Stelle zeigt sich auch die Bedeutung des Wissensaustauschs, von dem altersgemischte Teams profitieren können. Dieser Vorteil kommt in der Studie von Roth et al. (2007) nicht durch die bloße Diversität im biologischen Alter der Teammitglieder zum Ausdruck, sondern vor allem auch durch die unterschiedlichen Erfahrungen der einzelnen Mitglieder, die vermutlich hoch mit dem Alter korreliert sind (aber wie oben diskutiert nicht sein müssen).

Den umgekehrten Effekt, dass altersdiverse Teams bei Routineaufgaben, also weniger komplexen Aufgaben, einen Nachteil haben, würde ich nicht so pauschal formulieren. Betrachtet man die Art der Aufgaben aus der Studie von Roth et al. (2007), stellt man fest, dass es sich um sehr eintönige Verwaltungsaufgaben handelt und zwischen den einzelnen Mitarbeitenden nur sehr geringe Abhängigkeiten bezüglich ihrer Aufgaben vorliegen. Bei der Bearbeitung solcher Routineaufgaben steht nicht so stark die gemeinsame Aufgabe im Mittelpunkt. Die Mitarbeitenden können ihre Gedanken auf andere Teammerkmale lenken, saliente Merkmale ihrer Kolleginnen beziehungsweise Kollegen fallen auf, sodass gegebenenfalls trennende Unterschiede mehr Bedeutung erlangen.

Das Fazit hieraus sollte also sein, dass Mitarbeitende nicht nur bezüglich der Komplexität, sondern auch bezüglich der gegenseitigen Aufgabenabhängigkeit so beschäftigt werden sollten, dass sie gar keine Gelegenheit und auch nicht die Notwendigkeit haben, länger über Oberflächenmerkmale nachzudenken und negative Stereotype zu aktivieren.

I:

Welche Handlungsempfehlungen würden Sie für die Teamzusammensetzung und Aufgabengestaltung konkret geben?

TE:

Ich sehe drei Ansatzpunkte: die Gruppenzusammensetzung, die Führung und die Aufgabenverteilung. Wissenschaftlich, rechtlich und ethisch ist die Veränderung der altersbezogenen Teamzusammensetzung sehr kritisch, nicht nur weil man Tiefenmerkmale ignoriert, sondern weil man diskriminiert. Hier greift in Deutschland das Antidiskriminierungsgesetz, und dies würde direkt zu Klagen, aber auch zu Motivationsverlusten führen. Das heißt, dass nicht das Alter, sondern die Aufgaben angepasst werden sollten. Die Frage lautet also: Wie können Elemente eines gemeinsamen leistungsorientierten Gruppensinns geschaffen werden?

Zum einen kann das innerhalb der Aufgabe durch Führung geschehen. Führung kann unabhängig von der Aufgabenkomplexität immer wieder deutlich machen, dass es um ein gemeinsames Ziel geht und dass jede und jeder ein kleines Stellrad der großen Aufgabe darstellt. Ein dazu passender Führungsansatz ist die transformationale Führung (▶ Kap. 6). Zum anderen kann die Aufgabe aber auch so gestaltet werden, dass zu ihrer Bewältigung mehr Austausch untereinander notwendig ist. So können Anträge in einem Amt alphabetisch aufgeteilt und bearbeitet und im Anschluss dann die interessantesten und schwierigsten Fälle im Team besprochen werden, wodurch eine gewisse Komplexität und Interdependenz geschaffen werden. Abhängigkeiten können aber auch neben den routinemäßigen Primäraufgaben beispielsweise in Form von Gesundheits- oder Qualitätszirkeln geschaffen werden.

Durch gemeinsame Verantwortlichkeiten lernt man die Kolleginnen beziehungsweise Kollegen unabhängig von Oberflächenmerkmalen kennen. Aufgaben müssen also nicht immer komplex sein; es reicht schon, wenn sie gegenseitige Abhängigkeiten schaffen. Aus diesem Grund steckt in der Aufgabengestaltung das größte Potenzial.

I:

Damit haben wir aus der Forschung jetzt zwei Mediatoren (Wissensaustausch und Identifikation) sowie den Moderator Aufgabenkomplexität betrachtet. Im Zusammenhang mit dem Wissenstransfer sprechen Sie von drei Einflussebenen, wie man Wissensaustausch in Gruppen beeinflussen kann (Ellwart et al. 2010). Wie würden Sie die Ebenen definieren und diese anhand eines Beispiels erläutern?

TE:

Die drei Ebenen sind die individuelle Ebene, die Team- und Aufgabenebene sowie die Organisationsebene (◘ Abb. 2.3). Den Aspekt der Aufgabenkomplexität verorte ich auf der mittleren Ebene.

Auf der individuellen Ebene stehen Personenvariablen, also Eigenschaften und Einstellungen, die dazu führen, dass in diversen Gruppen Wissen transferiert wird. Variablen sind beispielsweise Einstellungen zur Diversität, die bereits erwähnten *Diversity Beliefs*, die persönlichen Ziele und Motive sowie die eigene Kompetenzzuschreibung beziehungsweise Selbstwirksamkeitserwartung, also der Glaube, selbst einen Beitrag zur Zielerreichung leisten zu können. Wenn in altersgemischten Gruppen wenig Wissen ausgetauscht wird, kann es beispielsweise daran liegen, dass die Jüngeren nicht glauben, etwas beitragen zu können (Selbstwirksamkeit). In diesem Fall ist es Aufgabe der Führung, auf der individuellen Ebene die Einstellungen und Sichtweisen der Mitarbeitenden zu verändern.

Die nächste Ebene ist die Teamebene, auf der Variablen wie das sogenannte Metawissen (Wissen um die Expertise anderer) oder Teamklima maßgeblich sind. Eine Variable, die im ersten Moment nichts mit altersgemischter Zusammenarbeit zu tun hat, ist hier auch zu erwähnen, und zwar die Zielklarheit darüber, was durch den Wissenstransfer erreicht

◘ **Abb. 2.3** Drei-Ebenen-Modell der Einflussgrößen auf den Wissensaustausch und dessen Folgen in altersgemischten Teams

werden soll. In der Praxis ist häufig nicht klar, welches Wissen bis wann und von wem ausgetauscht werden soll. Im Idealfall sollten die Ziele so klar und präzise formuliert sein, dass jeder Mitarbeitende weiß, wie erfolgreicher Wissensaustausch aussehen soll. Ein Beispiel hierfür wäre, dass die Teammitglieder sich bis Ende des Monats gegenseitig darüber informieren sollen, wie ein bestimmter Datensatz statistisch ausgewertet werden kann. Je klarer die Ziele auf der Gruppenebene formuliert sind, desto besser wird der Austausch gelingen. Dafür sollte die Führungskraft sorgen. Die auf der Gruppenebene ebenfalls angesiedelten Aufgabenmerkmale sind Komplexität und Abhängigkeit. Wie oben beschrieben sind dies gestalterische Möglichkeiten, die die Chance eröffnen, miteinander zu interagieren und nicht nur nebeneinander zu arbeiten.

Die letzte Ebene, die in Ellwart und Kollegen (2010) nicht betrachtet wird, ist die Organisationsebene, die Bedingungen schaffen sollte, dass Wissenstransfer und erfolgreiche Zusammenarbeit gelingen können. So kann das *Diversity*-Management Rahmenbedingungen schaffen, die nicht nur die Unterschiede betonen, sondern vielmehr die Nützlichkeit von Expertise- und Erfahrungsvielfalt unterstreichen und die Bedeutung dieser für die gemeinsame Aufgabe in den Mittelpunkt rückt. Auch muss die Organisation dafür sorgen, dass allgemeine Rahmenbedingungen existieren, um unterschiedlichen Bedürfnissen gerecht zu werden. Ein Beispiel hierfür wäre die Möglichkeit flexibler Arbeitszeitmodelle in verschiedenen Lebensphasen (zum Beispiel Berufsaustritt, Familienplanung).

I:

Sie haben jetzt verschiedene Faktoren erwähnt, bei denen das Management oder die Führungskraft Verantwortung und Maßnahmen übernehmen kann. Sie haben in Studien gezeigt, dass sich die Einstellung zu altersheterogenen Teams durch Informationsmanagement sowohl positiv als auch negativ beeinflussen lässt (Ellwart et al. 2013). Wie können Führungskräfte diese Tatsachen konkret im Unternehmen umsetzen?

TE:

In Bezug auf die drei Ebenen ist Führung eine organisationale Stellschraube mit Einfluss auf den Erfolg oder Misserfolg des Teams. In einer Studie (Ellwart und Rack 2009) haben wir uns die Variable „Einstellung zur Altersdiversität" auf Individuumsebene herausgegriffen und untersucht, wie Informationsmanagement seitens der Organisation diese Einstellungen beeinflussen kann. Wir wissen, dass Einstellung bezüglich des Nutzens von altersgemischten Teams ein starker Moderator für erfolgreiche Zusammenarbeit ist. In der Studie wurde für eine Organisation ein fiktiver Newsletter erstellt, der über die Vorteile (Versuchsgruppe 1) und die Nachteile (Versuchsgruppe 2) von Altersdiversität berichtete. Die Probanden bekamen die Aufgabe, die Gestaltung des Newsletters zu beurteilen und sollten nicht explizit auf den Inhalt achten. Der Newsletter enthielt sowohl wissenschaftliche Informationen als auch soziale Beispiele altersgemischter Teams in Form von Zitaten vermeintlicher Mitarbeitender. So konnte beiläufig untersucht werden, ob und welchen Einfluss Informationsmanagement auf die Einstellung der Mitarbeitenden hat. Es zeigte sich, dass die Einstellungen zur Diversität unter den Mitarbeitenden schon vor der Manipulation eher sehr positiv waren. Aus diesem Grund war nicht zu erwarten, dass die Werte in der Pro-Diversität-Gruppe (Versuchsgruppe 1) weiter ansteigen würden. Was sich allerdings zeigte, war eine signifikante Abnahme in der Contra-Diversität-Gruppe (Versuchsgruppe 2). Negative Beispiele führten dazu, dass die persönliche Einstellung gegenüber Altersdiversität sank und die Mitarbeitenden eher kritisch stimmte. Diese Form des gezielten Informationsmanagements funktionierte besonders gut bei jüngeren Personen. Auch in diesem Fall ist dafür vermutlich nicht das Alter relevant, sondern es sind eher die sozialen Vorerfahrungen, welche die Mitarbeitenden selbst einbringen. Jüngere Mitarbeitende können dabei auf weniger Gelegenheiten des Austauschs in diversen Teams zurückgreifen. Es zeigte sich auch, dass der negative Newsletter besonders bei Menschen mit hohen altersgruppenbezogenen Vorurteilen wirkte und deren Einstellungen zur Diversität stark ins Negative senkte.

Damit stellt sich eine kritische Frage: Sollten wir über negative Erfahrungen mit Diversität sprechen? Die Botschaft der Studie (Ellwart und Rack 2009) ist eindeutig. Vorteile und auch Nachteile sollten offen und ehrlich kommuniziert werden, und es sollte analysiert werden, warum ein negatives Ereignis im gemischten Team eingetreten sein könnte. Wenn man kritische Informationen zurückhält, werden sie sich auf anderen informellen Wegen mit einer eigenen Dynamik verbreiten, beispielsweise über Ganggespräche oder soziale Medien. Die daraus resultierende Unkontrollierbarkeit einer kritischen Analyse, aber auch das entstandene Misstrauen (Negatives wird unter den Tisch gekehrt) werden zu weiteren Problemen führen. Das Fazit wäre, dass kritische Erlebnisse im Zusammenhang mit Diversität offen platziert und adressiert werden sollten. Es muss dafür ein Umfeld geschaffen werden, in dem diese Kritik ohne Angst und Sanktionen angesprochen werden kann. Vielleicht ist es gar nicht das biologische Alter, welches für Konflikte in altersgemischten Teams verantwortlich ist. Möglicherweise zeigt die kritische Analyse, dass unterschiedliche Motive und Interessen unabhängig des Alters den Grund darstellen, dass es zu Konflikten kam. Dies ist ein großes Potenzial von Informationsmanagement und Konfliktkultur. Wenn die Mitarbeitenden merken, dass über Konflikte und Misserfolge ernsthaft und offen diskutiert wird, greifen automatische Stereotypisierungen nicht mehr so leicht und man beteiligt sich an tiefgründigen Erklärungsprozessen.

I:

Ein weiterer Aspekt ist, dass eine konkrete Zielsetzung und Aufteilung der Verantwortlichkeiten eine Möglichkeit darstellen, um den Wissensaustausch und die Leistung in Teams zu verbessern. Wie könnte ein solcher Ansatz funktionieren?

TE:

Ziele sind wichtig für den Wissensaustausch, da sie zum einen motivieren, also zum Wissensaustausch anregen, und sie es den Teammitgliedern zum anderen erlauben, sich den Soll-Zustand, also das Ergebnis des Wissensaustauschs, konkret vorzustellen. Die Klärung der Verantwortlichkeiten regelt die Zuteilung von Rollen und Aufgaben an die Teammitglieder und damit, wen man in welcher Frage ansprechen sollte. Dabei muss in Teams darauf geachtet werden, dass die Ziele und die Verantwortlichkeiten von allen Teammitgliedern gleichermaßen wahrgenommen oder gespeichert sind. Die Teamforschung spricht hier von gemeinsam geteilten mentalen Modellen, einer wichtigen Vorrausetzung für Wissensaustausch und Erfolg in der Teamarbeit. So kann es sein, dass alle im Team meinen, sie wüssten, was die Ziele und Verantwortlichkeiten sind, sich die individuellen mentalen Modelle aber sehr unterscheiden. Dies führt zu Koordinationsverlusten und Störungen („Ich dachte, du bist verantwortlich"). Praktisch muss deshalb in einem Team zunächst geklärt werden, welche Rollen eingenommen und welche Ziele verfolgt werden. Dies gelingt über den Austausch von Zielen, die konkrete Beschreibung der Zielzustände und die explizite Zuschreibung von Aufgaben an die Teammitglieder. So kann man Expertiselandkarten erstellen, in denen die Zuordnung von Aufgaben an Personen sichtbar gemacht werden. Zum anderen kann man durch unterschiedliche Methoden der Teamentwicklung unterschiedliche Wahrnehmungen der Teammitglieder leicht sichtbar machen. Wir arbeiten hier mit Methoden der

Visualisierung von gemeinsamen und von unterschiedlichen Teamwahrnehmungen, sodass die Teams ein Bewusstsein erlangen, in welchen Bereichen es unterschiedliche Zielvorstellungen oder Rollenkonflikte gibt (Ellwart et al. 2016a).

I:

Bis zu diesem Punkt haben wir nun einen guten Einblick in das Thema der Altersdiversität erhalten und auch erste praktische Ansätze zur positiven Nutzung der Wissensressourcen vermittelt bekommen. Jetzt möchten wir zum Abschluss den Blick in die Zukunft richten. Aktuell ist das Flüchtlingsthema sehr präsent und wird auch zukünftig den Arbeitsmarkt berühren. Welche Folgen zeichnen sich dadurch Ihrer Meinung nach für den Arbeitsmarkt ab, und beeinflussen sie die Dringlichkeit, das Thema „Altersheterogenität" zu betrachten? In welchen Arbeitsbereichen werden wir konkret in der Zukunft über die Herausforderungen von Altersdiversität sprechen?

TE:

Betrachten wir zunächst das Thema der zukünftigen Herausforderungen im Bereich der Altersdiversität und danach die Flüchtlingsdiskussion. Ich sehe die eigentliche Herausforderung nicht darin, ob ältere und jüngere Menschen gut miteinander zusammenarbeiten können – dies wird uns mit den notwendigen Maßnahmen gelingen, die wir bisher bereits diskutiert haben. Vielmehr scheint mir die Herausforderung zu sein, das Rentenalter so anzupassen und umzusetzen, dass ältere Arbeitende länger arbeiten wollen, können und dürfen, als es derzeit oft der Fall ist. Diese Debatte wird politisch leider sehr populistisch und vereinfacht geführt. Fakt ist aber, dass die steigende Lebenserwartung steigende Renten- und Gesundheitskosten mit sich bringen wird, die dann von der arbeitenden Generation zum Großteil finanziert werden muss. Im Sinne der Generationengerechtigkeit braucht es eine altersgemischte Zusammenarbeit von 18-jährigen Berufseinsteigern bis zum Rentenalter mit 65, 67 oder älter. Die Herausforderungen liegen darin, Arbeitsmodelle zu schaffen, welche eine angemessene Beschäftigung möglich machen. Themen sind hier die unterschiedlichen Leistungsvoraussetzungen älterer Arbeiter in den verschiedenen Berufsfeldern (Handwerker versus Sachbearbeiter), die Notwendigkeit einer individuell angepassten differenziellen Arbeitsplatzgestaltung, Risiken und Chancen veränderte Arbeitswelten in Zeiten der Digitalisierung (Industrie 4.0), Möglichkeiten und Motivation zur Um- und Weiterqualifizierung auch im höheren Arbeitsalter sowie faire und gerechte Finanzierungsmodelle der Rente. Wir sollten uns nicht fragen, ob wir im Alter noch arbeiten möchten, sondern wie wir im Alter arbeiten können.

Nun zur Frage nach den Flüchtlingen und den Auswirkungen auf die Diversität am Arbeitsmarkt. Da die Flüchtlingsthematik psychologisch betrachtet ein komplexes und dynamisches Problem darstellt, empfiehlt sich eine differenzierte Analyse des Phänomens im Sinne des komplexen Problemlösens (Dörner 2003). Ausgangspunkt sollte zunächst die Differenzierung des schwammigen Begriffs „Flüchtling" sein, mit dem man Politik machen kann, aber keine Probleme löst. Ebenso notwendig ist ein kritischer Blick auf die aktuellen und zukünftigen Bedarfe des Arbeitsmarktes. Beginnen wir mit letzterem. In den Statistiken der Bundesagentur für Arbeit (siehe Fachkräfteengpassanalyse) wird deutlich, dass derzeit vor allem in technischen Berufen sowie in Pflege- und Gesundheitsberufen Fachkräfte gesucht werden. Der Bedarf ist dabei regional unterschiedlich, und er unterliegt auch zukünftigen Veränderungen, zum Beispiel durch die Digitalisierung, sodass eine stetige Bedarfsanalyse die Suche, Ausbildung und Rekrutierung von Arbeitskräften aus dem Ausland (und Inland) lenken sollte.

Betrachtet man nun differenziert die sehr unterschiedlichen Migrationsgruppen, so ist der Ansatz „Flüchtlinge lösen das Fachkräfteproblem" falsch, ethisch fragwürdig sowie systemisch gefährlich. In unserem aktuellen System differenzieren wir zu wenig zwischen Arbeits- und Armutsmigration sowie Asyl aufgrund von Flucht und Verfolgung. Asyl ist verbunden mit einem temporären Schutzstatus. Wer als Kriegsflüchtling nach Europa kommt, der kann nicht die Lösung für unseren Fachkräftemangel darstellen. Diese Menschen und Kinder brauchen in erster Linie Schutz, aber natürlich auch eine Ausbildung und eine Arbeitsperspektive. Diese muss jedoch dazu befähigen, später das Heimatland wiederaufzubauen, es besser zu gestalten oder für stabile Verhältnisse zu sorgen. Wir müssen Asylsuchende in den Berufen ausbilden und fördern, die dem Heimatland nützlich sind und später vor Ort für Lebensperspektiven sorgen. Es wäre nicht verantwortlich, wenn wir (aus-)gebildete Fachkräfte aus Krisenländern an uns binden, um unseren Fachkräftemangel zu bewältigen. Damit entziehen wir den instabilen Heimatländern die ausgebildete Bevölkerung und schaffen weitere Instabilität und neue Fluchtursachen. Sicher werden manche der Asylsuchenden in Deutschland bleiben, aber in der Masse gehören Asyl und die Lösung des Fachkräftemangels nicht zusammen.

Wir müssen uns mit Blick auf den Fachkräftemangel auf eine gesteuerte und bedarfsorientierte Arbeitsmigration konzentrieren. Beispiele finden sich in Kanada oder Australien. Im aktuellen deutschen System riskieren viele Armutsflüchtlinge zunächst eine Bootsflucht über das Mittelmeer, übertreten illegal Grenzen und nutzen den Umweg eines Asylverfahrens, um in den Arbeitsmarkt zu gelangen. Dann stellen wir fest, dass diese Menschen häufig gar nicht die fachlichen Voraussetzungen mitbringen, die bei uns notwendig sind, und auch nicht in der Lage sein werden, diese fachlichen Qualifikationen zu erreichen. Im Ergebnis stehen dann Frust, Enttäuschung und hohe Folgekosten, aber auch die zu beobachtende Skepsis der Bevölkerung gegenüber der Einwanderungspolitik. Wir wissen, welche Berufe gesucht werden, sodass die Rekrutierung geeigneter Fachkräfte in den Heimatländern beginnen könnte. Vielleicht ist es sinnvoll, die sprachliche Ausbildung und Schulung schon vor Ort umzusetzen. Das ist ein aufwendiger Prozess, der auch wieder die Gefahr birgt, den eigenen Fachkräftemangel auf Kosten ärmerer Staaten zu decken, was zu negativen Auswirkungen führt. Solche Auswirkungen kann man am Beispiel des Ärztemangels in Osteuropa beobachten, deren Ärzte zurzeit unseren Bedarf nach medizinischem Personal decken. Fachkräfterekrutierung im Ausland darf deshalb keine Einbahnstraße sein, bei der wir ausgebildete Eliten abwerben und Schieflagen im Heimatland dieser Menschen erzeugen. Wir müssen im Gegenzug in die Ausbildung und Arbeitsperspektiven der Heimatländer investieren, um nicht Probleme zu verschieben, die uns dann in späteren Konflikten wieder einholen.

Ich bin überzeugt, dass eine gezielte und auf Gegenseitigkeit beruhende Fachkräftesuche erfolgreich ist und letztendlich auch die Zusammenarbeit in den diversen Teams positiv beeinflusst. Ich kenne ein Beispiel aus dem Altenpflegebereich, bei dem gezielt in Südosteuropa Pflegerinnen und Pfleger mit geringer Arbeitsperspektive im Heimatland angeworben wurden, die schon im Heimatland Sprach- und Fachkurse belegten und im engen Austausch mit dem zukünftigen Unternehmen standen. Als sie nach Deutschland kamen, waren sie keine hilfesuchenden Migranten, sondern ein dringend erwarteter Teil des Pflegeteams, das unter dem Fachkräftemangel gelitten hat. In Zukunft werden so zur Altersdiversität weitere Diversitätsarten hinzukommen. Wenn im Mittelpunkt die gemeinsame Aufgabe, die individuelle Expertise und die wahrgenommene Nützlichkeit der Diversität stehen, dann werden diese Teams erfolgreich zusammenarbeiten.

I:

Wenn wir abschließend wieder das Thema „Altersdiversität" in den Mittelpunkt rücken, was würden Sie unterschiedlichen Zielgruppen wie Managern, Teamleitern oder den Mitarbeitenden an sich raten, um Altersdiversität zu einem Erfolgsfaktor zu machen?

TE:

Beginnen wir beim Topmanagement auf der Organisationsebene. Hierbei handelt es sich um eine Ebene, die nicht direkt in die spezifischen Aufgaben der altersgemischten Teams involviert ist, die aber die Rahmenbedingungen zur Erfüllung verschiedener Bedürfnisse der Mitarbeitenden schaffen kann. Auf dieser Ebene hat man zum einen Einfluss auf das *Diversity*-Management und die Frage, welche Diversitätsarten im Unternehmen hervorgehoben werden und welche nicht. Gerade mit Blick auf die negativen Prozesse der sozialen Kategorisierung (die Alten versus die Jungen) liegen hier Risiken, aber auch Möglichkeiten, wenn wir an positive Diversitätsbeurteilungen oder Expertisevielfalt denken. Zudem geht es auf der Organisationsebene viel um Arbeitszeitenmodelle. Derzeit arbeite ich mit meinem Team zum Thema „Co-Leitungsmodelle" (Ellwart et al. 2015) und „Führung in reduzierter Arbeitszeit" (Ellwart et al. 2016b). Diese Modelle erlauben es beispielsweise, dass ältere und jüngere Führungskräfte sich die Leitungsaufgaben teilen, um beispielsweise ein arbeitszeitreduziertes Ruhestandmodell umzusetzen. Hier wird Altersdiversität in der Führungsdyade praktisch umsetzbar, mit dem Ziel, Fachwissen zu transferieren und zugleich lebensphasenbezogene Bedürfnisse nach flexiblen Arbeitszeiten umzusetzen.

Für die Teamleiter sind die spezifischen Zusammenhänge wichtig, die wir im Interview diskutiert haben. Sie sollten sensibel für unterschiedliche Prozesse und auch für verschiedene Wirkmechanismen sein. Denn die Prozesse der Teamarbeit sind komplex, und es sind mehrere Stellschrauben parallel zu beachten (zum Beispiel individuelle Motive, Erfahrungen, Expertise, Ziele, Bewertungen von Altersdiversität). Deshalb gilt für Teamleiter zunächst, eine Wahrnehmung oder ein Bewusstsein für die aktuell im Team vorherrschenden Zustände und Prozesse zu erlangen. Nach dieser Analyse können im Team bestimmte Dinge hinterfragt und diskutiert werden. Aus meiner Sicht sollten Teamleiter beachten, dass es nicht zwangsläufig vorteilhaft ist, wenn die unterschiedlichen Altersgruppen stark hervorgehoben und in den Mittelpunkt gestellt werden, da es die Salienz der sozialen Kategorien erhöht. Im Mittelpunkt müssen die gemeinsame Aufgabe und die Bedingungen stehen, die das Team zu deren erfolgreichen Bearbeitung befähigt. Ich halte es wichtig, den Teamleitern nicht zu vermitteln, dass Altersdiversität eine kritische Herausforderung ist, sondern vielmehr, dass Diversität in der Zukunft zur Normalität werden wird, deren Potenzial wir nutzen müssen.

Doch auch für die Mitarbeitenden kann eine Reflexion über Bedürfnisse und Veränderungen in den einzelnen Lebensphasen wichtige Einsichten zum Thema „Altersdiversität" bringen. Mitarbeitende sollten sich bewusst machen, dass sie sich über das Arbeitsleben hinweg selbst auch verändern. Wenn ältere oder jüngere Mitarbeitende andere Einstellungen und Bedürfnisse haben, so mag dies auf den ersten Blick stark von der aktuellen persönlichen Sicht verschieden sein. Auf das Arbeitsleben bezogen sind die Unterschiede vielleicht gar nicht so groß, da sie früher oder später einmal die gleiche Lebensphase gestalten müssen. Zusätzlich würde ich den Mitarbeitenden raten, die oberflächliche Betrachtung von „Alt" versus „Jung" zu ignorieren und stattdessen die Tiefendiversität zu berücksichtigen. Vielleicht teilen die Mitarbeitenden Motive, Ziele oder auch private Dinge, wie einen

Kapitel 2 · Altersdiversität in Teams – (K)ein Erfolgsfaktor?

gemeinsamen Fußballclub, wodurch weitaus mehr Ähnlichkeit ausgedrückt wird als durch ein Geburtsdatum.

I:

Damit haben wir einen guten Ausblick in die Zukunft erhalten und Ansatzpunkte sowie Maßnahmen diskutiert. Welches Fazit ziehen Sie persönlich, wenn Sie auf Ihre Forschung und Praxiserfahrungen zum Thema „Altersdiversität" zurückschauen?

TE:

Abschließend sehe ich drei Punkte, die ich als Fazit herausarbeiten würde. Es stellt sich erstens weniger die Frage, ob Altersdiversität gut oder schlecht für Teams ist. Altersdiversität ist Realität und wird in Zukunft weiter zunehmen. Zum Glück entscheidet aber nicht das biologische Alter oder dessen Verteilung über die Leistung des Teams, sondern das Wissen und die Expertise, die sich hinter den altersgemischten Mitarbeitenden verbirgt. Dieses vielleicht auch altersunabhängige Potenzial muss wahrgenommen, gefördert und im Team auf die Aufgabe ausgerichtet werden.

Damit sind wir beim zweiten Punkt. Es ist nicht die altersbezogene Zusammensetzung des Teams, die den Erfolg bestimmt, sondern die Gestaltung und Führung in der gemeinsamen Aufgabe. Sie entscheiden darüber, ob sich Teammitglieder mit der Aufgabe identifizieren, ob sie koordiniert zusammenarbeiten und ob sie ihre Kompetenzen einbringen können. Aufgaben sollten so gestaltet werden, dass jedes Teammitglied seinen Teil beitragen kann und sich seiner Rolle bewusst ist. Führungskräfte sollten herausarbeiten, um welche Vision, um welches konkrete gemeinsame Ziel es geht.

Als dritter Punkt steht für mich die Art und Weise, wie Alter im Unternehmen und der Gesellschaft wahrgenommen wird. Wenn es gelingt, Diversität von Alter oder Geburtsdatum zu entkoppeln, dann sprechen wir über Mitarbeitende in unterschiedlichen Lebensphasen mit individuellen Bedürfnissen, persönlichen Fähigkeiten und Kompetenzen. Innerhalb einer Alterskohorte können dann zwei 40-Jährige in sehr unterschiedlichen Lebensphasen stehen. Der 40-jährige Single hat ganz andere Motive und Einstellungen an die Arbeit als der 40-jährige Familienvater. Auch zwischen Alterskohorten können Mitarbeitende in einer ähnlichen Lebensphase sein, wenn es beispielsweise um bestimmte Erkrankungen geht. Ein 40-jähriger Fließbandarbeiter mit Rückenproblemen benötigt ganz ähnliche Arbeits- und Gesundheitsmaßnahmen wie ein 60-jähriger Mitarbeiter, der unter ähnlichen Beschwerden leidet. Die Anforderungen und Potenziale, die diese bedürfnisorientierte Betrachtung unabhängig vom Alter mit sich bringt, kann nur ausgeschöpft werden, wenn Unternehmen, Diversitätsmanager, Teamleiter und Mitarbeitende umdenken. Dann können gezielte Förderprogramme eingesetzt werden, ohne dass Menschen sozialen Kategorien wie den „Alten" versus „Jungen" zugeordnet werden. Mein Fazit ist also: Alter ist ein Datum, das man gut kommunizieren, vergleichen und berechnen kann. Deshalb steht es so oft im Mittelpunkt. Es ist aber kein verlässlicher Indikator für die eigentlich relevanten und erfolgskritischen Merkmale eines Teams und seiner Mitglieder.

I:

Vielen Dank für diesen interessanten Einblick in Ihr Forschungsgebiet und dafür, dass Sie sich die Zeit für dieses Interview genommen haben.

Video des Interviews:

▶ http://tinyurl.com/Ellwart01

2.3 Fazit

In vielen Unternehmen gehören altersdiverse Teams bereits zum Arbeitsalltag, aber es stellt sich die Frage, wie man die Zusammenarbeit von jüngeren und älteren Arbeitenden am besten unterstützen kann. Dabei erscheinen nicht nur objektive, sondern insbesondere auch subjektive Unterschiede zwischen den einzelnen Teammitgliedern die Zusammenarbeit zu beeinflussen. Durch die genaue Betrachtung von zentralen Teamprozessen ergeben sich wichtige Hinweise, wie eine effektive Personalarbeit in altersdiversen Teams aussehen kann. Beispielsweise können der Wissensaustausch oder Wissenstransfer in altersdiversen Teams gefördert sowie positive Einstellungen gegenüber der Arbeit und die Identifikation mit dem Team unterstützt werden. Diese Maßnahmen der Teamentwicklung betreffen dabei nicht nur Teammitglieder, sondern schließen insbesondere auch die Sensibilisierung von Führungskräften für wichtige Teamprozesse ein. Um die Führung und Aufgabenverteilung in Teams zu optimieren, können die Festlegung konkreter, gemeinsamer Ziele, genaue Absprachen über Verantwortlichkeiten sowie eine offene Kommunikation helfen. Neben der Teamentwicklung ist die Personalentwicklung eine weitere zentrale Aufgabe für Unternehmen mit diversen Belegschaften. Hier gilt es, alle Mitarbeitenden unabhängig vom Lebensalter individuell zu unterstützen, zu motivieren und gesundheitlich zu fördern.

Literatur

Boehm, S. A., Baumgaertner, M. K., Dwertmann, D. J., & Kunze, F. (2011). Age diversity and its performance implications – Analysing a major future workforce trend. In S. Kunisch, S. A. Boehm, & M. Boppel (Hrsg.), *From grey to silver* (S. 121–141). Berlin, Heidelberg: Springer.

Carstensen, L. L. (2006). Influence of a sense of time on human development. *Science, 312*(5782), 1913–1915. https://doi.org/10.1126/science.1127488

Carstensen, L. L., Charles, S. T., & Isaacowitz, D. M. (2000). Applying science to human behavior. *American Psychologist*, 55(3), 343. https://doi.org/10.1037/0003-066X.55.3.343.a

Dörner, D. (2003). *Die Logik des Mißlingens. Strategisches Denken in komplexen Situationen*. Reinbek: Rowohlt Taschenbuch Verlag.

Ellwart, T., & Rack, O. (2009). *Änderung von Einstellungen zur Altersdiversität durch Informationsmanagement*. Vortrag auf der 6. Tagung der Fachgruppe Arbeits- und Organisationspsychologie der Deutschen Gesellschaft für Psychologie, Wien.

Ellwart, T., & Fischer, A. (2013). *Multilevel effects of team diversity on team processes: The role of individual diversity perceptions*. Paper presented at the 16th congress of the European Association of Work and Organizational Psychology, Münster.

Ellwart, T., Mock, K., & Rack, O. (2010). *Altersgemischte Zusammenarbeit: Potentiale für Wissensaustausch, Innovation und Development*. Zürich: SPEKTRAmedia.

Ellwart, T., Bündgens, S., & Rack, O. (2013). Managing knowledge exchange and identification in age diverse teams. *Journal of Managerial Psychology*, 28(7/8), 950–972. https://doi.org/10.1108/JMP-06-2013-0181

Ellwart, T., Russell, Y., & Blanke, K. (2015). Führung als Doppelspitze: Co-Leitung erfolgreich managen. In R. V. Dick & J. Felfe (Hrsg.), *Handbuch Mitarbeiterführung, Wirtschaftspsychologisches Praxiswissen für Fach- und Führungskräfte* (S. 251–262). Wiesbaden: Springer.

Ellwart, T., Peiffer, H., Matheis, G., & Happ, C. (2016a). Möglichkeiten und Grenzen eines Online Team Awareness Tools (OnTEAM) in Adaptationsprozessen. *Zeitschrift für Wirtschaftspsychologie*, 4, 5–15.

Ellwart, T., Hofer, A., & Moldzio, T. (2016b). Führung in reduzierter Arbeitszeit: Gesellschaftspolitisch erwünscht oder praktisch begrenzt. *Gleichstellung in der Praxis*, 12(3), 15–19.

Harrison, D. A., & Klein, K. J. (2007). What's the difference? Diversity constructs as separation, variety, or disparity in organizations. *Academy of Management Review*, 32(4), 1199–1228.

Roth, C., Wegge, J., & Schmidt, K. H. (2007). Konsequenzen des demographischen Wandels für das Management von Humanressourcen. *Zeitschrift für Personalpsychologie*, 6(3), 99–116. https://doi.org/10.1026/1617-6391.6.3.99

Tajfel, H., & Turner, J. C. (1986). The social identity theory of intergroup behaviour. In S. Austin & W. G. Austin (Hrsg.), *Psychology of intergroup relations* (S. 7–24). Chicago: Nelson–Hall.

Van Dick, R., Christ, O., Stellmacher, J., Wagner, U., Ahlswede, O., Grubba, C., Hauptmeier, M., Höhfeld, C., Moltzen, K., & Tissington, P. A. (2004). Should I stay or should I go? Explaining turnover intentions with organizational identification and job satisfaction. *British Journal of Management*, 15(4), 351–360. https://doi.org/10.1111/j.1467-8551.2004.00424.x

Van Knippenberg, D., De Dreu, C. K. W., & Homan, A. C. (2004). Work group diversity and group performance: An integrative model and research agenda. *Journal of Applied Psychology*, 89(6), 1008–1022. https://doi.org/10.1037/0021-9010.89.6.1008

Warr, P. (1998). Age, work, and mental health. In K. W. Schaie & C. Schooler (Hrsg.), *The impact of work on older adults* (S. 252–303). New York: Springer.

Wegge, J., & Schmidt, K. H. (2015). *Diversity Management: Generationenübergreifende Zusammenarbeit fördern*. Göttingen: Hogrefe.

Wegge, J., Roth, C., Neubach, B., Schmidt, K. H., & Kanfer, R. (2008). Age and gender diversity as determinants of performance and health in a public organization: The role of task complexity and group size. *Journal of Applied Psychology*, 93(6), 1301–1313. https://doi.org/10.1037/a0012680

Welche Bedeutung hat die berufliche Anpassungsfähigkeit in Zeiten des Wandels?

Ute-Christine Klehe, Andrea Beinicke und Tanja Bipp

3.1 Einleitung – 44

3.2 Interview mit Prof. Ute-Christine Klehe (PhD), Professorin für Arbeits- und Organisationspsychologie an der Universität Gießen – 45

3.3 Fazit – 63

Literatur – 63

Dieses Kapitel enthält Videos online auf https://doi.org/10.1007/978-3-662-55689-4_3; oder laden Sie zum Streamen der Videos die „Springer Multimedia App" aus dem iOS- oder Android App-Store und scannen eine Abbildung, die den „play button" enthält.

© Springer-Verlag GmbH Deutschland, ein Teil von Springer Nature 2019
A. Beinicke, T. Bipp (Hrsg.), *Strategische Personalentwicklung*, Meet the Expert: Wissen aus erster Hand, https://doi.org/10.1007/978-3-662-55689-4_3

3.1 Einleitung

Andrea Beinicke

Die schnellen, beispielsweise technologischen Veränderungen und zunehmende Globalisierung in der heutigen Arbeitswelt haben nicht nur Auswirkungen auf die Unternehmen, sondern ziehen auch direkte Konsequenzen für alle Personen auf dem Arbeitsmarkt nach sich. Insbesondere die Unsicherheit in Bezug auf Beschäftigungsverhältnisse, die Zunahme von Wissensarbeit sowie demografische Veränderungen haben berufliche Karrieren in den letzten Jahren stark verändert und weniger planbar gemacht (Greenhaus et al. 2010). So war es vor ein bis zwei Generationen ganz normal, dass man nach dem Abschluss der Ausbildung in ein Unternehmen einstieg und dort sehr lange – wenn nicht das ganze Berufsleben – verblieb. Dabei war das Unternehmen für die weitere, meist geradlinig verlaufende Karriere zuständig. Heutzutage hingegen wird von Berufstätigen mehr Flexibilität, Eigenverantwortung und Proaktivität in Bezug auf ihre eigene Karriere erwartet. Viele Mitarbeitende stehen vor der Herausforderung, entweder aus einem am Arbeitsplatz zur Verfügung gestellten Fortbildungsangebot den eigenen Karriereweg aktiv selbst zu gestalten oder dies ganz ohne die Unterstützung ihres Arbeitsgebers zu tun (Valcour 2015). Ohne explizite Hilfestellung von außen, zum Beispiel im Rahmen einer gezielten Laufbahnberatung oder Coaching (Gasteiger 2014; Lang-Von Wins und Triebel 2012) sind Arbeitende damit unter Umständen überfordert. Diese Veränderungen am Arbeitsmarkt haben auch Eingang in die Forschung gefunden, indem aktuelle Theorien und Modelle in Bezug auf Karrieren insbesondere flexiblere Laufbahnen, Anpassungsfähigkeit sowie konstante Weiterbildung von Mitarbeitenden betonen. So ist in den letzten Jahren verstärkt das Konstrukt der beruflichen Anpassungsfähigkeit in den Fokus des Interesses gerückt (Savickas et al. 2009).

Das Interview beschäftigt sich mit diesen neueren Entwicklungen im Bereich von Karriereverläufen und liefert Antworten auf die folgenden Fragen: Was versteht man unter beruflicher Anpassungsfähigkeit? Fällt es älteren Mitarbeitenden schwerer, sich anzupassen, und gibt es generell Unterschiede in der beruflichen Anpassungsfähigkeit zwischen jüngeren und älteren Arbeitenden? Welche Rolle spielt das Erkunden der eigenen Person und der Umwelt für Karriereentscheidungen? Welche Auswirkungen hat die erlebte Arbeitsplatzunsicherheit, und wie können Unternehmen potenziell negative Effekte vermeiden? Was sind effektive Strategien für die Jobsuche? Wie lässt sich die eigene berufliche Anpassungsfähigkeit steigern? Kann man durch Trainings berufliche Übergänge, zum Beispiel von der Ausbildung zum Berufseinstieg, effektiv unterstützen? Inwieweit lassen sich diese Ansätze auch auf die Integration von Geflüchteten in den deutschen Arbeitsmarkt übertragen?

Prof. Ute-Christine Klehe (PhD) ist Professorin für Arbeits- und Organisationspsychologie an der Universität Gießen. Nach dem erfolgreichen Abschluss ihrer Promotion in Kanada konnte sie weitere internationale Forschungserfahrung durch Beschäftigungen in der Schweiz und den Niederlanden sammeln. Außer angewandter Forschung im Rahmen der Personalauswahl beschäftigt sie sich seit Jahren mit den Themen „Arbeitssuche" und „Karriereentwicklung". Neben dem Forschungsfeld der beruflichen Identität geht sie unter anderem der Frage nach, wie Personen berufliche Anpassungen im Laufe ihrer Karrieren vornehmen, beispielsweise als Reaktion auf ökonomische Stressoren oder berufliche Wechsel. Zudem beleuchtet sie die Auswirkungen von Arbeitslosigkeit und Wiederbeschäftigung bei älteren Arbeitenden.

Referenzen

- Gasteiger, R. M. (2014). *Laufbahnentwicklung und -beratung.* Göttingen: Hogrefe.
- Greenhaus, J. H., Callahan, G. A., & Godshalk, V. M. (2010). *Career management.* Thousand Oaks, CA: Sage.
- Lang-Von Wins, T., & Triebel, C. (2012). *Karriereberatung. Coachingmethoden für eine kompetenzorientierte Laufbahnberatung.* Berlin, Heidelberg: Springer-Verlag.
- Savickas, M. L., Nota, L., Rossier, J., Dauwalder, J. P., Duarte, M. E., Guichard, J., …, & Van Vianen, A. E. (2009). Life designing: A paradigm for career construction in the 21st century. *Journal of Vocational Behavior, 75*(3), 239–250. https://doi.org/10.1016/j.jvb.2009.04.004
- Valcour, M. (2015). Facilitating the crafting of sustainable careers in organizations. In B. I. J. M. Van der Heijden & A. De Vos (Hrsg.), *Handbook of research on sustainable careers* (S. 20–34). Cheltenham, UK: Edward Elgar Publishing.

3.2 Interview mit Prof. Ute-Christine Klehe (PhD), Professorin für Arbeits- und Organisationspsychologie an der Universität Gießen

Das Interview führten Simone Auernhammer und Tobias Frosch; die Transkription erfolgte zusammen mit Johanna Ell und Barbara Gröschel.

Interviewer:

Guten Tag, Frau Professorin Klehe (PhD). Sie leiten seit Oktober 2011 an der Universität Gießen den Bereich der Arbeits- und Organisationspsychologie und haben sowohl im In- als auch Ausland in diesem Fachgebiet ausgiebig geforscht. Darüber hinaus haben Sie durch zahlreiche Gutachter- und Herausgebertätigkeiten die wissenschaftliche Welt geprägt. Wie sah Ihr Weg nach Ihrem Diplom in Psychologie 2000 in Marburg bis hierhin aus?

Prof. Ute-Christine Klehe (PhD):

Man könnte meinen, dass ich meine Karriere geplant und verschiedene Berufsmöglichkeiten exploriert hätte, so war das aber nicht. Ich wollte ursprünglich klinische Psychologin werden, interessierte mich dann aber zunehmend für die Arbeits- und Organisationspsychologie. Warum, so der Gedanke, sich erst um Menschen kümmern, wenn das Kind schon halb in den Brunnen gefallen ist, wenn man doch so viel verändern und bewirken kann, indem man an den Arbeitsbedingungen der Menschen anknüpft oder durch Trainings und andere Entwicklungsmaßnahmen den Werkzeugkasten der Menschen stärkt?

Während meines Studiums war ich wissenschaftliche Hilfskraft bei Prof. Dr. Martin Kleinmann, der 1999 die erste Fachtagung der Arbeits- und Organisationspsychologie der Deutschen Gesellschaft für Psychologie in Marburg ausgetragen hat, und ich habe dort Blut geleckt. Zu promovieren und Wissenschaft zu betreiben, erschien mir damals als ein unglaubliches Privileg – diese Erlaubnis, neugierig zu sein und „to go where no man has gone before".

Dieser Kongress war obendrein der erste seiner Art in Deutschland, und damit hatte Prof. Dr. Martin Kleinmann noch eine ganz besondere Aufgabe zu stemmen, nämlich: Womit konnte man die Kolleginnen und Kollegen aus Deutschland locken, für den Kongress nach

Marburg zu kommen? Wer sind die großen Namen unserer Disziplin, die man als attraktive Gastredner einladen könnte? Prof. Dr. Martin Kleinmann ist da meines Wissens ganz unbescheiden herangegangen und hat sich überlegt: Welche Theorie kennt jeder, also wirklich jeder, in der Arbeits- und Organisationspsychologie? Daraufhin hatte er sich dazu entschlossen, Prof. Dr. Gary Latham einzuladen. Prof. Dr. Gary Latham hat auf diesem Kongress einen tollen Keynote-Vortrag über die Bedeutung (oder auch nicht) von Partizipation im Zielsetzungsprozess gehalten – und dabei auch über den Forschungsprozess selbst (Latham et al. 1988).

Zu dieser Zeit schrieb ich meine Diplomarbeit bei Prof. Dr. Martin Kleinmann zu situativen Interviews in der Personalauswahl, einer Methode, die ursprünglich von Prof. Dr. Gary Latham entwickelt worden war. Situative Interviews sind strukturierte Interviews, bei denen Bewerbenden verschiedene kritische Situationen aus dem Berufsalltag vorgegeben werden und abgefragt wird, wie sich die Bewerbenden in dieser Situation verhalten würden. Die Antworten der Bewerbenden werden daraufhin notiert und anhand eines zuvor festgelegten Bewertungsschlüssels einzeln bewertet. Nun, im Allgemeinen funktionieren situative Interviews eigentlich recht gut, aber ich hatte Fragen – für mich dringende Fragen, auch wenn ich die ihm so heute nie mehr stellen würde!

Meine erste Frage bezog sich auf seine Annahme, dass man durch situative Interviews die Intentionen der Leute messen und dadurch Rückschlüsse darauf ziehen könne, wie sie sich in einer entsprechenden realen Arbeitssituation tatsächlich verhalten würden. Mir erschien es damals unglaublich naiv, dass man Bewerbende in situativen Interviews zu ihrer Arbeitsweise befragt und davon ausgeht, dass diese immer eine ehrliche Antwort geben. Was ich damals nicht auf dem Radar hatte, war das Dilemma (zum Beispiel zwischen sozialen versus finanziellen Zielsetzungen, Kollegialität versus Sicherheit), das einer situativen Frage zugrunde liegt und sie eben so schwierig macht. Manchmal werden sich Bewerbende dieses Dilemmas gar nicht bewusst, was im Allgemeinen zu einer weniger guten Antwort führt, manchmal jedoch schon, woraufhin sie sich letztlich für eine bestimmte Richtung entscheiden müssen, es sei denn, ihnen fällt eine besonders kreative Lösung ein, die beiden Zielvorstellungen gerecht wird.

Die zweite Frage, die ich Prof. Dr. Gary Latham stellte, bezog sich auf eine Metaanalyse, die er zu dieser Zeit gerade veröffentlicht hatte. Das Gespräch hat dann sehr lange gedauert, und irgendwie verwandelte sich dabei die Beantwortung meiner Fragen in ein Rekrutierungsgespräch, doch für eine Promotion zu ihm nach Toronto zu kommen. Dieses Angebot nahm ich an.

Toronto war eine spannende, intensive, aber auch keine einfache Zeit, und danach brauchte ich erst mal etwas Raum und Ruhe, um zu überlegen, ob ich wirklich in der Wissenschaft bleiben wollte oder nicht. Dank dem DAAD hat das auch geklappt mithilfe eines einjährigen Post-Doc-Aufenthalts bei Prof. Dr. Neil Anderson in Amsterdam. Dort wurde mir klar, dass ich weiterhin in der Wissenschaft bleiben wollte. Ich kehrte danach zurück zu Prof. Dr. Martin Kleinmann, der inzwischen allerdings in Zürich war. Martin war der beste Chef, den ich je hatte oder mir vorstellen kann zu haben, jedoch erhielt ich bald ein Angebot aus Amsterdam für eine Festanstellung. Dieses Angebot habe ich wahrgenommen und bin dort geblieben, bis sich überraschend in Gießen die Möglichkeit ergeben hat, die Professur zu übernehmen. Und jetzt bin ich hier.

I:

Aktuell forschen Sie viel über die berufliche Anpassungsfähigkeit. Wie sind Sie mit dieser Thematik in Berührung gekommen? Was hat Sie zur Forschung an diesem Themengebiet motiviert und hält Sie motiviert?

UK:

Ich bin eher zufällig mit dieser Thematik in Berührung gekommen. Während meiner Promotionszeit in Toronto beschäftigte ich mich hauptsächlich mit strukturierten Einstellungsinterviews, konnte aber im Projekt einer Freundin und Kollegin, Prof. Dr. Jelena Zikic, aushelfen, ursprünglich vor allem methodisch, sozusagen als *Number Cruncher*. Sie untersuchte für ihre Dissertation Menschen, die ihre Arbeit verloren hatten. Wir wissen, dass das normalerweise ein großer Stressor ist, und auch, dass Menschen im Anschluss an die Arbeitslosigkeit häufig nur schlechtere Positionen finden als die, die sie vor ihrem Arbeitsplatzverlust innehatten. Jelena interessierte sich dafür, was Menschen während der Arbeitslosigkeit tun können, um positiv aus dieser Geschichte herauszukommen, also eben nicht nur nach einer neuen Stelle zu suchen – das hilft, um überhaupt eine neue Stelle zu finden, sagt aber nichts über deren Qualität und damit auch nichts über deren Nachhaltigkeit aus. Damit diese Qualität wiederum stimmt, braucht es auch ein Explorieren alternativer Karrieremöglichkeiten und ganz besonders das weitere Planen der eigenen Karriere. Mit diesen Verhaltensweisen der Karriereanpassung kann man wirklich etwas bewegen. Mich faszinierte das Thema aus der theoretischen Perspektive, und vor allem begeisterte mich die hohe praktische Relevanz des Themas, sodass das heute noch einer meiner eigenen Forschungsschwerpunkte ist (z. B. Klehe und Van Hooft 2018).

I:

Sie erwähnten gerade die Karriereanpassung. Wie definieren Sie berufliche Anpassungsfähigkeit beziehungsweise die *Career Adaptability*?

UK:

Generell ist Karriereanpassung als Prozess zu verstehen. Dieser beginnt mit ganz grundlegenden Persönlichkeitsunterschieden, genannt *Adaptivity*, die einen Hinweis darauf geben, wie anpassungsfähig Menschen im Allgemeinen sind. *Career Adaptability* ist die selbst wahrgenommene Fähigkeit, im Laufe der eigenen beruflichen Laufbahn auf alle Situationen und Veränderungen angemessen reagieren zu können. Dies betrifft einerseits vorhersagbare Herausforderungen wie „Was mache ich nach dem Studium oder der Ausbildung?", „Was will ich überhaupt lernen?", „In welche Richtung will ich mich beruflich verändern?", „Wie stelle ich mich auf den Ruhestand ein?" und andererseits nicht planbare Ereignisse wie Jobverlust oder eine Umstrukturierung des Arbeitsplatzes. Nach Savickas (1997, 2005, 2013) ist *Career Adaptability* die Fähigkeit, mit eben solchen Herausforderungen umzugehen. Für mich ist *Career Adaptability* eher eine mentale Bereitschaft, sich mit diesen Herausforderungen auseinanderzusetzen und so seine Karriere zu gestalten.

I:

Sie haben gerade schon den Namen Savickas erwähnt. Er definiert *Career Adaptability* anhand von vier Dimensionen. Können Sie diese kurz nennen und erläutern?

UK:

Für eine hohe Anpassungsfähigkeit im beruflichen Werdegang braucht man nach Savickas die vier C: *Concern*, *Control*, *Curiosity* und *Confidence*.

Concern ist sozusagen die Grundlage und bedeutet, dass ich meiner Karriere nicht leichtfertig gegenüberstehe, sondern mich selbst dafür verantwortlich fühle und ich mich darum kümmern muss, wie es mit mir auf meinem Karriereweg weitergeht. Karriere soll übrigens ganz allgemein als beruflicher Lebensweg verstanden werden, nicht nur ein Höher, Schneller, Weiter. Dabei geht es auf der Verhaltensebene viel um Vorausschauen und Planen: „Ich weiß, das ist ein Thema, und ich weiß, dass ich mich darum kümmern muss."

Control meint, dass ich die Kontrolle über meine eigene Karriere habe. Ich mache nicht einfach das, was meine Eltern gemacht haben oder von mir erwarten, sondern ich treffe meine eigenen Entscheidungen, bin also selbstbestimmt in meiner Karriere, was mir dann natürlich ein großes motivationales Potenzial verschaffen kann.

Curiosity meint, dass man ein gewisses Maß an Offenheit und an Neugierde braucht, und bezieht sich dabei zum einen auf einen selbst, also den Willen, immer weiterzulernen, sich weiterzuentwickeln und sich immer besser kennenzulernen. Zum anderen ist auch eine Neugierde auf die „äußere Welt" gemeint: „Welche Möglichkeiten gibt es für mich mit meiner Ausbildung oder mit meinen Fähigkeiten, vielleicht auch in anderen Branchen?" Das geht zurück auf Frank Parsons, der die erste Publikation zu *Vocational Guidance* 1909 veröffentlichte. Er versuchte, den jungen Menschen im industriellen Zeitalter Orientierung zu geben. Parsons (1909, S. 5) sagt, dass man drei Dinge braucht, um eine gute Berufsentscheidung zu treffen, nämlich „*1. a clear understanding of yourself, aptitudes, abilities, interests, resources, limitations, and other qualities; 2. a knowledge of the requirements and conditions of success, advantages and disadvantages, compensations, opportunities, and prospects in different lines of work; and 3. true reasoning of the relations of these two groups of facts*" – oder kurz: „Erkenne dich selbst, erkenne deine Umgebung und erkenne, wie die beiden zusammenpassen." Auf der Verhaltensebene beinhaltet *Curiosity* somit das Explorieren der Umwelt und des Selbst.

Und zuletzt *Confidence*: Dieser Begriff entspricht der bekannten *Self-Efficacy*, meint also die Selbstwirksamkeit, Probleme lösen zu können. Meiner Meinung nach ist *Self-Efficacy* eine der besten Vorhersagen für alle motivationalen Bereiche, und so spielt sie auch im Karrierebereich eine entscheidende Rolle. Traue ich mir überhaupt zu, auf einem für mich vorstellbaren Karriereweg erfolgreich zu sein?

Wie wichtig diese vier Komponenten sind, möchte ich an einem kleinen Beispiel verdeutlichen. Nehmen wir also mal eine klassische Doktorandin oder einen klassischen Doktoranden an einer deutschen Universität. Das sind im Allgemeinen sehr begabte Menschen mit oft herausragenden fachlichen Fähigkeiten, und den meisten von ihnen ist es nicht egal, wo und wie sie eines Tages arbeiten werden – *Concern* ist also gegeben.

Viele machen sich aktiv Gedanken und wissen auch, dass niemand so viel für ihren weiteren Werdegang tun kann wie sie selbst. Und das ist wichtig für die unweigerlich auf sie wartende Frage, wie es nach dieser Dissertation weitergehen soll. Will man in der Wissenschaft bleiben, vielleicht in die Industrie gehen, in den staatlichen Bereich oder einen ganz anderen Weg einschlagen? Dabei kommt schnell die Frage auf, was man eigentlich selbst will, was einen motiviert und inspiriert, und nicht nur, was andere von einem erwarten – also der Bereich *Control*.

Als Betreuerin bin ich manchmal traurig, wenn ich Toptalente sehe, die sich aber gegen eine Karriere in der Wissenschaft oder selbst gegen eine Promotion entscheiden oder – aus Betreuersicht die schwierigste Situation – diese abbrechen. Aber häufig ist eine solche Entscheidung einfach nur richtig. Noch immer schlagen viele Menschen einen bestimmten Weg ein, wie zum Beispiel die Promotion, ein bestimmtes Studium, einen bestimmten Karriereweg oder einen Job bei einer Firma mit großem Namen, nicht, weil sie dafür brennen oder sich zumindest ansatzweise dafür interessieren, sondern einfach, weil sie denken, dass es sich nach außen gut macht oder von ihnen erwartet wird. Aber damit geben sie auch viel Kontrolle über ihr berufliches Leben ab und auch ganz viel motivationales Potenzial. Der Abbruch eines solchen Weges kann also durchaus folgerichtig und befreiend sein. Aber bleiben wir bei der Promotion. Die kann man selbst schon als ausgiebige Exploration verstehen – und damit als ein Anzeichen für *Curiosity*: Ich setze mich intensiv mit einer möglichen Option, hier der Wissenschaft, auseinander und erkunde auf diese Art, was die Anforderungen und

Möglichkeiten auf diesem potenziellen Karriereweg sind und wie sehr mir die Anforderungen liegen, was mir daran Spaß macht oder eben nicht. Wenn Promovierende dann am Ende ihrer Promotion feststellen, dass sie nicht weiter in der Wissenschaft arbeiten möchten, dann steht diese Entscheidung meist auf ziemlich soliden Beinen.

Leider wird eine solche Entscheidung jedoch häufig auch aus einem ganz anderen Grund getroffen, nämlich eben jenem Mangel an *Confidence*. Das deutsche Universitätssystem ist traditionell ein klassisches *up-or-out*-System, und Festanstellungen gibt es häufig erst auf dem Niveau einer Professur. Da machen sich Nachwuchswissenschaftlerinnen und Nachwuchswissenschaftler oft viele Sorgen, ob sie denn, bei aller Liebe für die Wissenschaft, „gut genug sind" und genügend gut und viel publizieren, um es so weit zu bringen – und solch ein Selbstzweifel wirkt häufig ähnlich wie eine Handbremse auf der Autobahn: Man reibt sich auf, aber man kommt nicht weit. Und letztlich ist „Autobahn" hier ein besseres Sinnbild als Rennbahn, denn Stellen gibt es am Ende genügend. Wichtig dabei ist, durch entsprechende Exploration verschiedene Möglichkeiten im Blickfeld zu haben, nicht nur die Professuren der eigenen Führungskraft und der Kolleginnen und Kollegen an der direkten Nachbaruniversität, sondern eben auch andere Länder, andere Fachbereiche oder Stellen an außeruniversitären Forschungseinrichtungen, an denen ebenfalls spannende und relevante Arbeit gemacht wird. Dieses Beispiel soll verdeutlichen, wie wichtig jede der vier Komponenten ist.

Seit ein paar Jahren wird *Adaptability* über die *Career Adapt-Ability Scale (CAAS)* (Savickas und Porfeli 2012) gemessen. Ich persönlich finde dieses Instrument sehr interessant, stelle aber die Konstruktvalidität für diese vier Dimensionen infrage. Auch gibt es schon frühere Skalen, zum Beispiel von Rottinghaus und Kollegen (2016), die sich zwar nicht auf die vier C bezieht, jedoch *Adaptability* im engeren Sinne als selbstwahrgenommene Fähigkeit, sich an sich ändernde Karriereumstände anzupassen, misst.

I:

Eben haben wir schon von der Verhaltensebene gesprochen. In diesem Zusammenhang setzten Hirschi und Kollegen (2015) sich mit den Begriffen *Career Adaptability, Adaptivity* und *Adapting* auseinander. Wie sind diese voneinander abzugrenzen?

UK:

Ja, Prof. Dr. Andreas Hirschi hat hier der Karriereliteratur einen großen Dienst erwiesen. Die erwähnten Begriffe wurden in der Literatur oft nicht eindeutig verwendet – man muss sich vorstellen, dass sich die großen Theorien und ihre Terminologie über Jahrzehnte hinweg entwickeln, und so erging es auch der *Career Construction Theory*, die den ganzen Bereich der Karriereanpassung abzudecken versucht. In den letzten Jahren ist Savickas mit seiner Begrifflichkeit expliziter geworden. Die *Career Adaptability* führt zu bestimmten Verhaltensweisen, dem *Adapting*, und diese Verhaltensweisen führen dann zu einem Ergebnis, der *Adaptation*, definiert als die letztliche Passung, Erfolg, Zufriedenheit und Entwicklung. Also, wie gut ist es mir gelungen, innere Bedürfnisse und äußere Möglichkeiten und Bedingungen in Einklang miteinander zu bringen. Allerdings entsteht auch die *Career Adaptability* nicht im luftleeren Raum, sondern sie ist abhängig von grundlegenden Persönlichkeitskonstrukten, der *Adaptivity*. Diese tragen dazu bei, dass ein Mensch offen durch die Welt geht und an sich glaubt. ◘ Abb. 3.1 gibt hierzu einen schematischen Überblick.

Was Hirschi et al. (2015) nun getan haben, ist zu schauen, wie zwei Dimensionen von *Adaptivity* – nämlich *Core Self Evaluations* und Proaktivität – mit den vier C der *Career Adaptability* und wie diese wiederum mit verschiedenen Komponenten des *Adapting*, also der Anpassungsreaktion, zusammenhängen. Traditionell gehen wir davon aus, dass es zwischen

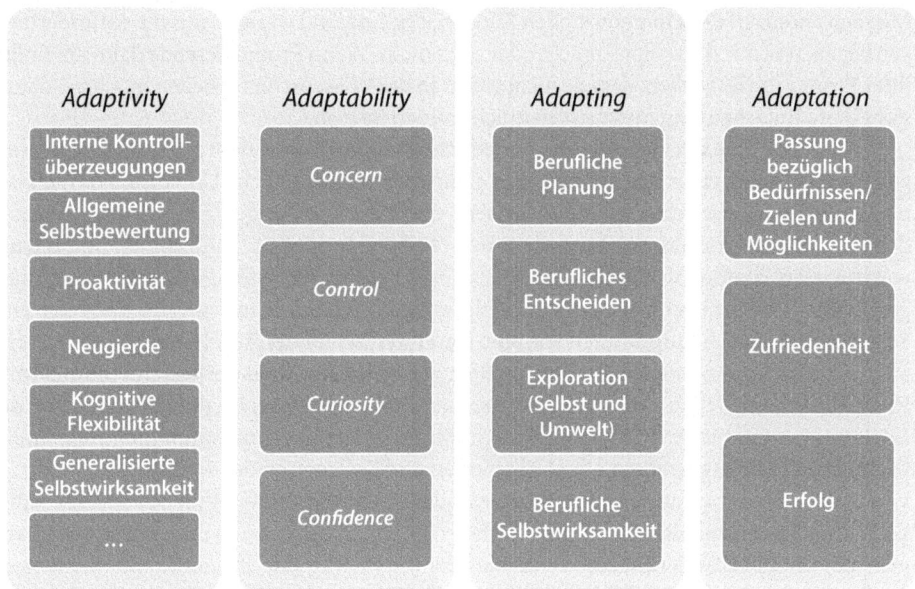

□ Abb. 3.1 Konzeptioneller Überblick über Prozesse der Karriereanpassung

den vier C und den entsprechenden Verhaltensweisen eine Passung geben sollte – *Concern* also primär mit Karriereplanung zusammenhängt, *Control* mit dem Treffen von Entscheidungen, *Curiosity* mit Exploration und *Confidence* mit Selbstwirksamkeit. Allerdings trat dies nicht ein, die Passungen waren sogar ziemlich schlecht. *Concern* war am Ende für alle getesteten Komponenten des *Adapting* relevant, *Curiosity* für Planung anstelle der angenommenen Exploration, und *Confidence* hatte gar keine Einflüsse.

Dies haben wir uns nochmal in einer eigenen Studie angeschaut, in der es eigentlich primär um den Effekt von Alter auf die Anpassungsreaktion ging (Van der Horst et al. 2017b). Unsere Idee war es, dass Menschen diese Anpassungsreaktionen mit zunehmendem Alter schwerer fallen, dies aber durch hohe Ausmaße bestimmter *Adaptivity*-Eigenschaften kompensiert werden kann. Genauer haben wir uns dabei auf die internen Kontrollüberzeugungen, auf Neugierde als Persönlichkeitseigenschaft und auf die generalisierte Selbstwirksamkeit konzentriert. Die grundsätzliche Idee war hier eine inhaltliche Passung, also dass interne Kontrollüberzeugungen besonders für die Bereiche Planung und Entscheidung relevant wären, Neugierde für Exploration und das Ansprechen möglicher neuer Arbeitgeber und generalisierte Selbstwirksamkeit für die berufliche Selbstwirksamkeit.

Als wir das an gut 3400 Mitarbeitenden von verschiedenen Non-Profit-Organisationen untersucht haben, denen größere Umorganisationen und auch die Gefahr eines Arbeitsplatzverlusts bevorstanden, hat sich das so aber nicht bestätigt. Das heißt, letztlich waren alle *Adaptivity*-Dimensionen unabhängig voneinander für alle untersuchten Reaktionen hilfreich – und das wesentlich stärker als der vorhergesagte Effekt des Alters. Auch zeigten sich einige spannende Wechselwirkungen zwischen diesen *Adaptivity*-Dimensionen und Alter, aber auch die waren nicht immer hypothesenkonform. So halfen zwar hohe interne Kontrollüberzeugungen, negative Alterseffekte bezüglich beruflicher Planung und Entschiedenheit abzumildern, aber der gleiche Effekt fand sich auch für die Exploration alternativer Berufsmöglichkeiten. Neugierde wiederum schwächte wie erwartet altersbedingte

Einschränkungen im Bereich Selbstexploration und der Kontaktaufnahme mit anderen möglichen Arbeitgebern ab, aber ebenso im Bereich Karriereengagement, für welches wir eher Effekte mit internen Kontrollüberzeugungen erwartet hätten. Und von generalisierter Selbstwirksamkeit profitierten weniger die älteren, sondern mehr die jüngeren Mitarbeitenden, wenn es darum ging, alternative Karrieremöglichkeiten zu erkunden und mögliche alternative Arbeitgeber zu kontaktieren. Kurz gesagt: Es gibt da Zusammenhänge und relevante Effekte, aber ganz so trennscharf und geradeaus wie in der Theorie ursprünglich propagiert ist die ganze Geschichte nicht.

I:

Im Zuge von beruflicher Veränderung fällt häufig auch der Begriff *Career Exploration*. Was versteht man darunter, und wie kann man diesen Begriff einordnen?

UK:

Bei *Career Exploration* geht es wieder um das Explorieren: Informationen suchen, die relevant sind in Bezug auf die eigene Karriere. Das können Informationen über sich selbst sein: „Was kann ich eigentlich, und was sind meine Stärken?", „In welchen Bereichen bin ich vielleicht nicht so gut?", „In welcher Art von Setting funktioniere ich gut, wo nicht so gut?", „Was ist mir bei der Arbeit wichtig?" Im Bereich des *Person-Organization Fit* wird viel gearbeitet über *Values Fit*. Dabei geht es um das Bewusstwerden der eigenen Werte. Auf der anderen Seite geht es um das Explorieren der Möglichkeiten draußen im Feld, kurz gesagt, mit dem, was ich habe, herauszufinden, in welcher Art von Organisation/Industrie/Region ich gebraucht werde und wo ich unterkommen kann.

I:

Diese Arten von Exploration werden als Selbst- und Umweltexploration bezeichnet; daneben gibt es aber auch die *In-Depth Exploration* und *In-Breadth Exploration*. Würden Sie diese auch kurz erläutern?

UK:

Das sind im Prinzip sehr gute Konzepte, aber zum Teil sehr schwer mit den vorhandenen Instrumenten zu messen. Eigentlich soll Exploration helfen, dass die Menschen informierter sind und bessere Entscheidungen treffen. Wir schreiben gerade an einer Metaanalyse zu diesem Thema, in der wir gefunden haben, dass dem nicht so ist (Buyken et al. 2017). Die Leute fühlen sich zwar sicherer, entschiedener, motivierter, suchen und planen mehr. Aber objektiv haben sie nicht wirklich dazugelernt, und zu einer erfolgreicheren Karriere oder mehr Zufriedenheit im Job führt die Exploration ebenfalls nicht. Woran liegt das? Ich hätte dazu zwei Überlegungen, die derzeit wirklich nur Überlegungen sind.

Eine ist, dass Explorieren sehr viel Verschiedenes bedeuten kann. Ein Beispiel wäre die Studienwahl. Wenn ich nicht weiß, für welches Fach ich mich entscheiden soll, dann informiere ich mich sehr breit, welche Möglichkeiten es alles gibt (*in breadth*). Wenn ich mich dann entschieden habe, zum Beispiel Psychologie zu studieren, informiere ich mich genauer (*in depth*) über alle Universitäten, die dieses Fach anbieten, zum Beispiel: „Welche Schwerpunkte legen sie jeweils inhaltlich? Wie viele Pflichtveranstaltungen versus freiwilliges Angebot gibt es? Wie viele Studierende nehmen sie pro Jahr auf? Wo liegt der interne NC? Was sagen Studierende über ihre Uni? Das heißt, ich gehe in die Tiefe innerhalb dieser Entscheidung. Das *In-Breadth-* und *In-Depth*-Explorieren führt also zu unterschiedlichen Konsequenzen; das *In-Breadth*-Explorieren sollte einfach viel früher stattfinden als das

In-Depth-Explorieren. Erstes ist im Allgemeinen wirklich sinnvoll in der Phase, bevor ich mich für eine generelle Richtung entscheide, zweites danach, sozusagen als Vorbereitung auf die genauere Planung, wie ich denn nun weitermachen will.

Eine zweite Überlegung, weshalb Exploration vielleicht nicht ganz so effektiv ist wie ursprünglich angenommen, ist, dass erfahrene Arbeitnehmer in einem ganz anderen Stadium ihrer Karriere stecken – sie haben sich schon wesentlich mehr erarbeitet, sind erfahrener, aber damit auch eingefahrener in ihrer bisherigen Karriere.

I:

Schon Super (1980) betont die Relevanz der Unterscheidung zwischen der beruflichen Anpassungsfähigkeit von Berufsanfängern und von erfahrenen Arbeitenden. Warum ist diese Unterscheidung so wichtig?

UK:

Ich halte diese Unterscheidung für extrem wichtig, auch wenn die bisherige Forschung da manchmal drüber hinweggeht. Heute ziehen wir das Modell der *Career Adaptability* mit der Überlegung heran, dass alles im Wandel ist und man jederzeit bereit sein sollte, diesen Wandel proaktiv zu navigieren. Allerdings baut dieses Modell konzeptionell ganz stark auf früheren Arbeiten von Super (1955) zur *Vocational Maturity* auf. Diese Modelle beschäftigen sich mit dem Übergang von der Ausbildung zur Arbeit. Dabei beinhalten sie die Überlegung „Ich muss eine Karriereentscheidung treffen, und das wird dann mein Leben definieren". Wenn wir von *Career Adaptability* sprechen, benutzen wir also dieselben Konzepte, die Super bereits vor 50 Jahren in seinem Konzept der *Vocational Maturity* postulierte. Das halte ich für blauäugig und im Einzelfall sogar für gefährlich.

In verschiedenen Studien haben wir hier auch relativ unterschiedliche Ergebnisse. In einer ersten Studie waren es Karriereplanung und Exploration der Umgebung, die besonders wichtig waren, um sicherzustellen, dass die Qualität einer gefundenen Stelle gut war; Selbstwirksamkeit hatte höchstens einen indirekten Effekt (Zikic und Klehe 2006). In anderen Studien waren es Selbstwirksamkeit und Entschiedenheit. Und gerade die Exploration, und vor allem die Selbstexploration, ist immer wieder ein schwieriger Kandidat. Dies spricht gegen alle Annahmen, die die Karriereliteratur sonst, und vor allem die Literatur zu Berufsstartern, bisher angenommen hat. Anscheinend können wir in der Forschung nicht die Konzepte eins zu eins übertragen.

Deshalb finde ich die Empfehlung, sich Gedanken über die eigenen Stärken, Schwächen und Präferenzen zu machen und dann viel in unterschiedlichen Tätigkeitsbereichen zu explorieren, zwar für Berufsanfänger sinnvoll, allerdings sollte man vorsichtig sein, diese Empfehlung für alle bereits Berufstätigen auszusprechen.

Ein entscheidender Unterschied ist hier meines Erachtens das *Career Entrenchment* (Carson und Carson 1997). *Career Entrenchment* bedeutet, dass man in seinem Arbeitsfeld stark verankert ist. Personen, die seit Jahren, wenn nicht Jahrzehnten, im Berufsleben stehen, haben häufig viel Geld, Zeit und Anstrengung in ihren Beruf investiert, und wenn sie das Gefühl haben, dass sich die Investitionen lohnen, investieren sie weiterhin in diesen Beruf (Carson und Carson 1997). Am Ende genießen viele dieser Personen in ihrer bisherigen Tätigkeit einen hohen finanziellen und zwischenmenschlichen Status, den sie sich im Falle eines Tätigkeits- oder Unternehmenswechsels erst wieder erarbeiten müssten. Nehmen wir als Beispiel einen Ingenieur im Schiffsbau, der bereits eine gewisse Seniorität genießt. Wenn er nun im Bereich Schiffsbau eine neue Stelle findet, kann er auf seine Expertise und seinen Status aufbauen. Wenn er Person allerdings eine ganz andere Karriererichtung explorieren möchte oder muss, muss er viel an Status und Entscheidungsgewalt abgeben. Es fällt in der Regel schwer, etwas aufzugeben, in das man bereits viel investiert hat. Und so kann es sein, dass die Forschung zu Karriereexploration, die lange Zeit vor allem mit Berufsstartern durchgeführt wurde, etwas blauäugig an die Effekte der Exploration herangegangen ist.

I:

Ist es denn auch möglich, dass Berufstätige weiterhin in ihre Tätigkeit investieren, auch wenn es sich nicht mehr für sie lohnt? Wenn ja, welche Faktoren nehmen Einfluss darauf?

UK:

Ja, in der Fachliteratur bezeichnet man dieses Phänomen als *Sunk Costs Effect* (Kahneman und Tversky 1979). Menschliche Entscheidungen beruhen zu einem großen Teil auf der subjektiven Wahrnehmung von Verlusten und Gewinnen, wobei eine höhere Sensitivität für Verluste besteht. Nach diesem Modell ziehen wir bereits investierte Kosten und Anstrengungen in der Vergangenheit (zum Beispiel „Wie viel habe ich in diesen Beruf an Zeit investiert?") für Entscheidungen in der Gegenwart heran (zum Beispiel „Ich bleibe in diesem Unternehmen"). Dabei wägen wir allerdings nicht die verschiedenen Handlungsmöglichkeiten ab (zum Beispiel Tätigkeitswechsel), sondern nehmen die Investitionen der Vergangenheit als Begründung für das Weitermachen.

Weiterhin spielt es eine Rolle, inwiefern eine Person sich durch physische (zum Beispiel geografische Lage der Arbeitsstelle) oder psychische Grenzen (zum Beispiel individuelle Wahrnehmung auf das Unternehmen) in ihren Karrierevorstellungen einschränken lässt (Arthur und Rousseau 1996). Wenn also eine Person in einem Unternehmen tätig ist, zu dem sie eine starke Bindung hat und mit dem sie sehr zufrieden ist, wird sie mit einer großen Wahrscheinlichkeit das Unternehmen nicht verlassen, auch wenn sich ihre Investitionen auf anderer Ebene nicht lohnen. Wenn diese Bindung allerdings nicht mehr besteht, sich also die Person innerlich schon verabschiedet hat, dann ist es wahrscheinlich, dass sie beginnt, andere Optionen zu explorieren. So können also physische als auch psychische Faktoren Einfluss auf unsere Wahrnehmung nehmen.

I:

Sie haben vorhin die Zeit der industriellen Revolution angesprochen. In den letzten Jahren und Jahrzehnten ist wieder ein umfassender Wandel in der Arbeitswelt zu beobachten, sowohl auf Seiten der Arbeitgeber als auch auf Seiten der Arbeitenden. Können Sie nochmal kurz erläutern, warum gerade heute, in Zeiten des Wandels, die berufliche Anpassungsfähigkeit so wichtig ist?

UK:

Es gibt vor allem zwei Gründe, warum die berufliche Anpassungsfähigkeit zunehmend wichtig ist. Zum einen haben wir seit Jahren große Veränderungen in den Anforderungen der Stellenprofile, die der Markt zu bieten hat, und die Veränderungen im Rahmen der „Industrie 4.0" werden hier weitere ganze Berufszweige einfach auslöschen, während neue entstehen. Zum anderen beobachten wir eine Verantwortungsverschiebung weg von der Organisation hin zu den Individuen – dies ist nicht universell und findet sich auch in manchen Unternehmensformen, wie zum Beispiel traditionellen Familienbetrieben, wesentlich weniger als in anderen, häufig börsennotierten Unternehmen. Aber häufig ist das Arbeitende-Arbeitgeber-Verhältnis transaktionaler geworden als früher – man ist nicht mehr Teil einer Unternehmensfamilie in guten wie in schlechten Zeiten, sondern es handelt sich um einen Vertrag mit expliziten gegenseitigen Erwartungen und der prinzipiellen Bereitschaft, soweit legal machbar, die Beziehung zu beenden, sobald die Erwartungen nicht vollständig erfüllt werden oder durch einen anderen Vertragspartner besser erfüllt werden könnten (▶ Kap. 6). Dabei ist anzumerken, dass Jobverlust, neben persönlichen Schicksalsschlägen wie dem Tod von Familienangehörigen, nach wie vor zu den schlimmsten Ereignissen gehört, die Menschen passieren können. Häufig identifizieren sich Menschen mit ihrer Tätigkeit und definieren sich auch über diese.

Dr. Mari Kira und ich haben hierzu in einem Überblicksartikel über die bestehende Literatur herausgearbeitet, wie sehr ein Arbeitsplatzverlust im fortgeschrittenen Karrierestadium die Identität von Menschen angreift und die fundamentalen Bedürfnisse von Menschen unterminiert, wertvoll und irgendwo auch besonders und von anderen unterscheidbar zu sein, sowie ihnen die Kontinuität und die Kontrolle darüber nimmt, wer sie eigentlich sind (Kira und Klehe 2016). Das Ergebnis ist häufig tragisch, und das Leid, das durch solch einen Arbeitsplatzverlust verursacht wird, ist heute auch nicht geringer geworden als zu Zeiten, als Entlassungen noch weniger als Signal an die Aktionäre genutzt wurden, sondern wirklich als letzte Möglichkeit, das Schiff vor dem Sinken zu bewahren. Gerade an der Peripherie der Organisation, dem Servicebereich, der nicht direkt an der Produktion der Güter der Organisation beteiligt ist, sondern der Aufrechterhaltung der Prozesse dient, wird häufiger gestrichen, und/oder es werden Prozesse outgesourct, indem man Dienstleistungen einkauft, anstatt eigenes Personal zu beschäftigen. Der Extremfall davon sind Menschen, die ohne wirkliche Anstellung über vernetzte Plattformen ihre Dienste *on demand* auf der Basis von Mikroaufträgen oder „Gigs" für kurze Projekte oder Subprojekte anbieten. Nehmen Sie Amazon Mechanical Turk, CrowdFlower, Uber, Airbnb und ähnliche Firmen. Hier kann man nun die Selbstständigkeit und das Unternehmertum der betroffenen Menschen loben, aber gleichzeitig verlieren sie sehr viel von dem, was einen geregelten Arbeitsplatz ausmacht – Urlaubsanspruch, ein wirklich geregeltes Einkommen, Sicherheit im Krankheitsfall, eine feste soziale Anbindung etc. Das Extreme aber: Diese Modelle beruhen auf einem sehr harten Humankapitalismus, in dem das Humankapital der Arbeitenden, also ihre Bildung und Erfahrung, ihr Wissen, Fähigkeiten und Fertigkeiten, das Pfund sind, mit dem sie frei am Markt mit anderen konkurrieren – jedoch sind auch sie die Einzigen, die in dieses Humankapital investieren. Für die Weiterbildungen solcher Menschen fühlen sich die beteiligten Organisationen hier sehr häufig nicht mehr zuständig. Da braucht man keine „roten Socken", um ein gewisses Risiko bezüglich der Nachhaltigkeit solcher Modelle zu sehen – zuerst für die Arbeitenden, schließlich auch für die Organisation selbst. Eine sehr aufschlussreiche Diskussion dieser Situation finden Sie bei Fleming (2017).

So oder so steigert dieses insgesamt losere Verhältnis zwischen Organisationen und den Menschen, die für sie arbeiten, wirklich die Selbstverantwortung, die auf Menschen zukommt, den eigenen Lebensweg zu gestalten. Und so erwarten wir auch in viel größerem Maße eine Selbstverantwortlichkeit der Arbeitenden selbst in dem Sinne, dass sie sich etwas Neues suchen, wenn die Arbeitsstelle nicht mehr passt. Und es gibt auch ganz neue Möglichkeiten zu arbeiten. Man denke an *Digital Nomads*, die es vor 15 Jahren noch gar nicht gegeben hat. Der reale „Arbeitsplatz" ist dabei egal, kann quasi überall sein, und die Arbeitsaufträge werden von überallher akquiriert.

Die Tendenz ist also mehr Selbstverantwortung in einer Zeit der immer größeren, schnelleren technologischen Veränderungen. Das bedeutet immer kürzere Vorhersehbarkeit der Entwicklungen und im Endeffekt viel weniger Stabilität als noch vor ungefähr 30 Jahren. Für den Einzelnen heißt das, dass immer schneller immer größere Veränderungen auf ihn zukommen können. Gleichzeitig hat sich unsere Lebensarbeitszeit nicht verkürzt, eher im Gegenteil.

I:

In diesem Kontext haben Sie im Rahmen Ihrer Arbeit auch selbst Studien durchgeführt (Klehe et al. 2011). 2011 untersuchten Sie zum Beispiel den Zusammenhang zwischen organisationalen Umstrukturierungen, der Loyalität und der beruflichen Anpassungsfähigkeit. Was waren da die zentralen Ergebnisse?

UK:

Unsere Annahme war, dass Leute, sowohl wenn sie wissen, dass sie Ihren Job verlieren, als auch wenn der Arbeitsplatz „nur" unsicher ist, aktiv werden und quasi ein *Adaptation Process* in Gang gesetzt wird. Wir haben aber etwas anderes gefunden: Leute, die wissen, dass sie ihren Arbeitsplatz verlieren werden, fangen wirklich an zu überlegen und zu planen. Personen mit einem unsicheren Arbeitsplatz aber ändern ihr Explorationsverhalten nicht, obwohl es für ihre berufliche Zukunft wichtig wäre, mehr zu explorieren. Was noch schlimmer ist: Die Leute planen weniger, da es ihnen aufgrund der Umstände nicht möglich ist für eine Zukunft in oder außerhalb der Organisation; sie wissen einfach nicht, in welche Richtung sie planen sollen. Diese entstandene Planungsunsicherheit für Arbeitende stellt einen der stärksten Stressoren am Arbeitsplatz dar, welcher zu Loyalitätsverlusten gegenüber dem Unternehmen führen kann. Man verliert durch die Unsicherheit in der Planung das affektive Commitment gegenüber der Organisation, fühlt sich also mit der Organisation emotional nicht mehr so verbunden. Viele Arbeitende verspüren fast Erleichterung, wenn sie nach einer langen Phase der Unsicherheit erfahren, dass sie ihren Arbeitsplatz tatsächlich verlieren werden.

Hinzu kommt, dass Ungewissheit zu unkontrollierbaren Spekulationen und Diskussionen unter den Arbeitenden führt, was der Loyalität zusätzlich abträglich ist. Sie wissen einfach nicht, welche Signale von oben für ihre Zukunft relevant sind. In Zeiten der Unsicherheit spielt das Vertrauen in die Organisation eine entscheidende Rolle: Wie soll ich ein Signal interpretieren? Bedeutet es, dass wir hier alle in einem Boot sitzen und die höheren Etagen der Organisation alles nur erdenklich Mögliche tun werden, um gemeinsam durch dieses Unwetter zu segeln, oder dass hier eventuell Menschen einfach über Bord geworfen werden? Eine klare und ehrliche Kommunikation von oben ist hier unbedingt nötig, auch wenn die Nachricht ist, wir bemühen uns (und tragen auch alle die Konsequenzen mit), aber können nichts garantieren. Aber auch ein Commitment seitens der Organisation ist wichtig: Leute eben nicht einfach über Bord zu werfen, sondern ihnen ein gut bestücktes Rettungsboot mit auf den Weg zu geben – konkret: ihnen lang genug Vorlaufzeit zu geben, sich mental und emotional auf den Arbeitsplatzverlust einzustellen, bevor er eintritt, und Zeit und gegebenenfalls *Outplacement*-Unterstützung anzubieten, damit sie hoffentlich auch eine neue Stelle finden, bevor ihre bisherige Stelle ausläuft. Wenn die Menschen rechtzeitig wissen, dass sie ihren Arbeitsplatz verlieren werden, dann explorieren und planen sie mehr, was bereits den ersten Schritt zum Austritt aus der Organisation darstellt. Diese Personen haben, wie wir in Längsschnittuntersuchungen gefunden haben, mit hoher Wahrscheinlichkeit tatsächlich gekündigt (Klehe et al. 2011).

An Organisationen möchte ich an dieser Stelle folgenden Appell richten – und der beruht nun nicht nur auf eigenen Befunden, sondern auf einem umfassenden Review über unser Wissen zum Bereich Downsizing (Datta et al. 2010): Geben Sie Ihren Mitarbeitenden Klarheit, informieren Sie diese so frühzeitig, regelmäßig und auch ehrlich wie möglich über zukünftige Entwicklungen und vermeiden Sie unnötige Arbeitsplatzunsicherheit! Natürlich ist Unsicherheit manchmal nicht zu vermeiden, wenn Kundenaufträge ausbleiben oder man mitbekommt, dass ein Kunde wirtschaftliche Probleme hat und eventuell nicht in der Lage sein wird, für erbrachte Leistungen zu zahlen, aber kommunizieren Sie hier ehrlich, involvieren Sie die Mitarbeitenden beziehungsweise deren Vertretung in die Entscheidungsfindung, um gegebenenfalls alternative Möglichkeiten ergründen zu können, anstatt Stellen zu streichen, und auch um die aktive Mitarbeit der Betroffenen an solchen Möglichkeiten zu sichern (zum Beispiel Urlaubsangebote, Teilzeitregelungen, Sabbatical, Gehaltsreduzierungen, vielleicht gegen Firmenbeteiligungen, Frühberentung). Und achten Sie auch auf ein Mindestmaß von Verteilungsgerechtigkeit in dem Verfahren – indem sich zum Beispiel auch das Management mit Einkommenseinbußen beteiligt. Wenn Sie entlassen müssen: Informieren Sie die Betroffenen so früh wie möglich. Dies hilft den Mitarbeitenden, sich auf ihre Situation einzustellen und möglichst schnell eine neue Beschäftigung zu finden. Zudem sind die Chancen höher, direkt von einer Organisation zu einer anderen zu wechseln, als es aus der Arbeitslosigkeit heraus der Fall ist.

Das mag nun für einige offensichtlich und für andere etwas blauäugig klingen, aber es ist wichtig – nicht nur für Menschen, die ihre Stelle verlieren, sondern auch für die Organisation selbst. Entscheidungsträger gehen nämlich manchmal davon aus, dass nach Stellenreduzierungen eigentlich alles beim Alten bleibt, man nur effizienter ist ohne die Bereiche, die man als unrentabel betrachtet hat. Aber häufig bleibt eben nicht alles beim Alten. Die Überlebenden einer solchen „Schröpfung" behalten nämlich zwar im Allgemeinen ihren Job oder zumindest einen Job in der Organisation, aber sie verlieren häufig an Vertrauen. Das senkt ihre Loyalität und damit auch ihre Bereitschaft, sich für diese Organisation ins Zeug zu legen – neben rein praktischen Dingen wie dem Zusammenbrechen informeller Netzwerke, welche zum Beispiel für Innovationen bei der Arbeit von zentraler Bedeutung sind. Daher erleben Organisationen im Anschluss an eine Stellenreduzierung auch schnell erhöhte Fehlzeiten und freiwillige Kündigungen von Mitarbeitenden – und häufig gerade von Mitarbeitenden, deren Wissen und Expertise man eigentlich in der Organisation halten möchte, die aber eben auch gute Alternativen andernorts haben. Wir wissen, dass professionelle Recruiter zum Beispiel ein sehr scharfes Auge darauf haben, wo grade Stellen gestrichen werden, um dann professionell gute, aber durch die Stellenstreichungen verunsicherte „Überlebende" von der Organisation weg- und eventuell zum direkten Konkurrenten hin zu rekrutieren. Daneben kommt es im Anschluss an Reduzierungen häufiger zu Konflikten in Organisationen, weniger Zusammenarbeit und weniger gegenseitiger sozialer Unterstützung (Datta et al. 2010). Das sollte man alles „im Kopf" haben, bevor man sich entscheidet, Stellen zu streichen, und wenn man streicht, dann sind auch die Menschlichkeit und Fairness, mit der dies geschieht, oft entscheidend dafür, wie es für das Unternehmen weitergeht.

I:

Kann sich die Arbeitsplatzunsicherheit dennoch auch positiv auf Arbeitende auswirken?

UK:

Prinzipiell wenig. Aber es gibt gewisse Situationen, in welchen die Unsicherheit neben den bekannten negativen Effekten auch positive Effekte haben kann, auch wenn diese im Allgemeinen geringer ausfallen. Staufenbiel und König (2010) fanden solch einen Effekt und haben postuliert – wenn auch nicht getestet –, dass dies möglich sei, wenn Menschen glauben, an ihrer Situation durch harte Arbeit etwas ändern zu können. So verfahren übrigens auch manche Organisationen mit Berufsanfängern: Manchmal erfolgt die Beschäftigung eines Einsteigers mit einem temporären Vertrag, um genügend Zeit zu haben, die Person ausreichend kennenzulernen und bei guter Leistung längerfristig anzustellen. Dann steht bei dem Job weniger die Unsicherheit im Sinne der Angst eines Verlusts im Vordergrund, sondern eher die Chance einer anschließenden Festanstellung, durch die Motivation und Anstrengung gesteigert werden können. Insgesamt kommt es aber sehr viel häufiger zu negativen Auswirkungen durch die Arbeitsunsicherheit: Betroffene leiden psychisch und zum Teil auch physisch unter der Unsicherheit, mit den entsprechenden negativen Folgen auf ihre Konzentrationsfähigkeit und Leistung.

I:

Nach Ihrer Studie von 2010 kann man zwischen verschiedenen Strategien bei der Jobsuche unterscheiden (Koen et al. 2010). Welche Strategien würden Sie aufgrund Ihrer Ergebnisse empfehlen?

UK:

Zu dieser Studie hat uns die Frage veranlasst, warum *Adaptation*-Prozesse denn eigentlich funktionieren. In der Literatur dazu wird meist die Quantität, nicht aber die Qualität des Suchverhaltens thematisiert. Bezüglich der Quantität wird durchschnittlich zwei Stunden täglich nach einem Arbeitsplatz gesucht, was allerdings zu wenig ist. Zur Qualität der Suche unterscheiden Crossley und Highhouse (2005) drei verschiedene Arten: fokussierte, explorative und *Haphazard*-Suche. Bei der fokussierten Suche wird eine klare Arbeitsplatzvorstellung verfolgt und sich spezifisch auf passende Stellen beworben. Wenn man hingegen explorativ sucht, beachtet man zusätzliche Alternativen zur eigentlichen Arbeitsplatzvorstellung und bewirbt sich auf mehrere verschiedene Stellen und Bereiche, die zu den eigenen Fähigkeiten passen. Diese beiden Strategien korrelieren hoch mit der Intensität der Arbeitssuche. Als dritte Möglichkeit zur Suche besteht die *Haphazard*-Strategie, welche der Trial-and-Error-Methode folgt. Hierbei wird häufig die Taktik geändert, keinem bestimmten Plan gefolgt und weniger intensiv gesucht.

In der durchgeführten Studie gingen wir der Frage nach, ob diese Suchstrategien erklären können, wie Planung und Exploration sowie Entschiedenheit und Selbstwirksamkeit die Wahrscheinlichkeit, dass Personen eine Arbeit finden, und die Qualität dieser Stelle beeinflussen. Doch unsere Ergebnisse konnten dies leider nicht erklären. Zwar halfen sowohl eine explorative als auch eine fokussierte Strategie den Arbeitssuchenden, tatsächlich überhaupt eine neue Stelle zu finden, aber die Qualität dieser Stelle konnten diese Strategien nicht positiv vorhersagen. Eher im Gegenteil: Eine explorative Suchstrategie schien hier eher zu schaden, da Menschen, die explorativ suchten, im Anschluss eher von einer geringeren Qualität ihrer neuen Stelle berichteten. Eine mögliche Erklärung hierfür ist, dass diese Personen aufgrund der wirtschaftlichen Zwangslage gezwungen waren, jeden angebotenen Job anzunehmen, unabhängig davon, ob dieser Job den Wünschen und Fähigkeiten der Person entsprach. Was sich hingegen positiv auf die Qualität der Stelle auswirkte, waren klare Vorstellungen bezüglich der neuen Tätigkeit und der Glaube an sich selbst während der Arbeitslosigkeit. Aber um nun eine Empfehlung auszusprechen: Grundsätzlich sind die fokussierte und die explorative Suche akzeptabel. Die *Haphazard*-Methode sollte man nicht anwenden. Das explorative Suchverhalten hat sowohl eine negative als auch eine positive Seite: Es hilft Personen, überhaupt eine Arbeit zu finden, allerdings ist die Qualität der Arbeit eher schlechter. Prinzipiell würde ich sagen: Suchen Sie primär fokussiert; wenn es die Situation jedoch nicht zulässt, suchen Sie explorativ!

I:

Wir haben uns bisher hauptsächlich über die berufliche Anpassungsfähigkeit in Bezug auf das Individuum und die Organisation unterhalten. Inwiefern spielt dabei auch das soziale Kapital eine Rolle?

UK:

In der *Career-Adaptability*-Literatur kommt dem sozialen Kapital leider viel zu wenig Aufmerksamkeit zu, obwohl es in der Praxis eine sehr große Rolle spielt. In der *Employability*-Literatur findet man dazu mehr: Nach dem *Employability*-Modell von Fugate und Kollegen (2004) sind vier Faktoren wichtig, damit eine Person *employable*, also beschäftigungsfähig, ist: Anpassungsfähigkeit, Identität, Humankapital und Sozialkapital. Mit sozialem Kapital sind das soziale Netzwerk sowie soziale Kompetenzen und soziale Unterstützung gemeint. Bei *Adaptability* wird von einem personenkonzentrierten Konstrukt gesprochen, das allerdings auch sozial beeinflusst wird. Darunter fallen beispielsweise auch Kontakte, die ich für meine Exploration benötige. Zusätzlich trägt das soziale Umfeld zum eigenen Selbstvertrauen bei.

I:

Eine wichtige Rolle spielt auch der Übergang zwischen Ausbildung und Berufseinstieg. Dieser gestaltet sich für viele Menschen schwierig. Dazu haben Sie 2012 eine Trainingsstudie durchgeführt(Koen et al. 2012) – wie sind Sie dabei vorgegangen, und was waren Ihre zentralen Ergebnisse?

UK:

Um Studierende beim Übergang vom Studium ins Berufsleben zu unterstützen und die berufliche Anpassungsfähigkeit auszubauen, haben wir ein eintägiges Training von acht Stunden durchgeführt. Die Inhalte waren Übungen zur Selbstexploration mit Schwerpunkten auf eigenen Stärken und Werten sowie Übungen zu *Person-Organization Fit,* Umweltexploration, Entscheidungsfindung und Planung. Zum Beispiel wurde eine Visualisierungsübung durchgeführt, in welcher sich die Personen einen perfekten Arbeitstag vorstellen und aufschreiben sollten. Aspekte davon waren unter anderem Arbeitszeiten, -weg, -umfeld und -inhalte. In einem nächsten Schritt wurde skizziert, welche Teilziele erreicht werden müssen, um zum Traumarbeitsplatz zu gelangen. Als abhängige Variable wurde die *Adaptabilty* durch die *CAAS*-Skala gemessen. Bis auf den Aspekt der *Confidence* haben sich kurz nach dem Training wie auch ein halbes Jahr später sehr gute Erfolge gezeigt. Als noch wichtiger erachte ich aber den Effekt auf die Qualität der Arbeitsstelle, die gefunden wurde: Sechs Monate nach dem Training berichteten die Trainingsteilnehmenden mehr Zufriedenheit mit dem Arbeitsplatz und dem Karrierefortschritt als Teilnehmende der Kontrollgruppe, die kein Training erhalten hatten.

Bei unserem Training haben bis zu 16 Personen pro Training mitgemacht. Wünschenswert für die Zukunft wäre es, eine massentaugliche Maßnahme zu konzipieren. Bereits in der heutigen und gerade in der zukünftigen Zeit werden Arbeitende wesentlich mehr Arbeitsplatzwechsel vollziehen müssen, als dies früher der Fall war, und gerade dafür halte ich eine gute Vorbereitung für wichtig. Zusammen mit meiner Doktorandin Anna Van der Horst evaluiere ich hierzu gerade Möglichkeiten, die von ihrem Arbeitgeber, einer Unternehmensberatung in den Niederlanden, entwickelt werden. Hier werden viele Inhalte und vor allem die Selbstexploration nicht in den Trainingstreffen selbst, sondern als Vorbereitung zuhause behandelt. Aufgaben im Vorfeld können das Ausfüllen von Online-Fragebögen zu individuellen Werten, zur Persönlichkeit und zu den Motivatoren der Personen sein, aus welchen sich dann zusammen mit den Qualifikationen ein individuelles E-Portfolio ergibt. Diese Ergebnisse werden dann in wesentlich kürzeren gemeinsamen Treffen besprochen, an denen auch mehr Teilnehmende gleichzeitig teilnehmen können. Die E-Portfolios werden dann verbunden mit Informationen des Arbeitsmarktes. Das heißt, dass eine Software alle im jeweiligen Land online gelisteten Stellenanzeigen scannt und diese durch textbasierte

Analysen und Wissen aus Datenbanken (vor allem dem US-amerikanischen O*Net) in Bezug zu dem eigenen Profil stellt. Somit können Teilnehmende mögliche Stellen nicht nur nach einem passenden Titel oder einer passenden Ausbildung aussuchen, sondern zum Beispiel auch danach, ob diese Stelle in etwa zu von ihnen präferierten Rollenvorstellungen oder ihrer Persönlichkeit passt.

Außerdem erhalten die Teilnehmenden Informationen über ihre eigene Position im Verhältnis zu den möglichen Stellen, über welche sie sich noch weiter informieren können. Dabei kann man beispielsweise eine Stelle anklicken, die mit dem eigenen Profil viele Gemeinsamkeiten aufweist oder sieht, welche Stellen nicht so gut zu dem eigenen Profil passen. Wir sprechen also hier von einer Verbindung zwischen dem E-Portfolio, das die Teilnehmenden ausgefüllt haben, und den Informationen über den aktuellen Stellenmarkt. Ich finde das wirklich faszinierend. Sie können sich diese Karte vorstellen wie eine Spielwiese, auf der man verschiedene Stellen anklicken und somit unterschiedliche Möglichkeiten explorieren kann. Tatsächlich fängt man dann an, sich auf spielerische Art und Weise zu informieren. Ich glaube, dass dies die Stellensuche deutlich erleichtert, weil die *Environmental Exploration* unterstützt wird.

Wir haben mit dieser Methode verkürzte Versionen des Trainings mit einer Dauer von vier beziehungsweise zwei Stunden durchgeführt und evaluiert, indem wir die Teilnehmenden innerhalb einer Sitzung kurz ihre Persönlichkeitseigenschaften reflektieren ließen und daraufhin die Karriereplanung und *Environmental Exploration* thematisierten. Mit diesen Trainings wollen wir den Teilnehmenden ein Bewusstsein dafür schaffen, dass sie sich um ihre Karrieremöglichkeiten kümmern müssen. Dafür wollen wir ihnen das benötigte Werkzeug an die Hand geben. Empirisch arbeiten wir dabei mit zwei Stichproben: Studierenden und Menschen, die sich mitten im Laufe ihre Karriere befinden. Unter den Studierenden hatten wir mit der Methode auch keine Schwierigkeiten, mit vertretbarem Aufwand knapp 400 Teilnehmende zu trainieren (Van der Horst et al. 2017a). Wie schon bei dem elaborierteren Training fanden wir einen Anstieg in der Karriereanpassungsfähigkeit der Betroffenen sowie ihren tatsächlichen Anpassungsreaktionen im Anschluss an das Training, welche auch über das nächste halbe Jahr stabil blieben. Obendrein zeigte sich, dass der Anstieg der Karriereanpassungsfähigkeit zu einer verbesserten Qualität der ersten Stelle nach dem Studium führte (Van der Horst et al. 2017a). Unter der Erwachsenenstichprobe, dem administrativen Personal eines öffentlichen Arbeitgebers, der zu dem Zeitpunkt plante, Stellen zu streichen, fanden wir zumindest einen Anstieg des adaptiven Karriereverhaltens, ebenfalls stabil über das folgende halbe Jahr (Van der Horst und Klehe 2017). Insgesamt spricht das also wirklich dafür, dass sich Karriereanpassungsfähigkeit und entsprechende Reaktionen relativ problemlos trainieren lassen und dieses Training beruflicher Übergänge wirklich hilfreich sein kann. Unsere einzige Schwierigkeit ist nun nur noch, die Studien auch tatsächlich veröffentlicht zu kriegen – da ist der Wissenschaftsprozess mit seinen wiederholten Runden an Überarbeitungen und Reanalysen manchmal doch sehr langsam.

I:

Nachdem Sie also schon einen wichtigen Beitrag zur Beforschung von *Career Adaptability* geleistet haben, befanden Sie sich im Wintersemester 2016/17 im Forschungsfreisemester. Wie haben Sie in dieser Zeit Ihre Erkenntnisse aus den bisherigen Studien weiterverfolgt?

UK:

Ich befand mich im Forschungsfreisemester, toll! Könnte ohne Probleme mehr davon haben und würde sie auch nutzen. Im regulären Betrieb bleibt so unglaublich viel liegen.

Im Forschungsfreisemester hat man einfach viel mehr Zeit, sich wirklich auf Projekte zu konzentrieren und diese auch anderen Leuten vorzustellen. Ich hatte gerade letzte Woche einen Vortrag zu der Frage, was wir eigentlich in der *Career-Adaptability*-Forschung bisher untersucht haben. Gleichzeitig arbeiten wir, also verschiedene Kollegen und ich, an der bereits erwähnten Metaanalyse zu *Career Exploration* (Buyken et al. 2017) und den Trainingsstudien sowie noch ein paar weiteren Themen. Außerdem beschäftigen wir uns grade viel mit *Immigrant Professionals* (Zikic und Klehe 2017), deren Karriereanpassungsreaktionen dadurch erschwert werden, dass ihnen bestimmte Steine im Wege liegen, wie sprachliche Barrieren oder ein Nichtanerkennen ihrer Qualifikationen und Berufserfahrung aus dem Heimatland. Derzeit erweitern wir diese Arbeiten auf den Kontext von Geflüchteten in einem meines Erachtens hochspannenden Projekt.

I:

Wie kann man denn das Konzept der beruflichen Anpassungsfähigkeit auf die Gruppe der Geflüchteten übertragen? Welche Besonderheiten und Herausforderungen treten hierbei auf?

UK:

Auch für die Geflüchteten spielt die berufliche Anpassungsfähigkeit eine große Rolle – vielleicht sogar noch mehr als für den typischen Arbeitnehmer in Deutschland. Diese Menschen kommen aus einem ganz anderen System mit anderer Sprache, anderen Gepflogenheiten, auch im beruflichen Kontext, finden häufig ihre Erfahrungen und Bildung als nicht vergleichbar und unpassend eingeschätzt und wahrgenommen – gerade in Deutschland mit seinem elaborierten Ausbildungssystem haben sie es zum Teil sehr schwer. Kurz: Diese Menschen haben neben sprachlichen und kulturellen Hürden auch beruflich eine enorme Anpassungsaufgabe zu leisten. Es ist natürlich sehr unterschiedlich, wer hierherkommt. Wir haben Ärzte und Ingenieure, aber auch Leute, die sehr nah an der Illiteralität sind – nicht unbedingt, weil sie nie Lesen und Schreiben gelernt haben, sondern eben nie mit lateinischen Buchstaben. Schon bei Muttersprachlern wäre ein solches Level an Illiteralität problematisch.

Sicherlich hat man teilweise Settings, wo die ganze Familie zusammenlegt, um den ältesten Sohn in Sicherheit zu bringen, aber wir haben auch Menschen mit einer sehr guten Bildung. Und für die wird Karriereanpassung sehr wichtig sein, um hier eine qualitativ hochwertige Tätigkeit auszuüben. Wie wir aus Studien wissen (z. B. Alboim und McIsaac 2007; Chiswick und Miller 2009; Weiner 2008), nimmt die Sprache hierbei eine zentrale Rolle ein. Ohne ausreichende Sprachkenntnisse ist es wahnsinnig schwierig, sich zu orientieren und im Arbeitsmarkt Fuß zu fassen – der gesamte Prozess des Explorierens, schon alleine um die Spielregeln auf dem deutschen Arbeitsmarkt zu verstehen, ist kaum möglich, und noch weniger, einen Arbeitgeber von sich zu überzeugen. Akut für die Situation von Geflüchteten heißt das also, dass das Erlernen der Sprache der erste und wichtigste Ansatzpunkt sein sollte. Darüber hinaus ist es sehr hilfreich, wenn die Leute proaktiv sind. In diesem Punkt kann ich mir vorstellen, dass sich *Immigrant Professionals* und Geflüchtete voneinander unterscheiden, denn Geflüchtete machen entlang des Weges nach Europa und auch hier im deutschen System immer wieder die Erfahrung, sich in einer Situation erlernter Hilflosigkeit wiederzufinden. Diese erlernte Hilflosigkeit schränkt die Fähigkeit zum Selbstgestalten, sich selbst zu überlegen, was man will, stark ein. Gleichzeitig – und ich kann nicht sicher sein, dass unsere Stichprobe hier repräsentativ ist – zeigen unsere Interviews ein unglaubliches

Maß an Resilienz, Willen und Energie, die diese Menschen mit sich bringen. Wie wir alle wissen, ist da vieles nicht ganz einfach, und unsere Interviews zeigen auch, dass es diesen Menschen in Deutschland zum Teil sehr schwerfällt, eben weil sie nun nicht mehr so selbstverständlich die Person sein können, die sie bisher immer waren, sondern eben Geflüchtete sind – und damit häufig ziemlich hilflos und auch stigmatisiert. Aber die Interviews zeigen auch den Willen, hier anzukommen und ein integrierter Teil des Ganzen zu werden – ohne sich selbst dafür aufgeben und verleugnen zu müssen –, und sie zeigen auch die Kreativität und den Einsatz, den viele dieser Menschen aufbringen. Das ist nachher für eine erfolgreiche Integration in den Arbeitsmarkt, aber letztlich auch in die Gesellschaft insgesamt, wichtig (Wehrle et al. 2017).

Ein weiteres Riesenthema ist die Akzeptanz von bisheriger Erfahrung und bisheriger Bildung. Wenn jemand beispielsweise Rechtsanwalt in Syrien war, wird er große Schwierigkeiten haben, in unserem Rechtssystem einen Job zu finden. Damit geht ein riesiger Statusverlust einher, was eine starke Identitätsbedrohung darstellt und die Leute auch in ihrem Handlungsspielraum sehr einschränkt. Das ist etwas, wo es zum Beispiel ein guter Schneider unter Umständen einfacher hat. Er kann sein Handwerk in Deutschland ohne große Umschulungen anwenden. Es ist also immer die Frage: Wie können die Leute das, was sie bisher gemacht haben, im Gastland umsetzen? In diesem Zusammenhang ist es problematisch, dass häufig zu wenige Daten über den Bildungshintergrund registriert werden. Für eine gelungene Integration ist jedoch die Übertragbarkeit von bisherigen Erfahrungen notwendig. Wir müssen uns überlegen, wie wir das ermöglichen und vereinfachen können. Dadurch könnte man den Leuten besser attraktive und passende Optionen und Entwicklungsmöglichkeiten aufzeigen.

I:

Kommen wir zum Schluss noch einmal auf Arbeitende allgemein zu sprechen. Was können diese tun, um ihre berufliche Anpassungsfähigkeit zu steigern, und was sollten sie möglichst vermeiden?

UK:

Das soll kein Aufruf zur Illoyalität sein, aber ich empfehle, die Augen für andere Möglichkeiten offen zu halten und sich zu fragen: „Füllt mich das, was ich hier mache, auch aus? Macht mir das Spaß?" Und wenn es keinen Spaß macht, sich zu überlegen: „Was fehlt mir denn eigentlich, und wie komme ich da hin?" Ich denke, was über die Karriere hinweg wichtig ist, ist, dass Menschen nicht aufhören zu planen. Pläne geben uns Richtung, ermutigen Aktion und motivieren uns. Ob man am Ende wirklich genau das erreicht, was man am Anfang geplant hat, ist dabei unter Umständen fast nebensächlich, und zum Teil entwickeln sich Dinge dann eben doch anders als geplant – da gibt es sogar ganze Theorien, beruhend auf der Chaostheorie, um zu zeigen, wie wenig zuverlässig Pläne am Ende zum Teil dann doch sind (Pryor und Bright 2007). Aber Pläne helfen uns, in eine für uns attraktive Richtung zu arbeiten, und signalisieren auch unserer Umgebung „Der will noch was" oder „Die will hier was bewegen". Darüber hinaus denke ich, ist es wichtig, über die *Adaptability* hinaus zu denken im Sinne der *Employability*: „Lerne ich noch dazu? Gibt es Weiterbildungsmöglichkeiten, die ich einfordern sollte?" Auch und vor allem, wenn man älter wird, sollte man das nicht aus den Augen verlieren. Das Problem, insbesondere für ältere Arbeitende, ist zum Teil, dass Organisationen gar nicht mehr so viel in sie investieren wollen. Es gibt Gedanken wie „Oh, der ist ja eh nur noch acht Jahre da, dann geht der in den Ruhestand, das lohnt nicht" oder schlimmer noch „Der will ja gar nicht mehr" oder „Dem noch was Neues einzutrichtern? Das wird schwer".

Da gibt es viele entsprechende Stereotype, die die Förderung von älteren Arbeitenden unterminieren – und wir wissen, dass ein Großteil dieser Stereotype einfach faktisch falsch ist oder die tatsächlichen Zusammenhänge so gering sind, dass sie eigentlich im Alltagsrauschen untergehen sollten (Posthuma und Campion 2009) (▶ Kap. 2). Zum Beispiel ist es wahrscheinlich so, dass ein Mittfünfziger einem Unternehmen keine 15 Jahre zur Verfügung stehen wird, aber es ist naiv zu glauben, dass das bei einem Mittdreißiger großartig anders wäre – der hat nämlich eine wesentlich größere Wahrscheinlichkeit zu kündigen. Jedenfalls: Achten Sie darauf, weiter gefordert und gefördert zu werden, suchen und gestalten Sie sich neue Herausforderungen in Ihrem Job und am besten auch solche, die man nach außen gut „sehen" kann, das heißt, die Ihnen bei späteren Bewerbungen auch hilfreich sein können. Pflegen Sie darüber hinaus Ihre sozialen Netzwerke, einschließlich und gerade auch die Netzwerke, die über Ihre derzeitige Organisation hinausgehen.

I:

Und was sollte man im Gegenzug vermeiden?

UK:

Innere Kündigung: Wenn Arbeitende frustriert sind, keinen Spaß mehr haben, sodass nur noch Dienst nach Vorschrift gemacht wird. Dafür ist die Lebenszeit zu schade. Gleichzeitig, und das richtet sich wieder besonders an ältere Mitarbeitende: Kündigen Sie nur, wenn Sie bereits eine attraktive Alternative in der Tasche haben. Eine lange Betriebszugehörigkeit ist im Allgemeinen eine relativ gute Versicherung dagegen, entlassen zu werden.

I:

Zum Abschluss würden wir Sie gerne noch um ein Stimmungsbild bitten. Wie zufrieden sind Sie mit dem aktuellen Wissenstransfer von der Forschung in die Praxis? Was würden Sie sich da für die Zukunft noch wünschen?

UK:

Zwei Sachen: Zunächst wünsche ich mir eine differenziertere Betrachtung von Forschungsergebnissen. Wir sollten keine pauschalen Empfehlungen auf Basis von eingeschränkt generalisierbaren Forschungsergebnissen aussprechen, wie es zum Beispiel bei der Exploration geschehen ist. Dies gilt für die Praxis ebenso wie für die Forschung, und es sollte ein besonderes Augenmerk darauf gerichtet werden, vorhandene Daten angemessen zu interpretieren und umzusetzen.

Zudem fällt mir auf, dass Konzepte bereits häufig in der Praxis angewandt werden und die Forschung diese dann erst spät hinreichend überprüft. Hier denke ich, dass es zielführend wäre, noch enger zusammenzuarbeiten, um der Praxis ein gutes Fundament für die Anwendung von Ideen zu liefern.

I:

Vielen Dank Frau Prof. Dr. Klehe für die Zeit, die Sie sich für dieses interessante und aufschlussreiche Gespräch genommen haben.

Video des Interviews:

▶ http://tinyurl.com/Klehe01

3.3 Fazit

Im Zuge sich verändernder Arbeitsbedingungen und Lebensmodelle spielt nicht nur die Fähigkeit zur Anpassung an neue Gegebenheiten eine wichtige Rolle, sondern auch die Bereitschaft zur Übernahme von Verantwortung für die eigene Karriere. Arbeitende haben heute mehr denn je die Möglichkeit, aber auch die Verantwortung, sich konstant mit ihren Bedürfnissen und Optionen in der Arbeitswelt auseinanderzusetzen. Im Gegenzug sind Arbeitgeber gefordert, Klarheit über zukünftige Entwicklungen und potenzielle Arbeitsplatzverluste im Unternehmen zu geben. Dies gibt nicht nur den Mitarbeitenden die Chance, sich entsprechend vorzubereiten, es hilft auch langfristig, Vertrauen und Loyalität aufzubauen. Dabei spielen die berufliche Anpassungsfähigkeit, also die Übernahme von Verantwortung für und Kontrolle über die eigene Karriere, Neugierde für Alternativen und neue Möglichkeiten im Beruf, sowie vor allem das Vertrauen in die eigenen Tüchtigkeit, wenn es um die Karriere geht, eine große Rolle in allen Lebenslagen. Ersten Studien zufolge kann man diese Aspekte der beruflichen Anpassungsfähigkeit gut trainieren, und damit bildet sie nicht nur ein wichtiges Thema für Arbeitende, sondern auch für Berater und Arbeitgeber. Bei der Suche nach einem Arbeitsplatz gilt es, sich Zeit zu nehmen und sich ausgiebig mit den eigenen Vorstellungen und den Optionen auseinanderzusetzen, um zu einer guten Passung zwischen einem Selbst und dem Arbeitsplatz zu gelangen und somit die Motivation und Zufriedenheit mit dem Beruf zu erhöhen. In der Zukunft wollen wir noch besser verstehen, wann und warum verschiedene Formen der Karriereexploration helfen – und wann und warum nicht.

Literatur

Alboim, N., & McIsaac, E. (2007). Making the connections: Ottawa's role in immigrant employment. *IRPP Choices, 13*, 1–24.

Arthur, M. B., & Rousseau, D. M. (1996). A career lexicon for the 21st century. *The Academy of Management Executive, 10*(4), 28–39. https://doi.org/10.5465/AME.1996.3145317

Buyken, M. B. W., Klehe, U.-C., & Baum, M. (2017). Career exploration: Meta-analyses on its antecedents and outcomes. Submitted for publication.

Carson, K. D., & Carson, P. P. (1997). Career entrenchment: A quiet march toward occupational death?. *The Academy of Management Executive, 11*(1), 62–75. https://doi.org/10.5465/AME.1997.9707100660

Chiswick, B. R., & Miller, P. W. (2009). The international transferability of immigrants' human capital. *Economics of Education Review, 28*, 162–169. https://doi.org/10.1016/j.econedurev.2008.07.002

Crossley, C. D., & Highhouse, S. (2005). Relation of job search and choice process with subsequent satisfaction. *Journal of Economic Psychology, 26*, 255–268. https://doi.org/10.1016/j.joep.2004.04.001

Datta, D. K., Guthrie, J. P., Basuil, D., & Pandey, A. (2010). Causes and effects of employee downsizing: A review and synthesis. *Journal of Management, 36*, 281–348. https://doi.org/10.1177/0149206309346735

Fleming, P. (2017). The human capital hoax: Work, debt and insecurity in the era of Uberization. *Organization Studies, 38*, 691–709.

Fugate, M., Kinicki, A., & Ashforth, B. (2004). Employability: A psycho-social construct, its dimensions, and applications. *Journal of Vocational Behavior, 65*, 14–38. https://doi.org/10.1016/j.jvb.2003.10.005

Hirschi, A., Herrmann, A., & Keller, A. C. (2015). Career adaptivity, adaptability, and adapting: A conceptual and empirical investigation. *Journal of Vocational Behavior, 87*, 1–10. https://doi.org/10.1016/j.jvb.2014.11.008

Kahneman, D., & Tversky, A. (1979). Prospect theory: An analysis of decision under risk. *Econometrica, 47*(2), 263–291. https://doi.org/10.2307/1914185

Kira, M., & Klehe, U.-C. (2016). Self-definition threats and potential for growth among mature-aged job-loss victims. *Human Resource Management Review, 26*, 242–259. https://doi.org/10.1016/j.hrmr.2016.03.001

Klehe, U.-C., Zikic, J., Van Vianen, A. E. M., & De Pater, I. E. (2011). Career adaptability, turnover and loyalty during organizational downsizing. *Journal of Vocational Behavior, 79*(1), 217–229. https://doi.org/10.1016/j.jvb.2011.01.004

Klehe, U.-C., & Van Hooft, E. A. J. (2018). *Oxford Handbook of Job Loss and Job Search*. New York, NY: Oxford University Press.

Koen, J., Klehe, U.-C., Van Vianen, A. E. M., Zikic, J., & Nauta, A. (2010). Job-search strategies and reemployment quality: The impact of career adaptability. *Journal of Vocational Behavior, 77*(1), 126–139. https://doi.org/10.1016/j.jvb.2010.02.004

Koen, J., Klehe, U. C., & Van Vianen, A. E. (2012). Training career adaptability to facilitate a successful school-to-work transition. *Journal of Vocational Behavior, 81*(3), 395–408. https://doi.org/10.1016/j.jvb.2012.10.003

Latham, G. P., Erez, M., & Locke, E. A. (1988). Resolving scientific disputes by the joint design of crucial experiments by the antagonists: Application to the Erez-Latham dispute regarding participation in goal setting. *Journal of Applied Psychology, 73*, 753–772. https://doi.org/10.1037/0021-9010.73.4.753

Parsons, F. (1909). *Choosing a vocation*. Boston: Houghton Mifflin.

Posthuma, R. A., & Campion, M. A. (2009). Age stereotypes in the workplace: Common stereotypes, moderators, and future research directions. *Journal of Management, 35*, 158–188. https://doi.org/10.1177/0149206308318617

Pryor, R. G. L., & Bright, J. E. H. (2007). Applying chaos theory to careers: Attraction and attractors. *Journal of Vocational Behavior, 71*, 375–400. https://doi.org/10.1016/j.jvb.2007.05.002

Rottinghaus, P. J., Day, S. X., & Borgen, F. H. (2016). The career futures inventory: A measure of career-related adaptability and optimism. *Journal of Career Assessment, 13*, 3–24. https://doi.org/10.1177/1069072704270271

Savickas, M. L. (1997). Career Adaptability: An integrative construct for life-span, life-space theory. *The Career Development Quarterly, 45*(3), 247–259. https://doi.org/10.1002/j.2161-0045.1997.tb00469.x

Savickas, M. L. (2005). The theory and practice of career construction. In S. D. Brown & R. W. Lent (Hrsg.), *Career development and counseling* (S. 42–70). Hoboken, New Jersey: John Wiley & Sons, Inc.

Savickas, M. L. (2013). Career construction theory and practice. In R. W. Lent & S. D. Brown (Hrsg.), *Career development and counseling: Putting theory and research into work* (S. 147–183). Hoboken, New Jersey: John Wiley & Sons, Inc.

Savickas, M. L., & Porfeli, E. J. (2012). Career adapt-abilities scale: Construction, reliability, and measurement equivalence across 13 countries. *Journal of Vocational Behavior, 80*(3), 661–673. https://doi.org/10.1016/j.jvb.2012.01.011

Staufenbiel, T., & König, C. J. (2010). A model for the effects of job insecurity on performance, turnover intention, and absenteeism. *Journal of Occupational and Organizational Psychology, 83*, 101–117. https://doi.org/10.1348/096317908x401912

Super, D. E. (1955). Dimensions and measurement of vocational maturity. *Teachers College Record, 57*, 152–163.

Super, D. E. (1980). A life-span, life-space approach to career development. *Journal of Vocational Behavior, 16*(3), 282–298. https://doi.org/10.1016/0001-8791(80)90056-1

Van der Horst, A., Klehe, U.-C., Coolen, A., & Brenninkmeijer, V. (2017a). Facilitating the school-to-work transition: A portfolio intervention for career adaptability. *Academy of Management Proceedings*, https://doi.org/10.5465/AMBPP.2017.11494symposium

Van der Horst, A. C., Klehe, U. C., & Van Der Heijden, B. I. (2017b). Adapting to a looming career transition: How age and core individual differences interact. *Journal of Vocational Behavior, 99*, 132–145. https://doi.org/10.1016/j.jvb.2016.12.006

Van der Horst, A., & Klehe, U.-C. (2017). Making career guidance more efficient, affordable and self-directed. Submitted for publication.

Wehrle, K., Klehe, U.-C., Kira, M., & Zikic, J. (2017). Can I come as I am? Identity threats, coping, and growth among refugees. *Journal of Vocational Behavior*, https://doi.org/10.1016/j.jvb.2017.10.010

Weiner, N. (2008). Breaking down barriers to labour market integration of newcomers to Toronto. *IRPP Choices, 14*, 1–44.

Zikic, J., & Klehe, U. C. (2006). Job loss as a blessing in disguise: The role of career exploration and career planning in predicting reemployment quality. *Journal of Vocational Behavior, 69*(3), 391–409. https://doi.org/10.1016/j.jvb.2006.05.007

Zikic, J., & Klehe, U.-C. (2017). Battling the brain waste: Finding quality employment after an international move. Submitted for publication.

Weiterbildungssettings und Weiterbildungserfolge

Kapitel 4 Wie unterscheidet sich Lernen von Erwachsenen in verschiedenen europäischen Ländern? – 69
Regina Egetenmeyer, Andrea Beinicke und Tanja Bipp

Kapitel 5 Warum taugt Social Video Learning für eine Neuausrichtung bei Blended Learning und Wissenskooperation? – 99
Frank Vohle, Andrea Beinicke und Tanja Bipp

Kapitel 6 Welche Determinanten und Verhaltensweisen führen zu effektiver Führung? – 125
Jens Rowold, Andrea Beinicke und Tanja Bipp

Kapitel 7 Trainingsevaluation – Wie stellt man den Trainingserfolg sicher? – 145
Simone Kauffeld, Andrea Beinicke und Tanja Bipp

Wie unterscheidet sich Lernen von Erwachsenen in verschiedenen europäischen Ländern?

Regina Egetenmeyer, Andrea Beinicke und Tanja Bipp

4.1 Einleitung – 70

4.2 Interview mit Prof. Dr. Regina Egetenmeyer, Professorin für Erwachsenenbildung/Weiterbildung an der Universität Würzburg – 71

4.3 Fazit – 97

Literatur – 97

Dieses Kapitel enthält Videos online auf https://doi.org/10.1007/978-3-662-55689-4_4; oder laden Sie zum Streamen der Videos die „Springer Multimedia App" aus dem iOS- oder Android App-Store und scannen eine Abbildung, die den „play button" enthält.

© Springer-Verlag GmbH Deutschland, ein Teil von Springer Nature 2019
A. Beinicke, T. Bipp (Hrsg.), *Strategische Personalentwicklung*, Meet the Expert: Wissen aus erster Hand,
https://doi.org/10.1007/978-3-662-55689-4_4

4.1 Einleitung

Andrea Beinicke

Die Beziehung zwischen Unternehmen und Arbeitenden hat sich in den letzten Jahren stark verändert. Um neuen Herausforderungen in der Arbeitswelt gewachsen zu sein, gilt der Erwerb von neuen Kompetenzen als entscheidender Wettbewerbsvorteil sowohl für Mitarbeitende als auch für Unternehmen. Die nötige Anpassung an konstante Veränderungen im Arbeitsleben und die Zunahme von wissensbasierten Arbeitsplätzen machen es nötig, dass Mitarbeitende ihr Wissen, ihre Fertigkeiten und Fähigkeiten stetig weiterentwickeln (Molloy und Noe 2010). Jedoch erscheint es vor dem Hintergrund unterschiedlicher Bedingungen in verschiedenen europäischen Ländern, wie zum Beispiel Wirtschaftsleistungen, Arbeitslosigkeitsraten oder Bildungssysteme, dass sich Erwachsene an Weiterbildungsmaßnahmen unterschiedlich beteiligen. Beispielsweise bieten 72,8 % deutscher Unternehmen betriebliche Weiterbildung an (Statistisches Bundesamt 2013). Damit liegen sie im europäischen Vergleich lediglich im Mittelfeld (Eurostat 2010). Im Jahr 2016 nahmen 56 % aller Erwerbstätigen in Deutschland an mindestens einer Weiterbildungsmaßnahme teil (Bundesministerium für Bildung und Forschung 2017). 43 % der befragten Erwachsenen in Deutschland zwischen 18 und 64 Jahren gaben an, auch informell zu lernen, beispielsweise durch Kollegen oder Angebote im Internet.

Die Betrachtung der Stakeholder an Weiterbildungsmaßnahmen, deren Handlungsspielraum und Engagement liefert möglicherweise Antworten und Erkenntnisse auf Fragen wie: Schneiden verschiedene Länder bei der Beteiligung von Erwachsenen an Weiterbildungsmaßnahmen im internationalen Vergleich wirklich unterschiedlich ab? Haben Maßnahmen und Zielsetzungen auf europäischer Ebene, wie im Lissabonner Vertrag festgesetzt, eine signifikante Steigerung bewirkt? Und welche Rolle spielen informelles Lernen und die formale Weiterbildung Erwachsener, wenn wir die Herausforderungen mit einbeziehen, die uns die digitale Transformation, Wissensgesellschaft und Migration stellen?

Antworten auf diese Fragen gibt Prof. Dr. Regina Egetenmeyer. Sie ist Expertin für international-vergleichende Erwachsenenbildung, einer vergleichsweise jungen Forschungsdisziplin (Knoll 1999). Prof. Dr. Egetenmeyer ist seit 2013 Professorin für Erwachsenenbildung und Weiterbildung am Institut für Pädagogik der Julius-Maximilians-Universität Würzburg und forscht zu Themen wie beispielsweise „Internationale und vergleichende Erwachsenenbildung/Weiterbildung", „Professionalisierung in der Erwachsenenbildung/Weiterbildung", „Informelles Lernen in betrieblichen Kontexten" oder „Internationale Bildungspolitik". Ihre zahlreichen nationalen und vor allem internationalen Tätigkeiten, sei es als Gastprofessorin oder Mitglied verschiedener wissenschaftlicher Beiräte, machen sie zur Expertin für unsere Fragestellung zum lebenslangen Lernen von Erwachsenen in unterschiedlichen europäischen Ländern.

Referenzen
- BMBF (Bundesministerium für Bildung und Forschung). (2017). Weiterbildungsverhalten in Deutschland 2016: Ergebnisse des Adult Education Survey. https://www.bmbf.de/pub/Weiterbildungsverhalten_in_Deutschland_2016.pdf
- Eurostat (2010). Weiterbildende Unternehmen als Anteil an allen Unternehmen nach Weiterbildungstyp und Größenklasse (%). Verfügbar unter http://appsso.eurostat.ec.europa.eu/nui/show.do?dataset=trng_cvts02&lang=de

- Knoll, J. H. (1999). Konvergente und divergente Erscheinungen in der Erwachsenenbildung in Mitteleuropa – eine vergleichende Darstellung wesentlicher Strukturelemente. *Bildung und Erziehung, 52*(2), 197–216. https://doi.org/10.7788/bue.1999.52.2.197
- Molloy, J., & Noe, R. (2010). Learning a living: Continuous learning for survival in today's talent market. In S. Kozlowski, & E. Salas (Hrsg.), *Learning, training, and development in organizations* (S. 333–349). New York/London: Routledge.
- Statistisches Bundesamt. (2013). Weiterbildung 2013. https://www.destatis.de/DE/Publikationen/Thematisch/BildungForschungKultur/Weiterbildung/BeruflicheWeiterbildung5215001137004.pdf?__blob=publicationFile

4.2 Interview mit Prof. Dr. Regina Egetenmeyer, Professorin für Erwachsenenbildung/Weiterbildung an der Universität Würzburg

Das Interview und die Transkription führten Elke Pfeiffle, Dominik Wenske und Sabrina Mittermeier durch.

Interviewer:

Herzlich willkommen, Frau Professorin Dr. Egetenmeyer! Vielen Dank für Ihre Bereitschaft, uns bei dem Buchprojekt zu unterstützen und uns als Expertin Rede und Antwort zu stehen. Wir freuen uns auf ein erkenntnisreiches Gespräch.

Prof. Dr. Regina Egetenmeyer:

Herzlichen Dank für die Einladung.

I:

Was und zu welchem Zeitpunkt in Ihrem Leben hat Sie persönlich motiviert, sich dem spezifischen Forschungsgebiet „Erwachsenenbildung und Weiterbildung" zu widmen?

RE:

Ich hatte schon immer ein Interesse an Menschen und an der Entwicklung von Menschen. Aus diesem Grund war bereits bei meiner Studienwahl klar, dass ich mich für die Pädagogik entscheide. Der Fokus auf Erwachsene hat sich während des Studiums entwickelt. In dieser Zeit habe ich Erwachsenenbildung und Weiterbildung als ein Forschungsfeld erfahren, das eher punktuell erforscht war, im Gegensatz zu anderen Feldern der Pädagogik. Dies war für mich ein Anreiz, mich diesem Bildungsbereich zu widmen.

I:

Und was war für Sie ausschlaggebend, sich mit dem internationalen Kontext auseinanderzusetzen?

RE:

Das hat sicher auch mit einer Chance zu tun, die ich im Rahmen einer Promotionsstelle bekommen habe. Diese hatte einen Schwerpunkt in der internationalen Erwachsenenbildung. Über meinen Doktorvater bin ich in viele internationale Netzwerke der Erwachsenen- und Weiterbildung eingeführt worden. Und auch dort konnte ich wieder ein neues

Feld beschreiten, da zu diesem Zeitpunkt in Deutschland die internationalen Einblicke in die Erwachsenen- und Weiterbildung sehr begrenzt waren.

I:

„Bildung ist alles, was man wissen muss", hat Schwanitz einmal provokativ gesagt. Sie haben im Magazin *Labor&More* (6/2010) geäußert, dass aus „alles, was man wissen muss" nun „alles, was man können müsste" geworden ist (Egetenmeyer 2010). Können Sie uns diesen neuen Ansatz kurz erläutern?

RE:

Ich wollte mit diesem Zitat weniger darauf hinweisen, dass sich mein Verständnis von Bildung verändert hat, sondern vielmehr, dass sich die Idee des lebenslangen Lernens, die ja bildungspolitisch eingeführt und nicht bildungswissenschaftlich gesteuert ist, und der Diskurs darüber, wie man sich bildet und wie denn Bildungssysteme funktionieren sollen, verändert haben.

Wenn man die öffentlichen Diskurse betrachtet, geht es heute weniger darum, mit welchen Themen man sich auseinandergesetzt hat, sondern darum, was man können sollte: welche Kompetenzen man erworben hat und welche Lernergebnisse erreicht werden sollten. Problematisch ist diese Entwicklung immer an der Stelle, an der Kompetenzen inhaltsleer bleiben und die Annahme vorherrscht, dass man etwas kann, ohne dass dieses Können auf einer inhaltlichen Auseinandersetzung basiert. Gut ist es, wenn dann die folgenden Fragen gestellt werden: Was passiert nun nach der Auseinandersetzung mit bestimmten Themen? Wohin soll das führen? Zu welchem Können und zu welchen Fähigkeiten kann das führen? An diesem Punkt sollte man versuchen, eine Auseinandersetzung darüber zu führen, wie Inhalte mit Lernergebnissen zusammenhängen und wie man diese befördern kann. Das Verhältnis von Wissen und Kompetenz hat sich spannungsreich in der öffentlichen Diskussion verändert. Das sind zwei Aspekte, die wir zusammenführen müssen.

I:

Der Begriff „lebenslanges Lernen" ist derzeit allgegenwärtig. Was versteht man eigentlich unter lebenslangem Lernen, und warum hat dieser Begriff in den letzten Jahrzehnten so stark an Bedeutung gewonnen?

RE:

Der Begriff „lebenslanges Lernen" kommt aus der internationalen Bildungspolitik und nicht aus den Bildungswissenschaften. Er wurde in den 1970er Jahren unter der Bezeichnung *Lifelong Education* eingeführt. Das kann man schwer eins zu eins ins Deutsche übersetzen, da *Education* weder mit Bildung noch mit Erziehung gleichzusetzen ist. Aber was damit gemeint ist, kann man unter staatlich unterstützten Bildungsangeboten subsumieren, die auch an Erwachsene gerichtet sind. Der Begriff impliziert zudem, dass Lernen kein Prozess ist, der mit einer Berufsausbildung oder einem Studium abgeschlossen ist. Dieses Verständnis hat sich dann in den 1990er Jahren dahingehend verändert, dass die Organisation für wirtschaftliche Zusammenarbeit und Entwicklung (OECD), die Organisation der Vereinten Nationen für Erziehung, Wissenschaft und Kultur (UNESCO) und vor allem die Europäische Union (EU) den Begriff *Lifelong Learning* eingeführt, also *Education* durch *Learning* ersetzt hat. Das bedeutete auch eine inhaltliche Verschiebung: Die Verantwortung für Lernprozesse wurde auf das einzelne lernende Individuum verlagert. Die Lernenden entscheiden, was sie lernen und wie sie lernen: Damit sollte die Selbstverantwortung des Einzelnen gestärkt werden.

Dieser Gedanke funktioniert wunderbar bei Menschen mit Hochschulabschluss, die sich in dem Dschungel des deutschen oder auch eines anderen Bildungssystems zurechtfinden können. Es ist aber für all diejenigen schwierig, die sich in diesem System nicht so gut selbst organisieren können, das heißt, dass dieser Fokus auf Lernen mit Zurücknahme des Staates, also *Education to Learning*, wiederum mit Konflikten und Schwierigkeiten belegt ist. Wenn man die EU als präsentesten Akteur lebenslangen Lernens in Europa sieht, muss man das auch unter dem Aspekt des Harmonisierungsverbots für den Bildungsbereich sehen, das im Maastricht-Vertrag als Grundlage der EU verankert wurde. Dieses Verbot legt fest, dass es der EU und ihren Akteuren untersagt ist, die Bildungssysteme in Europa zu harmonisieren und zu vereinheitlichen. Gleichzeitig stellen aber vor dem Hintergrund der Herausforderungen der Wissensgesellschaften Bildung und Lernen zentrale Aspekte dar, um diesen gesellschaftlichen Herausforderungen gerecht zu werden. Deshalb ist der Fokus auf Lernen und auf die einzelnen Lernenden eine Möglichkeit der EU, einerseits nicht direkt in das Bildungssystem einzugreifen, gleichzeitig aber Lern- und Bildungsprozesse von Menschen in bestimmten Bildungssystemen zu unterstützen und zu fördern. Nun muss die Politik diesen „schwierigen Tanz" mit den formulierten Bildungszielen machen, um dem Interesse an und der Bedeutung von Bildung für aktuelle gesellschaftliche Entwicklungen gerecht zu werden, ohne aber gleichzeitig die Harmonisierung formal zu realisieren.

I:

Wir sehen also, dass dieser Bedeutungszuwachs durchaus politisch getrieben ist. Lebenslanges Lernen ist auch ein Forschungsgebiet, dem intensives Interesse gewidmet wird. Inwiefern hat lebenslanges Lernen praktische Relevanz für die Staaten und deren Gesellschaften, für Unternehmen und Bildungsanbieter und vor allem auch für die Individuen, über die Sie gerade sehr ausführlich gesprochen haben, die am Arbeitsmarkt auch langfristig teilnehmen möchten? Gibt es praktische Umsetzungsbeispiele?

RE:

Auf staatlicher Ebene betrachtet ist es so, dass lebenslanges Lernen von der EU Ende der 1990er und Anfang des neuen Jahrtausends genau in diesen Kontext eingeführt wurde, nämlich zur Wirtschaftsentwicklung. Hintergrund war die sogenannte Lissabon-Strategie aus dem Jahr 2000, die EU bis zum Jahr 2010 zum wettbewerbsfähigsten und dynamischsten Wirtschaftsraum der Welt zu entwickeln. Dafür braucht es – und das ist völlig klar – gut ausgebildete Menschen, die über die entsprechenden Kompetenzen verfügen, um diesem Ziel auch dienen zu können. Die Finanzkrise hat dieses Ziel dann jäh gestoppt. Wir erleben bis heute eine hohe Jugendarbeitslosigkeit in vielen europäischen Ländern. Die Löhne steigen nur langsam, nachdem sie drastisch gesunken sind. Der Fokus wurde zu einem ganz anderen. Die Frage war nun: Wie kommt man aus dieser Wirtschaftskrise, die einhergeht mit der Finanzkrise, wieder heraus? Deshalb ist das Hauptaugenmerk, das man seitdem in der europäischen Bildungspolitik findet, nochmal stärker auf diese Problematik fokussiert.

Die neuen Ziele *Education and Training 2020*, die im Jahr 2010 verabschiedet wurden, konzentrieren sich noch stärker auf den sozialen Zusammenhang der Gesellschaft und wie man diesen fördern kann. Dabei geht es vor allem auch darum, wie Menschen, die sich sozial und beruflich von der Gesellschaft abgehängt sehen, eine Möglichkeit der Integration erfahren, also die Menschen, die bildungswissenschaftlich häufig als „Bildungsbenachteiligte" bezeichnet werden, denen der Zugang zu Bildung aus unterschiedlichen Gründen verwehrt wurde. Das ist eine ganz neue Richtung der EU, bei der vormals der Fokus vor allem auf der Wettbewerbsfähigkeit lag. Jetzt ist zumindest der Faktor des sozialen Zusammenhangs stärker in den Blick geraten. Und dementsprechend ist die Frage: Wie kann ich durch lebenslanges Lernen all die gesellschaftlichen Probleme angehen, die in dem jeweilligen Land in der jeweiligen Situation bearbeitet werden sollten?

I:

Haben Sie ein konkretes Beispiel für diesen sozialen Zusammenhalt? Wie können lebenslanges Lernen und sozialer Zusammenhalt in eine operationale Zielsetzung münden? Wie sieht das aus, wie könnte das funktionieren? Ich habe ein Ziel, aber ich muss ja irgendeinen Weg finden, das Ziel umzusetzen.

RE:

Ich denke, dafür ist es ganz wichtig, die Aufgabe und Funktion der europäischen Bildungspolitik zu verstehen. Vor dem Hintergrund des Harmonisierungsverbots ist es der EU nur möglich, im gemeinsamen Konsens ein Ziel zu formulieren. Die anschließende Umsetzung obliegt den einzelnen Akteuren, also den Staaten und den zivilgesellschaftlichen Organisationen. Es ist der EU aufgrund des Maastricht-Vertrags verboten, direkt zu intervenieren. Was sie jedoch macht, um das Ziel zu erreichen – und das ist sehr wirksam –, ist zum einen das sogenannte Benchmarking. Das bedeutet, es werden bestimmte Zielmarken formuliert, Kennzahlen erhoben und miteinander verglichen, zum Beispiel die Teilnahmequote an Weiterbildung oder die *Drop-out*-Rate aus der Schule (also die Anzahl der jungen Menschen, die ohne Bildungsabschluss die Schule verlassen), die die Teilnahme an lebenslangem Lernen kennzeichnen. Diese Vergleiche werden veröffentlicht, und wir sehen, welche bildungspolitische Wirkung es hat, wenn öffentlich ist, ob ein Land über dem Durchschnitt oder darunter, im oberen Drittel oder im unteren Drittel liegt. Das bekannteste Beispiel in der deutschen Öffentlichkeit sind sicher die PISA-Ergebnisse, auch wenn das in diesem Fall von der OECD erhobene Daten sind. Diese Rankings zeigen Wirkung, indem sie beispielsweise die nationalen Akteure motivieren, tätig zu werden.

Ein anderes Instrument, das die EU hat, sind Fördermittel, um die sich Akteure aus den einzelnen Ländern bewerben können, um eben jene Ziele zu erreichen. Man sieht also, dass es sehr kompliziert für die EU ist, *Lifelong Learning* umzusetzen – aber es ist letztlich auch nicht ihre Aufgabe, es umzusetzen. Das obliegt vielmehr den einzelnen staatlichen Akteuren. Wenn man Deutschland betrachtet, wo Bildung der Länderhoheit obliegt, und sieht, wie schwierig es bereits ist, dass sich zwei Bundesländer in Bildungsfragen einigen, bekommt man vielleicht einen Eindruck davon, wie wichtig es den einzelnen EU-Ländern ist, ihre Hoheit über die Bildungspolitik in ihrem Land zu bewahren. Weil Bildung ganz eng mit der Identität eines Landes zusammenhängt. Vielleicht schafft es Unzufriedenheit, wenn für politische Zielsetzungen nicht immer Lösungswege parat stehen. Aber es gibt eben auch gute Gründe dafür, dass es so ist.

I:

Ich konstatiere, dass allein durch die Informationspolitik der EU schon Maßnahmen möglich sind, in eine gewisse Richtung zu lenken. Welche Vorteile bietet Öffentlichkeitsarbeit darüber hinaus?

RE:

Öffentlichkeitsarbeit ist ein ganz zentrales Element, weil Sie dadurch auch in einer Demokratie eine Rückmeldung bekommen, welche Stimmungen in der Bevölkerung vorherrschen und das nicht allein *Top-down*-Entscheidungen sind, sondern demokratisch diskutierte Prozesse.

I:

Die Begriffe „formales Lernen", „nonformales Lernen" und „informelles Lernen" prägen Ihr Themengebiet. Wie lassen sich diese Begriffe, die sehr abstrakt wirken, kurz voneinander abgrenzen? Und vielleicht machen Sie es uns ein bisschen einfacher und helfen uns, die drei Begriffe anhand je eines prägnanten Beispiels zu verstehen.

RE:

Formales, nonformales und informelles Lernen sind ja zentrale Elemente der Bildungspolitik der EU zum lebenslangen Lernen. Wenn man sich anschaut, was sich hinter den verschiedenen Lernbegriffen verbirgt, müsste man eigentlich genauer sagen, dass es um Lernen in formalen, nonformalen und informellen Lernsettings geht. Also weniger der Lernprozess an sich ist informell, sondern das Lernsetting. Wenn man ganz konkret werden möchte, wären Beispiele für formale Lernsettings die Schule, die Ausbildung und die Universität. Es gibt eine Lehrperson, eine Lerngruppe, und am Ende steht ein Zertifikat oder ein formaler Bildungsabschluss.

Bei nonformalen Lernsettings hat man auch noch Lernprozesse, die ebenfalls in Gruppen mit einer Lehrperson stattfinden, aber am Ende steht kein formal zertifizierter Bildungsabschluss, sondern vielleicht gibt es eine Teilnahmebestätigung. Beispiele wären hier Konfliktmanagementkurse, Seminare im Betrieb, ein Abendvortrag an der Uniklinik und so weiter. Informelle Lernsettings sind diejenigen, bei denen das Lernen ohne bewusstes Engagement von Lehrenden quasi nebenbei stattfindet, also wenn ich zum Beispiel ein Buch lese, im Internet recherchiere oder mit Kollegen beziehungsweise Kolleginnen spreche.

Es ist wichtig zu berücksichtigen, dass diese drei Begriffe nicht absolut trennscharf sind. Stattdessen gibt es viele Zwischenformen. Was ist zum Beispiel die Führerscheinprüfung, was ist der Tanzkurs mit Prüfung, oder was ist ein didaktisch aufbereitetes Studienmaterial zum Eigenstudium? Es ist wichtig, diese Dimensionen zu betrachten und dadurch die Vielfalt der Lernsettings zu unterstützen, anstatt sie als abgegrenzte Bereiche zu verstehen.

I:

Sie nennen in Ihren Forschungsgebieten explizit das informelle Lernen. Worin liegt die besondere Rolle des informellen Lernens? Und können Sie uns den Begriff und seine Bedeutung etwas näherbringen?

RE:

Ich denke, die Bedeutung liegt darin, dass informelles Lernen tagtäglich geschieht: bei Begegnungen mit Menschen – sei es im Gespräch mit Bekannten oder Unbekannten, mit Gruppen oder Einzelpersonen –, beim Gang durch die Würzburger Weinberge oder die Innenstadt, beim Besuch eines Museums, eines Kinos, einer Bibliothek, wenn ich in einen Supermarkt gehe oder wenn ich im Internet surfe. Überall offenbaren sich mir Lernmöglichkeiten. Letztlich kann es als Merkmal des Menschen gesehen werden, dass Nichtlernen im Prinzip unmöglich ist. Es gibt Schätzungen, die davon ausgehen, dass bis zu 70 % dessen, was ein erwachsener Mensch gelernt hat, auf informellen Lernwegen erworben wurde (Faure et al. 1972; Livingstone 1999).

Eine empirische Verifizierung dessen ist schwer möglich, weil es zu Problemen mit den grundlegenden Definitionen und den begrenzten Möglichkeiten der Datenerhebung führt.

Kennzeichnend ist jedoch, dass auch erwachsene Menschen ständig informell lernen und dass dies eine Lernform darstellt, die es ermöglicht, automatisch an Relevantes anzuschließen. Das Gelernte muss relevant sein und an Bekanntes anschließen können. Sonst wird es vergessen, und ein Weiterlernen ist nicht möglich.

I:

Es ist ja denkbar, dass informelles und formales Lernen auch strategisch platziert oder genutzt werden. Wenn ich jetzt den europäischen Kontext betrachte, werden in den einzelnen europäischen Ländern informelles Lernen und formales Lernen strategisch eingesetzt? Gibt es Unterschiede zwischen den Ländern Deutschland, Großbritannien und Spanien?

RE:

Man muss sagen, dass informelles Lernen, sobald es strategisch eingesetzt werden würde, im strengsten definitorischen Sinn nicht mehr informell wäre, sondern schon starke nonformale Anteile hätte. Was wir sehen, ist vielmehr etwas Implizites. Es gibt zumindest in meinen Studien Hinweise darauf, dass die Art und Weise, wie Menschen informell lernen, geprägt ist von ihren vorherigen Lernerfahrungen im Bildungssystem. Und diese sind ganz unterschiedlich. Ich konnte in meinen Studien Hinweise darauf finden, dass zum Beispiel in Deutschland eine starke Tradition inhaltsgeleiteten Lernens vorherrscht, und viele Menschen beim informellen Lernen zunächst denken: „Ich muss erst mal wissen, wie die Sache funktioniert, bevor ich weiterdenke, was ich mit ihr mache." Das bedeutet, erst einmal Inhalte zu lernen, Dinge zu verstehen und dann erst in einem nächsten Schritt zu überlegen, wie was eigentlich funktioniert.

Dagegen konnte ich in der Studie mit englischen Managern feststellen (Egetenmeyer 2008a, b, 2011), dass die Frage, wie etwas funktioniert, gar nicht relevant ist. Vielmehr gab es ein Problem, das zu lösen ist. Und in diesem Betrieb in England geht es immer ganz stark um die Lösungsorientierung, die man entsprechend im britischen Bildungssystem vergleichsweise stärker wiederfindet. In Spanien konnte ich sehen, dass die Menschen stärker angeleitet lernen. Dort ist es immer sehr wichtig, was der Vorgesetzte anleitet oder wie die Gruppe kommuniziert. Dabei sind die Fragen bedeutsam: „Wie kann ich mich in die Gruppe integrieren? Wie können durch meine Lernprozesse Anpassungsprozesse erfolgen?" Insgesamt gesehen ist es wichtig zu erkennen, dass ein enger Zusammenhang besteht zwischen (a) vorherigen Bildungserfahrungen, das heißt der Art und Weise, wie was in der Schule gelernt wurde, und (b) den konkreten informellen Lernformen und Lernwegen einzelner Personen.

I:

Wir haben vorhin bereits kurz über die europäischen Rahmenbedingungen gesprochen und werden auch später nochmals auf die Begrifflichkeiten des informellen und formalen Lernens zurückgreifen. Aber sehen wir uns die europäischen Rahmenbedingungen für lebenslanges Lernen nochmal genauer an: Die Zielsetzung der Europäischen Kommission war, dass im Jahr 2010 12,5 % der europäischen Erwachsenen im Alter von 25 bis 64 Jahren am lebenslangen Lernen teilhaben sollten. Dieser Strukturindikator dient dazu, den Erfolg von Zielen zu messen. Und für 2020 ist das Ziel nun noch höher, es liegt bei einer 15 %igen Beteiligung der Erwachsenen von 25 bis 64 Jahren am lebenslangen Lernen (European Commission 2010). Die Marke ist sehr hoch, das Ziel für 2010 wurde auch schon verfehlt. Wie realistisch ist es, diese Marke von 15 % in drei Jahren nun doch zu erreichen?

RE:

Vielleicht zunächst eine Ergänzung: In der Erhebung geht es immer um die Prozentzahl an Beteiligung in den vergangenen vier Wochen vor der Erhebung. Die Jahresdaten sind viel höher. Da liegen wir in Deutschland bei gut über 50 % an Weiterbildungsteilnahme. Und ich möchte zusätzlich betonen, dass es ein bildungspolitisches Ziel ist und kein Ziel, das sich ein Unternehmen setzt, um seine Mitarbeitende zu motivieren. Dieses Ziel sollte viel mehr als eine Aufforderung an die europäischen Staaten verstanden werden, etwas in diese Richtung zu tun. Bildung Erwachsener ist ein zentraler Wert in unserer gegenwärtigen Gesellschaft – nicht nur arbeitsmarktpolitisch. In einer Gesellschaft, die sich stark verändert, werden Menschen gebraucht, die bereit sind für Bildungsprozesse. Nur so können wir zusammenwachsen. Und vor diesem Hintergrund ist es sehr gut, dass wir dieses Ziel haben. Es ist als Aufforderung an die Regierungen zu verstehen, in diese Richtung zu gehen.

Die Gestaltung der Zielerreichung wird sicher ganz ähnlich sein wie in den bisherigen Jahren auch, nämlich dass manche Länder weit über der Zielmarke liegen und manche weit darunter. Gleichzeitig ist es so, dass dieses Ergebnis für die zivilgesellschaftlichen Akteure in genau den Ländern, die weniger gut positioniert sind, geeignet ist, um ihre Regierung anzuhalten, etwas für Weiterbildung zu tun. Daher ist es wichtig, dass wir diese Zielmarke haben.

I:

Damit erübrigt sich die Frage, ob es sinnvoll ist, ein übergreifendes Bildungsziel von 15 % zu formulieren. Es hat natürlich einen Sinn, wie Sie sagen. Können die richtungsweisende Funktion und der Anreiz auch aus Sicht der Forschung betrachtet bestätigt werden?

RE:

Ich möchte mit meinem italienischen Kollegen Paolo Federighi (2013) darauf hinweisen, dass es vielleicht nicht die erste Priorität ist, die Länder miteinander zu vergleichen, sondern sondern die Entwicklungen innerhalb der Länder zu betrachten. Denn die Ausgangspunkte der einzelnen Länder sind sehr unterschiedlich. Und da hat sich in vielen Ländern doch einiges entwickelt, trotz Finanzkrise, trotz Wirtschaftskrise – was typischerweise Zeiten sind, in denen die Investitionen vor allem der Betriebe in Weiterbildung zurückgehen. Von daher sind innerhalb der Länder wichtige Schritte gegangen worden. Es ist sehr wichtig, das wertzuschätzen, denn es sind Anstrengungen unternommen worden, die in die richtige Richtung zeigen.

I:

Gibt es auf der Makroebene gängige Unterscheidungskriterien wie gesellschaftliche oder ökonomische Voraussetzungen, um einzelne EU-Länder hinsichtlich der Beteiligung am lebenslangen Lernen konkret zu vergleichen?

RE:

Es gibt keine empirisch verifizierten Unterscheidungskriterien. Es gibt natürlich den Klassiker der Unterscheidung: die Unterscheidung in nordische Staaten mit tendenziell hoher Bildungsbeteiligung und in südeuropäische Staaten, in denen die Beteiligung tendenziell geringer ist, aber in den letzten Jahren dennoch enorme Steigerungen zu verzeichnen sind. Von daher gibt es sicher traditionell Unterschiede. Es gibt Versuche, die Länder in sogenannte Wohlfahrtsregime zu clustern, um damit die Unterschiede im Weiterbildungsverhalten zu erklären. Das ist aber schwierig, und die Cluster sind empirisch schwer zu verifizieren (Saar und Ure 2013).

I:

Können Sie mir ein paar Kriterien aufzeigen, wie versucht wurde, solche Ländercluster zu bilden? Wie wird charakteristischerweise so ein Cluster von einem anderen Cluster abgegrenzt?

RE:

Das gängigste Cluster sind die sogenannten *Institutional Packages* von Roosmaa und Saar (2010), die auf den Wohlfahrtsstaatsregimen von Esping-Andersen beruhen. Bei den *Institutional Packages* geht es um eine makrogesellschaftliche und makroökonomische Perspektive, wie wohlfahrtsstaatliche Anstrengungen in einzelnen europäischen Ländern umgesetzt werden.

Man unterscheidet fünf Formen: einerseits die sozialdemokratischen Wohlfahrtsstaaten, die hohe Sozialausgaben haben und in denen Gleichheit in der Bevölkerung einen hohen Wert darstellt. Dazu zählen die nordischen Länder, Skandinavien und Finnland. Dann gibt es die konservativen Wohlfahrtsstaaten, die hohe Sozialausgaben haben, bei denen die Weiterbildungsteilnahme stärker von familiären Situationen und vom Arbeitsmarktstatus abhängig ist. Dazu zählen Deutschland, Frankreich und die Beneluxländer. Dann gibt es die familiären Wohlfahrtsstaaten, das sind die mitteleuropäischen Staaten, die weniger Sozialausgaben haben und in denen soziale Sicherheit mehr an das Engagement der Familie gebunden ist. Es gibt die liberalen Wohlfahrtsstaaten, die mittlere Sozialausgaben haben und geringere Gleichheitsstandards, wozu das Vereinigte Königreich und Irland zählen. Und zuletzt gibt es die neoliberalen und neokonservativen Wohlfahrtsstaaten. Das sind die Staaten, die die Transformation von kommunistischen Staaten zum demokratischen Kapitalismus erfahren haben und die stark von internationaler Finanzierung und multinationalen Betrieben geprägt sind. Hierzu zählen Ungarn, Polen, Rumänien, Bulgarien, Estland, Litauen und Lettland.

Diese Aufteilung ist der Klassiker in den Länderclustern. Es hat verschiedene Versuche gegeben, mit den Clustern die unterschiedliche Höhe an Weiterbildungsbeteiligung in europäischen Ländern zu erklären. Sei es mit den *AES*-Daten, dem *Adult Education Survey*, in dem die Weiterbildungsteilnahme untersucht wird (Dämmrich et al. 2014), oder den *CVTS*-Daten aus dem *Continuing Vocational Training Survey* (Markowitsch et al. 2013), das sind die Daten zur betrieblichen Weiterbildungsbeteiligung. Wenn man die Ergebnisse ganz grob fasst, lässt sich sagen, dass diese Cluster nur einige Erklärungsansätze liefern. Das Hauptproblem dieser Ansätze ist, dass sie die Dynamiken des Weiterbildungsverhaltens nicht abbilden. Und man kann Bildungsverhalten nicht einzig durch staatliche Systeme erklären. Dafür wäre es notwendig, stärker Bildungstraditionen zu analysieren, wie sich Bildungstraditionen in den Ländern ändern. Wenn man sich die Daten im Einzelnen genauer ansieht, erkennt man an vielen Stellen, dass es innerhalb der Länder große Unterschiede der Weiterbildungsteilnahme in den einzelnen Regionen gibt.

Ein Klassiker ist Nord- und Süditalien, wo Sie eine völlig unterschiedliche wirtschaftliche, aber auch Weiterbildungssituation vorfinden. Und wenn man es auf der Mikroebene betrachtet, muss man sich auch darüber im Klaren sein: Das Weiterbildungsverhalten von zwei Personen mit Hochschulabschluss aus zwei verschiedenen europäischen Ländern weist viel mehr Ähnlichkeiten auf als das Weiterbildungsverhalten einer Person mit Hochschulabschluss und einer Person ohne Berufsausbildung innerhalb eines Landes. Deshalb sollte man auch sehr vorsichtig sein und von einer Kulturalisierung oder Nationalisierung des Weiterbildungsverhaltens Abstand nehmen.

I:

Da gibt es auf jeden Fall ganz viel Forschungsbedarf, wie Cluster intelligent gebildet werden können, um neue Erkenntnisse zu generieren. Fokussieren wir stärker die Bestreiter des lebenslangen Lernens. Wer beeinflusst die Bedingungen ganz generell für lebenslanges Lernen? Wer sind also die Hauptakteure, die ihren spezifischen Beitrag zur Beteiligung am lebenslangen Lernen leisten, und gibt es empirische Befunde dazu?

RE:

Die Frage, was oder wer lebenslanges Lernen beeinflusst, ist höchst komplex und sicherlich nicht auf zählbare Akteure zu begrenzen oder zurückzuführen. Wenn Weiterbildung geschieht, erfolgt es vielmehr immer in einer bestimmten Situation und unter hochkomplexen Einflussfaktoren. Dazu zählt die Verfügbarkeit von Weiterbildung. Und es steht die Frage im Raum, ob die Beteiligung von Weiterbildung ein typisches Verhalten eines Menschen in meiner Umgebung ist.

I:

Es gibt Akteure wie den Staat mit seiner Bildungspolitik, Unternehmen, die Individuen, die EU, die wir vorhin angemerkt hatten. Wie stellen sich diese Akteure in den europäischen Ländern auf? Gibt es signifikante Unterschiede im Einfluss und in der Rollenverteilung der Akteure in den einzelnen Ländern? Beginnen wir doch einfach mal mit dem Akteur Staat und seiner Bildungspolitik.

RE:

Es gibt sicher unterschiedliche Rollen und unterschiedliches Engagement der Staaten in den unterschiedlichen Ländern für Bildung insgesamt und auch für Weiterbildung. In den nordischen Staaten, den sozialdemokratischen Wohlfahrtsregimen, hat der Staat schon immer eine sehr starke Rolle in der Bereitstellung von Bildungsangeboten, während wir andere Länder haben, in denen es viel stärker die Privatwirtschaft oder private Akteure im Bildungsbereich gibt. Da kann man sicher tendenziell Unterschiede feststellen. Wie gesagt, damit lässt sich aber nur ein Teil der Unterschiede erklären, und vor allem lassen sich damit nicht die Dynamiken der Veränderung erklären. Wieso steigt die Weiterbildungsbeteiligung, und warum sinkt sie wieder? Das hat auch mit ganz anderen Aspekten zu tun, wie zum Beispiel der wirtschaftlichen Entwicklung oder auch mit der Veränderung des durchschnittlichen Bildungsabschlusses der Menschen.

Wenn sie es schaffen, einen hohen Anteil ihrer Bevölkerung mit akademischen Bildungsabschlüssen auszustatten, wie in nordischen Ländern, ist die Wahrscheinlichkeit sehr hoch, dass Sie eine hohe Teilnahme an Weiterbildung und lebenslangem Lernen vorfinden. Daher ist der Staat immer nur ein Akteur unter anderen.

I:

Wären solche Dynamiken auch erklärbar, wenn ein Land entscheidet, mehr interdisziplinäre Studiengänge anzubieten? Erklärt das auch Dynamiken, wie dann am Weiterbildungsmarkt die Angebote aufgenommen werden, zum Beispiel interdisziplinäre Studiengänge wie Wirtschaft und Informatik, die versuchen, sowohl das Managementwissen als auch das Informatikwissen zu transportieren und in einen anderen Kontext zu setzen, statt die einzelnen Disziplinen isoliert zu sehen? Begründet dann auch der gezielte Einsatz von interdisziplinären Studiengängen eine Dynamik, wie Sie sie beschrieben haben?

RE:

Die Hauptfrage ist immer, so auch die erwachsenenpädagogische Annahme, warum Menschen an Weiterbildungen teilnehmen. Das Ziel ist, das Weiterbildungssystem teilnehmerorientiert auszurichten, sodass man auftretende Weiterbildungsbedarfe zielgenau trifft. Deshalb wäre die Frage immer damit in Verbindung zu bringen, ob es einen Bedarf für bestimmte interdisziplinäre Studiengänge gibt. Gibt es eine bestimmte Zielgruppe, die einen Bedarf hat, genau solche Aspekte zu studieren? Deshalb hängt das vielmehr vom Weiterbildungsbedarf ab, der getroffen werden muss. Und darin liegt die Herausforderung.

I:

Der Bedarf führt uns direkt zur nächsten Frage. Bedenken wir, dass Unternehmen, die hauptsächlich durch ihre definierten Unternehmensziele gesteuert sind, lebenslanges Lernen nicht als ihre Hauptaufgabe ansehen. Aber gerade Unternehmen profitieren ja von den Grundstrukturen, die für lebenslanges Lernen auf politischer Ebene geschaffen werden. Da können sie ihre Arbeitenden weiterentwickeln, treffen auf Infrastrukturen und treffen auf Angebote. Und Unternehmen müssen sich im Innovationswettbewerb auf neue Anforderungen kontinuierlich neu einstellen. Welchen Beitrag zum lebenslangen Lernen leisten – Ihren Forschungserkenntnissen nach – Unternehmen im Gegenzug?

RE:

Man kann da nicht nur auf meine Forschung, sondern insgesamt auf die Weiterbildungsforschung rekurrieren. Es gibt Studien zur Finanzierung von Weiterbildung, und wir sehen in Deutschland, dass die Arbeitgeber finanziell den größten Beitrag zur Weiterbildung leisten. Die Arbeitgeber sind da ganz klar mit im Boot und unterstützen Weiterbildung. Die Frage ist natürlich immer: Weiterbildung welcher Art? Das hängt auch mit den Interessen der Unternehmen zusammen. Die Arbeitgeber sind ja auch in den jeweiligen Kammern organisiert, in denen dann entsprechende Fortbildungen konzipiert werden, die zum Bedarf der jeweiligen Arbeitgeber passen. Insofern sind Arbeitgeber in vielfältigster Weise aktiv.

Was wir allerdings auch sehen ist, dass das Weiterbildungsengagement sehr konjunkturabhängig ist. Häufig ist Weiterbildung – nicht bei allen Firmen, das muss man explizit sagen – der erste Bereich, an dem der Rotstift angesetzt wird, wenn die Konjunktur schwächelt, und deshalb ist es konjunkturabhängig, ob Arbeitgeber in Weiterbildung investieren oder nicht. In meinen Studien kann ich sehen, dass es sicher auch stark darauf ankommt, was für eine Organisations- und Unternehmenskultur einzelne Betriebe umsetzen und realisieren, und dass es unterschiedliche Haltungen gibt. Mit Beispielen gesprochen: Existiert eine generelle Wertschätzung gegenüber Weiterbildungsaktivitäten der Mitarbeitenden, oder werden nur diejenigen Mitarbeitenden zu Weiterbildungen geschickt, bei denen Schwächen ausgeglichen werden sollen? Pflege ich insgesamt eine Lern- und Fehlerkultur, oder ist Weiterbildung eine Strafmaßnahme für diejenigen, die Fehler machen? Es ist essenziell, welche Unternehmens- und Lernkultur vorherrscht, wenn Weiterbildung systematisch in den Betriebsalltag integriert werden soll.

I:

Bildungsanbieter gehören ja auch zu den Hauptakteuren des lebenslangen Lernens, und mit ihrem spezifischen Beitrag zum lebenslangen Lernen sind sie ebenfalls in diesem Spielfeld. Wie navigieren diese Anbieter in dem Spannungsfeld Finanzierung, Anforderung von Markt, von Unternehmen und gesellschaftlich politischen Zielen? Kann man Unterschiede

Kapitel 4 · Wie unterscheidet sich Lernen von Erwachsenen...

in einzelnen Ländern ausmachen, zum Beispiel in der Finanzierung und der Infrastruktur, bezogen auf die Bildungsanbieter?

RE:

Wie schon erwähnt, sind die Regime- oder Ländercluster mit Vorsicht zu genießen, weil sich die Rolle eines Staates ändern kann, indem neue Förderstrukturen und so weiter eingeführt werden. Aber man sieht natürlich schon, dass es Traditionen gibt, in denen stärker staatlich gefördert wird, wie eben in den sozialdemokratischen Wohlfahrtsstaaten, und dass es Länder gibt, in denen das weniger vorherrscht, wie typischerweise in Großbritannien und Irland. Wenn wir aber allein nach Deutschland schauen, wo Bildung Ländersache ist, erkennen wir große Unterschiede in der Weiterbildungsfinanzierung. Zwischen Nordrhein-Westfalen und Bayern gibt es zum Beispiel massive Unterschiede. Weil die Weiterbildungslandschaft in Deutschland so situativ und heterogen ist, ist es sehr schwierig, diese zu clustern.

Noch dazu ist es ein Merkmal von Weiterbildungseinrichtungen oder Einrichtungen der Erwachsenen- und Weiterbildung, dass sie sich jeweils in sehr kurzer Zeit auf sehr komplexe gesellschaftliche Veränderungen anpassen müssen, um als Weiterbildungsanbieter zu bestehen. Wenn Sie sich die Schule oder die Hochschule anschauen, gibt es dort Curricula, Lehrpläne und Modulhandbücher, die relativ lange Prozesse und Genehmigungsverfahren bedürfen, um als Angebote entwickelt zu werden. Bei einer Weiterbildung ist es klassischerweise so, dass ich in jedem Semester kurzfristig mein Angebot an den Bedarf anpassen muss. Das aktuelle Beispiel ist der Ausbau der Integrationskurse der Weiterbildungsanbieter. Es ist eine unglaubliche und sehr wertzuschätzende Leistung, in welchem Tempo es die deutschen Weiterbildungsanbieter geschafft haben, infrastrukturell und personell die Vielzahl an Integrationsseminaren mit unterschiedlichsten Anforderungen auf die Beine zu stellen. Da stellt sich jetzt natürlich die Frage, wie es weitere Unterstützung geben kann, um diese didaktisch und qualitativ weiterzuentwickeln und vor allem auch um den unterschiedlichen Lernbedürfnissen der Menschen in den Integrationskursen gerecht zu werden. Die Leistung, diese umfangreichen Bildungsangebote in kürzester Zeit bereitzustellen, kann kein anderer Teil unseres Bildungssystems für sich verzeichnen.

Ein anderes Beispiel sind in Deutschland die Maßnahmen, die über die Agentur für Arbeit vergeben und ausgeschrieben werden. Wenn hier die Quote der Arbeitsuchenden sinkt, ist natürlich auch dort der Bedarf geringer. Dann müssen sich die Bildungsträger relativ flexibel an neue Bildungsbedarfe anpassen, weil das sonst in der Konsequenz auch hieße, dass Bildungsträger schließen.

I:

Blicken wir auf das Individuum als weiteren Akteur lebenslangen Lernens. Das Individuum trägt die Wertschöpfung einer Gesellschaft mit und hat die Möglichkeit, die eigene Weiterbildung aktiv mitzugestalten. Wie verhalten sich Individuen in den verschiedenen EU-Ländern im empirischen Vergleich? Vielleicht können Sie uns kurz Ihre aktuellen Forschungsergebnisse zum Thema „Partizipation" in diesem Zusammenhang erläutern.

RE:

Der Beitrag (Ricardo et al. 2015), auf den Sie sich beziehen, basiert auf Daten des *Adult Education Survey* (*AES*). Das ist eine europäische Erhebung zur Weiterbildungsteilnahme, die telefongestützt durchgeführt wird. Der Beitrag hat einen kleinen Teil dieser Daten ausgewertet und ist entstanden im Anschluss an die Würzburger Winter School 2015, die damals mit

50 internationalen Studierenden stattgefunden hat. Wir haben komparativ Fragen lebenslangen Lernens untersucht und europäische Länder und Indien miteinander verglichen. In diesem europäisch-indischen Vergleich zeigt sich, dass es trotz aller Unterschiede in Europa doch auch Gemeinsamkeiten gibt.

Wir in Europa untersuchen die Teilnahmequote, also die Teilnahme an Weiterbildung, während in Indien die sogenannte *Literacy*-Quote, also ein Lernergebnis, erhoben wird. Wir sehen, dass es innerhalb der einzelnen europäischen Länder große Unterschiede in der Teilnahme gibt, also auf regionaler Ebene. Deshalb muss ganz genau hingesehen werden, um nicht alles in einen Topf zu werfen. Daher scheint es doch andere Einflussfaktoren zu geben als nur einen nationalstaatlichen oder kulturellen Einfluss. Die ist zumindest nur ein Aspekt unter ganz vielen.

I:

Die soziokulturellen Bedingungen für lebenslanges Lernen haben auch einen Einfluss auf die Weiterbildungswilligen in den einzelnen Ländern. Mit welchen unterschiedlichen soziokulturellen Bedingungen sind die Individuen im europäischen Vergleich konfrontiert?

RE:

Sie sehen in den letzten zehn Jahren, dass die südeuropäischen Staaten massiven wirtschaftlichen und finanzspezifischen Problemen ausgeliefert sind. Das ist deshalb so dramatisch für die Weiterbildung, weil Arbeitgeber die stärksten Finanzgeber von Weiterbildung sind. Werden Menschen erwerbslos, heißt das gleichzeitig, dass ihnen Weiterbildungsmöglichkeiten genommen werden. Vor diesem Hintergrund muss man auch die Steigerungszahlen sehen. Es ist den Ländern gelungen, trotz der Finanz- und Wirtschaftskrise die Weiterbildungsteilnahme zu steigern. Und das ist eine massive Leistung, weil die wirtschaftliche Entwicklung entgegengestanden ist. Daraus kann man schließen, dass auch die wirtschaftliche Entwicklung wiederum nur einen Baustein darstellt und nicht den gesamten Erklärungsansatz liefert.

I:

Aus psychologischer Sicht ist Selbstwirksamkeitserwartung ein ganz wichtiger Indikator für den Handlungserfolg, wie in unserem konkreten Beispiel eben die Beteiligung an Weiterbildung durch Selbstwirksamkeitserwartung moderiert wird. Eine Studie von Boeren und Kollegen aus dem Jahr 2012 verweist explizit auf die Folgen empfundenen Drucks auf die Bereitschaft zur Weiterbildung hin. Welche Rolle spielen der empfundene Druck und die Selbstwirksamkeitserwartung aus Ihrer Sicht bei der Beteiligung am lebenslangen Lernen, welche Ergebnisse lassen sich hier konkret aus der Forschung aufzeigen?

RE:

Wir sehen in verschiedenen Studien und Teilnehmerbefragungen, auch schon aus den 1970er Jahren in Deutschland, dass für Weiterbildungsteilnehmende der Nutzenaspekt ein ganz essenzieller ist – vor allem für Menschen ohne akademischen Hintergrund. Das steht zum Teil auch etwas im Widerspruch mit unserem akademischen Verständnis von Bildung, wo wir auch richtigerweise die Persönlichkeitsentwicklung und breites Wissen forcieren. Die Studien weisen darauf hin, dass es sehr wichtig ist, dieses Nutzeninteresse von Menschen mitzudenken und dass für viele Teilnehmende Weiterbildung nur dann Sinn macht, wenn sie den Nutzen dahinter sehen, und der liegt eben häufig in der Anwendbarkeit des Gelernten. Erwachsenenpädagogisch würde das heißen: Versuche stets, an die Situation der Menschen anzuknüpfen und Verbindungen zwischen Lerninhalten und konkreter Lebenssituation herzustellen.

I:

Es gibt ja noch ein Unterschied zwischen dem bewussten Erkennen, was mir eine Weiterbildung bringt, also inwiefern sie mir nützt, und der Erwartung, ob ich diese Maßnahme oder diesen Abschluss auch erfolgreich absolvieren kann. Dieser feine Unterschied scheint bedeutsam zu sein und kann dazu führen, dass bestimmte Individuen denken, dass sie zwar von einer bestimmten (berufsbegleitenden) Ausbildung auf jeden Fall profitieren könnten, es sich aber in letzter Konsequenz dann nicht zutrauen, den entscheidenden Schritt auch zu gehen.

RE:

Sie sehen das ja letztlich auch an den Zahlen der Studien (BMBF 2017). Die Studien zeigen, dass Menschen, die ohnehin schon hohe Bildungsabschlüsse haben, im Durchschnitt viel öfter an Weiterbildung teilnehmen, weil sich die Frage, ob man das erfolgreich abschließen kann oder nicht, vielleicht viel weniger stellt. Weil die Ängste nicht vorhanden sind und Menschen schon ein gewisses Selbstbewusstsein haben. Insofern ist das sicher eine Frage, bezüglich welcher es viele Hinweise aus den Teilnahmestudien gibt, die die These unterstützen.

I:

Welche Individuen sind besonders prädestiniert, lebenslanges Lernen zu leben, und welche Rolle nimmt dabei die Motivation und Professionalisierung ein?

RE:

Den größten Einfluss auf die Teilnahmebereitschaft der Individuen an lebenslangem Lernen haben – und das zeigen alle empirischen Studien durchgängig (Gruber et al. 2008; BMBF (Bundesministerium für Bildung und Forschung) 2017) – die Bildungsvorerfahrungen. Gemeint ist damit, ob Menschen gewohnt sind, in dieser Weise zu lernen. Deshalb werden Sie auch immer die höchsten Quoten an lebenslang Lernenden unter den Personen mit Hochschulabschluss finden, weil sie über viel Bildungserfahrung verfügen und es für sie eine normale oder internalisierte Handlung ist, in Gruppen (oder wie auch immer das Setting im Einzelnen aussieht) zu lernen.

Sie sehen in Betrieben, dass auch dort bestimmte Gruppen bevorzugt werden, vor allem junge Menschen und Führungskräfte. Ab einem bestimmten Alter und unterhalb einer bestimmten Hierarchiestufe werden Sie leicht vergessen, sodass Ihnen keine Weiterbildungsangebote offeriert werden. Da gibt es ganz klare Bevorteilungen. Ich wäre sehr vorsichtig damit, die Motive für Teilnahme an Weiterbildung zu individualisieren, weil sie immer in einen bestimmten Kontext eingebunden sind, der Motive entstehen lassen, begünstigen oder die Entstehung gar verhindern kann.

Das soll nicht darüber hinwegtäuschen, dass es auch Menschen gibt, die unter widrigsten Kontextbedingungen in der Weiterbildung hoch aktiv sind. Aber es soll darauf hindeuten, dass die Motive auch kontextuell geprägt sind, sei es durch die Gesellschaft, durch Bildungsangebote, durch eine bestimmte Lernkultur, durch den Freundeskreis oder durch Aufmerksamkeit auf bestimmte Dinge, um einfach mal ein paar Aspekte zu nennen. Die Teilnahme an Weiterbildung nur zu sehen als „Ich habe das Interesse, ich allein, und die Welt um mich herum existiert nicht", ist schwierig.

Betrachten wir die Professionalisierung, so stellen wir fest, dass es bestimmte Berufe mit gesetzlich vorgeschriebener Weiterbildung gibt, also bestimmten Sicherheitsschulungen, bestimmten Grundqualifikationen. Das begünstigt natürlich die Teilnahme an Weiterbildung. Das sehen wir zum Beispiel ganz stark in der Schweiz, in der die Teilnahme an Weiterbildung in den Qualitätsmanagementkriterien der unterschiedlichsten Wirtschaftsbereiche niedergeschrieben ist und die Mitarbeitenden die Pflicht haben, diese Weiterbildungsforderung zu erfüllen. Damit kann man auch massiv die Weiterbildungsteilnahme in einem Bereich steigern.

I:

Also Akademikerinnen und Akademiker ab in die Schweiz, da herrschen die besten Bedingungen vor?

RE:

Wahrscheinlich eher Personen ohne Hochschulabschluss, weil Personen mit Hochschulabschluss in Deutschland ja sehr gut mit Weiterbildungsangeboten bedient werden. Da herrscht das Problem nicht vor, während Sie in der Schweiz eine geringere Wertschätzung gegenüber akademischer Ausbildung als gegenüber Berufsausbildung haben. Vor allem im Vergleich zu Deutschland gibt es dort sehr viele Menschen mit Berufsausbildung, und diese wird trotz OECD-Statistiken beeindruckend erfolgreich fortgeführt. In all diesen Ausbildungsberufen kommen anschließend in den Arbeitsumfeldern die Qualitätsmanagementsysteme zum Tragen, die Weiterbildung verpflichtend einfordern, beispielsweise das Gesundheitssystem: Eine Krankenschwester muss bestimmte Fortbildungen machen, damit das Qualitätsmanagementsystem erfüllt ist. Es ist natürlich eine staatliche Intervention, die ganz anders strukturiert ist als in Deutschland. Daher ist es ganz schwer, die individuelle Weiterbildungsmotivation des Pflegepersonals in der Schweiz mit der in Deutschland zu vergleichen, denn die Verpflichtungen, Finanzierungen und Angebote unterscheiden sich grundsätzlich.

I:

Lassen sich auch Alters- und Geschlechtseffekte beim lebenslangen Lernen feststellen?

RE:

Auch hier ist es so, dass es, wenn man ganz genau hinschaut, wieder auf die Bildungsvorerfahrung zurückgeht. Das sehen wir anhand der sogenannten Kohorteneffekte, da sprechen wir von Effekten verschiedener Geburtsjahrgänge. Man kann in den Daten zeigen, welche Alterskohorten durchgängig eine hohe Weiterbildungsbeteiligung haben, weil man davon ausgeht, dass dort die Bildungsvorerfahrung im Schnitt höher ist. Wenn man jetzt weiterdenkt, kann man schlussfolgern, dass mit steigenden durchschnittlichen Bildungsabschlüssen in der deutschen Bevölkerung mit hoher Wahrscheinlichkeit auch eine Steigerung im Weiterbildungsbereich einhergeht.

Bezüglich der Geschlechterunterschiede lässt sich feststellen, dass Frauen tendenziell häufiger an allgemeiner Erwachsenenbildung teilnehmen als Männer und Männer häufiger an beruflicher Weiterbildung als Frauen. Aber das lässt sich zum Teil auch über den Erwerbsstatus der Menschen erklären; die Effekte werden sehr gering, wenn man diesen Status herausrechnet.

I:

Wir haben das Ziel, klüger zu werden, besser zu werden und auch langfristig dem Arbeitsmarkt zur Verfügung zu stehen. Wie schaffen wir es, die Weiterbildungspartizipation zu erhöhen? Gibt es empirische Hinweise dafür, dass das lebenslange Lernen auch konkret

Kapitel 4 · Wie unterscheidet sich Lernen von Erwachsenen…

gesellschaftliche Vorteile generiert? Ist es also empirisch bewiesen, dass lebenslanges Lernen wirklich nützt?

RE:

Die Frage ist immer, was man unter lebenslangem Lernen versteht. Wenn Sie schon die Ausbildung mitrechnen, dann sehen Sie natürlich in den großen Daten, in den Megadaten, dass, je höher die Ausbildung ist, desto höher sind auch die Einkommenschancen. Ob das einen individuellen Nutzen darstellt, muss jeder für sich selbst entscheiden. Aber man muss sich immer darüber im Klaren sein, dass das Megadaten sind und der Einzelfall doch ganz anders aussehen kann.

Eine ganz spannende Sache ist eine Studie aus Großbritannien zu sogenannten *Wider Benefits of Lifelong Learning*, sozusagen positiven Effekten, die außerhalb ökonomischen Nutzens untersucht werden. Darin kann man zeigen, dass Menschen, die lebenslang lernen, stärker sozial integriert sind, gesünder sind und weniger rauchen. Das sind Zusammenhänge, Korrelationen und keine Effekte. Diese wären sicher schwieriger zu erforschen.

I:

Und aggregiert auf ganze Gesellschaften und deren Wohlfahrt? Gibt es da empirische Hinweise, dass lebenslanges Lernen nützt?

RE:

Ja, das sind wie gesagt europäische Daten. Die Erststudie wurde in Großbritannien durchgeführt, die einen Schwerpunkt auf Aktivität und Nutzen legt, aber auch die europäischen Staaten konnten den Nutzen nachweisen. Da mag man weniger Unterschiede zwischen den Ländern feststellen.

I:

Modelle sind hilfreich, wenn sie komplexe Zusammenhänge in strukturierter Form darstellen. Im Modell von Molloy und Noe (2010) sind (a) die Wahrnehmung, ob eine Passung zwischen Kompetenz und Markt existiert, (b) die zentrale Absicht, sich weiterzubilden, und (c) die reale Umsetzung der Teilnahme an Angeboten des lebenslangen Lernens ganz zentrale Punkte des kontinuierlichen Lernens. Das Modell berücksichtigt dabei auch die sozialen Netzwerke, Persönlichkeitseigenschaften der Individuen sowie unternehmens- und gesellschaftliche Bedingungen. Es werden auch Zielkonflikte berücksichtigt, die Bedeutung von Karrierewegen sowie technologische und ökonomische Dynamiken. Inwiefern liefert Ihrer Meinung nach dieses Modell wertvolle Erkenntnisse für Praktiker, wie lebenslanges Lernen gelingen kann, und an welchen Stellen zeigt das Modell Hürden auf, lebenslanges Lernen umzusetzen?

RE:

Ohne mich im Einzelnen mit den psychologischen Modellen befasst zu haben, denke ich, dass das Modell wichtige Hinweise liefert, da es die ganzen Umweltfaktoren mit bedenkt. Wenn man Weiterbildung anbietet, könnte man meinen, man macht genau das Gleiche, im gleichen Raum mit gleichem Trainer, und anschließend kommt etwas völlig Unterschiedliches in der Evaluation heraus. Deshalb ist es wichtig, dass dieses Modell zeigt, dass es viele Umweltfaktoren gibt, die diese konkrete Situation mit beeinflussen, die von den Lehrenden, von den Trainerinnen beziehungsweise Trainern und von den Weiterbildungsmanagern mit bedacht werden müssen, um für jede Situation neu zu überlegen, ob das für diese Gruppe in dieser Situation passt oder nicht. Deshalb ist die Standardisierung schwierig, weil Menschen nicht zu standardisieren sind. Gleichzeitig muss man ganz deutlich sagen, dass die Teilnahme an Weiterbildung sicher nicht linear zu *Career Outcomes*, wie es hier genannt wird, oder zu *Human Capital* führt, sondern viele Faktoren (zum Beispiel wirtschaftliche Situation, Wertschätzung der Kompetenzen, Bedarf der Lernergebnisse, Bildungsvorerfahrungen) beteiligt sind, die die ganze Situation mit beeinflussen.

Es ist wichtig zu fragen, wie bedeutsam das Lernthema für Teilnehmende ist. In der Weiterbildung finden viele Lernprozesse durch den Austausch mit Mitlernenden statt. Alle Teilnehmenden bringen bestimmte biografische Hintergründe mit, die das gesamte Seminargeschehen mit beeinflussen. Deshalb ist eine lineare Betrachtungsweise „Input – Mensch – Output" kritisch zu reflektieren.

I:

Und wo sehen Sie konkrete Hürden im Modell?

RE:

Gerade hier zwischen *Learning Participation* und *Outcome* würde ich unter *Economic* und *Technological Dynamics* noch viel mehr integrieren: Mensch, Weiterbildungssituation, Lernkultur des Unternehmens und dessen Organisationskultur und das Bildungssystem – um nur mal unstrukturiert ein Brainstorming zu betreiben.

I:

Also gibt es da noch viel Arbeit.

RE:

Gut, es gibt noch eine andere Perspektive, von der aus man einen Blick darauf werfen kann.

I:

Wie würde Ihrer Meinung nach ein System aussehen, das allen Akteuren, die wir eben berücksichtigt haben, optimale Bedingungen für lebenslanges Lernen bereitstellt? Was wäre so ein ideales System?

RE:

Ich würde mal prinzipieller anfangen, dass wir darüber nachdenken, was wir eigentlich unter lebenslangem Lernen, Erwachsenen- und Weiterbildung verstehen. Wir haben da oftmals, ein sehr akademisch geprägtes Verständnis, was denn lebenslanges Lernen ist und vor allem was es nicht ist. Wenn wir in die erwachsenenpädagogische Inklusionsforschung schauen, die auch Lern- und Bildungsprozesse von Menschen untersucht, die als bildungsbenachteiligt bezeichnet werden, dann sehen wir, dass dort Lernprozesse in ganz anderer Form stattfinden: in Austauschform, in Beratungsform, was wir vielleicht als Sozialarbeit oder Sozialpädagogik bezeichnen würden. Wenn wir aber ganz genau hinsehen, dann finden wir dort Vertrauensbildungsprozesse, die Menschen darin unterstützen, bestimmte Perspektiven neu aufzunehmen und bestimmte Lernprozesse anzugehen. Mich hat vor allem mein Einblick, den ich in die indische Erwachsenenbildung (Doyle et al. 2016) bekommen habe, darin bestärkt, dass es wichtig ist, lebenslanges Lernen und auch Erwachsenenbildung viel breiter zu denken und unser akademisches Verständnis des Lernsettings (da gibt es eine Lerngruppe und eine Lehrende beziehungsweise einen Lehrenden) aufzuheben und zu analysieren, wo überall lebenslanges Lernen stattfindet und wie man diesen unterschiedlichsten

Formen gerecht werden kann. Sonst schließen wir die Menschen, die andere Lernformen realisieren, qua Definition aus, weil das weit entfernt von unserem klassischen Verständnis von Bildung ist. Ich denke, dass diese Wertschätzung auch dazu beitragen könnte, lebenslanges Lernen insgesamt mehr zu fördern und zu unterstützen und Menschen in ihren unterschiedlichen Lernwegen gerecht zu werden.

I:

Also die Freude am Lernen, das Vertrauen in das Lernsetting und die Perspektive. Das wären so diese zentralen Komponenten, die ich raushören konnte.

RE:

Wir sehen in der staatlichen Weiterbildungsförderung, dass diese an bestimmten Rahmenbedingungen festgemacht werden: eine bestimmte Minutenanzahl mit einer bestimmten Teilnehmendenanzahl in einem bestimmten Raum mit einer bestimmten Infrastruktur. Das gilt als Erwachsenenbildung, wird als solche gefördert und wird in der Konsequenz auch statistisch erhoben. Aber man sieht, dass mit dieser Vorstellung bestimmte gesellschaftliche Gruppen nicht erreicht werden. Die Personengruppen werden dann als Lernunwillige oder Bildungsferne bezeichnet. Ich würde behaupten, dass auch an anderen Orten Bildungsprozesse stattfinden. Es bedarf der Anstrengungen, da genauer hinzusehen. Wenn wir dem Prinzip der Teilnehmendenorientierung gerecht werden wollen, dem Grundprinzip der Erwachsenenpädagogik, dann ist es ganz wichtig zu verstehen, was in gesellschaftlichen Gruppen passiert, die bislang außerhalb unseres Fokus waren.

I:

Davon kann man auch eine ganze Menge lernen und auf den Weiterbildungsmarkt übertragen. Kommen wir zu unserem nächsten größeren Themenblock. Wir wollen uns bei Ihnen als Expertin ein bisschen über die Maßnahmen informieren, die Staaten ergreifen können, um optimale Bedingungen und optimale Beteiligung an den Angeboten des lebenslangen Lernens zu schaffen. Welche Maßnahmen gibt es, und welche haben sich empirisch als erfolgsversprechend herauskristallisiert?

RE:

Die Untersuchung von empirischen Evidenzen, basierend auf staatlichen Maßnahmen, ist sehr schwierig. Denn staatliche Förderung erfolgt immer vor dem Hintergrund eines bestimmten gesellschaftlichen Kontexts wie wirtschaftskonjunkturellen Einflüssen oder dem Bildungsniveau der Menschen. Deshalb muss man sehr vorsichtig sein, wenn man Veränderungen, zum Beispiel in Bildungsteilnahme, singulär auf staatliche Maßnahmen zurückführt. Wir wissen, dass das medial oft gemacht wird.

Der Klassiker sind die finnischen Ganztagsschulen, die sehr viele Probleme zu lösen vermögen. Zu beachten ist jedoch, dass sich beispielsweise die Gesellschaftsstruktur in Finnland wesentlich von der anderer europäischer Länder unterscheidet (zum Beispiel geringere Migrationshintergründe). Daher ist es auch in diesem Fall sehr schwierig anzunehmen, dass eine einzelne Maßnahme der alleinige Einflussfaktor ist. Es wurden im Kontext der Diskussion um lebenslanges Lernen unterschiedliche Modelle entwickelt, um für all die unterschiedlichen Akteure Anreize zu schaffen, sich für lebenslanges Lernen zu engagieren. Beliebte Beispiele sind die steuerliche Absetzbarkeit von Weiterbildungsausgaben oder Bildungsurlaubsangebote. Verglichen mit dem Gesamtvolumen aller Bildungsausgaben in

Deutschland nimmt die Weiterbildung einen minimalen Anteil ein. Aber das sieht in anderen Staaten nicht viel anders aus. Insofern gibt es noch viel Potenzial, um Träger von Erwachsenenbildung und Weiterbildung zu unterstützen.

I:

Welche konkreten finanziellen Förderungen und welche Bildungsprogramme werden eingesetzt, um die Beteiligung zu fördern?

RE:

Finanzielle Förderungen auf EU-Ebene sind beispielsweise bestimmte Programme, die ausgeschrieben werden und auf die sich Interessenten bewerben können. Beispielsweise ist hier das Programm ERASMUS+ zu nennen (auch da gibt es eine Linie für Erwachsenen- und Weiterbildung). Solange man darstellen kann, dass man die europäischen Ziele verfolgt, kann man sich für solche Förderungen bewerben. Die Finanzierung solcher Maßnahmen sieht in den einzelnen Ländern jedoch sehr unterschiedlich aus.

Wir haben nach dem bayerischen Erwachsenenbildungsförderungsgesetz beispielsweise die Möglichkeit, dass bestimmte Träger für bestimmte realisierte Doppelstunden zu bestimmten Themen und unter bestimmten Bedingungen Kleinstzuschüsse beantragen können. Und es gibt die Möglichkeit, über die Agentur für Arbeit bestimmte Bildungsmaßnahmen zu finanzieren. Ein weiteres Beispiel ist Norditalien. Dort stellen Regionen kostenfreie Weiterbildungsangebote für den Erwerb der italienischen Sprache bereit. Diese Fördermaßnahmen sind europaweit sehr heterogen.

I:

Welche Weichenstellungen der letzten Jahre auf Ebene der EU tragen zu einer weiteren Verbesserung der Beteiligung an Weiterbildungsangeboten Erwachsener bei?

RE:

Was die EU zentral macht, ist, das Thema des lebenslangen Lernens auf die Agenda zu stellen. Sie macht politisch und damit öffentlich darauf aufmerksam. Die unterschiedlichsten Akteure engagieren sich jedoch auf freiwilliger Basis. Deshalb ist diese Aufmerksamkeit sehr wichtig, damit die Staaten angehalten werden zu überdenken, welche Rahmenbedingungen sie schaffen können.

Eine wichtige Weichenstellung ist der Europäische Qualifikationsrahmen. Das ist ein Rahmen, der Bildungsabschlüsse in Europa auf acht vergleichbare Bildungsstufen einteilt. Stufe 8 ist beispielsweise die Promotion, Stufe 7 der Masterabschluss. Und hier lautet die Frage, wie Weiterbildungsabschlüsse einzuordnen sind. Diese Einordnung bietet die Möglichkeit, die Transparenz der einzelnen Weiterbildungsabschlüsse zu fördern und mehr europäische Verständlichkeit herzustellen, zumindest in den öffentlichen Weiterbildungsabschlüssen. Wir wissen ja, dass auf betrieblicher Seite oftmals die Transparenz über die Weitebildungsteilnahme der Mitarbeitenden nicht so stark gewünscht ist, denn Mitarbeitende mit Weiterbildung werden als eigenes Humankapital gewertet, das nicht durch Fluktuation an andere Unternehmen abwandern soll.

I:

Die Menge an erlernbarem Wissen nimmt zu, die Kompetenzerfordernisse wandeln sich aktuell grundlegend und vergleichsweise schnell, und Unternehmen befinden sich dadurch in einem ständigen Transformationsprozess. Das prägt auch die Beziehung zwischen

Arbeitgebern und Arbeitenden, da sich die wirtschaftliche und technologische Dynamik verändert hat. Ich nenne da das Stichwort „lernende Organisation". Inwiefern ist europäischen Unternehmen vergleichsweise die Relevanz von lebenslangem Lernen bewusst?

RE:
Wir sehen, dass Arbeitgeber sich auch stark in Weiterbildung engagieren, aber eben abhängig von der Konjunkturlage. Das ist sicher ein großes Problem. Es gibt auch andere Beispiele hier in der Nähe von Würzburg. Ein sehr beeindruckendes Beispiel ist ein Unternehmen, das im Rahmen der Finanzkrise entschieden hat, keine Kurzarbeit einzuführen, sondern diese Zeit durch Weiterbildungszeit zu ersetzen, und damit sehr erfolgreich gewesen ist. Die Wichtigkeit von Weiterbildung wird häufig eher auf Basis vorhandener finanzieller Mittel entschieden. Dies ist die große Gefahr des Arbeitgeberengagements, weil dadurch die Kontinuität des Angebots schwer aufrechterhalten werden kann. Das ist natürlich abhängig von der Branche – es gibt Branchen, die sehr weiterbildungsaktiv sind – und auch von der Größe des Unternehmens. Insgesamt gibt es aber durchaus ein wesentliches Engagement auf Unternehmensseite.

I:
Bildungsinstitute können die Absolventen nicht auf den perfekten Berufseinstieg und die potenziellen Arbeitsanforderungen vorbereiten. Campusübergreifende Projekte und Wissensvermittlung werden bereits während der Ausbildung eingesetzt. Welche Maßnahmen können Unternehmen ihrerseits ergreifen, um die Einarbeitung und die kontinuierliche Weiterbildung weiter zu verbessern?

RE:
Ich denke, wichtig wäre sicher, Weiterbildungsangebote konstitutiv in den Arbeitsalltag zu integrieren. Es gibt Unternehmen, die mit dem Mitarbeitendenjahresgespräch einen jährlichen Weiterbildungsplan für die Mitarbeitenden entwickeln. Und dabei wäre es optimal, wenn der Plan nicht nur für die Mitarbeitenden gemacht würde, sondern die Mitarbeitenden daran beteiligt würden. Denn wir wissen, dass dort, wo eine Person die Relevanz sieht, sich mit einem bestimmten Thema auseinanderzusetzen, die Lernerfolge viel höher einzuschätzen sind.

Zudem wäre es wichtig, ganz kritisch zu reflektieren, wen wir denn mit der Weiterbildung unterstützen und wen wir ausblenden, um die Bildungslast nicht auf eine Gruppe zu legen. Wir setzen ja gerne den Rucksack des lebenslangen Lernens auf den Rücken der jungen Menschen, weil es dort natürlich einfacher ist, langfristig und nachhaltig zu denken. Aber für das Gesamtunternehmen ist es wichtig, die Lern- und die Organisationskultur als Ganzes zu fördern, weil dadurch auch Offenheit begünstigt wird und alle Menschen in die Richtung, in die es geht, mitgenommen werden können.

I:
Welche Methoden haben sich für die Phase vor dem Berufseinstieg bewährt?

RE:
Ganz klassisch sind die Praktika zu nennen, über die man einen Einblick in die einzelnen Arbeitsfelder erlangen kann. Wir hier an der Professur für Erwachsenenbildung/Weiterbildung viel mit Gastvorträgen von Praktikerinnen und Praktikern, um die Unterschiedlichkeit der Berufs- und Arbeitsmöglichkeiten kennenzulernen.

Zudem haben wir ein Mentoring-Konzept entwickelt, bei dem Studierende erfahrene Lehrende auch aus der Erwachsenenbildung in ihrem Arbeitsalltag beobachten und befragen. Sie erarbeiten daraus, basierend auf der Theorie, bestimmte Beobachtungsmerkmale und schauen sich vor diesem Hintergrund die Praxis an. Dadurch werden sie bereits während ihres Studiums an ein Verständnis darüber herangeführt, was sie mit bildungswissenschaftlichen Theorien in der Praxis anfangen können. Damit diese Theorien auch relevant für den Arbeitsalltag werden. Es ist oftmals gar nicht so einfach für die einzelnen Berufseinsteigerinnen und Berufseinsteiger zu wissen, was ihnen ihr Studium außer einem schönen Zertifikat gebracht hat, und zu erkennen, was ihnen die Inhalte ihres Studiums konkret für ihren Arbeitsalltag nützen.

I:

Training-on-the-Job ist nachvollziehbar auch ein ganz wichtiges Instrument, um Arbeitsmethoden einzuüben und neue Erfahrungen aufzubauen. Warum aber sollten Berufstätige gerade außerhalb des Jobs, also *off the Job* lernen? Worin liegt hier der besondere Vorteil?

RE:

Der Vorteil liegt darin, dass man aus seinem konkreten Arbeitsumfeld herauskommt und dieses Umfeld von außen betrachten kann. Dadurch öffnen sich ganz neue Blickwinkel auf das, was man eigentlich tagtäglich tut. Deshalb ist dieser Abstand wichtig, um eine neue Perspektive auf die eigene Arbeit zu bekommen. Zudem muss man mit bedenken, dass Weiterbildungsveranstaltungen, also *Trainings-off-the-Job*, ja noch zahlreiche andere Funktionen haben.

Es gibt nicht nur die Funktion des Lernens, sondern auch die Funktion der Vernetzung. Ich komme mit Menschen aus anderen Abteilungen des Betriebs in Kontakt, was anschließend für das Zusammenarbeiten sehr wichtig ist. Wir haben Funktionen der Unternehmensbindung, aber auch die klassischen *Incentives*, die wir im Managementbereich finden, wo die Teilnahme an bestimmten Weiterbildungsveranstaltungen auch in eine Belohnungsstruktur einführt. Deshalb kann man die zahlreichen Funktionen, die in *Trainings-off-the-Job* liegen, nicht einfach in den Arbeitsalltag hineinverlagern.

I:

Gibt es auch wissenschaftliche Erkenntnisse zu den variierenden Handlungsspielräumen großer, mittelgroßer und kleiner Unternehmen? Lassen sich zudem Unterschiede im europäischen Vergleich feststellen?

RE:

Es gibt die *CVTS*-Daten, die inzwischen dreimal erhoben wurden. Im Rahmen dieser Erhebungen führte man auf europäischer Ebene Betriebsbefragungen durch. Und diese zeigen ganz deutlich, dass sich mit der Größe des Unternehmens für die einzelnen Mitarbeitenden die Wahrscheinlichkeit erhöht, an Weiterbildung teilzunehmen. Wir haben in den verschiedenen europäischen Ländern unterschiedlich große Betriebe. Deutschland ist geprägt durch große Betriebe. Zwar sind die meisten Arbeitsplätze im Mittelstand vorzufinden, aber wir haben eben auch die Konzerne und Großunternehmen, die viele europäische Staaten nicht haben. In den anderen Staaten übernehmen die jeweiligen Tochtergesellschaften zum Beispiel deutscher Firmen diese Rolle. Insofern ist da eher eine Verbindung zur Wirtschaftsstruktur eines Landes herzustellen, worüber sich auch die Weiterbildungsteilnahme erklären lässt.

Spannend ist vielleicht auch noch, dass die *CVTS*-Daten ganz klar Unterschiede in den Branchen herausstellen. Beispielsweise sind Banken- und Versicherungsbranchen Bereiche, in denen es im Gegensatz zu anderen Sektoren eine sehr hohe Weiterbildungsbeteiligung gibt. Vor diesem Hintergrund macht es folglich Sinn, sich anzuschauen, welche Branchen in welchen Ländern vertreten sind, um daraus Rückschlüsse zu ziehen. Aus diesem Grund empfehle ich nochmal, von einer Nationalisierung und Kulturalisierung von Weiterbildungsteilnahmen Abstand zu nehmen.

I:

Welche Rolle spielen Unternehmenskultur und insbesondere Führungskräfte, wenn es darum geht, die Beteiligung Erwachsener an Bildungsmaßnahmen dauerhaft zu beeinflussen?

RE:

Die Rolle der Unternehmenskultur und der Führungskräfte ist sicher ganz entscheidend. Ich konnte in meiner Studie unterschiedliche Beispiele aufzeigen, wie die Offenheit und die Begrenzung für Weiterbildung das Weiterbildungsverhalten von Menschen beeinflussen. Es gibt Unternehmenskulturen, die offen für Weiterbildung und lernförderlich sind. Das geht so weit, dass Unternehmen jegliche Weiterbildungsaktivität der Mitarbeitenden unterstützen: Wenn zum Beispiel zwei Personen denken, dass sie gerne Spanisch lernen möchten, stellen die Arbeitgeber Raum und Sprachlehrer zur Verfügung. Die Bedingung lautet dann „Lernen außerhalb der Arbeitszeit", weil gerade keine Verbindung zum Arbeitsfeld gesehen wird, aber die Wertschätzung der Weiterbildungsbemühungen ist gegenwärtig und wird gelebt. Und das hat natürlich einen massiven Einfluss auf den Arbeitsalltag, wenn diese Wertschätzung der Weiterbildung den Mitarbeitenden entgegengebracht wird. Das Gegenbeispiel dazu wäre, wenn Unternehmen ihren Mitarbeitenden Weiterbildungsaktivitäten (zum Teil willkürlich) auferlegen, ohne diese abzustimmen.

I:

Wir haben am Markt durch die technologische Dynamik auch Unternehmen, die sich sehr stark mit Innovation auseinandersetzen müssen, die innovativ, kreativ und sehr wendig sein müssen, flexibel im Markt agieren und sich auf neue Bedingungen viel stärker und schneller einstellen müssen als die klassischen Industrien. Wodurch grenzen sich solche Innovationsunternehmen von den traditionellen Industrien hinsichtlich des lebenslangen Lernens ab?

RE:

Ich bin als Bildungswissenschaftlerin vorsichtig bei der Entscheidung, was ein Innovationsunternehmen ist und was ein Traditionsunternehmen oder eine traditionelle Industrie. Ich würde sagen, dass Innovationsbedarf sicher überall besteht, was zum Beispiel in wirtschaftspädagogischen Studien vom Anfang des Jahrtausends deutlich wird – da gibt es interessante Studien aus Hamburg zu IT-Unternehmen –, die damals diese Innovationsunternehmen betrachteten. In diesen Studien sehen wir einen sehr hohen Anteil an informellem Lernen. Es gibt dazu noch keine endgültigen Ergebnisse, aber in einer aktuellen Studie haben wir den Eindruck, dass die Art und Weise, wie ein Unternehmen funktioniert, auch die Art und Weise der Weiterbildung strukturiert, was ganz gut nachvollziehbar ist, weil es um bestimmte Betriebsabläufe geht, die internalisiert sind und ein bekanntes Handlungsmuster abbilden.

Ich möchte zwei Beispiele zur Veranschaulichung anführen: Zum einen haben Sie ein Logistikunternehmen, das zu einem bestimmten Zeitpunkt einen Auftragseingang hat.

Darauf folgen bestimmte Prozesse und irgendwann ein Auftragsausgang. Und wenn wir die Konzeption der Weiterbildung in diesem Unternehmen ansehen, ist diese so ähnlich. Da gibt es einen Auftrag („So viele Menschen zu einem bestimmten Thema müssen geschult werden"), und dann gibt es weitere Prozesse, um diesen Auftrag abzuarbeiten. Im Gegensatz dazu sehen Sie in einem Ingenieurbetrieb, der an der Entwicklung bestimmter Maschinen oder Maschinenelemente arbeitet, dann auch viel stärker zirkuläre Prozesse nach dem Motto „Ich fange da an, ich mache mal, ich beobachte". Und diese Muster sind ganz häufig wiederzufinden in der Art und Weise, wie die Weiterbildungsabteilungen ihre Weiterbildungen konzipieren. Das ist für uns ganz spannend zu beobachten, weil wir nicht aus diesen Branchen kommen. Es macht aber durchaus Sinn, weil die Unternehmen entsprechend strukturiert sind.

I:

Das ist in der Tat interessant. Wenn wir jetzt an hoch innovative Unternehmen denken, wie werden die denn den Anforderungen konkret gerecht, Weiterbildung zu organisieren? Welche Lernkultur sie auszeichnet, haben wir eben angesprochen, aber was tun die konkret? Was ist da anders als in dem Logistikunternehmen?

RE:

Ich weiß nicht, ob in einem Logistikunternehmen weniger Innovation ist. Das würde ich so nicht sehen, vor allem, wenn man beachtet, was in der Logistik gerade passiert – das ist hoch spannend. Aber ich denke, man muss vorsichtig sein mit einer linearen Innovationserwartung, also der Erwartung, dass auf eine Weiterbildung im klassischen Sinne automatisch die Innovation folgt. Ich denke, das ist schwierig.

Was sicher wichtig und sehr zentral ist, ist, den Mitarbeitenden zu vertrauen und diese entscheiden zu lassen, welche Lernform sie brauchen, welches Thema in welchem Kontext. Das heißt nicht, dass sich die ganze Weiterbildungslast und Entscheidung auf die Mitarbeitenden übertragen, sondern dass ein Umfeld geschaffen werden muss, in dem das möglich ist, in dem man den Mitarbeitenden vertraut. Diese Freiheit ist sicher ein elementarer Bestandteil, weil dann immer an bisherige Lernerfahrungen angeknüpft werden kann. Das ist hinsichtlich des Faktors Vertrauen besser als ein *Training-off-the-Job*, wo Mitarbeitende sich mit ganz neuen Handlungsmustern konfrontiert sehen, sie zunächst Kontexte neu ordnen müssen, bis überhaupt eine Lernerfahrung entstehen kann. Ich denke, dass es wichtig ist, auf Mitarbeitende zu vertrauen und dann, je nach Umfeld, dort anzupassen im Sinne einer Teilnehmendenorientierung, aber die Entwicklung dann auch in eine bestimmte Zielrichtung fortzuführen.

I:

Wissen, Expertise, aber vor allem geteiltes Wissen (*Shared Knowledge*) und Wissensnetzwerke gewinnen immer mehr an Bedeutung. Dieses *Shared Knowledge* ist Wissen, das nicht auf individueller Ebene verbleibt, also beim Experten, sondern das Unternehmen schafft Strukturen, durch die dieses Expertenwissen frei zugänglich wird. Wissensnetzwerke sind in diesem Zusammenhang die komplexen sozialen Strukturen, die den Wissensaustausch sichern. Welchen Mehrwert haben diese Maßnahmen in puncto Partizipation an lebenslangem Lernen, und können Sie die Begriffe *Shared Knowledge* und „Wissensnetzwerke" in Zusammenhang mit lebenslangem Lernen bringen?

- **RE:**

Also ich denke, um diese Aspekte zu realisieren, ist wiederum eine sehr offene Lern- und Unternehmenskultur notwendig, denn man braucht letztlich Mitarbeitende, die offen mit ihrem Wissen und ihrer Expertise umgehen und bereit sind, diese zu teilen. Das heißt, es muss alles vermieden werden, was Konkurrenz und Wettbewerb zwischen Mitarbeitenden fördert. Das ist deshalb so schwierig und so herausfordernd, da viele Unternehmen auf einem Wirtschaftsmarkt unter Wettbewerbsdruck stehen und häufig dieses Wettbewerbsmodell zwischen den Unternehmen auch auf die Mitarbeitenden übertragen, zum Beispiel in Zielvorgaben. In so einem Kontext ist natürlich *Shared Knowledge* für einen einzelnen Mitarbeitenden ein Nachteil. Insofern ist es entscheidend, wie ein Unternehmen organisiert ist, dass das Teilen von Wissen für die einzelnen Mitarbeitenden zum Vorteil wird. Es sollte zumindest nicht zum Nachteil werden.

I:

Welche Voraussetzungen und Maßnahmen muss das Individuum mitbringen oder ergreifen, um seine Attraktivität für den Arbeitsmarkt langfristig zu sichern?

RE:

Dieses Thema findet sich im *Employability*-Diskurs (▶ Kap. 3) in der Erwachsenenbildung, den wir auch sehr kritisch begleiten, was darauf hinweist, dass die Attraktivität für den Arbeitsmarkt nicht allein durch die Einzelnen geleistet werden kann. Wir sehen in den südeuropäischen Ländern, dass die jungen Leute ihren Teil des Jobs erfüllt haben: Sie sind gut ausgebildet, sie haben sich angestrengt. Wir haben in vielen Ländern zum ersten Mal eine hohe Akademikerinnen- und Akademikerquote in der Gesellschaft (zum Beispiel in Portugal), aber eben eine wirtschaftliche Situation, die angesichts der Finanzkrise keine Arbeitsplätze bereitstellt. Derzeit gibt es Hoffnung, dass es wieder besser wird, aber es zeigt, dass man sehr vorsichtig sein muss, was man den Einzelnen auflasten kann. Die einzelnen Menschen befinden sich immer in einer sehr konkreten Arbeitsmarktsituation.

In Deutschland habe ich den Eindruck, dass es zumindest in bestimmten Feldern und in bestimmten Regionen vielmehr die Arbeitgeber sind, die derzeit versuchen, sich attraktiv zu machen, um von den wenigen zur Verfügung stehenden Absolventinnen und Absolventen ausreichend Personal zu gewinnen.

I:

Aktive Beteiligung am lebenslangen Lernen ist eine Grundvoraussetzung für Jobsicherheit. Lernerfahrungen sind Herausforderungen, die erforderlich, aber auch manchmal mühsam sind. Welche Personengruppe ist, auf den sozioökonomischen Hintergrund bezogen, geradezu prädestiniert für lebenslanges Lernen?

RE:

Es sind überwiegend die Bildungserfahrenen, die an Weiterbildung teilnehmen. Diese Personen haben aber auch häufig Tätigkeiten, die sie bis zum Renteneintritt ausüben können. Wenn man überlegen will, wo gesellschaftlich angesetzt werden muss, dann müsste ich mir diejenigen Menschen ansehen, die ihre Tätigkeiten nicht bis zum Renteneintritt ausüben können. Hier, müsste man nochmal analysieren, wie sich Arbeitsplätze verändern, wie Weiterbildung auch dazu dienen kann, dass Menschen eine Erwerbstätigkeit ausführen können, die sich vielleicht auch verändert; viele machen dies ja auch nach Renteneintritt. Da gibt es Bereiche, die Klassiker sind, beispielsweise Lehrende in der Erwachsenenbildung. Das sind typischerweise Menschen, die mit 40 oder 50 Jahren einsteigen, und viele üben diese Tätigkeit auch nach Erreichen der Altersgrenze aus. Hier ist es wichtig zu analysieren, wie Weiterbildung einen Beitrag für eine nachhaltige Erwerbstätigkeit leisten kann.

I:

Könnte man in Anlehnung an Maurer (2002) sagen, dass lebenslanges Lernen ein Produkt der Motivation ist, und gibt es Barrieren, die im Weg stehen könnten, die persönliche Weiterentwicklung voranzutreiben? Welche Faktoren könnten die Partizipation hier verhindern?

RE:

Ich wäre, wie schon angedeutet, vorsichtig, von einer rein individuellen Weiterbildungsmotivation auszugehen, weil die Vorerfahrungen, Möglichkeiten und Kontextbedingungen da entscheidend mitspielen. Der Kollege Paul Bélanger (2015) hat unter dem Stichwort *Intimacy of Lifelong Learning* vor Kurzem ein Buch publiziert, in dem er lebenslanges Lernen als soziale Konstruktion ausführt. Ihm geht es vor allem auch um Nichtteilnehmende. Er spricht dort in sehr radikaler Weise von sogenannten *Educational Damages*, die Menschen in der Schulausbildung zugefügt wurden und zur Folge haben, dass Menschen die Teilnahme an Weiterbildung als persönliche Bedrohung wahrnehmen.

Ein typischer Fall ist, wenn eine Person von der Grundschule an von Lehrpersonen gespiegelt bekommt, sie könne sowieso nichts, weil sie nur ein Mädchen sei, und es mache für sie keinen Sinn, das Abitur zu machen. Wenn diese Frau das über Jahre hinweg gelernt hat, wurden ihr nachhaltig *Educational Damages* zugefügt. Oder wenn Schüler ständig an die Tafel vorgeholt wurden, wo ihr Nichtkönnen systematisch präsentiert wurde. Die Folge ist, dass Personen mit diesen Bildungserfahrungen zu einer wesentlich geringeren Wahrscheinlichkeit später an Weiterbildung teilnehmen.

I:

Kommen wir zum Ausblick und den Schlussfragen. Wie positionieren Sie sich zu der Behauptung, lebenslanges Lernen werde zur unausweichlichen Kernkompetenz, um im Arbeitsmarkt überhaupt wettbewerbsfähig zu bleiben? Welche Erkenntnisse aus der Forschung sind grundlegend für die Umsetzung unausweichlicher Trends wie der Wissensgesellschaft, des Kognitionsmitarbeiters und des Schlagworts „Digitalisierung"?

RE:

Ich denke, dass nichtlebenslanges Lernen meinem Verständnis nach nicht möglich ist. Aber es gibt eben unterschiedliche Zugänge und Hürden. Es ist wichtig zu verstehen, dass jede Bemühung um lebenslanges Lernen die weiteren Bemühungen einfacher macht und einen Katalysator für weiteres lebenslanges Lernen darstellen kann, weil Vorerfahrung und Vorwissen da sind und dadurch Folgelernen möglich ist. Deshalb ist es sehr wertvoll, da zu investieren.

Der deutsche Arbeitsmarkt ist so geprägt, dass die sogenannten Kognitionsarbeiter, Wissensarbeiter und Facharbeiter auch nachgefragt sind. Insofern ist das die Basis des deutschen Arbeitsmarktes, und deshalb ist es wichtig, sich genau zu überlegen, welche Arbeitsstrukturen in einem Unternehmen Offenheit, Austausch und Lernen fördern und welche das behindern. Gleichzeitig ist es so, dass wir Mitarbeitende haben, die das auch fordern und wünschen. Das sind diejenigen, die es gewohnt sind, sich zu bilden und sich weiterzuentwickeln. Deshalb stellt sich an manchen Stellen eher die Frage, welcher Arbeitgeber das denn bieten kann – und damit für die Menschen, die das bildungsbiografisch intensiv eingeübt haben, attraktiv ist.

I:

Vor dem Hintergrund der Flüchtlingsthematik und Migration stehen wir vor einer neuen Herausforderung, andere Bevölkerungsgruppen mit zum Teil geringen Perspektiven auf dem Arbeitsmarkt mittel- und langfristig zu integrieren. Hier herrscht in Europa faktisch ein Erfahrungsmangel, diesen Anforderungen, wie zum Beispiel an adäquate Ausbildungsinhalte und deren Strukturierung, auch gerecht zu werden. Sie haben Deutschland bereits als Paradebeispiel genannt, das bildungstechnische Integrationsmaßnahmen sehr gut und sehr schnell auf die Beine gestellt hat. Wie beeinflusst Migration die Weiterbildungslandschaft in Deutschland und Europa?

RE:

Wir sehen ja die ganz hohen Migrationszahlen vor allem in Deutschland, Italien, Griechenland und Schweden. So hohe Migrationszahlen sind in vielen anderen Ländern Europas nicht zu finden. Wenn wir Deutschland betrachten, wurden in raschester Zeit Integrationskurse auf die Beine gestellt. Problematisch ist, dass durch die Finanzierungsvorgaben die Kurse an Schulsettings erinnern. Dies ist vor allem für Menschen schwierig, die schon ein bestimmtes Alter haben, die in einem Sprachkontext aufgewachsen sind, in denen es keinen Begriff für *Education* für Erwachsene gibt, sondern in denen der Begriff *Education* immer auf Kinder und Erziehung fokussiert ist. Da müssen wir uns darüber im Klaren sein, mit welchem Bild und mit welcher Aktivität wir Menschen konfrontieren, die in ihrer Muttersprache nur einen Begriff haben, der mit Kindern verknüpft ist, im Sinne von „Ich muss jetzt umerzogen werden, um mich hier anpassen zu können". Da ist viel Entwicklungsarbeit in den Förderstrukturen notwendig. Die Studien, die bislang vorliegen, zeigen, dass ein Teil der geflüchteten Menschen einen vergleichbaren durchschnittlichen Bildungsabschluss hat wie die deutsche Bevölkerung. Ich würde nicht automatisch davon ausgehen, dass Menschen mit Fluchterfahrung schwierig in den deutschen Arbeitsmarkt zu integrieren sind. Die Frage ist, wie das geleistet werden kann und welche Bemühungen sinnvoll sind.

Die Bundesregierung hat 2012 ein Anerkennungsgesetz verabschiedet, das besagt: Menschen, die das Interesse haben, auf dem deutschen Arbeitsmarkt zu arbeiten, haben ein Recht darauf, dass ihre Berufsausbildung und ihre Vorerfahrung hinsichtlich einer Teilanerkennung innerhalb von wenigen Monaten geprüft werden müssen. Nach den Sprachintegrationsmodulen werden derzeit die Berufsintegrationsmodule entwickelt. Ich habe die Hoffnung, dass zumindest dort stärker flexible Lernformen möglich sind. Wir haben in Deutschland eine große Erfahrung in der dualen Berufsausbildung, die Theorie und Praxis eng miteinander verknüpft.

Wenn wir Weiterbildungsformate entwickeln, die akademische Bildung mit beruflicher Bildung verknüpft, dann sehe ich vor dem Hintergrund offener Stellen durchaus Potenzial. Die große Gefahr, die dabei besteht, ist das Ad-hoc-Einführen in den Arbeitsmarkt: so weit minimal qualifizieren, bis jemand in den Arbeitsmarkt eintreten kann, den Menschen jedoch keine Chance geben, sich weiter zu qualifizieren und ihr eigentliches Lernpotenzial auszuschöpfen. Das ist ein großes Problem. Daher hätte ich den Wunsch, dass längere Zeiträume angedacht werden; in denen praktisches Tun und Weiterbildungsaktivitäten miteinander in Verbindung gebracht werden, um Menschen nicht nur nach Minimalstandards zur Deckung von Miete und monatlichen Kosten zu qualifizieren, sondern wirklich breitere Möglichkeiten zu bieten.

I:

Diese Thematik wird auch Sie in Zukunft treffen, und meine Schlussfrage ist: Wie wird sich Ihr Forschungsschwerpunkt durch das Thema „Migration" in den nächsten Jahren verändern?

RE:

Wir werden sicher nochmal stärker sehen, dass die Teilnehmenden in der Erwachsenen- und Weiterbildung noch heterogener werden, die Anforderungen noch unterschiedlicher. Das wird unsere Forschung sicher in vielfältiger Weise beeinflussen. Wie umfangreich man solche Projekte dann machen kann, hängt von der Finanzierung ab. Aber das ist eine der zentralen Herausforderungen und wird alle anderen Bereiche der Weiterbildungsforschung – seien es die Teilnahme, die Professionalisierung, die Organisationsentwicklung oder die staatlichen Strukturen – mit beeinflussen.

I:

Frau Prof. Dr. Egetenmeyer, herzlichen Dank für das sehr angenehme, aufschlussreiche und erkenntnisreiche Gespräch. Es war mir eine große Freude, Sie heute interviewen zu dürfen. Wir freuen uns auf die Veröffentlichung in Buchform und Medienform. Ich wünsche mir, dass sich viele Praktiker anhand dessen einen schnellen Überblick über Ihren spezifischen Forschungsbereich verschaffen und die Erkenntnisse, die Sie uns gegenüber kommuniziert haben, auch nutzen können. Wir wünschen Ihnen alles Gute, weiterhin viel Freude bei der Arbeit und bei der Forschung auf diesem zukunftsträchtigen Themengebiet. Herzlichen Dank!

RE:

Herzlichen Dank auch an Sie.

Video des Interviews:

▶ http://tinyurl.com/Egetenmeyer01

4.3 Fazit

Aufgrund der hohen Bedeutung des lebenslangen Lernens für die wirtschaftlichen Ziele eines Unternehmens, der individuellen Beschäftigungsfähigkeit der Mitarbeitenden und damit auch der hohen gesellschaftlichen Relevanz wird die Beteiligung Erwachsener an Weiterbildungsmaßnahmen von Seiten der EU konsequent gefördert. Im Gespräch mit der Expertin für internationale Erwachsenenbildung wird deutlich, dass weniger die Unterschiede zwischen den europäischen Ländern im Fokus der Erwachsenenbildung stehen, sondern vielmehr länderübergreifende Gemeinsamkeiten wichtige Erkenntnisse liefern. Je intensiver die Vorbildung und je höher das akademische Niveau, desto größer ist die Wahrscheinlichkeit einer Teilnahme an Weiterbildung oder dem informellen Lernen. Auch durch den Aufbau einer gezielten Lernkultur können sowohl kleinere als auch größere Unternehmen zur Weiterentwicklung der Mitarbeitenden beitragen. Weiterbildung ist gerade in Zeiten von Migration und digitaler Transformation von höchstem Nutzen, da die individuelle Attraktivität am Arbeitsmarkt ständig weiterentwickelt werden muss, um Organisationen oder Gesellschaften insgesamt wettbewerbsfähig zu halten. Im Umkehrschluss hieße dies: Gesellschaftlicher Wohlstand ist künftig nur möglich, wenn eine generelle Weiterbildungskultur vorherrscht, die alle im System teilen und leben, um so lebenslanges Lernen zur gesellschaftlichen Realität werden zu lassen.

Literatur

Bélanger, P. (2015). *Self-construction and social transformation: Lifelong, lifewide and life-deep Learning.* UNESCO Institute for Lifelong Learning. http://unesdoc.unesco.org/images/0024/002444/244440e.pdf. Zugegriffen: 19. Apr 2018.

BMBF (Bundesministerium für Bildung und Forschung). (2017). *Weiterbildungsverhalten in Deutschland 2016: Ergebnisse des Adult Education Survey.* https://www.bmbf.de/pub/Weiterbildungsverhalten_in_Deutschland_2016.pdf. Zugegriffen: 19. Apr 2018.

Boeren, E., Holford, J., Nicaise, I., & Baert, H. (2012). Why do adults learn? Developing a motivational typology across 12 European countries. *Globalisation, Societies and Education, 10*(2), 247–269. https://doi.org/10.1080/14767724.2012.678764.

Dämmrich, J., Vono De Vilhena, D., & Reichart, E. (2014). Participation in adult learning in Europe: The impact of country-level and individual characteristics. In H.-P. Blossfeld, E. Klipi-Jakonen, D. Vono De Vilhena, & S. Buchholz (Hrsg.), *Adult learning in modern societies. An international comparison from a life-course perspective* (S. 29–35). Cheltenham: Edward Elgar Publishing.

Doyle, L., Egetenmeyer, R., Singai, C., & Devi, U. (2016). Professionalisation as development and as regulation: Adult education in Germany, the United Kingdom and India. *International Review of Education, 62*(3), 317–341. https://doi.org/10.1007/s11159-016-9560-y.

Egetenmeyer, R. (2008a). Informal learning: Inner driven processes. *Revista de Științe ale Educației/Journal of Educational Sciences, 10,* 22–28.

Egetenmeyer, R. (2008b). Informelles Lernen am Arbeitsplatz: Wie kulturelle Kontexte Lernprozesse prägen. *Personalführung, 12*(41), 30–36.

Egetenmeyer, R. (2010). Von der Bildung zum Lebenslangen Lernen? *Labor&More, 6,* 60–62.

Egetenmeyer, R. (2011). Difference through cultural contexts: Informal learning in three European companies. Andragogical studies. *Journal for the Study of Adult Education and Learning, 1,* 71–86.

European Commission. (2010). *Impact of ongoing reforms in education and training on the adult learning sector (2nd phase) final report.* Zoetermeer: Research voor Beleid.

Faure, E., Herrera, F., Kaddoura, A.-R., Lopes, H., Petrovsky, A. V., Rahnema, M., & Ward, F. C. (1972). *Learning to be: The world of education today and tomorrow.* Paris: Unesco.

Federighi, P. (2013). *Adult and continuing education in Europe: Using public policy to secure a growth in skills.* Luxembourg: Publications Office of the European Union.

Gruber, E., Nuissl Von Rein, E., & Schiersmann, C. (Hrsg.). (2008). Trends in adult and continuing education in Europe. *REPORT Zeitschrift für Weiterbildungsforschung, 31*. https://doi.org/10.3278/REP0802W.

Livingstone, D. W. (1999). Informelles Lernen in der Wissensgesellschaft. Erste kanadische Erhebung über informelles Lernverhalten. In *QUEM-Report Heft 60: Kompetenz für Europa. Wandel durch Lernen – Lernen durch Wandel. Referate auf dem internationalen Fachkongress* (S. 65–91). Berlin.

Markowitsch, J., Käpplinger, B., & Hefler, G. (2013). Firm-provided training in Europe and the limits of national skills strategies. *European Journal of Education, 48*(2). https://doi.org/10.1111/ejed.12030.

Maurer, T. J. (2002). Employee learning and development orientation: Toward an integrative model of involvement in continuous learning. *Human Resource Development Review, 1*(1), 9–44. https://doi.org/10.1177/1534484302011002.

Molloy, J. C., & Noe, R. A. (2010). *Learning a living: Continuous learning for survival in today's talent market. Learning, training, and development in organizations*. New York, London: Routledge.

Ricardo, R., Bora, B., Camilloni, F., Lizon, L., Cavaca, M., Sinha, P., & Egetenmeyer, R. (2015). Participation and non-participation in adult education and learning: A comparative study between Portugal, Italy, Hungary, and India. In R. Egetenmeyer (Hrsg.), *Adult education and lifelong learning in Europe and beyond. Comparative perspectives. Würzburg Winter School 2015* (S. 149–168). Frankfurt u.a: Peter Lang Publishers.

Roosmaa, E. L., & Saar, E. (2010). Participating in non-formal learning: Patterns of inequality in EU-15 and the new EU-8 member countries. *Journal of Education and Work, 23*(3), 179–206. https://doi.org/10.1080/13639080.2010.486396.

Saar, E., & Ure, O. B. (2013). Lifelong learning systems: Overview and extension of different typologies. In E. Saar, O. B. Ure, & J. Holford (Hrsg.), *Lifelong learning in Europe: National patterns and challenges* (S. 46–81). Cheltenham: Edward Elgar Publishing.

Warum taugt Social Video Learning für eine Neuausrichtung bei Blended Learning und Wissenskooperation?

Frank Vohle, Andrea Beinicke und Tanja Bipp

5.1   Einleitung – 100

5.2   Interview mit Dr. Frank Vohle, Geschäftsführer und Gründer der Ghostthinker GmbH in Hamburg – 101

5.3   Fazit – 122

      Literatur – 122

Dieses Kapitel enthält Videos online auf https://doi.org/10.1007/978-3-662-55689-4_5; oder laden Sie zum Streamen der Videos die „Springer Multimedia App" aus dem iOS- oder Android App-Store und scannen eine Abbildung, die den „play button" enthält.

© Springer-Verlag GmbH Deutschland, ein Teil von Springer Nature 2019
A. Beinicke, T. Bipp (Hrsg.), *Strategische Personalentwicklung*, Meet the Expert: Wissen aus erster Hand,
https://doi.org/10.1007/978-3-662-55689-4_5

5.1 Einleitung

Andrea Beinicke

Während in der Weiterbildung Präsenzlernen (das heißt Veranstaltungen an einem festgelegten Ort und zu einer festen Zeit) immer noch eine wichtige Rolle spielt, steht den lebenslang Lernenden durch die zunehmende Verbreitung und den Einsatz digitaler Medien ein immer größer werdendes alternatives Bildungsangebot zur Verfügung. Einer Studie aus dem Jahr 2016 zufolge fanden in Deutschland bereits 43 % aller Weiterbildungsaktivitäten in digitaler Form statt (BMBF 2017). Dabei versprechen sich viele Unternehmen durch den Einsatz von netzbasierten oder *E-Learning*-Angeboten viele Vorteile (Hochholdinger und Beinicke 2012), wie die zeit- und ortsunabhängige Weiterbildung der Mitarbeitenden, die Möglichkeit, das Lernen individuell auf den Mitarbeitenden abzustimmen, und damit auch langfristige Kosteneinsparungen. Viele Unternehmen setzten dabei auf Mischformen, sogenanntes *Blended Learning*, in dem Präsenz- und netzbasiertes Lernen kombiniert werden (mmb Institut 2017). Der Einsatz von Videos oder Erklärfilmen zur Schulung von Mitarbeitenden nimmt in einer aktuellen Umfrage den zweiten Rang in der Bedeutung für Unternehmen ein (mmb Institut 2017). Eine neue Form des *Blended Learning*, bei dem Mitarbeitende an unterschiedlichen Standorten im Team arbeiten sowie ihr eigenes Wissen in den Arbeitsprozess einbringen und sich austauschen können, ist das *Social Video Learning*. Durch *Social Video Learning* kann kooperatives Verhalten der Mitarbeitenden auf allen Hierarchiestufen unterstützt werden (Moser 2002).

Das Interview geht der Frage nach, welche Möglichkeiten mit neuen digitalen Lernmethoden und dem Einsatz von Videos für die Personalentwicklung verbunden sind. Beispielsweise werden Antworten auf die folgenden Fragen gegeben: Was versteht man unter *Social Video Learning*? Welche Rolle spielt die interaktive Einbindung des Lernenden? Was kann die betriebliche Weiterbildung aus der bereits erfolgreichen Anwendung dieser Methode im Sporttrainerkontext lernen? Welche positiven Effekte dieser Methode sind bereits belegt? Wo liegen deren Grenzen? Wie kann effektives Wissensmanagement in Unternehmen aussehen? Welche Rolle spielt die Wissenskooperation? Wie sieht die heutige und zukünftige *E-Learning*-Landschaft für die betriebliche Weiterbildung aus?

Dr. Frank Vohle ist Gründer und Geschäftsführer der Ghostthinker GmbH. In den 1990er Jahren studierte er Sportwissenschaft, Pädagogik und Wirtschaft. Mit dem Forschungsfeld „Digitale Medien" kam er durch seine Doktorarbeit zum Thema „Analogien für die Kommunikation im Wissensmanagement" in Berührung. Als Geschäftsführer der Ghostthinker GmbH verfolgt er das Ziel, digitale Bildung ins Zentrum von Beratung und Technologieangeboten zu stellen. Seit 2007 konzentriert sich seine Arbeit auf den Schwerpunkt *Social Video Learning*.

Referenzen
- BMBF (Bundesministerium für Bildung und Forschung). (2017). Weiterbildungsverhalten in Deutschland 2016. Abgerufen von: https://www.bmbf.de/pub/Weiterbildungsverhalten_in_Deutschland_2016.pdf
- Hochholdinger, S., & Beinicke, A. (2012). Potenziale und Herausforderungen netzbasierten Lernens in der Weiterbildung. *Personal Quarterly, 2*, 16–23.

- mmb Institut. (2017). *Ergebnisse der 11. Trendstudie „mmb Learning Delphi".* Abgerufen von: http://www.mmb-institut.de/mmb-monitor/aktuell.html
- Moser, K. S. (2002). Wissenskooperation. Die Grundlage der Wissensmanagement-Praxis. In W. Lüthy, E. Voit & T. Wehner (Hrsg.), *Wissensmanagement-Praxis. Einführung, Handlungsfelder und Fallbeispiele.* Zürich: vdf. Abgerufen von: https://wissensmanagement.infowiss.net/3_wissenskooperation/wissenskooperation_frame.html

5.2 Interview mit Dr. Frank Vohle, Geschäftsführer und Gründer der Ghostthinker GmbH in Hamburg

Die Vorbereitung, Durchführung, Aufzeichnung, Transkription und Bearbeitung des Interviews erfolgten durch Simon Borgmann und Frederik Schubert.

Interviewer:
Guten Tag, Herr Dr. Vohle. Wir freuen uns, dass Sie sich heute die Zeit genommen haben, mit uns als Experte aus der Praxis über die Themen „Social Video Learning", „Blended Learning", „Wissensmanagement" und „Wissenskooperation" zu sprechen. Beginnen wir doch zu allererst mit Ihrer Person. Ich weiß, dass Sie einen privaten Blog pflegen und auf diesem Ihre Gedanken über das Thema „Bildung und Training mit digitalen Medien" schreiben. Wie und wann sind Sie mit diesem Thema das erste Mal in Berührung gekommen?

Dr. Frank Vohle:
Das war ab dem Jahr 2000, als ich meine Doktorarbeit zu dem Thema „Digitale Medien" geschrieben habe. Es ging dabei darum, ein Analogietraining für den Wirtschaftskontext zu entwickeln (quasi ein Führungskräftetraining), in welchem auch digitale Medien eingesetzt wurden. Das war damals für mich etwas ganz Neues und reichte von einer Lern-CD bis zu einer (Online-)Community. Dieses Training für Führungskräfte war quasi der Einstieg in das Thema „Digitalisierung".

I:
Wie ging es dann weiter? Wie hat sich das Ganze zu Ihrer beruflichen Leidenschaft entwickelt?

FV:
Nach der Dissertation machte ich mich mit der Gründung der Ghostthinker GmbH selbstständig (www.ghostthinker.de). Die Idee war, die digitale Bildung ins Zentrum von Beratung und Technologieangebot zu stellen. Ab 2007 haben wir uns dann auf den Schwerpunkt *Social Video Learning* konzentriert.

I:
Das ist dann der Stand heute? Sie haben Ihre eigene Firma.

FV:
Genau! Mit zehn Mitarbeitenden bieten wir didaktische Beratung und passende Webtechnologie rund um *Social Video Learning* an. In unserem Kernbereich helfen wir Sportorganisationen dabei, die digitale Transformation auch unter einer didaktischen Perspektive zu

gestalten und in der Trainerbildung von klassischer Präsenzstruktur auf *Blended-Learning*-Struktur umzustellen. Zu unseren Kunden zählt der Deutsche Fußball-Bund, der Deutsche Olympische Sportbund und viele Spitzenverbände des deutschen Sports; international sind wir zum Beispiel mit dem Schweizerischen Fußballverband dabei, erste Innovationspiloten umzusetzen.

I:

Gibt es etwas, was Sie an diesem Thema besonders reizt, oder ist es die Verbindung von allen Sachen, in denen Sie in den vergangenen Jahren Erfahrungen gesammelt haben?

FV:

In den Sportwissenschaften sind Digitalisierung oder digitale Medien keine zentralen Themen, genau wie Organisationstheorie, Organisationsstrategie und organisationales Lernen mit digitalen Medien. Von daher finde ich die Integration sehr interessant, sowohl auf der theoretischen Ebene als auch in der praktischen Arbeit. Beide Dinge müssen zusammenkommen, um in der Praxis etwas zu verändern. Es reicht zum Beispiel nicht aus, wenn man nur ein *Blended-Learning*-Angebot an einem Standort X macht. So richtig ändern tut sich nur dann etwas, wenn man die Aktivitäten von unterschiedlichen Standorten zusammenbringt, also wenn die Bildungsverantwortlichen sehen, was die Kolleginnen und Kollegen an anderen Standorten machen und wie sie es machen. Das ist wiederum für mich das Interessante: ganz konkret die Praxis ein bisschen zu verändern! Das ist mir sehr wichtig. Theorie ist schön und manchmal auch berauschend, aber wenn man auf die 50 zugeht, fragt man sich, was man in dieser Welt tun kann. Wenn man dann sagt, man kann mit dem Wissen und Können, das man sich erworben hat, die Welt auch in ganz praktischen Fragen ein bisschen besser machen, zum Beispiel die Ausbildungsstrukturen von Sporttrainerinnen und Sporttrainern im Breiten- und Spitzensport verbessern, dann ist das befriedigend.

I:

Die Veränderungen und Verbesserungen in der Praxis sind also die Motivation für Ihre Arbeit. Lassen Sie uns weiter in das Thema des Interviews eintauchen. Sie haben jetzt schon ein paar Begriffe genannt, die möglicherweise nicht allen so geläufig sind und auch in Zeitschriften und Journalartikeln in letzter Zeit beziehungsweise in den letzten Jahren wachsende Bedeutung bekommen haben. Das sind die Begriffe *E-Learning, Blended Learning* und *Social Video Learning*. Wie würden Sie diese Begriffe den Lesern erklären und definieren?

FV:

Blended Learning ist nichts anderes als eine Mischung aus Online-Lernen und Präsenzlernen, so ist es klassisch definiert. Präsenzlernen kennt man als Seminarbetrieb und Workshops. Das hat ganz viele Vorteile, aber auch Nachteile, weil man anreisen muss und das meist über eine längere Zeit und zum Teil mit Übernachtungen. Online-Phasen im Vorgang und im Nachgang schaffen die Möglichkeit, dass man da schon lernt und sich gegenseitig austauscht – im Grunde genommen das Beste aus beiden Welten zusammenführt (Reinmann 2011). Wir werden später noch eine ganz bestimmte Spielart von *Blended Learning* ansprechen, die das neue Zusammenspiel von dezentralen und zentralen Lernphasen ins Zentrum stellt, wobei in beiden Phasen online gearbeitet wird. *E-Learning* ist Lernen mit digitalen, elektronischen Medien, heute meistens durch das Internet. Dahinter stecken eine Vielfalt von Möglichkeiten und die Definition „Lernen mit digitalen Medien" oder die Vermischung von Online-Lernen und Präsenzlernen. Das sind formale Definitionen, die man konkretisieren muss: Was passiert in den Online-Phasen? Welche Methoden verwendet man? Arbeitet man asynchron und/oder synchron? Wie stark ragt das Online-Lernen in das Präsenzlernen rein? Wenn also jemand sagt: „Ich mache *Blended Learning*", muss man fragen: „Schön, aber wie genau?"

I:

Uns fehlt noch der Begriff des *Social Video Learning*. Ich könnte mir vorstellen, dass das dann schon eine Methode des *E-Learning* ist?

FV:

Der Unterschied ist mir auch wichtig: nicht ein Tool, sondern eine Methode. Es ist quasi der neue Umgang mit dem Thema „Video". Das *Social* im Begriff erklärt sich daraus, dass man die Möglichkeit hat, im beliebigen Videomaterial zeitgenau Kommentare einzubringen, also nicht nur Wissen per Videoinput rezeptiv anzueignen, wie im Kino, sondern zu sagen: „In diesem Video möchte ich an dieser Stelle etwas sagen, etwas kommentieren und dadurch mein Wissen für andere sichtbar machen." Jedes Externalisieren ist auch ein Reflexionsakt, bei dem ich sage, was ich zu dieser Situation eigentlich meine und wie ich diese Situation interpretiere. Wenn ich das verschriftliche, gehört eben auch dazu, dass ich Fachbegriffe verwende, um die Situation angemessen zu beschreiben. Videokommentierung ist der erste Akt. Der zweite Akt ist, dass ich die erstellten Videokommentare mit anderen teile und bei Bedarf auch diskutiere – deshalb *Social* (Vohle 2016). Die beiden Akte „Videokommentare machen" plus „Austausch der Videokommentare" ist gleich *Social Video Learning* (◘ Abb. 5.1).

I:

Sie haben vorhin explizit zwischen Tools und Methoden unterschieden. Was kann man sich genau darunter vorstellen? Wo liegt der Unterschied?

◘ **Abb. 5.1** Darstellung des Videoplayers mit der zeit- und situationsgenauen Kommentarfunktion für einen sozialen Austausch

FV:

Wenn ich „toolmäßig" erkläre, bin ich stark bei der Technologie, bei den Funktionen: „Hier ist ein Video mit technischer Kommentierungsfunktion." Wenn ich bei der Methode bin, frage ich: „Was soll das didaktisch, welche pädagogisch-psychologischen oder auch organisationalen Wirkungen strebe ich an?" Oder kurz: „Welches Bildungs- oder Wissensproblem will ich lösen?" Jede Kommentierung ist ein Reflexionsakt, jeder Austausch von Videokommentaren ist ein Akt der Kollaboration oder des Zusammenarbeitens. Der Betrachtungsfokus verschiebt sich – beides gehört zusammen.

I:

Noch eine Definitionsfrage dazu: Sie haben Artefakte als Ergebnis oder als ein Teil des *Social Video Learning* bezeichnet. Was sind Artefakte genau?

FV:

Es sind Lernergebnisse, die man als Lernender im „Mitmachnetz" produziert. Es hängt an den Teilnehmenden, selbst etwas zu produzieren. Es genügt nicht, dass man sich durch fertige Programme durchklickt, sondern es erfordert, dass die Teilnehmerin beziehungsweise der Teilnehmer zum Beispiel einen Blogbeitrag oder einen Videokommentar schreibt. Ein Videokommentar erzeugt der Lernende im System, indem er das Video anschaut und dabei das Video bewusst anhält, mit der Intention, an dieser Stelle einen Videokommentar schreiben zu wollen. Mit dem Verschriftlichen seiner Idee und dem Klick auf „Speichern" entsteht ein persönliches Artefakt, ein eigenes Lernprodukt, welches eindeutig im System referenziert ist. Im Ergebnis hat dann jede Teilnehmerin beziehungsweise jeder Teilnehmer X Artefakte, die sie oder er in ihrem/seinem E-Portfolio sammelt.

I:

Wir sind jetzt schon in die konkrete Praxis des *Social Video Learning* eingestiegen. Auf Ihrem Blog beziehungsweise auf Ihrer Homepage ist die Tischtennis-WM in Ihrem Kalender eingetragen. Können Sie mir erklären, was *Social Video Learning* mit der Tischtennis WM zu tun hat, und wie sie dabei involviert sind?

FV:

Das war ein Ereignis, welches 2017 in Düsseldorf stattfand, und wir waren dabei. Auf der WM gab es ein Trainerforum, wo man die Trainerinnen und Trainer des Deutschen Tischtennis-Bundes (DTTB) eingeladen hatte, eine Podiumsdiskussion zum Thema „Trainerbildung und Spielerentwicklung mit digitalen Medien" anzuhören. Der DTTB betreibt seit zehn Jahren die Trainerausbildung mit *Social Video Learning*. Die WM haben wir somit als Gelegenheit genutzt, eine Rückschau zu machen und mit einer Gruppe von knapp 100 Trainerinnen und Trainern ins Gespräch zu kommen. Welche Zielgruppen sind betroffen? Wie ist die konkrete Umsetzung in der Praxis? Was ist der Nutzen dieser Neuerung?

I:

Der DTTB nutzt das digitale Lernen jetzt schon seit zehn Jahren. Können Sie uns dieses Projekt etwas näher beschreiben?

FV:

Als wir 2007 angefangen haben, hatten wir im Grunde genommen ein unscharfes Verständnis von den eigentlichen Problemen oder Herausforderungen, die da waren. Am Anfang steht immer ein Bildungsproblem, also ein Defizit, welches man wahrnimmt. In diesem Fall hatte der DTTB in der Ausbildung einen starken Fokus auf Präsenzschulungen mit langen Phasen, und die waren daher zeitlich wenig flexibel. Die Ausbildung zum Trainer machen aber zum Beispiel auch viele Schülerinnen und Schüler, Zeit spielt also eine große Rolle im Ehrenamt. Wir haben uns dann zusammen mit den Verantwortlichen gefragt, wie man das Ausbildungsangebot in ein neues Angebot mit flexibler Zeiteinteilung überführen kann.

Unsere Lösung war die Einführung von *Blended Learning* und damit neben den Präsenz- auch Online-Phasen. Dadurch sollte die Präsenzzeit reduziert werden, sodass sich die Teilnehmenden nicht mehr extra Urlaub nehmen mussten. Parallel ging es darum, die Online-Phase so attraktiv wie möglich zu gestalten, das heißt, es sollte etwas sein, was gegenstandsadäquat war, also nah an den Bedürfnissen und Anforderungen der Trainerinnen und Trainer im Sport lag. Wir haben dann die Methode *Social Video Learning* Schritt für Schritt erfunden, wobei uns die fortlaufenden Rückmeldungen der Praktiker, allen voran, Markus Söhngen vom Tischtennis-Verband Niedersachsen, später auch von anderen Verbänden, extrem wichtig waren.

Auf der besagten Tagung während der Tischtennis-WM oder Podiumsdiskussion wurde insbesondere ein Videoprojekt näher vorgestellt, welches in der A-Lizenz-Ausbildung Thema ist. Die Teilnehmenden sollen über ein ganzes Jahr ihr Training in den Heimatvereinen dokumentieren, und zwar mit Video, Videokommentar und Blogbeitrag. Am Ende geht es darum, dass sie diese Artefakte mithilfe eines E-Portfolios aufbereiten und die Ergebnisse dann an einem Poster der Prüfungskommission erläutern. Das hat für die Beteiligten einen sehr großen Mehrwert, wir sagen: „Hier wird das Können geprüft", weil der Prüfling Einsichten in einen komplexen Problemlöse- und Coaching-Prozess gibt, der auch Situationen des Scheiterns beinhaltet, also eine echte kompetenzorientierte Prüfung!

I:
Sie haben in enger Kooperation mit den Verantwortlichen und orientiert an den Bedürfnissen der Trainerinnen und Trainer im DTTB ein *Blended-Learning*-Modell entworfen. Wie sah dieses konkret aus? Was waren die Inhalte der Online-Phasen?

FV:
Die Ausbildung erstreckt sich über ein Jahr und beinhaltet Workshops, geleitete Online-Phasen und selbstorganisierte Online-Phasen. In den geleiteten Online-Phasen bearbeiten die Teilnehmenden zum Beispiel Aufgaben aus dem Curriculum: Bewegungsanalyse oder Analyse von Coaching-Situationen mit *Social Video Learning*, Erfahrungswissen artikulieren und reflektieren mit Blogbeiträgen oder Erschließung von Theoriewissen mittels *Concept Maps*. Das alles mündet in einem E-Portfolio, das für die Prüfung nach bestimmten Kriterien aufbereitet werden muss.

I:
Sie haben eben schon angesprochen, dass die Benutzer und Teilnehmenden das „neue Lernen" als hilfreich bezeichnet haben. Da stellt sich die Frage, welchen didaktischen Mehrwert bringen *Social Video Learning* und die verwendeten Tools und Methoden mit?

FV:
Die klassische Methode bestand darin, dass man im Sport beziehungsweise in der Trainerbildung schon seit über Jahrzehnten Videomaterial nutzt, um etwas anschaulich zu zeigen. Typischerweise verläuft das in einem Seminarraum, wo die beziehungsweise der Lehrende das Video anhält und diskutiert. Im Grunde genommen haben wir das, was im Seminarraum passiert, über den *edubreak-SPORTCAMPUS* online gebracht (◐ Abb. 5.2). Der SportCampus

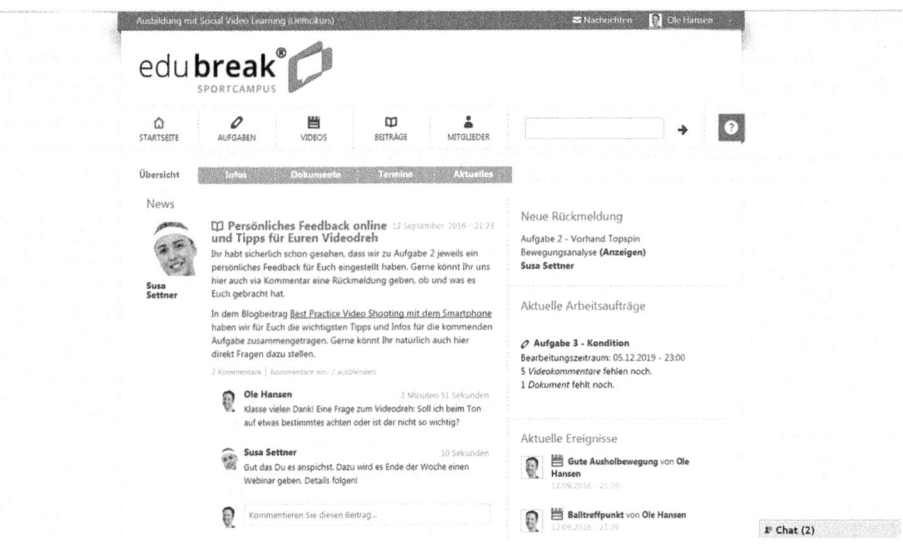

◘ **Abb. 5.2** Der *edubreak-SPORTCAMPUS* als zentrale Lernplattform

ist ein *Social-Learning*-Managementsystem, in dem die Betreuung der Teilnehmenden sowie die Kommunikations- und Kollaborationsprozesse online organisiert werden. Die Teilnehmenden schauen jetzt nicht mehr nur das Video an, sondern können Videos selber drehen und hochladen, ihr Wissen situationsgenau im Video artikulieren, was ungemein stimulierend für Reflexions- und Kollaborationsprozesse ist. Das ist der didaktische Mehrwert für die Teilnehmenden.

Für die Referenten ergibt sich der Mehrwert dadurch, dass sie „in die Köpfe der Teilnehmenden schauen" können, wenn diese ihr Wissen externalisieren und sagen, die Situation sehe ich so oder interpretiere ich in dieser Art und Weise. Wenn sie das tun, hat der Trainer beziehungsweise der Referent die Möglichkeit, an dieser Externalisierung anzusetzen und als Thema für eine Folgekommunikation zu nutzen, er hat Coaching Points!

I:

Das Verbalisieren von Wissen ist demnach wichtig für die Teilnehmenden. Gilt das nicht besonders für Menschen, die in Seminarräumen und Schulklassen eher stiller sind?

FV:

Sie sagen es. Diese Erfahrung haben wir auch beobachten können. Menschen, die in normalen Präsenzsituationen aufgrund von sozialen Ängsten oder charakterlich etwas stiller sind, können sich im Online-Bereich – quasi ohne unmittelbaren situativen Druck – deutlich besser einbringen. Die Referenten sehen so genau, wer was gemacht hat. Hier im Online-Bereich kann ich sehen und einfordern, dass alle einen Videokommentar gemacht haben. Das ist eine neue Form von flächendeckender Arbeit.

I:

Die Verbalisierung, Artikulation und Reflexion des Wissens als didaktischer Mehrwert, der die Teilnehmenden weiterbringen soll … Kommt diese Überlegung aus der Theorie, oder ist die Idee eher abgeleitet aus der Praxis?

Kapitel 5 · Warum taugt Social Video Learning für eine Neuausrichtung…

FV:

Das ist eine schwierige Frage. Ich persönlich habe im Vorfeld viel zum sozialen Lernen, zu sozialer Kognition, Online-Kollaboration, Wissensvisualisierung, Reflexionstheorie usw. gelesen (Reinmann und Vohle 2012; Vohle und Reinmann 2012). Ich habe also durchaus die theoretischen Hintergründe. Es bestand sicherlich bereits eine sehr hohe Sensibilisierung gegenüber den Potenzialen, aber konkretisiert wurde das durch die Praxis und die dortigen Notwendigkeiten. Von daher ist eigentlich meine Rolle so zu beschreiben, dass ich durch Wissenschaft in Richtung der Potenziale sensibilisiert wurde. Ich würde sagen, dass ich letztlich „mehr sehen konnte" als ein Praktiker, aber ich mit und durch die Praktiker diese Potenziale überhaupt erst realisieren konnte, weil diese spezifisches oder lokales Problemlösewissen eingebracht haben.

I:

Betrachtet man die Wissenschaft und Praxis des *E-Learning* in den 1990er Jahren, so wurde es als methodischer Durchbruch in der betrieblichen Aus- und Weiterbildung bezeichnet (Hochholdinger und Beinicke 2012). Es sollte Kosten sparen, die Teilnehmenden schnell und flexibel fortbilden und einen hohen motivierenden Charakter haben. Aufgrund technischer Probleme, hoher Abbruchraten und hoher laufender Kosten stellten sich wenig später Ernüchterung und Skepsis der neuen Lernform gegenüber ein. Wie sieht das heutige Bild des *E-Learning* in der Praxis aus?

FV:

Also vielleicht noch einmal zur Analyse der 1990er Jahre: Der größte Fehler, den man in den 1990er Jahren gemacht hat, war meiner Meinung nach, dass man den motivationalen Aspekt des Menschen nicht mit ins Kalkül aufgenommen hat. Durch das multimediale Angebot dachte man, das Motivationsproblem gelöst zu haben, doch dies war leider nicht der Fall. Das zeigt sich an den Neuversuchen ab 2000, als *Blended Learning* schrittweise eingeführt wurde. Damals fragte man sich, warum man nur ein Online-Angebot nutzen sollte, wenn man ebenso gute Erfahrungen mit der Praxis gemacht hatte. Warum kombiniert man nicht einfach das Beste aus beiden Welten? Ich möchte darauf hinaus, dass von einer monolithischen Angebotsstruktur in den 1990er Jahren eine extreme Vielfalt von Optionen entstanden ist. Heute hat man neben *E-Learning* und *Blended Learning* auch *Gaming*-Ansätze, 360°-Videos, virtuelle Welten (VW) oder *Augmented Reality* (AR).

Zusätzlich gibt es heute noch die *Massive Open Online Course (MOOC)* als methodische Neuerung. Das sind zunächst einmal Online-Videoangebote, welche viele Nutzer nutzen können, was eher nach klassischer Fernlehre klingt. Große Aufmerksamkeit erregte ein *MOOC* im amerikanischen Raum zur künstlichen Intelligenz, in der 160.000 Studierende eingeschrieben waren. Das war für die Didaktiker damals natürlich eine Sensation, da dies das Interesse so vieler Leute weckte. Die großen Zahlen wurden aufgrund kritischer Nachfragen relativiert; hohe *Drop-out*-Zahlen brachten Ernüchterung. Heute differenziert man weiter, zwischen *c-MOOCs* und *x-MOOCs;* erstere habe die Größe von klassischen Seminaren, binden zum Beispiel auch Präsenzphasen ein, und letztere haben größere Nutzungsgruppen im Blick und nutzen neben Videoinput auch die sozialen Medien zum Austausch und Kollaboration.

I:

Wir waren gerade noch beim heutigen Stand, aber ich finde die Sportkontexte oder die verschiedenen Kontexte, die Sie angesprochen haben, sehr interessant. In welchen Bereichen haben Sie selbst schon Erfahrungen gesammelt?

FV:

Den Bereich Sport hatte ich eben erwähnt. In der Lehrerbildung haben wir ein eigenes EU-Projekt (*Prepare*) an den Standorten Österreich, Luxemburg, Deutschland und Italien, wo es darum geht, eine neue Praxis der Unterrichtsreflexion bei Lehrern einzuführen, wobei wir mit *Social Video Learning* und E-Portfolio arbeiten (Bauer 2017; Hilzensauer 2017). Im Bereich der Musikausbildung ist kürzlich eine Dissertation fertig geworden (Heiden im Druck). Dabei geht es darum, dass Musikerinnen und Musiker durch *Social Video Learning* vermehrt und tiefer über ihre Arbeit reflektieren, was sich in der Qualität des Spiels niederschlägt. Außerdem gib es ein Leadership-Projekt mit der Zeppelin-Universität, in dem es darum geht, im Rahmen eines Masterprogramms interkulturelle Führungskompetenz aufzubauen. Und schließlich haben wir von 2009 bis 2011 ein EU-Projekt im Bereich der Fahrlehrerausbildung durchgeführt (Ranner 2015). Wir haben experimentell auch mit ganz anderen Kontexten gearbeitet, in denen eine komplexe Handlungspraxis im Zentrum steht. Beispielsweise in einem Setting mit Ärzten und Notrettungsdiensten, wo verschiedene Akteure sich in interdisziplinären Teams koordinieren und diese komplexe Praxis reflexiv im Nachgang einfangen und bearbeiten müssen. Da ist meiner Meinung nach das Thema „Social Video Learning" ein sehr interessanter Ansatz.

I:

Also es ist diese Handlungskompetenz, die vorliegen muss, die auch verbessert und erweitert werden sollte. Gibt es denn feste Variablen, die man dann anpassen muss, um den Anforderungen zu entsprechen, oder ist es heterogen?

FV:

Wir haben über die letzten zehn Jahre sehr viele Erfahrungen mit verschiedenen Kontexten gesammelt. In der Wissenschaft nennt man es *Testbed*, das heißt, ein methodischer Ansatz wird in verschiedene Kontexte eingebettet und dadurch festgestellt, welche Variablen aus dem Lernsetting konstant bleiben und welche angepasst werden müssen. In den letzten Jahren haben sich so etwas wie Gestaltungsprinzipien herausgebildet (Vohle und Reinmann 2014):

Die erste wichtige Variable sind die Aufgaben. Das Video alleine reicht nicht aus, sondern benötigt didaktische Komponenten, zum Beispiel Beobachtungsaufgaben, mit denen die Teilnehmenden etwas anfangen können, die motivierend sind und klar formuliert sind. Sie müssen zusätzlich Beobachtungskriterien enthalten, die die Teilnehmenden im Video entdecken und zu denen sie sich äußern können.

Als zweite Variable ist das Feedback essenziell: Wenn ich eine Investition mache, gebe ich auch Vertrauen in das System und akzeptiere die Wissenskooperation und -teilung. Mit dieser Investition erwarte ich dann aber adäquates Feedback, und zwar nicht von einem Roboter, sondern realen Leuten, die etwas dazu sagen können, also von Experten mit Kompetenzen auf diesem Gebiet.

Eine dritte Invariante ist die Art des Videos. Da unterscheidet es sich in der Qualität zwischen Nutzervideos oder Hochglanzvideos. Es gibt Minimalbedingungen bei den *User-Videos*, das heißt, es muss das Wesentliche erkennbar sein. Und da ist es zum Beispiel auch wichtig, dass der Ton vorhanden ist.

Es gibt insgesamt eine ganze Reihe von Invarianten, die wir über die Kontexte feststellen konnten. Aber auch andersherum darf man das nicht als Brille aufsetzen. In der Ärztefortbildung nehmen sich Ärzte nur ungern auf, während sie Fehler machen, da im medizinischen

Kapitel 5 · Warum taugt Social Video Learning für eine Neuausrichtung…

Bereich eine Null-Fehler-Toleranz herrscht. So unterscheiden sich die Kulturen stark voneinander, in welcher Form *Social Video Learning* umgesetzt werden kann.

I:

Wir hatten nun schon einige Beispiele, unter anderem im Bereich Sport. Lässt sich *Blended Learning* in Form von Weiterbildungsmaßnahmen auch auf Unternehmens- und Organisationsebenen realisieren und wenn ja in welchen Bereichen?

FV:

Führungskräfte haben heute sehr komplexe Anforderungen, was beim Leadership-Training im Zentrum steht. Ich muss mit Menschen unterschiedlicher Bildungsgrade umgehen können. Viel vom Erfolg der Führungskräfte hängt davon ab, ob man kooperieren und zusammenarbeiten kann. Dabei kann es gerade im interkulturellen Bereich „mentale Brillen" geben, die einen daran hindern, mit anderen Leuten zusammenzuarbeiten. In diesem Kontext kann ich mir unter dem Stichwort „Achtsamkeit und Perspektivität" den Einsatz von *Social Video Learning* vorstellen. Dabei wird auf die passiven Strategien (zuhören, die Signale des anderen wahrnehmen, Blickführung), also eine Beobachter-Beobachtungskompetenz, Wert gelegt. Das ist auch mein didaktischer Fluchtpunkt bei *Social Video Learning*: „das eigene Sehen sehen zu können". Im Rollenspiel lässt sich gut abbilden, wie (!) in der Gruppe ein Problem gelöst wird und wie die Teilnehmenden die Situation reflektieren und mit dieser Situation umgehen.

Ein anderes Beispiel lässt sich in der Werkshalle bei der Lehrlingsausbildung wiederfinden. In vielen Firmen arbeiten die Lehrlinge mit Berichtsheften, was textbasiert geschieht. Aus meinen Erfahrungen macht das wenig Spaß; eine *Copy-and-Paste*-Kultur hat sich etabliert. Aber die praktische Tätigkeit der Lehrlinge ist situationsbezogen. Demnach könnte man auch in Berichtsheften mehr situationsbezogen, das heißt mit Videos und Videokommentaren, arbeiten. Azubis könnten ihre Praxis mit Video einfangen, durch Kommentierungen reflektieren und auch Theoriebeiträge durch Kommentierung ergänzen. Dennoch muss man sich mit beruflichen Ausbildern zusammensetzen, um zu sehen, ob es in die Logik und auch die rechtlichen Anforderungen der beruflichen Ausbildung passt.

I:

Die Beispiele der Invarianten kann man sich gut vorstellen. Ich verstehe Ihre Antworten so, dass man sich die Kontexte sehr spezifisch anschauen muss, um darauf aufbauend möglichst optimal an den wichtigen Variablen arbeiten zu können.

Ich würde gern nochmal mit Ihnen auf die Evaluation von solchen Programmen zurückkommen. Es gibt in der Wissenschaft die Anforderungen, dass zu einer professionellen Einführung und Qualitätssicherung von *E-Learning*-Angeboten eine gute Evaluation der Trainingsmaßnahme gehört (Hochholdinger und Beinicke 2011). Schaut man sich bei Ihnen Evaluation als Thema an, zitieren Sie häufig die generierten Artefakte als Lernergebnisse im *Social Video Learning* oder führen Befragungen der Teilnehmenden durch (z. B. Vohle 2009). Wie sind Sie mit dem Thema der Evaluation umgegangen, und welche Ergebnisse können Sie uns aus den vorgestellten Projekten im Sport nennen?

FV:

Wir sind damals im Sport mit einer recht unscharfen Zielvorstellung gestartet. Wir wussten, es wird sich sehr viel ändern in Bezug auf Lernziele, Lernprozesse und Prüfungsformate. Im Grunde genommen wussten wir also ganz wenig über das Soll. In dem Zustand, mit sehr strengen Evaluationsmaßnahmen zu starten, wäre dysfunktional gewesen. Wir haben demnach den Fokus nicht auf Qualitätssicherung gelegt, sondern auf (explorative) Qualitätsentwicklung. Das ist ein anderer Denkrahmen. Es wurde zuerst ein Entwurf von Technik und Didaktik gemacht und ein erster Prototyp entwickelt. Dieser wurde dann mit Teilnehmenden durchgeführt und getestet. Wir haben „leichtgewichtige" Evaluationen eingeführt, das heißt, dass wir keinen Fragebogen aus der Theorie abgeleitet, sondern im Wesentlichen gefragt haben, wie die *Usability* (Benutzerfreundlichkeit) eingeschätzt wurde und welche Mehrwerte die Teilnehmenden bezüglich der neuen Methoden, vor allem *Social Video Learning*, erlebt haben. Der Nutzen und Mehrwert der neuen Online-Umgebung wurden durch Selbstbefragung der Teilnehmenden und der Lehrenden erhoben. Das meine ich mit leichtgewichtiger Evaluation. Das schnelle Feedback hat uns sehr ökonomische Hinweise gegeben, an welchen Schrauben wir etwas ändern müssen. Diese Logik von Entwurf, Prototyp, Test, Evaluation und *Redesign* haben wir x-mal durchlaufen (zum *Design-Based Research* siehe Reinmann und Vohle 2012), wobei wir unter Evaluation im Kern Befragungen zum Nutzen bei Lehrenden und Lernenden sowie zur *Usability* durchführten.

Wir haben erst mal über einen sehr langen Zeitraum die neuen Lernszenarien entwickelt und mit dem Praktiker verfeinert. Dabei reden wir jetzt nicht von ein bis zwei Zyklen, sondern teilweise Hunderten von Zyklen, bei denen Technologie und Didaktik immer weiter angepasst wurden. 2017 sind wir so weit, dass diese Neuerungen, die den gesamten Verband als Gesamtorganisation betreffen, die *Blended-Learning*-Szenarien, die Zielvorstellungen, die Prozesse und die Prüfungsformate, die wir entwickelt haben, stabil und fertig sind. Nun könnte man mit strengen (sozialwissenschaftlichen) Evaluationskriterien überprüfen, ob das, was wir anstreben (Ziele), auch tatsächlich in der Praxis realisiert wird, also Qualitätssicherung betreiben. Dazu laden wir dann auch gerne andere Wissenschaftler ein, die sich darauf spezialisiert haben, genau das zu tun. Das ist aber nicht unser Schwerpunkt, und wir dürfen es als Entwickler im Grunde auch nicht tun.

I:

Hochholdinger und Beinicke (2011) fordern die Berücksichtigung von vier Kategorien bei der Evaluation von *E-Learning*-Angeboten: die persönliche Bewertung, den Transfererfolg, die betrieblichen Kennziffern und die *Usability*. Sie haben bereits verdeutlicht, dass die Überprüfung und Verbesserung der *Usability* ein wichtiges Feld im Prozess bis heute waren. Wie sind die Ergebnisse in den anderen Bereichen, wie zum Beispiel der persönlichen Bewertung und dem Transfererfolg?

FV:

Die Bewertungen der Teilnehmenden und Referierenden bei *Usability* und Nutzen sind sehr positiv, und das über Jahre (Schmidt und Söhngen 2012; Vohle 2009). Das Urteil der Praktiker ist für mich einfach enorm wichtig und im Grunde genommen auch eine Güte der Validität der gesamten Maßnahme. Das ist kein künstliches Projekt, bei dem man Forschungsgelder bekommt. Die Verantwortlichen machen alles nebenher und freiwillig. Man muss sich überlegen: Wenn die *User* Zweifel am Mehrwert der Sache hätten, würden sie das dann wirklich über Jahre hinweg machen? Für mich als Systempraktiker besteht der Test darin, dass die Organisationen das Programm in ihre Strukturen eingearbeitet haben.

Nichtsdestotrotz kann natürlich auch dieser Prozess – das ist mir als Wissenschaftler klar – von Blindheit gekennzeichnet sein. Man weiß bei Entwicklungsarbeiten, dass sich die Entwickler gegen die negativen Effekten immunisieren, also gegen die Dinge, die sie nicht sehen wollen. Von daher bin ich immer ganz offen, gerade für eine komplementäre

Kapitel 5 · Warum taugt Social Video Learning für eine Neuausrichtung…

Forschungsgruppe. Diese untersucht das Ganze mit einem anderem Fokus und anderen Kompetenzen, um dann zu sagen, es steckt ja tatsächlich ein Effekt dahinter. Geht dieser Effekt wirklich von der Technologie oder von dem didaktischen Design aus? Gibt es andere Effekte oder andere Variablen, die vielleicht eine Rolle spielen? Dahinter steckt ein bisschen unsere Überzeugung, ein sehr praxisnahes, innovatives Gesamtprojekt zu haben, aber wenig über Kausalwissen aussagen zu können.

Ich teile die Forschungslandschaft ein: erstens in Forscherinnen und Forscher, die Wert auf experimentelle Forschung mit Fokus auf kausale Erklärungen legen, zweitens Forscherinnen und Forscher, die qualitativ und fallbasiert arbeiten. Diese wollen Orientierungswissen geben und dieses auch in die Praxis mit Empfehlung einbringen. Es gibt zum Dritten auch Entwicklungsforscherinnen und -forscher, die von einem Praxisproblem ausgehen und dieses lösen wollen. Neben der Lösung fördern letztere auch eine Art von Erkenntnis zutage, lokale Gestaltungsprinzipien, die durch das fortlaufende Design, Test, Evaluation und *Redesign* sichtbar werden. Jeder Forschungstyp hat seine Berechtigung, aber erzeugt sein eigenes Defizit oder seinen eigenen „Schatten". Deshalb ist es wichtig zu erkennen, dass Forschung – gerade die Bildungsforschung – immer im Plural funktioniert und dass man die Möglichkeiten und die Grenzen des eigenen methodischen Ansatzes im Blick hat.

I:

Das ist für Sie auf jeden Fall ein spannendes Thema in näherer Zukunft. Die Grenzen der verschiedenen Evaluationsmöglichkeiten haben wir gerade schon kurz angesprochen. Wenn man jetzt nochmal auf die *E-Learning*-Ebene schaut, hört sich das ja erst mal nach Erfolgsgeschichten an, da Sie sagen: „Wir haben gute Erfahrungen gemacht." Wo liegen möglicherweise die Grenzen von Lernen mit Videos oder Online-Medien?

FV:

Ich glaube, sie verführen dazu, die ganze Welt in videobasierten Szenarien abzubilden. Wir haben bei den Projekten Tischtennis, aber auch in sehr vielen anderen Projekten festgestellt, dass Video ganz viel kann, aber, ich sage mal, dass enaktive beziehungsweise handlungsorientierte Formate der Wissensrepräsentation ergänzt werden müssen durch andere Repräsentationsformen, wie logische und symbolische. Daher kamen wir zu dem Schluss, dass die Textbasierung, also das Sichausdrücken in Textformaten, ebenso wichtig ist wie das Sichausdrücken in symbolischen Formaten, etwa in einer logischen Grafik. Ich glaube, die Zukunft liegt gerade in der Kombination von enaktiven (handelnden), symbolischen (verbalen) und ikonisch (bildlichen) Repräsentationsformaten, weil sich damit auch viel von der Welt erarbeiten lässt.

I:

Sie haben bereits erklärt, dass zur Überwindung der Probleme und Grenzen des *E-Learning* in den 1990er Jahren der Einbezug und Beachtung der Menschen und Teilnehmenden entscheidend waren. Wenn wir thematisch bei den Teilnehmenden der *E-Learning*-Angebote bleiben, denke ich an sehr unterschiedliche Voraussetzungen von Menschen, die partizipieren. Die jetzige Generation wächst als sogenannte *Digital Natives* auf, die alltäglich mit den neuen digitalen Techniken interagieren. Erklären Sie uns doch bitte, ob das Alter im Einsatz von *Social Video Learning* eine Rolle spielt. Wäre eine Anwendung im Kontext der Schule denkbar?

FV:

Bevor ich darauf eingehe noch einmal zu Grundfrage: Was hat sich im Gegensatz zu den 1990er Jahren verändert? Die Einbeziehung des Menschen! Der *User* kann tatsächlich tätig werden, sich artikulieren, Lösungen zusammen mit anderen Teilnehmenden entwickeln. Folgendes Beispiel: Wir unterhalten uns in meinem Büro in einer Gruppe zum Thema „Lernstrategien", und da haben wir gerade ein Flipchart zusammengestellt. Dieses Flipchart diskutieren wir heftig, und das Ganze nehme ich per Video auf. Das ist hoch situiert und kann prima als Lerngelegenheit genutzt werden, indem ich Kolleginnen beziehungsweise Kollegen, die nicht am Treffen teilnehmen konnten, zum Beispiel in München und London auffordere, den Videobeitrag, den ich durch meine App online gestellt habe, zu kommentieren und damit die Ideen zu verfeinern.

Früher war das anders: Ein Mastermind (Weiterbildungsverantwortlicher) hat sich etwas zum Thema „Führung" ausgedacht, Bedarfslagen abgeleitet, ein Curriculum zusammengestellt, Lernstrategien gesammelt und in ein *E-Learning*-Programm gepackt. Damit waren die Teilnehmenden dann auf sich selber gestellt. Das ist Lernen im *Top-down*-Paradigma und auch heute noch gegenwärtig, auch wenn das bunter und hübscher in einer App daherkommt. Im *Social Video Learning* wie im Mitmachnetz (Web 2.0) generell sehe ich da ein neues Potenzial durch den Grad an Partizipation der Teilnehmenden und auch der Organisation.

Ihre Frage ging aber konkret in Richtung der Zielgruppe: Alt versus Jung. Es ist, glaube ich, nicht Alt gegen Jung. Wir haben *Social Video Learning* im Fußball, Tischtennis, Basketball, aber auch in der Lehrerbildung, bei Studierenden sehr unterschiedlicher Fächer von Management bis Mathe eingebracht (Vohle 2013). Die machen das fröhlich mit und gehen ohne Vorarbeit direkt zur Sache, schreiben, interpretieren, diskutieren. Zusammenfassende Antwort: In sehr vielen Bereichen gibt es eine große Offenheit.

I:

Wir haben jetzt schon viel über *Blended Learning, Social Video Learning* und *E-Learning* gehört. An einem Beispiel konnten wir eine Vorstellung zu den Begriffen in der Praxis bekommen. Außerdem haben wir über die Potenziale, Grenzen und Evaluation des *E-Learning* gesprochen. Ich würde mich jetzt gerne mit Ihnen über die Auswirkungen auf einer Metaebene des Wissens unterhalten. In der Organisations- und Personalentwicklung gibt es die Begriffe „Wissensmanagement" und „Wissenskooperation" (Moser 2002). Was genau kann man sich unter diesen Begriffen vorstellen?

FV:

Also, Wissensmanagement ist für mich der systematische und verantwortungsvolle Umgang mit Wissen in Organisationen, wobei man unterscheiden muss: Wissen ist eine psychologische Kategorie, die sich in Individuen und Teams nachvollziehbar verorten lässt. Wenn man sagt, wie das in der Organisation ist, dann ist das für mich Umgang mit Information, zum Beispiel in Datenbanken oder Informationsmanagementsystemen. Wissen lässt sich also auf einem Kontinuum von Informationswissen und personalem Wissen verorten. Das personale Wissen ist zunächst nur der Person zugänglich und lässt sich nochmal in begriffliches Wissen, bildhaft-metaphorisches Wissen und (implizites) Handlungswissen unterscheiden. Diese Vorstellung folgt zumindest der „Theorie der Strukturgenese", wie sie zum Beispiel ausgehend von Prof. Dr. Thomas B. Seiler bei Prof. Dr. Gabi Reinmann im Kontext des Wissensmanagements ausgearbeitet ist (Reinmann-Rothmeier 2001). Gerade die Dinge, mit denen wir uns viel beschäftigen, also Erfahrungswissen, haben sowohl implizite als auch bildhafte Anteile und lassen sich metaphorisch äußern. Wenn man beim Tennis zum Beispiel sagt, die Aufschlagbewegung sieht aus wie ein Hampelmann, dann hat man so eine bildliche, ganzheitliche Vorstellung von einer Bewegung, die man natürlich mit analytischen Begriffen genauer fassen und ergänzen kann.

Man hat mit den beiden Begriffen, die ich anfänglich erwähnt habe, also „systematischer" und „verantwortungsvoller" Umgang mit Wissen in Organisationen (Reinmann-Rothmeier 2001), vier Dimensionen im Blick, und zwar auf der individuellen Ebene und auf der organisationalen Ebene. Wissensrepräsentation ist die erste Dimension: Wie behalte ich Wissen? Ich als Einzelperson? Und wie wird Wissen als Informationswissen in einer Organisation abgelegt? Gibt es irgendwo eine Datenbank für Erfahrungen mit Kunden, für Erfahrungen der Organisation etc.

Die zweite Dimension ist die Wissenskommunikation: Wie kommuniziere ich Wissen? Wie spreche ich mit anderen Experten, mit Laien in meinem Fach? Im Bereich des transdisziplinären Arbeitens ist das zum Beispiel sehr wichtig, da verwende ich Metaphern und Analogien. Wie gehe ich mit Vertrauen um, wenn ich mit Chinesen arbeite? Wie gehe ich mit der Offenheit um, und welche Möglichkeiten hat jetzt die Organisation, Wissenskommunikation voranzutreiben? Es gibt Organisationen, da funktioniert Skype nicht, oder es gibt keine Videokonferenzsysteme. Das ist eine Katastrophe! Eine Organisation muss eine Antwort darauf geben, wie die Organisation an verschiedenen Standorten Wissen kommuniziert.

Die dritte Dimension ist die Wissensgenerierung: Wie entsteht neues Wissen in unseren Köpfen? Haben wir irgendwelche Praktiken, wie wir an neues Wissen kommen? Wenn es um Technologie geht, welche Art von Fehlerkultur haben wir als Voraussetzung dafür? Ist das systematisch in unsere Arbeitspraxen eingewoben durch Weiterbildung? Wie geht eine Organisation mit dem Thema „Wissensgenerierung" um? Im Prinzip geht es also um Innovationskulturen. Man merkt, die Begriffe wechseln da an der Stelle. Innovationskultur ist eher aus der Organisation gedacht und Wissensgenerierung eher vom Einzelnen, Kreativitätsförderung, gedacht. Aber eben auch eine Organisation muss Antwort darauf geben, wie die Innovationskultur in den Abteilungen ist. Sind die Türen auf oder zu? Habe ich meinen Rechner mit anderen vernetzt oder nicht? Da sind knallharte Entscheidungen und Folgen dahinter.

Die vierte und anspruchsvollste Dimension ist die Wissensnutzung und damit verbunden die Frage wie man die PS auf die Straße bekommt. Wir wissen ganz viel, aber kriegen manchmal ganz wenig umgesetzt. Stichwort „träges Wissen": Man weiß sehr viel als Student, Absolvent oder Doktorand. Aber die persönliche Problemlösekompetenz in den Praxen ist dann, wenn man sehr klassisch geschult wurde, überschaubar (Rüppell und Vohle 2004). Aber auch als Organisation haben wir riesige Aufwendungen. Wie kriegen wir die Produkte verkauft? Wie kriegen wir Problemlösungsprozesse an unsere Partner kommuniziert, usw.? Das sind all die Kategorien von Wissensnutzung.

Zusammengefasst geben die vier Dimensionen erst mal eine sehr gute Orientierung; vor allem korrespondieren die vier Kategorien mit der individuellen und organisationalen Ebene, die man immer zusammendenken sollte, wenn Wissensmanagement funktionieren soll. Es gibt einen individuellen Lernzyklus und einen organisationalen Lernzyklus, und diese gehören zusammen, das hat der Organisationsberater Prof. Dr. Peter M. Senge (2006) sehr gut ausgearbeitet. Nun muss man noch die Kategorien Zielformulierung und Evaluation hinterschalten und damit jedem einzelnen Baustein eine Zielkategorie zuführen. Außerdem sollte man sich Überprüfungsmechanismen ausdenken, wie das erreicht wird, was man sich vorgenommen hat. Das ist eine Idee von Wissensmanagement (◻ Abb. 5.3).

I:

Wissensmanagement ist der eine Bereich. Nun zur Wissenskooperation: Wo findet man diese genau wieder?

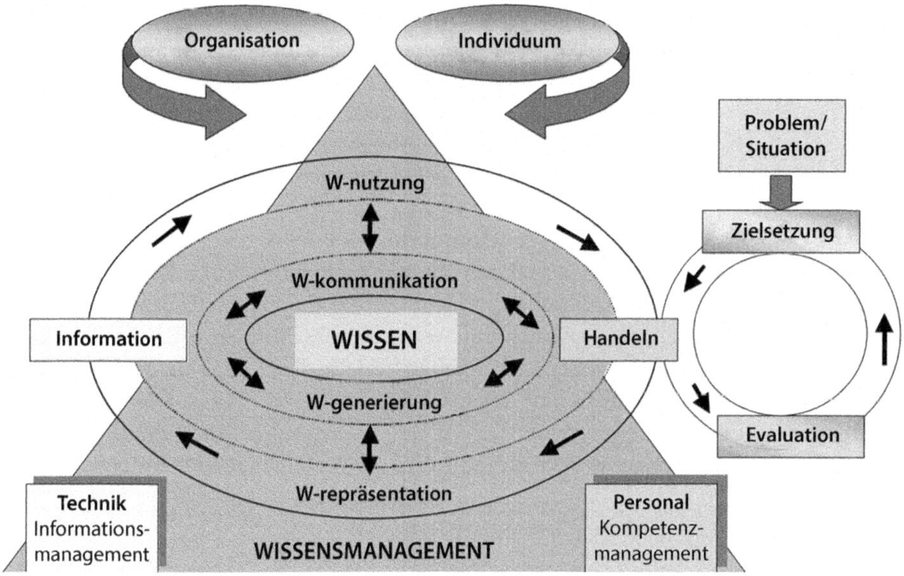

Abb. 5.3 Münchener Modell des Wissensmanagements mit den vier Dimensionen Wissensrepräsentation, Wissenskommunikation, Wissensnutzung und Wissensgenerierung. (Reinmann-Rothmeier 2001)

FV:

Sie ist im Grunde genommen aus der Arbeitspsychologie entstanden, im Bereich von Prof. Dr. Karin Moser (2002). Sie lässt sich als Unterrubrik einordnen bei Wissenskommunikation und Wissensnutzung mit einer speziellen Fragestellung: Wie kooperieren Menschen untereinander, und wie wird die Kooperation institutionalisiert? Soweit ich mich erinnere, sind in diesem Modell besondere Dinge berücksichtigt: Wie ist es mit Vertrauen und Reziprozität? Ich gebe etwas, was bekomm ich von dir wieder, und welche Spielidee entsteht? Ein Erwartungsspiel untereinander. Das hat wiederum mit Vertrauen zu tun. Wie stark kann ich mich auf die Wiedergaben verlassen? Aber im Grunde genommen ist das im Feld von Wissensmanagement einzuordnen – und vor allen Dingen dann nochmal die Frage: Wie gehe ich als Organisation damit um, wenn ich Wissenskooperation über das Netz, als netzbasierte Wissenskooperation, fördern will? Wie kann ich Vertrauen fördern, wenn ich mich in so einem virtuellen Team befinde und nicht alle Kolleginnen und Kollegen deutschsprachig, sondern multisprachlich sind? Dabei herrscht auch eine kulturelle Barriere. Mache ich das mit dieser Reziprozität mit Anreizen? Wenn ich etwas für eine Kollegin beziehungsweise einen Kollegen tue, kriege ich dann eine Belohnung, sei es monetär oder anderer Art, Aufmerksamkeit usw.? Das sind alles sehr wichtige Fragen die man sich stellen muss, wenn man Wissenskooperationsformen zum Laufen bringen will.

I:

Können das *Social Video Learning* oder andere *E-Learning*-Methoden der Problematik entgegenwirken? Oder wie können sie die Wissenskooperation und das Wissensmanagement beeinflussen?

Kapitel 5 · Warum taugt Social Video Learning für eine Neuausrichtung…

FV:

Also, es wäre zu einfach zu sagen, *Social Video Learning* löst das Problem. Es ist immer die Art und Weise, mit welchem Geist solche Technologien genutzt werden. Um sich auf ein praktisches Beispiel zu beziehen: Im Deutschen Tischtennis-Bund haben wir die Situation gehabt, dass in 16 Bundesländern *Blended Learning* umgesetzt wird und sich die Partner gefragt haben: „Wie können wir voneinander profitieren?" Damit das Rad nicht neu erfunden wird, haben wir gefragt: „Ok, was ist eigentlich in den jeweiligen Ländern das Wertvolle?" Das Wertvolle im Kontext des Wissensmanagements sind die Aufgaben innerhalb von *Blended-Learning*-Szenarien. Man muss sich sehr viele Gedanken darüber machen – zumal wenn Sie Kompetenzen fördern wollen–, wie diese in den Lehrplan passen, ob sie motivierend und klar sind etc. Man muss sehr viel Hirnschmalz reinstecken. Wir haben festgestellt, dass das der richtige Gegenstand ist, um sich auszutauschen, also dort zu kooperieren.

Wie geht der Austausch konkret? Ein Ländervertreter aus Bayern kann sagen: „Deine Aufgabe im Bereich der C-Ausbildung gefällt mir sehr gut, diese ziehe ich mir in mein Portal." Das ist damit erst einmal ein ganz egoistischer Akt. Diesem egoistischen Akt muss man jedoch auch einen altruistischen Akt gegenüberstellen, indem man sich fragt, wie man das System mit Energie füttern kann. Dabei ist die Idee entstanden, dass jeder Partner alle ein, zwei oder drei Monate eine eigene Aufgabe einstellen muss. Außerdem soll er sein Erfahrungswissen rund um die Frage teilen, sodass man aus dem System etwas rausziehen kann, aber auch verpflichtet ist, etwas hineinzugeben.

Das deutet auch an, wohin es mit der Wissenskooperation geht. Es ist letztlich ein komplexes Modell von Geben und Nehmen und von sozialen Regeln. Diese Regeln müssen kontextsensitiv erfunden und eingeübt werden. Es ist ein menschliches Konstrukt, in das man Bedeutung und Energie reinsteckt und letztlich vom Mehrwert profitiert, der durch dieses Kooperationsmodell spürbar wird. Die Aussage „unmittelbar spürbar" ist in diesem Kontext sehr wichtig, da man vor allem Neulinge schnell vom persönlichen Nutzen des Systems überzeugen kann. Diese können sich sofort eine Aufgabe aus dem System ziehen, ohne den Hintergedanken, direkt wieder extrem viel Zeit und Energie in das System stecken zu müssen. Dennoch ist es nicht einfach, ein Gleichgewicht aus Altruismus und egoistischen Ansätzen zu bilden und in konkrete Sozialpraktiken und Regeln zu überführen. Das zu den Begriffen „Wissensmanagement" und „Wissenskooperation" mit Andeutung auf eine soziale Praxis.

I:

Durch die Einführung und Einhaltung impliziter Regeln als Grundlage, dass ein gegenseitiger Profit möglich ist, verändert sich doch auch die Lernkultur in Unternehmen oder Organisationen, oder? Lässt sich das so beschreiben?

FV:

Genau das ist der Punkt. Die Verantwortung von jedem, der mit normaler Schulbildung aufgewachsen ist, und jedem, der ein normales Studium hinter sich hat, endet in der Regel an der eigenen Fingerspitze. Diese Verantwortung wird nun erweitert auf das kleine Team im Büro. Dennoch fragt man sich, was das mit Ländervertretern aus Bayern oder Hamburg zu tun hat. Die Antwort: Das Bewusstsein für ein erweitertes Ganzes wird erweckt. Dabei fragt man sich, welchen Mehrwert dieses neue Ganze haben könnte.

Heute ist es so: Jedes Land hat eine eigene Lernumgebung mit Schwerpunkt *Social Video Learning* und zusätzlich eine gemeinschaftliche Umgebung (*edubreakSHARE*), in der alle Aufgaben aller Länder gepflegt werden. Ich kann etwas von der Aufgabe herausnehmen und in mein Portal ziehen. Das ist minimaler Aufwand mit hohem praktischem Nutzen. Man muss die Ideale und Vision herunterbrechen in konkrete, persönlich bewertbare, nutzenstiftende Maßnahmen. Gleichzeitig muss durch Weiterbildungsmaßnahmen dafür sensibilisiert werden, dass eine neue Kultur entsteht, aus der man etwas nehmen kann und in die man etwas geben muss. Das muss man durch viele Meetings und Gespräche initiieren. Aber der eigentliche Treiber sind Vorbilder innerhalb der Gruppe: starke Menschen, die sagen, ich mache das, weil ich davon überzeugt bin, und ziehe die anderen mit. Da kommt man nicht darum herum. Man kann noch so viel außen erzählen – es bedarf solcher Leader innerhalb der Gruppe, die das aus Überzeugung tun und von dem zukünftigen Nutzen des Gesamten überzeugt sind (▶ Kap. 6).

Heute fragt man sich, welchen Wert das Wissensmanagement, zum Beispiel im DTTB, hat? Es ist einerseits die Austauschbeziehung, andererseits lässt sich der Wert von Wissensmanagement auch so darstellen, dass dort ein solches Kooperationsnetzwerk von entwickelten Praktiken und Regeln entstanden ist, also, ganz praktisch, dass das Rad nicht neu formuliert werden muss. Es sind Kosten, die jeder einzelne Standort hätte, wenn man es neu machen würde. Dass man dies nicht machen muss, ist durchaus ein Mehrwert. Weiterhin lerne ich kontinuierlich von anderen Verbänden, und zusätzlich wird dadurch ein Qualitätssicherungs- und Entwicklungsmechanismus aufgebaut, der auf einer Metaebene liegt. Die Dokumentation, gegenseitige Sichtung und kritische Reflexion von Aufgaben bedeuten nichts anderes, als ein Qualitätsmanagementsystem eingeführt zu haben, welches bei den Praktikern, die es anwenden, geerdet ist.

I:

Nach Ihrer Meinung: Lässt sich das auch auf wirtschaftliche Unternehmen übertragen, oder gibt es da besondere Einschränkungen, die man beachten müsste?

FV:

Ich bin ein großer Freund von Analogisierung, muss mir aber vorerst den neuen Kontext anschauen. Dieses Grundmodell des *Social Video Learning* aus dem DTTB-Projekt erzeugt erzeugt zumindest bei vielen Wirtschaftsvertretern, denen ich das gezeigt habe, eine sehr große Neugier, und zwar hinsichtlich der Zutaten. Zutaten bedeutet dabei, dass die Länder autonom bleiben, es aber transparent eingeführt wird. Sie können weitermachen wie bisher und haben keinen Stress. Aber Transparenz erzeugt so etwas wie soziale Sichtbarkeit mit sozialem Druck.

Ich bin immer auf der Suche nach komplementären Prinzipien, also zum Beispiel „Altruismus und Egoismus" oder „Autonomie und Heteronomie". Damit Wissenskooperation funktioniert, muss man dies in einem komplexeren, sozialen Konstrukt vereinen. Die Wirtschaft könnte sich von diesem Fall anregen lassen, um zu überprüfen, welche Variablen überhaupt im Spiel sind. Gibt es bei uns analoge Variablen, und wie müsste das bei uns konkret aussehen? Bei all diesen Transferprojekten, die wir auch gemacht haben, skizziere ich im Grunde genommen immer den Sportfall, um so eine sehr anregende Heuristik zu bekommen. Diese wird dann von den jeweiligen Akteuren aus den neuen Kontexten aufgriffen, konkretisiert und weitergedacht. Ein dummer Transfer funktioniert, glaube ich, nirgends. Jeder Transfer ist auch eine neue Erfindung!

I:

Kann man also davon ausgehen, dass *E-Learning* Wissenskooperation und Wissensmanagement innerhalb von Unternehmen auch langfristig verändert?

Kapitel 5 · Warum taugt Social Video Learning für eine Neuausrichtung…

FV:

Es gibt zwei Modelle: Zum einen gibt es den Übergang von klassischen Präsenzseminaren zu *Blended-Learning*-Strukturen, die aber immer noch in der Hand der Weiterbildungsabteilung sind. Diese definieren das Angebot. Zum anderen setzt man zum Beispiel bei Adidas auf eine andere Strategie (Kuhna 2014). Dort betreibt man an sich nur noch Wissensmanagement. Es wird unter anderem ein großes Austauschportal angeboten, indem jeder nachfrageorientiert agieren kann. Es ist also nicht mehr so, dass es ein Angebot gibt, das akzeptiert werden muss. Stattdessen wendet man sich aktiv und selbstorganisiert an andere, um Hilfe zu erfahren. Das sind radikal andere Wege, wo im Grunde genommen ein Wissenskooperationsansatz mit digitalen Medien umgesetzt wird.

Im Grunde genommen wird in einem solchen Ansatz der Begriff des *Blended Learning* hinfällig. Wenn schon, dann sollte man von *Blended Meetings* sprechen. Es herrschen flache Hierarchien, unter anderem auch durch die bewusste Herausnahme von Rollenmodellen. Dabei gilt das Motto: Wir sind alle gleich, und jeder ist Lehrender und Lernender zugleich – jedoch nicht im Sinne des Schulkontexts, sondern dass jeder in der Lage sein muss, sein Wissen aufzubereiten, damit es für jeden verständlich ist. Dazu kommt, dass jeder sein eigener Wissensunternehmer ist und somit die Wissensakquise selbst organisieren muss. Wenn ich eine Frage zum Problem X habe, suche ich mir im Land Y eine Lösung. Das ist dann zum Beispiel Herr Smith in London, der mir helfen kann. Dann mache ich mit ihm eine Skype- oder Videokonferenz, und er soll mir sagen, wie das funktioniert, welche Lösungskonzepte er hat und welche Erfahrungen vorliegen.

Es ist also ein völlig neuer Ansatz von Lernen, der sehr stark auf Selbstbestimmung und Selbstorganisation abstellt. Aber natürlich hat dieser (radikale) Ansatz auch wieder Grenzen, negative Effekte, die man abfedern muss.

I:

Ich sehe da eine sehr enge Verbindung zum vorher angesprochenen Paradigmenwechsel: weg vom *Top-down*-Lernen, hin zum *Bottom-up*-Prinzip, dass jeder sich in der Wissensvermittlung einbringt und diesen Prozess mitgestaltet. Lässt sich dieser Wandel auch auf die Wissenschaft übertragen?

FV:

Also noch einmal ein Wort zu dem Paradigmenwechsel: Es wird im Allgemeinen gerne in Prinzipien gefasst: *Top-down*- und *Bottom-up*-Prinzip oder beim Lernen *Shift from Teaching to Learning*. Alles von früher war schlecht, und jetzt machen wir es anders. Ich glaube, das ist auch nicht das Gelbe vom Ei. Die Realität ist – zumindest die Realität, die ich ganz gut finde –, dass man dem Sozialsystem die Möglichkeit gibt, sich an verschiedenen Stellen unterschiedlich zu organisieren, dass man also sagt, es gibt Bereiche, wo das eher noch klassisch organisiert ist, und es gibt Bereiche, wo man mit dem Neuen experimentiert. Die Experimente schwappen teilweise über zu den klassischen Bereichen und verändern die, sodass man wirklich ein Bewusstsein für Transformationsprozesse bekommt. Ansonsten erzeugt man soziale Kosten, Widerwillen.

Ich glaube, dass Sozialsysteme wie Ökosysteme sind, wo man Dinge einfach experimentell ausprobieren lassen sollte. Da sagt zwar jeder Controller, dass es wieder kostet. Aber da sage ich, dass die Ökologie in den Systemen einen eigenen Takt hat. Und am Ende, das ist meine Überzeugung, sind solche Prozesse, die vielleicht chaotischer sind und länger dauern, doch die, die sich besser rechnen als vermeintlich schnell durchgezogene und durchgepeitschte Transformationsprozesse, die oft nur auf dem Papier funktionieren und nicht in der Haltung der Menschen. Denn genau das steckt ja als Zielgröße dahinter: Es geht darum, Mitarbeitende an den Start zu kriegen, die Bock darauf haben, ihr Wissen zu teilen, die mit ihrem Wissen verantwortlich umgehen, die das ganze Thema integriert haben in die eigene Wertestruktur, also Haltung!

I:

Interessant, was Sie sagen. Bricht man Ihre Aussage auf einen Satz herunter, könnte man die Überschrift formulieren: *E-Learning* hat eine soziale und gesellschaftliche Bedeutung. Wie ist Ihre Haltung zu diesem Statement?

FV:

Digitalisierung oder die Transformation unserer Gesellschaft impliziert sehr viel. Die aktuellen Themen, die derzeit diskutiert werden, wie Lernen 4.0 und Arbeit 4.0, stellen ja darauf ab, wie wir mit teils autonomen und selbstorganisierten Produktionsprozessen in der Wirtschaft umgehen (z. B. Wilbers 2017). Dafür wird wiederum auch eine neue Bildung 4.0 gefordert, die sich sehr stark an den Unternehmenstyp (Intrapreneur) ausrichtet. Die Anforderungen sind ein hoher Anteil an selbstorganisierter Arbeit, Arbeiten in Kooperation, sich selbst Ziele setzen. Ich glaube, davon stimmt auch eine Menge. Aber wir sollten uns eben auch, finde ich, gleichzeitig über Ethik unterhalten – die Ethik der Digitalisierung, die nach Zwecken fragt und am Ende den Menschen mit seinen humanen Potenzialen im Blick hat.

Was ist Menschsein im Zeitalter des Internets der Dinge? Die Frage halte ich für zentral, um einfach nicht nur den Technologien mit den Möglichkeiten nachzulaufen, weil der Druck enorm steigt, wenn die neuen Möglichkeiten jetzt auch von der künstlichen Intelligenz greifbarer werden. Demgegenüber kann man eine Diskussion in Wissenschaft und Wirtschaft anstiften, was wir eigentlich für eine Firmenkultur wollen, was wir für eine Gesellschaft wollen, und letztlich reduziert sich die Frage, was ich von mir selber will. Das sind alles Diskussionspunkte, die bei dem Thema „Digitalisierung" unbedingt mit gedacht werden sollten. Der Universitätsraum ist meiner Meinung nach ein geeigneter Raum, um da tatsächlich den interdisziplinären Dialog mit Philosophen, Informatikern, Betriebswirtswissenschaftlern und vor allem auch Psychologen und Pädagogen zu suchen. Das passiert viel zu wenig.

I:

Ich verstehe es so, dass Sie fordern, sich interdisziplinär auszutauschen und zu diskutieren, was wirklich die Möglichkeiten und Grenzen von neuen Entwicklungen auch im Bezug auf die Bedeutung in der Gesellschaft sind. Werfen wir ruhig auch einen Ausblick auf neuere Entwicklungen. 360°-Videos, VR-Brillen und Drohnenperspektiven sind gerade Techniken, die im Trend sind und mit *Social Video Learning* zusammenhängen könnten. Sie haben schon vor einem Jahr ein Seminar an der Macromedia-Hochschule in Hamburg angeboten, wo es um diese Themen ging. Was waren die Ergebnisse des Seminars, und welchen didaktischen Mehrwert bringen diese neuen Technologien mit?

FV:

Also vielleicht mal kurz zur Erklärung: Zweidimensionale Videos kennen wir. Drohnenperspektive ist einfach von oben gefilmt. Die Drohne fängt quasi eine Totalperspektive ein. Im Sport ist das sehr naheliegend. 360°-Videos sind einfach eine bestimmte Kameratechnik, die den 360°-Raum aufnimmt, und entsprechend hat man dann auch hinterher die Möglichkeit, entweder auf dem Monitor sich die 360°-Perspektive anzuschauen oder, wenn man entsprechende Brillen hat und dort das Handy reinsteckt, in den Raum „einzutauchen". Das ist der große, psychologische Mehrwert daran, dass man tatsächlich das Gefühl hat, in die Situation einzutauchen. Das hat auf Motivationsebene viele Effekte. Bezüglich der 360°-Videos ist einfach das Thema der Perspektivität und der Exploration von Perspektiven das Neue. Es ist ja nicht so, dass ich eine vorgegebene Perspektive habe, wie bei einem normalen Video, sondern ich kann quasi durch Blickrichtung bestimmte Sachen explorieren. Wir sind da aber wirklich am Anfang, vor allem was den sinnvollen didaktischen Gebrauch betrifft.

Es fällt allerdings im Marketing viel leichter als im Bereich Lernen und Didaktik, da interessante Effekte zu finden, was mit dem Eintauchen und Wow-Effekt zu tun hat. Aber für uns Ghostthinker ist es einfach eine Pflichtübung, dass wir unser Thema „Social Video Learning", also die Kommentierung und den sozialen Austausch mit Videokommentaren, nicht nur zweidimensional machen, sondern auch in die dritte Dimension hineindenken. Man muss sich nur vorstellen, dass man einen Raum hat und an einer Stelle in diesem dreidimensionalen Raum stoppt und einen Videokommentar einbringt und ein anderer dasselbe macht. Dann hätte man quasi die Potenziale von *Social Video Learning* mit diesem immersiven Effekt des Eintauchens zusammengedacht. Aber wo uns da die Reise hinbringt, weiß ich noch nicht.

I:

Daraus leitet sich ab, dass die 360°-Videos wahrscheinlich für Sie dann in Zukunft das Thema sind, mit dem Sie sich mehr beschäftigen wollen …

FV:

Genau, es wird jetzt fortlaufend passieren, auch in Kooperation mit Herrn Prof. Dr. Andreas Hebel-Seeger. Es geht auch darum, verschiedene Kontexte zu explorieren und Erfahrungen zu sammeln. Der Mehrwert kommt nicht durch das Tool. Das ist ein großer Grundsatz, ob bei klassischen Videos oder 360°-Videos. Man muss erst das didaktische Setting ausarbeiten und in dem Setting den Nutzen beantworten können.

I:

Könnten dabei auch die Forschung und Evaluation weiterhelfen? Man schaut sich an, wie die Ergebnisse für die neuen didaktischen Settings sind und überträgt die neuen Ergebnisse dann aus der Forschung in die Praxis.

FV:

Wenn diese Forschung, die Sie ansprechen, kreativ ist und wenn sie die Entwicklung und das Design von Lernsettings im Blick hätte, wie das zum Beispiel beim *Design-Based Research* (Reinmann 2015) der Fall ist, dann könnte ich mir das sehr gut vorstellen!

Sie merken ja, dass ich skeptisch gegenüber dem Kreativgehalt von normaler Wissenschaft bin. Ich frage mich, welche Optionen klassische Wissenschaft liefern kann, um mich hier in der Praxis zu inspirieren. Neben der Pädagogik gibt es als Bezugsdisziplinen in meinem Bereich die Psychologie und die Informatik. Von der Informatik kann ich mir sehr wohl Effekte vorstellen, indem man zum Beispiel 360°-Videos mit Richtungssensoren, Joysticks oder anderen Hilfsmitteln ergänzt, um das Navigieren in dieser Welt zu erleichtern. Wenn dafür Forschungsergebnisse vorliegen, sind das super Informationen, für die ich offen bin. In der Psychologie kenne ich die Forschungslage zu wenig, aber auch da könnte man etwas konstruieren, das einen Mehrwert für die Praxis liefert. Ich denke da zum Beispiel an die Frage, von welchen Parametern, wie dem Alter, der Motivation, den Kontextbedingungen usw., das Explorationsverhalten in 360°-Videos abhängig ist. Man könnte daraus eine Heuristik ableiten, dass die Forschung die neue eigene Suchrichtung vorgeben kann. Wenn dem so wäre, könnte ich mir da durchaus Impulse aus der Forschung für die Praxis vorstellen. Meistens laden die experimentellen Studien aber nicht dazu ein, selber kreativ weiterzudenken.

I:

Das passt ganz gut zu den bestehenden Grenzen zwischen Wissenschaft und der Praxis. Kommen wir zum Abschluss des Interviews. Stellen Sie sich vor, Sie sitzen in fünf Jahren am Schreibtisch und schreiben einen Betrag für Ihren privaten Blog. Die Überschrift könnte lauten: „Gedanken zum aktuellen Stand der betrieblichen und schulischen Weiterbildung." Was würden Sie zu diesem Thema schreiben?

FV:

Ein Gedankenspiel: Ich werde wahrscheinlich schreiben, dass die Technologie sich großartig weiterentwickelt hat. 360°-Videos werden da sein, VR wird da sein, Streuungsinstrumente werden da sein. Es wird sicherlich auch der Fall sein, dass man didaktisch sehr viel dazugelernt hat, zum Beispiel Heuristiken entwickelt hat, um genau solche medienbasierten Szenarien zielgerichteter, kontextspezifischer und schneller zu entwickeln. Aber ich glaube, und das ist auch die Kritik an den aktuellen Entwicklungen, dass das Thema „Implementation" zu wenig berücksichtigt wird (Reinmann und Vohle 2004), also: Welche Bedingungen finden wir in den Kontexten? Wie bringen wir neue Lernszenarien in die Kontexte rein? Wie berücksichtigen wir die Reife der Organisation, die Reife der Mitglieder bei der Verarbeitung des Neuen? Welche Adaptionsmöglichkeiten geben wir den Mitgliedern, um das Neue mitzugestalten? Welche Art von Forschung soll das begleiten? Auch da wieder die Fragen: Was verstehen wir unter Wissenschaft? Welche Funktion soll Wissenschaft haben?

Ich hatte ja anfänglich mal gesagt, dass es die Experimentalforschung gibt, die sehr stark auf Kausal- und Steuerungswissen abstellt; die qualitativen Forscher, die stark auf Orientierungswissen abstellen; und die Entwicklungsforscher, die tatsächlich stark auf Gestaltungswissen abstellen. Ich glaube, dass wir uns in der Richtung viel mehr gegenseitig befruchten und weniger Lagerbildung machen sollten, vor allem wenn es um diese komplexen Lernszenarien in Organisationen geht, die ja auch immer flüchtiger und virtueller werden und immer mehr Standorte haben. Die Herausforderungen wachsen exponentiell, und wir hinken eigentlich mit unseren eher klassischen Wissenschaftsvorstellungen hinterher und bauen eigene Schulen im Sinne von Silos auf, um in einem zentrifugal wirkenden Wettbewerb an Forschungsgelder zu kommen. Das ist ja immer die große Frage. Aber wenn wir uns deutlicher auf die Herausforderung konzentrieren, hoffe ich, dass eben die Möglichkeiten und Begrenzungen der eigenen wissenschaftlichen Ansätze besser gesehen werden und tatsächlich transdisziplinäre und transparadigmatische Ansätze zusammenkommen. Dadurch könnte man wirklich mit Experimentalforschern, qualitativen Fallforschern und Entwicklungsforschern viel enger zusammenarbeiten, um die gegenteiligen Nachteile auszumerzen und die Vorteile zu kombinieren. Ich finde, wir müssen deutlich mehr Anstrengung unternehmen, um in der Praxis, aber auch in der Theoriebildung etwas hinzukriegen, wenn man sich die neuen, komplexen Herausforderungen anschaut.

Kapitel 5 · Warum taugt Social Video Learning für eine Neuausrichtung…

I:

Sie haben jetzt in Ihrer Antwort bereits den Zeitraum von fünf auf zehn Jahre erweitert. Werfen Sie für uns doch bitte noch einen Blick auf den Stand des *E-Learning* in 25 Jahren.

FV:

Schaut man zum Beispiel zurück, wie Schule im 19. Jahrhundert aussah und wie sie heute aussieht, kann man sagen, dass die Situation relativ ähnlich ist. Man muss jetzt nicht den aktuellen Stand von innovativen Schulklassen infrage stellen, aber im Grunde genommen ist es ein Klassenraum, in dem es Arbeitsgruppen gibt und neben Frontalunterricht auch noch Gruppenarbeit. Es ist also sehr viel ähnlich geblieben. Schaut man sich hingegen einen Notoperationsraum an, dann sieht man, was in 100 Jahren passiert ist.

Ich weiß nicht, was in 25 Jahren passiert. Ob sich da Szenarien durchgesetzt haben, wie *Edu-Punk*, das heißt, dass jeder sein eigenes Ding macht und Schulen, Hochschulen und Universitäten abgeschafft werden. Es gibt ja bereits solche Tendenzen, dass sich formale Bildung auflöst. Denkt man dabei an die Stichwörter und Themen „Arbeit 4.0", „Künstliche Intelligenz" oder „Reduktion der Berufstätigen um 50 %", dann wird sich das Lernen über die zukünftigen Arbeitskontexte verändern. Die Frage lautet dann nicht mehr, wie ich mich für einen Job qualifiziere, sondern wie ich meinen Lebensalltag sinnvoll gestalte. Man kann sich dann mal überlegen, was das überhaupt heißt. Ich bin ein großer Freund von *Raumschiff Enterprise* mit John-Luc Picard, das im 24. Jahrhundert spielt. Da gibt es den Zeitpunkt im Jahr 2200, wo es nicht mehr nötig ist zu arbeiten. Die Aufgabe besteht dann darin, sich ein sinnvolles Leben zu gestalten: Betreibe Wissenschaft, mache etwas für die Gesellschaft, mache irgendetwas, aber die Ziele definierst du! Das sind dann einfach Momente, in denen die Zukunftsvisionen völlig utopisch erscheinen. Ich habe das Gefühl, dass das 21. Jahrhundert erstmals die Zeit sein wird, solche Fragen ernsthaft zu stellen.

Am Ende geht es darum, diesen Zukunftsprozess weniger passiv zu erleiden, als vielmehr aktiv zu gestalten. Das ist auch ein Aufruf an alle, die sich damit beschäftigen, dieses viel aktiver und kraftvoller zu tun als im Moment, wo man den Eindruck hat, dass vieles über uns hereinbricht, vor allem die sogenannte Digitalisierung. Damit meine ich zum Beispiel die Arbeit 4.0 und die künstliche Intelligenz, wo gesagt wird, dass man sich ja anpassen müsse. Vielleicht ist es in der Realität auch so, aber ich will die Vorstellung nicht aufgeben, dass ich an der Zukunft meines Lebens und der Welt irgendwie noch einen aktiven, gestalterischen Anteil habe.

I:

Ich versuche mal, Ihre letzten Antworten in einem kompakten Schlusssatz zusammenzufassen: Das Thema „E-Learning und Lernen mit digitalen Medien" ist zwar bereits gut vorangeschritten und bietet viele Möglichkeiten, aber gleichzeitig stehen wir auch vor großen Herausforderungen und neuen Veränderungen, mit denen sich kritisch und aktiv auseinandergesetzt werden muss und sollte. Damit möchte ich mich ganz herzlich bei Ihnen für die Zeit und das sehr spannende Gespräch bedanken. Alles Gute weiterhin.

FV:

Danke!

Video des Interviews:

▶ http://tinyurl.com/Vohle01

5.3 Fazit

Die Umsetzung evidenzbasierter *E-Learning*-Methoden birgt viele Vorteile und ein großes Potenzial für die betriebliche Weiterbildung. Dabei erscheint es aber notwendig, dass Experten aus verschiedenen Disziplinen, beispielsweise der Psychologie, Pädagogik, Sportwissenschaft und Informatik, gemeinsam an effektiven Lösungen arbeiten. Die Methode des *Social Video Learning* erscheint dabei ein erfolgversprechender Ansatz, der neben gelungenen Anwendungen in Sport auch Potenzial für die Aus- und Weiterbildung im Berufsleben besitzt. Zentral erscheint für dessen Erfolg der Fokus auf die Selbstbestimmung und -organisation der Lernenden, die durch die aktive Einbindung der Lernenden realisiert wird und individuelle Gestaltungsmöglichkeiten in der Lernerfahrung ermöglicht. Didaktisch setzt die Methode auf Aspekte der Beobachtung, Reflexion und Feedback. Die Weiterentwicklung von Technologien, insbesondere im *Virtual-Reality*-Bereich, eröffnet dabei erfolgversprechende Möglichkeiten für die Weiterentwicklung der Methoden für die strategische Personalentwicklung der Zukunft.

Literatur

Bauer, R. (2017). Social Video Learning – ein neues Mantra für die pädagogisch-praktischen Studien? *Erziehung und Unterricht, 167*, 61–64.

Heiden, M. (im Druck). Videoreflexion im künstlerischen Einzelunterricht an Hochschulen. Diss. Universität Hamburg.

Hilzensauer, W. (2017). *Wie kommt die Reflexion in den Lehrberuf?* Münster: Waxmann.

Hochholdinger, S., & Beinicke, A. (2011). Evaluation betrieblichen E-Learnings: Methoden und Befunde. In A. Hohenstein (Hrsg.), *Handbuch E-Learning*. Köln: Deutscher Wirtschaftsdienst.

Hochholdinger, S., & Beinicke, A. (2012). Potenziale und Herausforderungen netzbasierten Lernens in der Weiterbildung. *Personal Quarterly, 2*, 16–23.

Kuhna, C. (2014). *Bringing the adidas group learning campus to life! – learning in the 21st century!* https://www.gameplan-a.com/2014/03/bringing-the-adidas-group-learning-campus-to-life-learning-in-the-21st-century/. Zugegriffen: 01. Jan. 2018.

Moser, K. S. (2002). Wissenskooperation: Die Grundlage der Wissensmanagement-Praxis. *Wissensmanagement-Praxis: Einführung, Handlungsfelder und Fallbeispiele, 31*, 97.

Ranner, T. (2015). *Internetgestützte Videoreflexion in der Fahrlehrerausbildung Fallstudien zur Implementation einer mediendidaktischen Innovation.* https://repositorium.zu.de/frontdoor/deliver/index/docId/3/file/Dissertation+Tamara+Ranner+2015.pdf. Zugegriffen: 01. Jan. 2018.

Reinmann, G. (2011). Blended Learning in der Lehrerausbildung: Didaktische Grundlagen am Beispiel der Lehrkompetenzförderung. *BAK-Vierteljahresschrift SEMINAR*, S. 7–16.

Reinmann, G. (2015). *Reader zum Thema entwicklungsorientierte Bildungsforschung.* http://gabi-reinmann.de/wp-content/uploads/2013/05/Reader_Entwicklungsforschung_Jan2015.pdf. Zugegriffen: 01. Jan. 2018.

Reinmann, G., & Vohle, F. (2004). Implementation als Designprozess. In G. Reinmann & H. Mandl (Hrsg.), *Psychologie des Wissensmanagements. Perspektiven, Theorien, Methoden* (S. 341–350). Göttingen: Hogrefe.

Reinmann, G., & Vohle, F. (2012). Entwicklungsorientierte Bildungsforschung: Diskussion wissenschaftlicher Standards anhand eines mediendidaktischen Beispiels. *Zeitschrift für E-Learning, Lernkultur und Bildungstechnologie, 7*(4), 21–34.

Reinmann-Rothmeier, G. (2001). *Wissen managen: Das Münchener Modell. (Forschungsbericht Nr. 131).* Abgerufen von: Ludwig-Maximilians-Universität München, Lehrstuhl für Empirische Pädagogik und Pädagogische Psychologie. https://epub.ub.uni-muenchen.de/239/1/FB_131.pdf. Zugegriffen: 01. Jan. 2018.

Rüppell, H., & Vohle, F. (2004). DANTE: Diagnose und Training erfinderischen Denkens. In: G. Reinmann & H. Mandl (Hrsg.), *Psychologie des Wissensmanagements. Perspektiven, Theorien, Methoden* (S. 267–277). Göttingen: Hogrefe.

Schmidt, M., & Söhngen, M. (2012). Web 2.0-basiertes E-Learning in der Trainerausbildung. *Leistungssport, 3*, 24–29.

Senge, P. M. (2006). *The fifth discipline: The art and practice of the learning organization.* Broadway Business. Zugegriffen: 01. Jan. 2018. New York: Doubleday.

Vohle. (2009). Cognitive tools 2.0 in trainer education. *International Journal of Sport Science and Coaching, 4*(11), 583–594. https://doi.org/10.1260/174795409790291367

Vohle, F. (2013). Relevanz und Referenz. Zur didaktischen Bedeutung situationsgenauer Videokommentare im Hochschulkontext. In: G. Reinmann, M. Ebner, & S. Schön (Hrsg.), *Hochschuldidaktik unter dem Zeichen von Heterogenität und Vielfalt* (S. 166–181). Norderstedt: book on demand.

Vohle, F. (2016). Social Video Learning auf den Punkt gebracht. *Medienproduktion – Online Zeitschrift für Wissenschaft und Praxis, 10*, 15–16. Zugegriffen: 01. Jan. 2018.

Vohle, F., & Reinmann, G. (2012). Förderung professioneller Unterrichtskompetenz mit digitalen Medien: Lehren lernen durch Videoannotation. *Jahrbuch Medienpädagogik, 9*, 413–429.

Vohle, F., & Reinmann, G. (2014). Social video learning and social change in German sports trainer education. *International Journal of Excellence in Education, 6*(2), 1–11. https://doi.org/10.12816/0010834

Wilbers, K. (2017). *Industrie 4.0 Herausforderungen für die kaufmännische Bildung.* https://opus4.kobv.de/opus4-fau/files/8640/Industrie+4.0+-+Herausforderungen+f%C3%BCr+die+kaufm%C3%A4nnische+Bildung.pdf#page=10. Zugegriffen: 01. Jan. 2018.

Welche Determinanten und Verhaltensweisen führen zu effektiver Führung?

Jens Rowold, Andrea Beinicke und Tanja Bipp

6.1 Einleitung – 126

6.2 Interview mit Prof. Dr. Jens Rowold, Professor für Personalentwicklung und Veränderungsmanagement an der Technischen Universität Dortmund – 127

6.3 Fazit – 141

Literatur – 142

Dieses Kapitel enthält Videos online auf https://doi.org/10.1007/978-3-662-55689-4_6; oder laden Sie zum Streamen der Videos die „Springer Multimedia App" aus dem iOS- oder Android App-Store und scannen eine Abbildung, die den „play button" enthält.

© Springer-Verlag GmbH Deutschland, ein Teil von Springer Nature 2019
A. Beinicke, T. Bipp (Hrsg.), *Strategische Personalentwicklung*, Meet the Expert: Wissen aus erster Hand, https://doi.org/10.1007/978-3-662-55689-4_6

6.1 Einleitung

Andrea Beinicke

Führung und Führungskräften kommt heutzutage eine zentrale Rolle in Organisationen zu. Dabei erhofft man sich, dass Führungskräfte den aktuellen Herausforderungen in Organisationen, wie den stetigen Veränderungen, technischen Entwicklungen oder der zunehmenden Globalisierung, effektiv gegenübertreten. Von zentraler Bedeutung ist dabei der tagtägliche Einfluss von Führungskräften auf ihre Mitarbeitenden mit dem Ziel, diese im Sinne der Organisationsziele zu steuern. Dies stellt auf Seiten der Führungskräfte vielfältige Anforderungen, die neben fachlichem und methodischem Know-how auch personale und soziale Kompetenzen (zum Beispiel Zeitmanagement, Kommunikation) erfordern (Felfe 2009). Heutzutage übernehmen Führungskräfte eine Vielzahl von Funktionen und Aufgaben im Rahmen der personalen Führung in Unternehmen: Neben der Delegation und Organisation von Aufgaben schließt dies vor allem die Motivation und berufliche Entwicklung von Mitarbeitenden ein, beispielsweise durch Training, Feedback oder auch Coaching (Felfe 2009). Nicht jeder Mitarbeitende ist durch die Ausbildung auf diese Aufgaben vorbereitet, und Unternehmen investieren viel Geld, um ihre Führungskräfte weiterzuentwickeln (Felfe und Franke 2014).

Entsprechend dieser hohen Relevanz für Leistungen im Arbeitsalltag wurde Führung in den letzten Jahrzehnten in der Wissenschaft aus verschiedenen Perspektiven intensiv erforscht (Nerdinger 2014). Dadurch zeichnet sich die Führungsforschung jedoch durch eine Vielzahl von Konstrukten und Ansätzen aus, etwa zu Führungsstilen, sodass es schwerfällt, den „Königsweg effektiver Führung" zu identifizieren. Und auch wenn der Führungskraft, mit ihren stabilen Eigenschafen oder dem trainierbaren Verhalten, dabei eine zentrale Rolle zufällt, so erscheint Führung doch nur in Kombination mit den jeweiligen Rahmenbedingungen im Unternehmen sowie der geführten Mitarbeiterin beziehungsweise dem geführten Mitarbeiter vollständig erklärbar. Diese Komplexität mit einer Vielzahl von zu beachtenden Einflussfaktoren erschwert es zusätzlich, in der Praxis Ansatzpunkte für effektive Führung zu finden. Determinanten effektiver Führung zu identifizieren, die in der Personalauswahl berücksichtigt oder zur effektiven Weiterbildung von Führungskräften genutzt werden können, erscheint daher schwierig. Und insbesondere das Thema „Führungskräfteentwicklung" erscheint erst in Ansätzen erforscht (Lord et al. 2017).

Dieses Interview befasst sich daher mit den folgenden Fragen: Wie kann effektive Führung aussehen? Welche Determinanten und Verhaltensweisen zum Beispiel auf Seiten der Führungskraft sind notwendig, um effektiv zu führen? Wie wirken sich verschiedene Führungsstile auf die geführten Mitarbeitenden und den Führungserfolg aus? Unterscheiden sich Frauen und Männer bezüglich ihres Führungsstils? Welche Rolle spielt die Situation, in der geführt wird? Wie sieht Führung im Team aus, und was ist bei virtueller Zusammenarbeit zu beachten? Was muss bei der Führungskräfteentwicklung berücksichtigt werden, um effektive Führung zu gewährleisten?

Prof. Dr. Jens Rowold ist Professor für Personalentwicklung und Veränderungsmanagement am Zentrum für Weiterbildung der Technischen Universität Dortmund und forscht seit mehreren Jahren zum Thema „Führung". Er hat an der Universität Münster studiert und promoviert, und sich dann entschlossen, in der Wissenschaft zu bleiben, und an der Universität Münster habilitiert. Während seines Forschungsaufenthalts an der betriebswirtschaftlichen Fakultät der Universität Lausanne hat er viel im Bereich der Methoden gelernt und ist mit dem Forschungsbereich der Personalführung in Kontakt gekommen. „Führung" ist

Kapitel 6 · Welche Determinanten und Verhaltensweisen führen…

eines der Themen, zu denen er gerne forscht, da Führung sich auf wichtige Beeinflussungsprozesse zwischen Menschen bezieht und eine hohe gesellschaftliche Relevanz hat.

> **Referenzen**
> - Felfe, J. (2009). *Mitarbeiterführung*. Göttingen: Hogrefe.
> - Felfe, J. & Franke, F. (2014). *Führungskräftetrainings*. Göttingen: Hogrefe.
> - Lord, R. G., Day, D. V., Zaccaro, S. J., Avolio, B. J., & Eagly, A. H. (2017). Leadership in applied psychology: Three waves of theory and research. *Journal of Applied Psychology, 102*(3), 434–451. https://doi.org/10.1037/apl0000089
> - Nerdinger, F. W. (2014). Führung von Mitarbeitern. In F. W. Nerdinger, G. Blickle, & N. Schaper (Hrsg.), *Arbeits- und Organisationspsychologie* (S. 83–102). Heidelberg: Springer.

6.2 Interview mit Prof. Dr. Jens Rowold, Professor für Personalentwicklung und Veränderungsmanagement an der Technischen Universität Dortmund

Das Interview und die Transkription führten Julia Stöckl und Antonia Rabe durch.

Interviewerin:

Zunächst noch einmal vielen Dank Herr Professor Dr. Rowold, dass Sie sich für unser Interview zur Verfügung gestellt haben. Führung ist ein sehr weitläufiges Forschungsfeld. Was sind Ihre spezifischen Forschungsschwerpunkte?

Prof. Dr. Jens Rowold:

Ich freue mich, dass Sie hier sind. Ich beschäftige mich überwiegend mit effektiver Personalführung, das heißt mit der Frage, welche Führungsverhaltensweisen zu mehr Zufriedenheit und Leistung bei Mitarbeitenden führen.

I:

Warum haben Sie genau diesen Schwerpunkt gesetzt? Was ist daran besonders spannend?

JR:

Führung trifft man in jedem Lebensbereich an: Eltern führen ihre Kinder, im Freizeitbereich führen Trainer Sportteams, und im Wirtschaftsbereich führen Führungskräfte ihre Mitarbeitende. Ein weiterer Bereich, in dem Führung stattfindet, ist die Politik. Studien zeigen, dass Verhaltensweisen von Politikern sich mit Verhaltensweisen von Führungskräften in der Wirtschaft vergleichen lassen (Bligh und Kohles 2009). Führung ist also ein breites Phänomen, das jeden von uns entscheidend tangiert, und daher ein Thema mit hoher gesellschaftlicher Relevanz.

I:

Der bekannte Führungsforscher Stogdill (1974) spricht davon, dass es etwa so viele Definitionen von Führung gibt, wie Menschen, die versucht haben, Führung zu definieren. Was verstehen Sie unter Führung?

JR:

Also, ich schließe mich grundsätzlich der Definition von Day und Antonakis (2012) an. Vereinfachend kann man sagen, dass Führung die zielgerichtete Einflussnahme eines Individuums auf andere Individuen beschreibt – im organisationsspezifischen Kontext eben eine zielgerichtete Einflussnahme seitens einer Führungskraft auf die jeweiligen Mitarbeitenden mit arbeitsbezogenen, leistungsrelevanten Zielen.

I:

Und was ist vor diesem Hintergrund dann ein Führungsstil?

JR:

Ein Führungsstil ist eine teilweise variable Verhaltensweise einer Führungskraft in Führungssituationen und damit abzugrenzen von stabilen Eigenschaften wie zum Beispiel Persönlichkeitseigenschaften.

I:

An welchen Kriterien kann man die Effektivität des Führungsverhaltens festmachen?

JR:

Einerseits gibt es Kriterien, die für die geführte Mitarbeiterin beziehungsweise den geführten Mitarbeiter relevant sind. Da sind beispielsweise subjektive Zufriedenheitskriterien zu nennen, aber auch gesundheitliche Aspekte, wie zum Beispiel das Stresslevel, die Anzahl der Fehltage oder auch die Work-Life-Balance. Andererseits gibt es Effektivitätskriterien aus Sicht der Organisation, zum Beispiel Leistung, Commitment oder auch situationsübergreifende Leistungskomponenten wie die Verweildauer der Mitarbeiterin beziehungsweise des Mitarbeiters in der Organisation oder das *Organizational Citizenship Behavior*. Unter letzterem versteht man ein freiwilliges Verhalten am Arbeitsplatz, das sich positiv auf die Funktionsfähigkeit der Organisation auswirkt und im Rahmen des formalen Anreizsystems nicht explizit berücksichtigt wird (Organ 1988). Schließlich spielen Effektivitätskriterien wie zum Beispiel ökonomische beziehungsweise betriebswirtschaftliche Kennzahlen (unter anderem Profit, Umsatz) eine große Rolle.

I:

Im Rahmenmodell der Führung nach Nerdinger und Kollegen (2012) wird Führung als ein dynamischer Prozess verstanden, wobei der Führungserfolg das Resultat einer Wechselwirkung zwischen Führungsperson, Führungsverhalten, geführter Mitarbeiterin beziehungsweise geführtem Mitarbeiter und Führungssituation ist. Am Anfang des Modells steht die Führungsperson, deren Merkmale das Führungsverhalten beeinflussen, und das hat wiederum Auswirkungen auf die geführten Mitarbeitenden und den Führungserfolg. Zudem wirkt die Führungssituation auf diese Komponenten. Wir haben unser Interview analog zu diesem Modell strukturiert, das heißt, im ersten Teil werden wir auf den Zusammenhang zwischen Merkmalen der Führungsperson und dem Führungsverhalten eingehen, im zweiten Teil besprechen wir dann verschiedene Führungsstile und ihre Auswirkungen auf die geführten Mitarbeitenden und den Führungserfolg unter Berücksichtigung der Führungssituation. Schließlich ordnen wir im finalen Teil die gesammelten Erkenntnisse und sprechen eine Handlungsempfehlung aus.

Im ersten Teil des Interviews sprechen wir über Merkmale der Führungsperson, insbesondere über Persönlichkeitseigenschaften und Geschlecht als Determinanten eines effektiven Führungsstils. Unsere Persönlichkeit beeinflusst einen großen Teil unserer Handlungen und damit auch unseren Führungsstil (Herrmann 1991). Welche Persönlichkeitseigenschaften begünstigen einen effektiven Führungsstil?

JR:

Es gibt bisher in der Forschung relativ viele Studien zu breiten Persönlichkeitsindikatoren, zum Beispiel zu den Big Five. Der Vorteil dieser Indikatoren ist, dass ein großer Konsens über ihre Definition besteht. Der Nachteil ist, dass es sehr breite Persönlichkeitskonstrukte sind, die leider nicht so viel Varianz in Führungsverhaltensweisen aufklären. Eine zentrale Studie in diesem Bereich ist die Metaanalyse von Judge und Kollegen (2002), die zeigt, dass positive Persönlichkeitsaspekte, wie ein niedriges Maß an Neurotizismus und ein hohes Maß an Extraversion – zumindest im kleinen bis mittleren Bereich – Prädiktoren für positive Führungsverhaltensweisen sind. Während neurotische Personen (als Gegensatz zu emotional stabilen Personen) häufig Angst oder Furcht empfinden, sich schnell ärgern und zum Beispiel eine geringe Selbstzufriedenheit und Resistenz gegen Stress aufweisen, lassen sich extravertierte Personen als dominant und begeisterungsfähig beschreiben. Letztere ergreifen die Initiative und lieben neue Aktivitäten (Costa und McCrae 1992).

I:

Das heißt, man kann Führungserfolg durch Persönlichkeitseigenschaften vorhersagen?

JR:

Zu einem relativ geringen Maß kann man das, und das sollte man auch in der Praxis nutzen. Man sollte in zukünftiger Forschung allerdings weniger Fokus auf die breiten Persönlichkeitsindikatoren legen, sondern eher kleinere, detailliertere und arbeitsbezogene Persönlichkeitseigenschaften als Prädiktoren untersuchen. Hierzu eignet sich besonders das von Dr. Rüdiger Hossiep entwickelte Bochumer Inventar für berufsbezogene Persönlichkeitsbeschreibung (Hossiep und Paschen 2003). Erste eigene (bisher nicht veröffentlichte) Studien zeigen, dass die „breite" Eigenschaft Verträglichkeit im Arbeitskontext besser als zwei enger definierte Konstrukte aufzuteilen ist, nämlich Sozialkompetenz und Kooperation.

I:

Bei der Beschreibung des Rahmenmodells effektiver Führung nach Nerdinger et al. (2012) wurde eingangs angesprochen, dass die Wirkung von Eigenschaften der Person auf das Führungsverhalten durch Kontextfaktoren beeinflusst wird. Welche Faktoren sind das möglicherweise?

JR:

Es gibt Studien, die zeigen, dass der Führungskontext einen Einfluss auf diesen Zusammenhang nimmt. Die *Trait Activation Theory* besagt, dass Persönlichkeitseigenschaften in Abhängigkeit vom Kontext zum Tragen kommen (Tett und Burnett 2003). In dieser Hinsicht konnte beispielsweise gezeigt werden, dass der Zusammenhang zwischen den Big Five und transaktionaler (das heißt *quid pro quo*) beziehungsweise transformationaler (im Sinne von mitarbeiter- und handlungsorientierter) Führung zum Beispiel durch die Dynamik oder die Stabilität der Situation beeinflusst wird (Lim und Ployhart 2004). Hier wird noch mehr Forschung benötigt, um mehr Faktoren der Situation zu identifizieren, die auf den Zusammenhang zwischen Eigenschaften der Person und Führungsverhalten Einfluss nehmen.

I:

Wenn man als Praktiker Personalauswahl betreibt: Inwieweit sollte man dann Persönlichkeitseigenschaften berücksichtigen?

JR:

Persönlichkeitseigenschaften sollte man auf jeden Fall bei der Personalauswahl berücksichtigen, weil es Zusammenhänge mit dem Führungsstil gibt, auch wenn diese Zusammenhänge nicht so groß sind. Eine andere Eigenschaft, die man zusätzlich oder anstelle von Persönlichkeitseigenschaften betrachten kann und die größere Zusammenhänge aufweist, ist die Intelligenz. Intelligenz ist einer der besten Prädiktoren für die berufliche Leistung – unabhängig davon, welcher Beruf gewählt wurde. Diese Eigenschaft kann also sowohl bei der Auswahl von Fach- als auch von Führungskräften als Kriterium verwendet werden. Neben stabilen Persönlichkeitseigenschaften sollte man vor allem auch situationale Rahmenfaktoren bei der Personalauswahl berücksichtigen. Das Verhalten der potenziellen Führungskräfte in verschiedenen Situationen kann man beispielsweise in Assessment-Centern überprüfen.

I:

Grijalva und Kollegen (2015) haben eine Studie durchgeführt, aus der hervorgeht, dass narzisstische Personen sehr häufig Führungspersonen werden. Narzissmus wird zu der „Dunklen Triade" gerechnet, also zu Persönlichkeitszügen, die mit einem selbstüberhöhenden, manipulativen und rücksichtslosen Verhalten im Zusammenhang stehen. Das ist letztlich ein Gegensatz zu dem Führungsstil, den man hinter einer effektiven Führung vermutet. Warum sind diese Personen Ihrer Meinung nach dennoch so erfolgreich?

JR:

In der von Ihnen genannten Studie ist ein Zusammenhang zwischen den genannten negativen Eigenschaften und der Beförderung zur Führungskraft, jedoch nicht deren Effektivität, gezeigt worden. Daher würde ich die Problematik des Narzissmus nicht überbewerten. Relevanter ist hier die Grundlagenforschung von McClelland (McClelland und Boyatzis 1982) zu Motiven. Der Antrieb von Menschen lässt sich demnach auf drei Motive zurückführen, eines davon ist das Machtmotiv. Aus Studien weiß man, dass Führungskräfte in ihre Position gelangt sind, da sie ein ausgeprägtes Machtmotiv haben (McClelland und Boyatzis 1982). Der Antrieb, Macht zu übernehmen, ist zunächst nichts Schlechtes. Man kann das Machtmotiv mit Narzissmus in Verbindung bringen, allerdings muss diese Eigenschaft nicht zu negativen, schädigenden Konsequenzen zum Beispiel auf Mitarbeiterseite führen. Hinter Narzissmus verbergen sich vor allem ein hohes Maß an Selbstwertgefühl (Judge et al. 2002) und mikropolitischen Fähigkeiten (Blickle et al. 2008). Selbstverständlich sollte man dennoch auf das Verhalten der Führungskräfte achten, Kontroll- und Feedbackmechanismen (zum Beispiel durch Mitarbeiterbefragungen) einbauen sowie weitere Instrumente des Human Resource Management nutzen, damit negative Persönlichkeitseigenschaften keine negative Wirkung auf die Mitarbeitenden oder das Unternehmen entfalten können.

I:

Ein weiteres Merkmal der Führungsperson ist ihr Geschlecht. Inwieweit gibt es Geschlechterunterschiede bezüglich des Führungsstils?

JR:

Es gibt Geschlechterunterschiede, zum Beispiel führen Frauen etwas mehr transformational als Männer, während Männer etwas mehr transaktional als Frauen führen (Eagly et al. 2003). Insgesamt führen damit Frauen erfolgreicher als Männer. Allerdings würde ich diese Studien aus Sicht für die Praxis nicht überbewerten. Bei diesem Thema ist die Diskussion sehr emotional geladen, da es ein sehr salientes Thema ist, auf das wir im Alltag achten, beispielsweise wenn wir mit verschiedenen Geschlechtern kommunizieren. Die Geschlechterunterschiede im Führungsstil, die in Studien gezeigt werden konnten, sind mit Effektstärken unter 0,2 sehr klein (Eagly et al. 2003). Damit ist dieses Thema zwar wissenschaftlich interessant, besitzt aber für die Praxis wenig Relevanz.

I:

Das heißt, man kann nicht sagen, dass es einen charakteristischen Führungsstil eines Mannes oder einer Frau gibt?

JR:

Doch, das kann man sagen. Es gibt zum Beispiel wissenschaftliche Studien (Eagly et al. 2003), die nachweisen, dass Frauen transformationaler führen, das heißt sehr emotional agieren und langfristige, abstraktere Ziele zum Beispiel in Form einer Vision formulieren, was ein klarer Vorteil ist. Das heißt, wenn sich ein Mann und eine Frau mit identischen Qualifikationen für eine Führungsposition bewerben, sollte man die Bewerberin auswählen. Es sind allerdings kleine Effekte, und die Wahrscheinlichkeit, dass beide Bewerber identische Qualifikationen aufweisen, ist relativ gering. Daher sollte man weitere Aspekte wie beispielsweise Persönlichkeit oder Intelligenz einbeziehen. Die Unterschiede zwischen männlichen und weiblichen Führungskräften sollte man allerdings auch in der Personalentwicklung berücksichtigen. Das wird momentan viel zu wenig gemacht und ist mindestens ein ebenso großes Problem wie die Tatsache, dass es noch zu wenige Frauen mit Führungsverantwortung in Deutschland gibt. In anderen Ländern ist dies anders. In Skandinavien gibt es beispielsweise eine gesetzliche Vorgabe für 50 % weibliche Mitglieder im Parlament.

I:

Nimmt der Führungskontext unterschiedlich Einfluss auf das Führungsverhalten in Abhängigkeit des Geschlechts der Führungsperson? Was passiert zum Beispiel, wenn eine Frau in einer Männerdomäne Führungsperson ist – ändert sich dann etwas an ihrem Führungsverhalten?

JR:

Hier gibt es tatsächlich Änderungen im Führungsverhalten. In einer Studie von Frau Rohmann und mir (Rohmann und Rowold 2009) konnten wir zeigen, dass weibliche Führungspersonen in einem sehr männlich geprägten Umfeld ihr Führungsverhalten an das Führungsverhalten der Männer anpassen, das heißt also weniger transformational und mehr transaktional führen.

I:

Es konnte gezeigt werden, das haben Sie eben auch schon angesprochen, dass weibliche Führungskräfte effektiver (transformationaler) wahrgenommen werden als ihre männlichen Kollegen. Sollten demnach vor allem Frauen in Führungspositionen befördert werden, wenn sie von ihren geführten Mitarbeitenden so viel effektiver wahrgenommen werden?

JR:

Bei gleicher Qualifikation von männlichen und weiblichen Bewerbern sollte bei der Besetzung einer Führungsposition, wie bereits beschrieben, die Bewerberin gewählt werden. Das größere Problem in diesem Zusammenhang ist allerdings, dass zu wenige Frauen Führungspositionen innehaben und Führungskräfte ein deutliches Defizit an Personalentwicklung haben. In einem typisch deutschen Unternehmen werden meist die fachlich kompetentesten Mitarbeitenden befördert. Das sind häufig Ingenieure, Naturwissenschaftler oder Juristen, die nicht oder nur unzureichend auf eine Führungsrolle vorbereitet wurden und denen daher Kompetenzen fehlen. Studien zeigen, dass durch die Entwicklung von Führungskräften deren Leistung – und die Leistung der geführten Mitarbeitenden – deutlich verbessert werden kann (Abrell et al. 2011; Barling et al. 1996). Hier sind die Effektgrößen deutlich größer ($0{,}70 < d < 1{,}0$) als die Effektgrößen beim Geschlechterunterschied (vgl. oben, $d < 0{,}2$).

I:

Gibt es einen Einfluss des Führungskontexts darauf, ob eine männliche oder weibliche Führungskraft in der Situation erfolgreicher wahrgenommen wird, beispielsweise in Abhängigkeit von der Managementebene?

JR:

Es gibt eine Studie von Paustian-Underdahl und Kollegen (2014), in der kleine Effekte der wahrgenommenen Effektivität von Männern und Frauen in Bezug auf die Führungsebene gefunden werden. Männer schätzen sich demnach effektiver auf den niedrigen Führungspositionen ein als gleichgestellte Frauen. Wenn man alle Einschätzungsperspektiven zusammen betrachtet, dann werden Frauen auf mittleren Managementebenen effektiver von anderen wahrgenommen als ihre männlichen Kollegen. Es gibt also kleinere Unterschiede in Bezug auf die Wahrnehmung der Effektivität in Abhängigkeit von der Führungsebene. Auch hier ist allerdings noch weitere Forschung notwendig, um den genauen Einfluss besser beschreiben und belegen zu können.

I:

Die Arbeitswelt wird immer schnelllebiger und globalisierter. Einige Forscher vertreten die Sichtweise, dass das Führungsverhalten, das weibliche Führungskräfte vor allem zeigen, benötigt wird, um eine partizipative und offene Kommunikation zu schaffen, die hier für unternehmerischen Erfolg nötig ist. Wie ist Ihre Meinung hierzu?

JR:

Grundsätzlich schließe ich mich der Meinung an. Mit dem Begriff „weiblicher Führungsstil" wäre ich jedoch vorsichtig. Der Unterschied zwischen Männern und Frauen bezüglich ihres Führungsverhaltens ist wie gesagt relativ klein, und von daher ist es vermutlich etwas übertrieben, von einem weiblichen Führungsstil zu sprechen. Viele Kompetenzen, die man Frauen prototypisch zuschreibt, werden immer wichtiger für die Arbeitswelt, weil es immer weniger Hierarchien und immer mehr Teamarbeit gibt. Studien zeigen beispielsweise auch, dass geschlechtshomogene Arbeitsteams mit nur männlichen Teammitgliedern weniger effektiv bezüglich der Zusammenarbeit sind als Teams mit weiblichen Mitgliedern (Erhardt et al. 2003).

I:

Kommen wir nun zum zweiten Teil unseres Interviews. Hier geht es um die Definition und die Relevanz verschiedener Führungsstile für den Führungserfolg. Wir haben am Anfang

Kapitel 6 · Welche Determinanten und Verhaltensweisen führen…

das Modell von Nerdinger et al. (2012) vorgestellt, und in diesem ist das Führungsverhalten zentral. Es wird durch die Eigenschaften der Führungsperson beeinflusst und steht in Zusammenhang mit den Auswirkungen auf die Mitarbeitenden und damit letztlich mit dem Führungserfolg. Im Folgenden wollen wir auf bekannte Führungsstile eingehen, insbesondere auf die Zusammenhänge zwischen diesen Führungsstilen und die Auswirkungen auf die geführten Mitarbeitenden. Dieses Wissen kann helfen, eine angemessene und effektive Führungskräfteentwicklung zu konzipieren. Momentan ist das *Full Range Leadership Model* von Bass (1985) das am meisten untersuchte Führungsparadigma. Können Sie dieses Konstrukt bitte kurz näher erläutern?

JR:

Das war bis vor einigen Jahren das am meisten untersuchte Modell. Es gibt eine aktuelle Erweiterung – das *Extended Full Range Leadership Model* (Antonakis und House 2014). Im Rahmen dieses Modells unterscheidet man vier wesentliche Hauptkategorien von Führungsverhaltensweisen: transformationale, transaktionale und instrumentelle Führung sowie Laissez-faire-Verhaltensweisen. Transformationale Führung bezieht sich darauf, dass die Führungskraft sehr emotional führt und abstrakte sowie langfristige Ziele formuliert, die Mitarbeitenden individuell unterstützt und innovatives Denken fördert. Bei der transaktionalen Führung setzt die Führungskraft hingegen eher kurzfristige Ziele und verhält sich rational. Instrumentelle Führung bedeutet, dass die Führungskraft sehr pragmatisch agiert, also beispielsweise der Mitarbeiterin beziehungsweise dem Mitarbeiter konkrete Unterstützung im laufenden Arbeitsprozess und vor Ort bietet. Laissez-faire beschreibt die Abwesenheit von Führung und daher auch das Vermeiden von Entscheidungen (Rowold 2014).

I:

Der transformationale Führungsstil wird häufig als der Königsweg effektiver Führung bezeichnet. Mit welchen Erfolgskriterien steht er in Zusammenhang?

JR:

Da gibt es mehrere Hundert Studien (z. B. Rohmann und Rowold 2009) und mittlerweile mehrere Metaanalysen (Sturm et al. 2011). Man sieht, dass eigentlich alle wirtschaftlich relevanten Erfolgsindikatoren untersucht wurden, wie zum Beispiel die Leistung der Mitarbeitenden, des Teams, des Unternehmens oder das Wachstum des Unternehmens. Zudem gibt es auch weiche Faktoren wie die Arbeitszufriedenheit, das Commitment der Mitarbeitenden oder das *Organizational Citizenship Behavior*, aber auch gesundheitlich relevante Indikatoren wie ein geringes Maß an Stress, wenige Krankheitstage und – ganz wichtig – auch ein geringes Maß an Fluktuation. Zusammenfassend gibt es die verschiedensten Indikatoren, und diese werden in Metaanalysen oft als Leistungskriterien zusammengefasst. Metaanalysen beinhalten eine umfassende Integration verschiedener Forschungsergebnisse und ermöglichen dadurch eine Übersicht über den aktuellen Wissenstand zu einem Thema.

I:

Auch die Teamfunktionalität (▶ Kap. 2) kann man als Erfolgskriterium von Führung betrachten (z. B. Lehmann-Willenbrock et al. 2015), sind Teammeetings und Teamarbeit doch zentrale Bestandteile des Arbeitsalltags. Wie kann der transformationale Führungsstil diesbezüglich unterstützen?

JR:

Teamarbeit bedeutet, dass ich als Führungskraft zusammen mit meinem Team etwas bewegen möchte. Hier gibt es mehrere für die Teamarbeit förderliche Führungsverhaltensweisen, die auch im *Extended Full Range Leadership Model* genannt werden. Kennzeichnend für die transformationale Führung ist beispielsweise die Formulierung einer Zukunftsvision, die zunächst das übergeordnete, abstrakte und emotional positiv geladene Ziel für das Team darstellt. Nach der Definition transformationaler Führung von Podsakov und Kollegen (MacKenzie et al. 2001) ist ein weiteres Merkmal die Förderung von Gruppenzielen. Diese habe ich im deutschsprachigen Raum beispielsweise mit Prof. Dr. Kathrin Heinitz untersucht (Heinitz und Rowold 2007). Bei der Förderung von Gruppenzielen geht es darum, dass die Führungskraft die gemeinsamen Ziele des gesamten Teams deutlich macht. Das grenzt sich von der transaktionalen Führung ab, bei der es eher um Einzelziele geht. Ein drittes Kennzeichen der transformationalen Führung ist die intellektuelle Anregung. Diese findet man beispielsweise dann, wenn die Führungskraft versucht, Arbeitsprozesse anders zu definieren oder neue Arbeitsprozesse einzuführen.

I:

In einer Studie von Lehmann-Willenbrock und Kollegen (2015) wurde in einem Setting, in dem die Führungskraft und die Mitarbeitenden zeitgleich anwesend waren, ein positiver Einfluss des transformationalen Führungsstils auf die Teamfunktionalität nachgewiesen. Durch die Globalisierung und die Flexibilisierung der Arbeitszeiten kommt es jedoch immer häufiger zu einer räumlichen Trennung von der Führungsperson und ihren Mitarbeitenden. Lassen sich die Ergebnisse der genannten Studie auf solche Bedingungen übertragen?

JR:

Ja, das kann man. Immer wenn es eine bestimmte Modeerscheinung oder eine aktuelle Entwicklung in der Arbeitswelt gibt, werden Rufe nach einer anderen Definition von Führung laut. Aufgrund von Trends wie der Flexibilisierung der Arbeitswelt, Arbeit 4.0 oder der Digitalisierung müssen wir Führung jedoch nicht neu denken. Menschen funktionieren seit Jahrmillionen auf dieselbe Art und Weise und nach denselben Motivationsmechanismen. Führung ist ein sehr grundlegendes menschliches Phänomen, das unabhängig von aktuellen Entwicklungen in der Wirtschaft ist. Dementsprechend wird es immer Einflussprozesse von Führungskräften auf Mitarbeitende geben, unabhängig davon, wie weit diese beispielsweise räumlich voneinander entfernt sind. Immer wenn etwas Neues entsteht, denkt man, dass man Dinge wie beispielsweise Personalführung oder Führungsstile vollständig verändern muss. Das ist aber nicht so. Stattdessen sollte man überlegen, wie man das, was wir in den letzten hundert Jahren Führungsforschung gelernt haben, auf die neue Situation anpassen kann. Dementsprechend kann man nicht folgern, dass bisherige Studien durch neue Entwicklungen weniger Aussagekraft haben.

Das kann man sich am Beispiel virtueller Teams veranschaulichen. Es ist richtig, dass die Arbeit immer mehr in virtuellen Teams stattfindet und dieser Trend weiter fortschreiten wird. Trotzdem bleibt der grundlegende Motivationsprozess, zum Beispiel dass Führungskräfte ihre Mitarbeitende durch eine Zukunftsvision oder die Förderung von Gruppenzielen motivieren, erhalten. Gerade jetzt, wo der *Face-to-Face*-Kontakt abnimmt, ist Personalführung umso wichtiger.

I:

Der transformationale Führungsstil basiert auf dem Aufbau einer individuellen Beziehung zwischen Führungsperson und geführter Mitarbeiterin oder geführtem Mitarbeiter, die

Kapitel 6 · Welche Determinanten und Verhaltensweisen führen…

sich seitens der Führungsperson durch eine hohe Sensitivität für die Bedürfnisse der Mitarbeitenden auszeichnet. Ist es überhaupt möglich, eine ähnlich individuelle Bindung aufzubauen, wenn die Mitarbeiterin beziehungsweise der Mitarbeiter und die Führungsperson nicht am selben Ort arbeiten?

JR:
Das ist selbstverständlich möglich. Es gibt auch andere gut funktionierende Austauschprozesse, wie beispielsweise über die sozialen Medien. Natürlich sind diese Austauschprozesse dadurch erschwert, dass wir durch die veränderten Kommunikationskanäle nonverbale Kommunikationsformen nicht nutzen können. Beispielsweise kann eine Führungskraft per E-Mail nicht ihre Mimik oder Tonlage einsetzen, um die Bedeutsamkeit bestimmter Textpassagen hervorzuheben. Trotzdem funktioniert auch medial vermittelte Kommunikation, da die dahinterliegenden Prozesse, zum Beispiel dass Mitarbeitende Orientierung suchen und die Führungskraft diese Orientierung durch eine Vision bietet, erhalten bleiben.

I:
Auch für den transaktionalen Führungsstil ist die Interaktion zwischen der Führungsperson und den Geführten charakteristisch. Wie hängt dieser Stil mit den Erfolgskriterien effektiver Führung zusammen?

JR:
Die transaktionale Führung ist ein ganz wichtiges Führungsprinzip. Dabei geht es sehr viel um Fairness und um einen Austausch und eine Zielsetzung auf Augenhöhe zwischen Führungskraft und Mitarbeitenden. Aktuelle Metaanalysen zeigen (z. B. Sturm et al. 2011), dass transaktionale Führung, wenn sie in einer bestimmten Form stattfindet, genauso effektiv sein kann wie transformationale Führung. Im engeren Sinn ist dann mit dieser effektiven transaktionalen Führung die bedingte Belohnung gemeint. Das bedeutet unter anderem, dass die Führungskraft mit der Mitarbeiterin beziehungsweise dem Mitarbeiter Ziele formuliert und sie beziehungsweise ihn bei der Erreichung unterstützt. Sturm und Kollegen (2011) berücksichtigen in ihrer Metaanalyse dabei einerseits subjektive (zum Beispiel affektives Commitment, Arbeitszufriedenheit, Vertrauen) und objektive (zum Beispiel Verkaufs- und Umsatzzahlen, Fehlzeiten) Maße für Führungserfolg.

I:
Als weiterer Führungsstil wird im *Extended Full Range Leadership Model* der instrumentelle Führungsstil genannt. Inwieweit ergänzt dieser das ursprüngliche Modell?

JR:
Im ursprünglichen Modell waren transformationale und transaktionale Führungsverhaltensweisen enthalten, und instrumentelle Führung stellt im Grunde genommen die Brücke zwischen diesen beiden Konstrukten dar. Wenn eine Führungsperson mit einem transformationalen Führungsstil eine Vision von der Zukunft hat, ist das grundsätzlich gut, aber noch zu abstrakt, um Mitarbeitenden deutlich zu machen, wie sie wann handeln sollen. Dazu braucht man eine Handlungsstrategie. Hier setzt die instrumentelle Führung ein, die als eine Komponente das Formulieren einer Strategie beinhaltet. Zusätzlich zum Strategieaspekt gibt es bei der instrumentellen Führung noch die sogenannte Umfeldanalyse, bei der die Führungskraft vor der Formulierung einer Vision zunächst die Umwelt, den Markt, die Meinung der Kunden oder mögliche Anreize für Mitarbeitende analysiert. Zusätzlich zeichnet sich der instrumentelle Führungsstil durch pragmatische Verhaltensweisen aus, wie das

Unterstützen der Mitarbeitenden durch Feedback während des laufenden Arbeitsprozesses oder die Bereitstellung von Ressourcen. Zusammenfassend haben wir bei der instrumentellen Führung sehr pragmatische, aufgabenorientierte Verhaltensweisen, die bisher im Modell der transformationalen und transaktionalen Führung fehlten.

I:

Wäre es demnach sinnvoll, die Führungsstile des *Extended Full Range Leadership Model* zu kombinieren, wenn man eine Führungskraft entwickeln möchte?

JR:

Die Forschung zeigt, dass es am besten ist, mehrere effektive Führungsverhaltensweisen zu kombinieren, beispielsweise ein hohes Maß an transformationaler, transaktionaler und instrumenteller Führung und ein geringes Maß an Laissez-faire-Führung zu zeigen. Es ist grundsätzlich wichtig, alle Führungsverhaltensweisen zu beherrschen und diese je nach situationsspezifischen Anforderungen zu zeigen. Es kann also sein, dass eine Führungskraft am Anfang des Geschäftsjahres viel instrumentell führen muss, weil sie eine Strategie entwickelt. Im zweiten Quartal kann es dann sein, dass die Führungskraft besonders transformational führen muss, weil Mitarbeitende intellektuell angeregt oder Gruppenziele gesetzt werden müssen. Zudem kann es vorkommen, dass die Führungskraft zwischendurch, zum Beispiel jeden Montag im Rahmen von einem Jour fixe, also einer Mitarbeiterbesprechung, transaktionale Ziele setzen muss, damit klar wird, wie man von der Strategie zu dem jeweiligen Tagesgeschäft kommt. Dies verdeutlicht, dass Führungsverhaltensweisen sich vermischen, ineinander übergehen und sich gegenseitig bedingen. Bei einer erfolgreichen Führungskräfteentwicklung sollten alle relevanten Führungsstile berücksichtigt werden – dies ist momentan in der Praxis noch viel zu selten der Fall.

I:

Ein weiterer Führungsstil ist die charismatische Führung, die als sehr ähnlich zum transformationalen Führungsstil beschrieben wird. Was ist unter diesem Führungsstil zu verstehen, und wo unterscheiden sich die Stile?

JR:

Charisma ist zunächst einmal ein sehr schillernder Begriff, der in verschiedenen Lebensbereichen wie beispielsweise in den Medien oder der Politik vorkommt. Grundsätzlich bezieht sich Charisma darauf, dass eine Person von den anderen als besonders kompetent beziehungsweise attraktiv wahrgenommen wird. In der Führungsforschung wird Charisma nach der Definition von Conger und Kanungo (1998) in vier Merkmale unterschieden. Dazu gehören das persönliche Risiko einiger Führungskräfte, Gespür für die Bedürfnisse der Mitarbeitenden, das Aufzeigen von Visionen, und unkonventionelle Verhaltensweisen. Wenn man sich konkrete Beispiele für charismatische Führung aus der Politik anschaut, denkt man an große Namen wie Mahatma Gandhi. Dieser hat durch unkonventionelles Verhalten wie beispielsweise Hungerstreiks oder Protestmärsche sehr viel bewegt, aber ist zugleich hohe persönliche Risiken eingegangen. Ähnliches findet man auch in der Privatwirtschaft. So gibt es Führungskräfte, die ein hohes persönliches Risiko eingehen, indem sie auf Gehalt verzichten oder ihr eigenes Gehalt kürzen, um zu verdeutlichen, dass das Unternehmen Geld einsparen muss.

Das persönliche Risiko sowie unkonventionelle Verhaltensweisen sind charismatische Verhaltensweisen, die in den bisher besprochenen Konstrukten wie der transformationalen oder der transaktionalen Führung nicht vorkommen. Jedoch werden sie als Schlüsselfaktoren für organisationalen Erfolg betrachtet (z. B. Conger und Kanungo 1998) und hängen positiv sowohl mit subjektiven als auch mit objektiven Leistungskriterien zusammen. So konnte beispielsweise ein positiver Zusammenhang zwischen unkonventionellen Verhaltensweisen der Führungskraft und dem finanziellen Profit des Unternehmens gezeigt werden (Rowold und Laukamp 2009). Für die Führungskräfteentwicklung ist der Begriff „Charisma" zu abstrakt. Hier sollte die Förderung konkreter Verhaltensweisen der transformationalen Führung, aufgrund der besseren Operationalisierbarkeit, im Fokus stehen.

I:

Gibt es Unterschiede in der Prävalenz und der Effektivität charismatischer Führungsverhaltensweisen in Abhängigkeit von der Hierarchieebene, auf der sich die Führungskraft befindet?

JR:

Ja, charismatische Führungsverhaltensweisen werden häufiger auf den oberen Hierarchieebenen gezeigt (Rowold und Laukamp 2009). Dies kann einerseits dadurch erklärt werden, dass Führungskräfte in verantwortungsvolleren Positionen häufiger langfristige Visionen entwickeln müssen, wobei charismatische Führungsverhaltensweisen unterstützen. Andererseits haben es Personen, die von vielen anderen als charismatisch wahrgenommen werden, leichter, Karriere zu machen, und enden deswegen häufig in prominenten Positionen – sei es in den Medien oder eben im Wirtschaftsunternehmen. Die Wahrscheinlichkeit, Leute mit außergewöhnlich viel Charisma auf einer oberen Hierarchieebene anzutreffen, ist relativ hoch. Dementsprechend sind aber auf solchen Hierarchieebenen auch Eigenschaften wie zum Beispiel der zuvor besprochenen „Dunklen Triade" salienter.

I:

In den Ohio-Studien (z. B. Fleishman 1953), einer repräsentativen Erhebung des Führungsverhaltens aus Sicht der Geführten, wurden die Dimensionen Aufgaben- und Mitarbeiterorientierung identifiziert, auf denen sich das jeweilige Führungsverhalten beschreiben lässt. Welche Verhaltensweisen sind für die jeweiligen Dimensionen kennzeichnend? Inwieweit sind diese Dimensionen für die Praxis noch relevant?

JR:

Die Ohio-Studien waren erstmals der Versuch, einen Überblick über effektives Führungsverhalten zu geben. Jedoch hat man es sich letztendlich sehr einfach gemacht, da man Faktorenanalysen durchgeführt hat. Bei Faktorenanalysen ist das grundlegende Prinzip, dass man aus einer sehr großen Anzahl von einzelnen Verhaltensweisen übergeordnete Faktoren identifizieren möchte. Wie bei vielen anderen Faktorenanalysen auch, kam dadurch eine sehr reduzierte Anzahl von Führungsverhaltensweisen heraus – in diesem Fall zwei. Das waren einerseits die Aufgabenorientierung und andererseits die Mitarbeiterorientierung. Aufgabenorientierte Verhaltensweisen umfassen zum Beispiel die Initiierung und die Organisation des Handelns oder die Betonung von Fristen und Standards durch die Führungskraft (Kauffeld et al. 2014). Im Vergleich dazu sind für die Mitarbeiterorientierung unter anderem die Berücksichtigung der Bedürfnisse und der Wünsche der Geführten sowie ihre wertschätzende Behandlung kennzeichnend.

Die Dichotomie impliziert, dass man sowohl mitarbeiter- als auch aufgabenorientiert handeln soll, um möglichst erfolgreich zu sein (Fleishman 1953). Der Grundgedanke ist an sich richtig, aber die Dichotomie greift zu kurz, da Mitarbeiter- und Aufgabenorientierung nur eine sehr grobe Beschreibung des Führungsverhaltens darstellen. Analog hierzu sind meine Ausführungen, dass man möglichst viele Führungsstile des *Extended Full Range Leadership Model* beherrschen soll, um effektiv und erfolgreich zu führen. Die Operationalisierung ist hier allerdings deutlich differenzierter und aktueller.

Die Ohio-Studien wurden in den Nachkriegsjahren unter wirtschaftlicher Stabilität durchgeführt. In diesem Kontext konnte man Führungsverhaltensweisen gut durch die beiden Faktoren charakterisieren. Seit den 1980er Jahren hat eine Wandlung in der Arbeitswelt eingesetzt, und in der Forschung werden seitdem vor allem die Phänomene veränderungsorientierte Führung oder transformationale Führung besprochen. Zentral für diese Führungsansätze ist, dass Mitarbeitende für organisationale Veränderungen bereit gemacht werden. Dies kann unter anderem durch die Kommunikation einer glaubwürdigen Vision für die Zukunft (das heißt für die Zeit nach dem Veränderungsprozess) erreicht werden.

I:

Nun würden wir zum dritten Teil des Interviews übergehen und versuchen, die besprochenen Befunde zu integrieren und eine Handlungsempfehlung aussprechen. Es gibt eine Vielzahl von Führungskonstrukten, die Ähnlichkeiten und Überlappungen aufweisen. Dadurch erscheint das Feld der Führungsforschung für Praktiker möglicherweise unübersichtlich. Lassen sich die Führungsstile in übergeordnete Kategorien, sogenannte Metakategorien, einordnen, um eine einfachere Beschreibung effektiver Führung zu ermöglichen?

JR:

In einer Metaanalyse von Dr. Lars Borgmann und mir (Borgmann et al. 2016) konnte gezeigt werden, dass viele der aktuell relevanten Führungskonstrukte sich in die drei Kategorien Aufgaben-, Beziehungs- und Veränderungsorientierung zusammenfassen lassen. Aufgabenorientierte Führungsstile sind beispielsweise durch klare Routinen und Strukturen gekennzeichnet, wohingegen für die Beziehungsorientierung die Bedürfnisse der Geführten zentral sind. Bei der dritten Metakategorie, der Veränderungsorientierung, geht es zum Beispiel um die Entwicklung einer Vision oder die Förderung innovativer Ideen (Yukl et al. 2002). Jedoch gilt es zu beachten, dass Führungsstile auch in mehreren Metakategorien verortet sein können. Der transformationale Führungsstil weist beispielsweise Elemente der Mitarbeiter- und der Veränderungsorientierung auf und ist an sich eigentlich selbst schon eine Metakategorie, da sich je nach Autoren vier (Antonakis et al. 2003) bis sechs (MacKenzie et al. 2001) heterogene Verhaltensweisen hinter ihm verbergen.

Charakteristisch für die Kategorien ist, dass man Gemeinsamkeiten zwischen den einzelnen Führungstheorien und Führungsverhaltensweisen erkennen und deshalb auch besser verstehen kann. Das ist für den Anfang als Überblick über die verschiedenen Konstrukte gut, aber letztendlich ist eine solche Einteilung für die Praxis, also die Personalentwicklung und die Personalauswahl, zu abstrakt und zu grob.

I:

Sie sagen, dass die Einteilung in Metakategorien nur ein Anfangspunkt ist. Was bedeutet dies für die Konzeption von Führungskräfteentwicklung?

JR:

Für die Praxis empfiehlt es sich zunächst festzustellen, welche Führungsverhaltensweisen wie häufig von welcher Führungskraft ausgeführt werden. Die Erfahrung zeigt, dass sich innerhalb einer Organisation ein breites Spektrum an Führungsverhaltensweisen zeigt, das von transformationalem bis Laissez-faire-Verhalten reicht. Die anfängliche Analyse bedeutet für die Personalentwicklung in der Folge, dass man aufgrund der quantitativen Ausprägung in den jeweiligen Führungsverhaltensweisen entscheidet, welcher Führungskraft man welche Personalentwicklungsmaßnahme zur Weiterentwicklung empfiehlt. Das würde konkret bedeuten, dass die Führungskraft, die zum Beispiel Laissez-faire führt, sowohl Schulungen in der transaktionalen als auch der transformationalen und der instrumentellen Führung besuchen sollte. Eine andere Führungskraft, die zum Beispiel Stärken in der transformationalen Führung hat, aber Defizite in der transaktionalen und instrumentellen Führung, sollte Maßnahmen zur Verbesserung der beiden letztgenannten Führungsstile bekommen.

I:

Das heißt, Führungskräfte sollten voneinander lernen und sich jeweils in dem Führungsstil fortbilden, den sie noch nicht beherrschen?

JR:

Genau. Das ist ein sehr langer Prozess, weil im Bereich Personalführung dasselbe gilt wie im Bereich Kommunikation. Hier kann fast jeder Mensch im Verlauf des Lebens immer etwas besser werden. Wenn man tatsächlich sehr gut werden will, dauert dieser Prozess Jahre. Jedoch handelt es sich um einen sehr lohnenswerten Prozess, da Personalführung positiv mit Leistung korreliert. So gibt es entsprechende Studien, die eine hohe wirtschaftliche Rendite nachweisen, wenn Unternehmen in die Personalentwicklung und die Führungskräfte investieren (z. B. Avolio et al. 2010).

I:

Um noch einmal auf die Persönlichkeitseigenschaften zurückzukommen – ist es sinnvoll, jemanden auszuwählen, der von seinen Eigenschaften her schon eher transformational führt, weil es vielleicht leichter ist, ihm weitere Führungsverhaltensweisen beizubringen?

JR:

Ja, das kann man beispielsweise tun. Da kann man mit breiten Persönlichkeitseigenschaften wie Extraversion anfangen, die sich durch Testverfahren feststellen lässt. Zusätzlich kann man auch im Assessment-Center Führungssituationen simulieren, um situationsspezifische Indikatoren für transformationale Führung zu beobachten und dann zu entscheiden, welcher der Bewerber mehr von den transformationalen Führungsverhaltensweisen zeigt als die anderen Bewerber. Diese Informationen kann man als Basis für die Personalauswahl nutzen.

I:

Damit würde ich den generellen Teil unseres Interviews abschließen, der an dem eingangs vorgestellten Modell von Nerdinger et al. (2012) orientiert war, und zu einem Ausblick über die Führungsforschung kommen. Welche Herausforderungen sehen Sie für Führungskräfte jetzt und in zehn Jahren?

JR:

Die Herausforderungen liegen sehr häufig darin, dass man einerseits die zunehmende Komplexität und Unvorhersehbarkeit der Arbeitswelt handhabt und andererseits Sinn stiftet. Nur dann, wenn ich als Führungskraft selbst ein Gefühl dafür bekomme, was der Sinn der

Arbeit ist, kann ich ein gutes Vorbild für die Mitarbeitenden sein und diese entsprechend motivieren.

I:

Wie kann Führungskräfteentwicklung helfen, diesen Herausforderungen zu begegnen?

JR:

Es gibt sehr viele gute Instrumente, die Komponenten von Führungsverhaltensweisen erfassen können. Konkret handelt es sich um Fragebögen, die Unternehmen im Rahmen von Mitarbeiterbefragungen einsetzen können, um aus den Ergebnissen die Stärken und Entwicklungspotenziale der Führungskräfte bestimmen zu können (Felfe 2006; Heinitz und Rowold 2007). Diese Instrumente sollten noch viel mehr eingesetzt werden, zum Beispiel als Grundlage von Feedbackgesprächen oder in Trainings beziehungsweise Coachings. Diese Maßnahmen sollen Führungskräften ihre Kompetenzen und ihren Entwicklungsbedarf bezüglich einzelner Führungsfacetten aufzeigen, wie zum Beispiel ihre Kommunikationsfähigkeit.

I:

Welche Facetten eines effektiven Führungsstils sind Ihrer Meinung nach am wichtigsten?

JR:

Wie oben bereits gesagt, ist über alle Organisationen hinweg betrachtet ein hohes Maß an transformationaler, instrumenteller und transaktionaler Führung sowie ein geringes Maß an Laissez-faire-Führung optimal. Jedoch gibt es bei jeder einzeln betrachteten Organisation Unterschiede. Es gibt zum Beispiel Organisationen, die sehr viel Stabilität brauchen wie beispielsweise Verwaltungseinrichtungen. Dort kann die überwiegende Kommunikation der Vision vielleicht auch kontraproduktiv sein. Auf der anderen Seite gibt es aber auch junge *Start-up*-Unternehmen, in denen die Mitarbeitenden gerade durch die Vision einer Innovation, die zur Markführerschaft führen kann, motiviert werden. Man sollte also für jede Organisation individuell analysieren, welche der zahlreichen Führungsverhaltensweisen des *Extended Full Range Leadership Model* für sie effektiv sind. Erst nach einer solchen Analyse kann man Maßnahmen für die Personalauswahl oder die Personalentwicklung ableiten.

I:

Zum Abschluss des Gesprächs noch eine persönliche Frage: Wenn Sie sich eine praktische Folge der Führungsforschung und Ihrer eigenen Forschung wünschen dürften, was wäre das?

JR:

Da würde ich mir noch mehr Personalentwicklung wünschen. Hierbei berate ich Unternehmen und habe auch Studien durchgeführt, in denen die Wirksamkeit von Personalentwicklung für Führungskräfte genauer untersucht wurde (Abrell et al. 2011). Da konnten wir zeigen, dass Personalentwicklung zum Beispiel für transformationale Führung sehr effektiv ist und Führungskräfte und Mitarbeitende unterstützt. Zu ähnlichen Ergebnissen kommen aber auch unabhängige Kollegen (Barling et al. 1996). Grundsätzlich findet nachhaltige Personalentwicklung aber viel zu selten statt. Mein Wunsch wäre, dass Führungskräfte, die unter einem sehr hohen Druck stehen, mehr von der Organisation unterstützt werden – das heißt mehr Personalentwicklung bekommen.

I:

Vielen Dank Herr Professor Dr. Rowold, dass Sie sich die Zeit für das Interview genommen haben.

JR:

Sehr Gerne.

Video des Interviews:

► http://tinyurl.com/Rowold01

6.3 Fazit

Effektive Führung schließt neben Unternehmenskennwerten (zum Beispiel Leistung) auch subjektive Einschätzungen der Mitarbeitenden (zum Beispiel deren Zufriedenheit) mit ein. Auf der Suche nach Faktoren, die effektive Führung im Arbeitsalltag unterstützen, spielen sowohl Faktoren auf Seiten der Führungskraft als auch die Arbeitssituation eine Rolle. Auf Basis von Ergebnissen aus wissenschaftlichen Studien wissen wir zum einen um die wichtige Rolle von Persönlichkeitseigenschaften für erfolgreiches Führungsverhalten, wie beispielsweise ein geringes Maß an Neurotizismus oder hohes Maß an Extraversion. Zum anderen sollte die Führungsperson ihr Führungsverhalten idealerweise aus einem Repertoire von verschiedenen effektiven Führungsstilen auswählen. Obwohl Unterschiede zwischen Männern und Frauen im Führungsverhalten gefunden wurden, erscheinen diese so klein, dass sie kaum relevant für die Praxis sind. Frauen neigen dabei eher zu einem transformationalen Führungsstil, indem sie stärker intrinsische Anreize und Emotionen bei der Arbeit berücksichtigen. Dieser Führungsstil hat sich nicht nur für die Führung von Teams als effektiv erwiesen, sondern scheint auch geeignet für das Führen in der digitalen Arbeitswelt. Auf der anderen Seite ist dies nicht der einzige erfolgreiche Führungsansatz, da auch andere Führungsstile, die beispielsweise auf Zielsetzungen und Feedback beruhen, genauso effektiv sind. Es gibt daher nicht nur einen Ansatz, um Führung effektiv zu gestalten, und grobe Kategorien von Führung sind oftmals zu breit, um effektive Führungskräftetrainings zu konzipieren.

Es empfiehlt sich für die Konzeption von Führungskräfteentwicklungsmaßnahmen ein mehrstufiges Verfahren, das an der Diagnostik des Führungsstils ansetzt und gezielt den Bedarf an Trainings für die Führungskräfte identifiziert. Nur so kann eine auf die jeweilige Person zugeschnittene Personalentwicklung gewährleistet werden, die zum Erfolg führt. Bei der Entwicklung von Programmen zur Führungskräfteentwicklung müssen zudem die Bedürfnisse der eigenen Organisation mit berücksichtigt werden. Obwohl effektive Führung eine zentrale Rolle in allen Unternehmen einnimmt, scheint die Forschung, insbesondere zur Führungskräfteentwicklung, erst in Ansätzen die zentralen Fragen, die aus dem praktischen Alltag gestellt werden, geklärt zu haben. Für eine nachhaltige Personalarbeit erscheint jedoch insbesondere die wirkungsvolle Entwicklung von Führungskräften unerlässlich.

Literatur

Abrell, C., Rowold, J., Weibler, J., & Moenninghoff, M. (2011). Evaluation of a long-term transformational leadership development program. *German Journal of Human Resource Management, 25*(3), 205–224. https://doi.org/10.1177/239700221102500307

Antonakis, J., & House, R. J. (2014). Instrumental leadership: Measurement and extension of transformational–transactional leadership theory. *The Leadership Quarterly, 25*(4), 746–771. https://doi.org/10.1016/j.leaqua.2014.04.005

Antonakis, J., Avolio, B. J., & Sivasubramaniam, N. (2003). Context and leadership: An examination of the nine-factor full-range leadership theory using the multifactor leadership questionnaire. *The Leadership Quarterly, 14*(3), 261–295. https://doi.org/10.1016/S1048-9843(03)00030-4

Avolio, B. J., Avey, J. B., & Quisenberry, D. (2010). Estimating return on leadership development investment. *The Leadership Quarterly, 21*(4), 633–644. https://doi.org/10.1016/j.leaqua.2010.06.006

Barling, J., Weber, T., & Kelloway, E. K. (1996). Effects of transformational leadership training on attitudinal and financial outcomes: A field experiment. *Journal of Applied Psychology, 81*(6), 827. https://doi.org/10.1037/0021-9010.81.6.827

Bass, B. M. (1985). *Leadership and performance beyond expectations*. New York: Free Press.

Blickle, G., Meurs, J. A., Zettler, I., Solga, J., Noethen, D., Kramer, J., & Ferris, G. R. (2008). Personality, political skill, and job performance. *Journal of Vocational Behavior, 72*(3), 377–387. https://doi.org/10.1016/j.jvb.2007.11.008

Bligh, M. C., & Kohles, J. C. (2009). The enduring allure of charisma: How Barack Obama won the historic 2008 presidential election. *The Leadership Quarterly, 20*(3), 483–492. https://doi.org/10.1016/j.leaqua.2009.03.013

Borgmann, L., Bormann, K. C., & Rowold, J. (2016). Integrating leadership research: A meta analytical test of Yukl's meta-categories of leadership. *Personnel Review, 45*(6), 1340–1366. https://doi.org/10.1108/PR-07-2014-0145

Conger, J. A., & Kanungo, R. N. (1998). *Charismatic leadership: The elusive factor in organisational effectiveness*. San Francisco, CA: Jossey-Bass.

Costa, P. T., & McCrae, R. R. (1992). *Revised NEO personality inventory and NEO five factor inventory professional manual*. Odessa: Psychological Assessment Resources.

Day, D. V., & Antonakis, J. (2012). *The nature of leadership*. Sage.

Eagly, A. H., Johannesen-Schmidt, M. C., & Van Engen, M. L. (2003). Transformational, transactional, and laissez-faire leadership styles: A meta-analysis comparing women and men. *Psychological Bulletin, 129*(4), 569–591. https://doi.org/10.1037/0033-2909.129.4.569

Erhardt, N. L., Werbel, J. D., & Shrader, C. B. (2003). Board of director diversity and firm financial performance. *Corporate Governance: An International Review, 11*(2), 102–111. https://doi.org/10.1111/1467-8683.00011

Felfe, J. (2006). Validierung einer deutschen Version des „Multifactor Leadership Questionnaire" (MLQ Form 5 x Short) von Bass und Avolio (1995). *Zeitschrift für Arbeits- und Organisationspsychologie A & O, 50*(2), 61–78. https://doi.org/10.1026/0932-4089.50.2.61

Fleishman, E. (1953). The description of supervisory behaviour. *Journal of Applied Psychology, 37*, 1–6. https://doi.org/10.1037/h0056314

Grijalva, E., Harms, P., Newman, D., Gaddis, B., & Fraley, R. (2015). Narcissism and leadership: A meta-analytic review of linear and nonlinear relationships. *Journal of Personnel Psychology, 68*(1), 1–47. https://doi.org/10.1111/peps.12072

Heinitz, K., & Rowold, J. (2007). Gütekriterien einer deutschen Adaptation des Transformational Leadership Inventory (TLI) von Podsakoff. *Zeitschrift für Arbeits- und Organisationspsychologie A & O, 51*(1), 1–15. https://doi.org/10.1026/0932-4089.51.1.1

Herrmann, T. (1991). *Lehrbuch der empirischen Persönlichkeitsforschung*. Göttingen: Hogrefe.

Hossiep, R., & Paschen, M. (2003). *Das Bochumer Inventar zur berufsbezogenen Persönlichkeitsbeschreibung: BIP*. Göttingen: Hogrefe.

Judge, T. A., Bono, J. E., Ilies, R., & Gerhardt, M. W. (2002). Personality and leadership: A qualitative and quantitative review. *Journal of Applied Psychology, 87*(4), 765–780. https://doi.org/10.1037/0021-9010.87.4.765

Kauffeld, S., Ianiro, P., & Sauer, N. (2014). Führung. In: S. Kauffeld (Hrsg.), *Arbeits-, Organisations- und Personalpsychologie – für Bachelor* (S. 72–95). Berlin Heidelberg: Springer.

Lehmann-Willenbrock, N., Meinecke, A. L., & Kauffeld, S. (2015). How transformational leadership works during team interactions: A behavioral process analysis. *The Leadership Quarterly, 26*(6), 1017–1033. https://doi.org/10.1016/j.leaqua.2015.07.003

Lim, B.-C., & Ployhart, R. E. (2004). Transformational leadership: Relations to the five-factor model and team performance in typical and maximum contexts. *Journal of Applied Psychology, 89*(4), 610–621. https://doi.org/10.1037/0021-9010.89.4.610

MacKenzie, S. B., Podsakoff, P. M., & Rich, G. A. (2001). Transformational and transactional leadership and salesperson performance. *Journal of the Academy of Marketing Science, 29*(2), 115–134. https://doi.org/10.1177/03079459994506

McClelland, D. C., & Boyatzis, R. E. (1982). Leadership motive pattern and long-term success in management. *Journal of Applied Psychology, 67*(6), 737. https://doi.org/10.1037/0021-9010.67.6.737

Nerdinger, F. W., Blickle, G., & Schaper, N. (2012). *Arbeits- und Organisationspsychologie*. Heidelberg: Springer.

Organ, D. W. (1988). *Organizational citizenship behavior*. Lexington: Lexington Books.

Paustian-Underdahl, S. C., Walker, L. S., & Woehr, D. J. (2014). Gender and perceptions of leadership effectiveness: A meta-analysis of contextual moderators. *Journal of Applied Psychology, 99*(6), 1129–1145. https://doi.org/10.1037/a0036751

Rohmann, A., & Rowold, J. (2009). Gender and leadership style: A field-study in different organizational contexts in Germany. *Equal Opportunities International, 28*(7), 545–560. https://doi.org/10.1108/02610150910996399

Rowold, J. (2014). Instrumental leadership: Extending the transformational-transactional leadership paradigm. *German Journal of Human Resource Management, 28*(3), 367–390. https://doi.org/10.1177/239700221402800304

Rowold, J., & Laukamp, L. (2009). Charismatic leadership and objective performance indicators. *Journal of Applied Psychology, 58*(4), 137–160. https://doi.org/10.1111/j.1464-0597.2008.00365.x

Stogdill, R. M. (1974). *Handbook of leadership*. New York: Free Press.

Sturm, M., Reiher, S., Heinitz, K., & Soellner, R. (2011). Transformational and transactional leadership – A meta-analytical examination of their relationship with leadership effectiveness. *Zeitschrift für Arbeits- und Organisationspsychologie A & O, 55*(2), 88–104. https://doi.org/10.1026/0932-4089/a000049

Tett, R. P., & Burnett, D. D. (2003). A personality trait-based interactionist model of job performance. *Journal of Applied Psychology, 88*, 500–517. https://doi.org/10.1037/0021-9010.88.3.500

Yukl, G., Gordon, A., & Taber, T. (2002). A hierarchical taxonomy of leadership behavior: Integrating a half century of behavior research. *Journal of Leadership and Organizational Studies, 9*(1), 15–32. https://doi.org/10.1177/107179190200900102

Trainingsevaluation – Wie stellt man den Trainingserfolg sicher?

Simone Kauffeld, Andrea Beinicke und Tanja Bipp

7.1 Einleitung – 146

7.2 Interview mit Prof. Dr. Simone Kauffeld, Professorin für Arbeits-, Organisations- und Sozialpsychologie an der Technischen Universität Braunschweig – 147

7.3 Fazit – 161

Literatur – 161

Dieses Kapitel enthält Videos online auf https://doi.org/10.1007/978-3-662-55689-4_7; oder laden Sie zum Streamen der Videos die „Springer Multimedia App" aus dem iOS- oder Android App-Store und scannen eine Abbildung, die den „play button" enthält.

© Springer-Verlag GmbH Deutschland, ein Teil von Springer Nature 2019
A. Beinicke, T. Bipp (Hrsg.), *Strategische Personalentwicklung*, Meet the Expert: Wissen aus erster Hand, https://doi.org/10.1007/978-3-662-55689-4_7

7.1 Einleitung

Andrea Beinicke

Um aktuellen und zukünftigen Herausforderungen in der Arbeitswelt gewachsen zu sein, gilt der Erwerb von neuen Kompetenzen als entscheidender Wettbewerbsvorteil sowohl für Mitarbeitende als auch für Unternehmen. Dementsprechend bieten 77,3 % der Unternehmen betriebliche Weiterbildung an und gaben 2015 im Schnitt 1793 Euro pro teilnehmendem Beschäftigten aus (Statistisches Bundesamt 2017). Lediglich 2 % der deutschen Unternehmen mit mehr als 250 Mitarbeitenden haben keine betrieblichen Weiterbildungsmaßnahmen (Statistisches Bundesamt 2017).

Vor diesem Hintergrund und der Tatsache, dass die meisten Weiterbildungsangebote innerhalb der regulären Arbeitszeit wahrgenommen werden (BMAS 2016) stellt sich die Frage, wie effektiv das jeweilige Training ist und wie gut Weiterbildungsteilnehmende die Trainingsinhalte auf den Arbeitsalltag übertragen können.

Leider zeigt sich, dass nur 10–30 % der Ausgaben für Weiterbildung in gesteigerter Arbeitsleistung resultieren, das heißt, dass der Trainingstransfer nur zu einem geringen Grad erfolgreich ist (Ford et al. 2011; Holton 2015). Trainingstransfer ist der Grad, zu dem Trainees das Wissen und die Fähigkeiten, die im Training gelernt wurden, im Arbeitsalltag anwenden (Baldwin und Ford 1988). Wenn dieser Transfer nicht gelingt, dann ist das Training „verschwendete Zeit und Geld". Dies kann beispielsweise der Fall sein, wenn die Trainingssituation und die Arbeitssituation sehr unterschiedlich sind. Dieses sogenannte Transferproblem wurde in zahlreichen internationalen Studien bestätigt (Baldwin und Ford 1988; Grossman und Salas 2011; Saks et al. 2014).

Damit die Teilnahme an Weiterbildungen trotzdem viele Früchte trägt, ist es sinnvoll, Trainingsmaßnahmen hinsichtlich ihrer Effektivität und insbesondere den Transfer kritisch zu beurteilen und adäquat zu evaluieren. Das bedeutet unter anderem, den Trainingserfolg zu messen, Einflussfaktoren auf den Lern- und Transfererfolg zu identifizieren und gegebenenfalls Optimierungsmaßnahmen für das Training und für das Transferumfeld abzuleiten. Die Messung von Lern- und Transfererfolg kann als integrierte, strategische Komponente von Organisationen angesehen werden und für die Gestaltung von bisherigen und zukünftigen, nachhaltigen Trainingsmaßnahmen genutzt werden.

Das Interview liefert Antworten auf Fragen wie beispielsweise: Auf welche Arten können Trainings evaluiert werden? Welche verschiedenen Facetten von Trainingserfolg gibt es, und wie kann man diese messen? Wie kann man den Trainingstransfer optimieren? Wie kann man Führungskräfte von der Notwendigkeit von Trainingsmaßnahmen überzeugen? Welche aktuellen Trends zeichnen sich bezüglich nachhaltiger Trainingsgestaltung und Trainingsevaluation ab? Die Expertin gibt Hilfestellungen, um Entscheidungen rund um die Investitionen in Weiterbildung zu treffen.

Prof. Dr. Simone Kauffeld ist Diplompsychologin und seit 2007 Professorin im Bereich der Arbeits-, Organisations- und Sozialpsychologie an der Technischen Universität Braunschweig. Zuvor hat sie sowohl in Koblenz-Landau als auch in Marburg Psychologie und Betriebswirtschaftslehre studiert und anschließend an der Universität Kassel promoviert und habilitiert. Ihre Habilitation befasste sich mit dem Thema „Kompetenzen messen, bewerten, entwickeln". Bis heute sind die Weiterbildung und Evaluation von Trainingsmaßnahmen Schwerpunkte in ihrer Forschung und werden in zahlreichen branchenübergreifenden Praxisprojekten thematisiert.

Referenzen

- Baldwin, T. T., & Ford, J. K. (1988). Transfer of training: A review and directions for future research. *Journal of Personnel Psychology, 41*(1), 63–105. https://doi.org/10.1111/j.1744-6570.1988.tb00632.x
- BMAS (Bundesministerium für Arbeit und Soziales). (2016). *Fortschrittsbericht „Personalentwicklung und Weiterbildung" des BMAS.* Abgerufen von: http://www.bmas.de/DE/Service/Medien/Publikationen/Forschungsberichte/Forschungsberichte-Aus-Weiterbildung/fb-469-personalentwicklung-weiterbildung.html
- Ford, J. K., Yelon, S. L., & Billington, A. Q. (2011). How much is transferred from training to the job? The 10 % delusion as a catalyst for thinking about transfer. *Performance Improvement Quarterly, 24*(2), 7–24. https://doi.org/10.1002/piq.20108
- Grossman, R., & Salas, E. (2011). The transfer of training: What really matters. *International Journal of Training and Development, 15*(2), 103–120. https://doi.org/10.1111/j.1468-2419.2011.00373.x
- Holton, E. F. (2015). *Learning transfer system inventory research.* Abgerufen von: http://de.slideshare.net/edholton/learning-transfer-system-inventory-research
- Saks, A. M., Salas, E., & Lewis, P. (2014). The transfer of training. *International Journal of Training and Development, 18*(2), 81–83. https://doi.org/10.1111/ijtd.12032
- Statistisches Bundesamt. (2017). *Weiterbildung.* Abgerufen von: https://www.destatis.de/DE/Publikationen/Thematisch/BildungForschungKultur/Weiterbildung/BeruflicheWeiterbildung5215001167004.pdf?__blob=publicationFile

7.2 Interview mit Prof. Dr. Simone Kauffeld, Professorin für Arbeits-, Organisations- und Sozialpsychologie an der Technischen Universität Braunschweig

Das Interview und die Transkription führten Thea Ebert, Katharina Gierlich, Latoya Thomas und Mirnesa Kamenica durch.

Interviewerin:

Vielen Dank für Ihre Bereitschaft zu einem Interview, Frau Professorin Dr. Kauffeld. Wir freuen uns sehr, dass Sie sich heute die Zeit für uns nehmen. Bevor wir direkt in unser Thema einsteigen, würden wir gerne Ihre Beweggründe erfahren, wie Sie angesichts der vielfältigen Themenbereiche der Arbeits- und Organisationspsychologie zu dem Schwerpunkt der Kompetenzmessung, Weiterbildung und Trainingsevaluation gekommen sind.

Prof. Dr. Simone Kauffeld:

Ich hatte schon immer einen starken Bezug zum Thema „Arbeit", beispielsweise habe ich als Schülerin in den Ferien viele Jobs und Praktika absolviert und dabei sehr unterschiedliche Arbeitsbereiche kennenlernen dürfen. Während meines Studiums war ich unter anderem gewerkschaftlich aktiv; hier habe ich mich zum Beispiel mit Auszubildenden zu Fragen der Zukunft der Arbeit und der Mitbestimmung in Bildungsveranstaltungen auseinandergesetzt. Gegen Ende meines Studiums habe ich in einem großen Organisationsentwicklungsprojekt mitgewirkt, in dessen Rahmen ich in einem Großunternehmen viele Gruppenprozesse moderieren und Trainingseinheiten konzipieren und durchführen durfte. Die Rolle als Beraterin in der Organisation hat mir sehr gut gefallen, was mein Interesse zusätzlich verstärkt und meine Zukunftspläne konkretisiert hat – ich fand es spannend, Personen etwas zu vermitteln und gemeinsam mit ihnen Lösungen zu erarbeiten.

Um die Erfahrungen zu reflektieren, war es herausfordernd für mich, sich im Rahmen eines größeren BMBF-Projekts (Projekt finanziert durch das Bundesministerium für Bildung und Forschung) am Institut für Arbeitswissenschaft der Universität Kassel mit verschiedenen Fragen zu beruflichen Kompetenzen auseinandersetzen zu können: Wie kann man die Kompetenzen von Mitarbeitenden abbilden? Wie kann man diese entsprechend messbar machen? Auf diese Weise gelangt man schnell zum Thema „Training" und damit auch zu Trainingserfolg und Transfer. Einen unserer Forschungsschwerpunkte in Braunschweig stellen nach wie vor die Kompetenzentwicklung und das Kompetenzmanagement dar; hierbei ist zum Beispiel eines unserer aktuellsten Projekte die Entwicklung eines IT-Tools zum Kompetenzmanagement für klein- und mittelständische Unternehmen (www.kompetenz-navi.de; Kauffeld und Frerichs 2018; Kauffeld und Paulsen 2018).

I:

Was interessiert und motiviert Sie heute, Ihre Forschung diesem Bereich zu widmen?

SK:

Ich finde es nach wie vor spannend, dass man die Möglichkeit hat, Dinge, die man in der Theorie vermittelt, auch direkt in der Praxis anzuwenden. So bieten wir etwa Maßnahmen zur überfachlichen Qualifizierung von Studierenden vor allem der Ingenieurs- und Naturwissenschaften an, im Rahmen derer wir dreitägige Trainings zu Personalführung, Präsentation, *Design Thinking* und Gesundheitsthemen organisieren und anleiten. Somit stellen diese konkret Trainings für Studierende dar. Mittlerweile führen wir im Semester über 40 solcher Veranstaltungen durch. Dadurch sind wir quasi auch ein kleines Trainingsinstitut der Technischen Universität Braunschweig. Dabei ist uns wichtig, dass in die Trainingskonzeption und -gestaltung aktuelle Forschungsergebnisse aus der Arbeits-, Organisations- und Sozialpsychologie integriert werden. So betten wir beispielsweise Erkenntnisse aus unserer Forschung zu Führungsthemen, Training und Transfer sowie Teamprozessen in unsere Trainings ein.

Weiterhin liefern die Trainings selbst auch spannende Fragestellungen, denen wir wiederum in unserer Forschung nachgehen. Beispiele dafür könnten sein: Welche Kompetenzen sind besonders wichtig, um den Trainingserfolg der Teilnehmenden zu erhöhen und sie zu motivieren, das Gelernte in der Praxis umzusetzen? Zu welchem Zeitpunkt im Training müssen die Trainerinnen und Trainer die Teilnehmenden für den Transfer in den Alltag motivieren? Und welche Rolle spielt die Stimmung im Training für diese Motivation (z. B. Paulsen und Kauffeld 2017). Die Ergebnisse, die wir aus den Untersuchungen in den Trainings erhalten, können wir dann wieder nutzen, um unser Trainingsangebot weiter zu optimieren. Und das motiviert, die Forschung in diesem Bereich weiter voranzutreiben.

I:

Um die Thematik unseres Interviews für den Leser anschaulicher zu gestalten, möchten wir gern anhand eines praktischen Beispiels den Prozess der Planung und Evaluation eines Trainings schrittweise durchlaufen. Stellen Sie sich bitte die folgende Situation vor: Herr Müller arbeitet in einem großen Unternehmen und wurde gerade zum Abteilungsleiter befördert.

Allerdings steht er vor einigen Herausforderungen. Da das Unternehmen seit Längerem rote Zahlen schreibt, wurde sein Team durch eine Umstrukturierung komplett neu zusammengesetzt. Das Unternehmen erhofft sich nun von Herrn Müller eine Umsatzsteigerung, und er übernimmt diese neue Aufgabe motiviert. Als erste Maßnahme möchte er gerne für seine Mitarbeitenden ein Training zur Teamentwicklung konzipieren und langfristig etablieren. Welche ersten Schritte müsste Herr Müller einleiten, um ein geeignetes Training für seine Abteilung zu entwickeln?

SK:

Als Erstes müsste er sich natürlich vergewissern: Steht die Organisation überhaupt hinter ihm? Das heißt, er müsste sich wahrscheinlich als ersten Schritt das *Go* seiner Führungskraft einholen und absichern, welche Ressourcen er für seine Pläne bekommt. Im nächsten Schritt geht es darum, sich fachkundige Unterstützung einzuholen. Herr Müller könnte also Kontakte zu Trainern und Teamentwicklern herstellen. Was nun folgt, lässt sich unter dem Begriff der Bedarfsanalyse zusammenfassen; es wird also letztendlich eine Diagnose durchgeführt. Diese können wir uns pyramidenförmig vorstellen. Zuerst wird der Fokus in diesem Beispiel vermutlich auf den Zielen des Teams liegen. Was wollen wir überhaupt erreichen? Was ist der Auftrag, der von außen an uns herangetragen wurde? Diese Grundfragen müssten wir zunächst klären, um sie dann in der Teamentwicklungsmaßnahme passend adressieren zu können. Der zweite Baustein der Pyramide bezieht sich auf die konkreten Aufgaben des Teams: Wo liegen unsere Prioritäten? Welche Strategien haben wir im Team? Wie laufen unsere Kommunikationsstrukturen und Informationsflüsse? Anschließend verschieben wir unseren Fokus in der Diagnose auf den Zusammenhalt im Team. Was müssen wir unternehmen, sodass jeder seinen Platz findet und möglichst alle profitieren können? Zuletzt betrachten wir die Spitze der Pyramide, genauer gesagt die Verantwortungsübernahme jedes Einzelnen. Wie erreichen wir, dass sich jedes Mitglied mit dem Team identifiziert und auch für andere Mitglieder Verantwortung übernimmt? Der Aufbau dieser Pyramide ist in der Beispielsituation eine sehr schöne Aufgabe, weil das Team ganz neu zusammengesetzt wurde. In einer solch neuen Situation kann man mit Elan aktiv werden und gestalten, ohne aus alten und festen Strukturen etwas herausentwickeln zu müssen.

I:

Im Rahmen unseres Beispiels sind Sie soeben auf die Bedarfsanalyse eingegangen. Welche Punkte gilt es hierbei in der Praxis besonders zu berücksichtigen? Welche verschiedenen Ebenen einer Organisation sollten betrachtet werden, und welche Auswirkungen drohen, wenn dieser Schritt übersprungen wird?

SK:

Zunächst kann man natürlich die organisationale Ebene betrachten: Wie ist die Organisation in ihren Strukturen aufgestellt? Was sind organisationale Ziele? Wie können wir als Team dazu beitragen, diese organisationalen Ziele zu erreichen? Welchen Einfluss kann eine Trainings- oder Teamentwicklungsmaßnahme haben? Auf der nächsten Ebene betrachten wir das konkrete Team und dessen Zusammensetzung: Wie ist die Altersstruktur dieses Teams? Wer scheidet möglicherweise wann aus? Wie kann ich Kompetenzen im Team dann entsprechend sichern? Als dritte Ebene folgt eine Personenanalyse: Wer sind die verschiedenen Teammitglieder? Was bringen sie in das Team ein? Welche Kompetenzen haben sie? Gibt es Kompetenzlücken, die man möglicherweise aufgreifen muss und die Möglichkeiten zur Weiterentwicklung bieten?

Diese Fragen sollte man sich im Rahmen einer Bedarfsanalyse stellen, um dann konkrete Ziele für das Training ableiten zu können. Findet keine ausreichende Bedarfsanalyse statt, kann auch nicht sichergestellt werden, dass das Training zielführend wirkt. Dabei sollten die Ziele, sowohl auf organisationaler als auch auf Teamebene, für das ganze Team transparent gemacht werden, um zielführendes Arbeiten zu ermöglichen und der Gefahr vorzubeugen, dass diese in der Teamentwicklung aus dem Fokus geraten.

Ziele können sowohl spezifischer als auch übergeordneter Natur sein (Kauffeld 2016). In Herrn Müllers Fall könnte ein übergeordnetes Ziel darin bestehen, dass eine Umsatzsteigerung zu vermerken ist. Ebenso, dass sich das neue Team gut zusammenfindet und sich jeder an das Team und die Organisation gebunden fühlt. Ein spezifischeres Ziel könnte die genaue Auseinandersetzung mit den Kompetenzen sein, also beispielsweise das Aufzeigen von Entwicklungsmöglichkeiten oder das Erkennen jedes Mitglieds, an welcher Stelle die eigenen Kompetenzen im Team eingebracht werden können. Diese Ziele wiederum haben große Auswirkungen auf eine spätere Evaluation des Trainings, in der sich dann genau diese Aspekte widerspiegeln sollten. Daher macht es auch oft Sinn, die Evaluation sehr früh in der eigentlichen Trainingskonzeption mit einzuplanen. Es lohnt sich also, hier bereits zu überlegen, wie evaluiert werden kann, ob die gesteckten Ziele im Training erreicht wurden und wie dies auch dokumentiert werden könnte. Das wird umso wichtiger, wenn bei der Führungskraft wieder eine solche Maßnahme beantragt werden soll. Somit sieht man schwarz auf weiß: Mit dieser Maßnahme haben wir beim letzten Mal die Ziele gut erreicht.

I:

Wenn nun also der Bedarf des Teams diagnostiziert ist und auch konkrete Trainingsziele festgelegt wurden: Welche nächsten Schritte sollten folgen, bis ein Training starten kann?

SK:

Hier geht es schon in Richtung einer prozessbezogenen Evaluation, auf die wir ja später noch ausführlicher eingehen. Kurz vorweggenommen: Es gibt bestimmte Faktoren in einer Organisation, in einem Team oder auch bei einzelnen Mitarbeitenden, die den Transfer des Gelernten in den Arbeitsalltag fördern oder hemmen, sogenannte Lerntransfer-Erfolgsfaktoren. Diese kann ich im Vorfeld schon genauer betrachten. Das ist relativ verrückt – man kann eigentlich durch eine vorgeschaltete Evaluation dieser Faktoren schon prognostizieren: Wie gut wird der Transfer aus dieser Trainingsmaßnahme gelingen? Im Einzelnen betrachtet man hier beispielsweise, wie motiviert die Teilnehmenden für die entsprechende Maßnahme sind. Wie viel Vertrauen besitzen sie in ihre eigenen Kompetenzen, um die neuen Aufgaben bewältigen zu können? Ebenso zieht man Aspekte wie das Arbeitsumfeld, die Unterstützung durch Führungskräfte und durch die Organisation in Betracht. Bekommen die Mitarbeitenden überhaupt die Gelegenheit, die Trainingsinhalte hinterher umzusetzen? Haben sie im Arbeitsalltag genügend Zeit, an den erlernten Maßnahmen zu arbeiten? Über all diese Faktoren kann man sich bereits vor dem Start des Trainings Gedanken machen und somit versuchen, die Bedingungen für den Transfer bereits im Vorfeld zu optimieren. Dies kommt meines Erachtens im Moment in den meisten Unternehmen viel zu kurz. Wahrscheinlich ist dieser Umstand auch dadurch bedingt, dass Personalentwicklung hier nicht Personalentwicklung allein bleibt – oder im Beispiel Teamentwicklung –, sondern auch Elemente einer Organisationsentwicklung aufweist. ◘ Abb. 7.1 fasst zusammen, welche wichtigen Punkte bei der Umsetzung eines Trainings nicht vergessen werden sollten.

◘ Abb. 7.1 Checkliste: Umsetzung eines Trainings. (Kauffeld 2016)

Checkliste: Umsetzung eines Trainings
Zu berücksichtigen ist:
- Wann und wie oft soll das Training stattfinden?
- Wer leitet es?
- Wie werden die Teilnehmer auf die Sitzungen verteilt?
- Wo findet das Training statt?
- Wie sind die Erwartungen der Teilnehmer?
- Wie ist die allgemeine Haltung zu Trainings?
- Sind die Teilnehmer bereit für das Training?
- Sind die Teilnehmer ausreichend auf das Training vorbereitet?
- Welche transferfördernden Maßnahmen sind integriert?

(▸ zum Download auf http://extras.springer.com)

I:

Gehen wir nun davon aus, dass Herrn Müllers Führungskraft generell Zweifel an der Wirksamkeit und am Mehrwert von Trainings hat. Um seiner Führungskraft den Nutzen klar darstellen zu können und dessen Zustimmung zum Fortlauf des Trainings zu erhalten, möchte Herr Müller das Training gerne evaluieren. Sie haben bereits die beiden Stichwörter „ergebnisbezogene Evaluation" und „prozessbezogene Evaluation" genannt, generell kann man diese beiden Arten von Evaluation unterscheiden. Die ergebnisbezogene Evaluation untersucht anhand von Erfolgsmaßen die Wirksamkeit eines Trainingsprogramms und kann damit den Einsatz eines Trainings rechtfertigen oder verschiedene Maßnahmen miteinander vergleichen. Mit der prozessbezogenen Evaluation lassen sich transferförderliche Katalysatoren und transferhemmende Barrieren identifizieren. Herr Müller interessiert sich zunächst nur für die ergebnisbezogene Evaluation. Er weiß allerdings noch nicht, wie genau er diese umsetzen könnte, da in der Praxis Evaluationen sehr unterschiedlich aussehen können. Welche Aspekte spielen bei jeder Art von Evaluation eine Rolle?

SK:

Herr Müller könnte sich am Rahmenmodell von Kirkpatrick (1967, 1994; Kirkpatrick und Kirkpatrick 2006) orientieren, in welchem vier Ebenen der Evaluation unterschieden werden. Die erste Ebene befasst sich mit der Zufriedenheit der Teilnehmenden mit dem Training – in vielen Unternehmen werden hierzu sogenannte *Happy Sheets* eingesetzt, die abfragen, wie gut die Teilnehmenden das Seminar und die Trainer fanden und ob die Rahmenbedingungen des Trainings in Ordnung waren. Van Buren und Erskine (2002) gehen beispielsweise davon aus, dass 78 % der Unternehmen diese *Happy Sheets* einsetzen. In manchen Fällen kann man hier aber auch von der „Schnitzelfrage" sprechen, wie sie in einigen Unternehmen heißt, da sinngemäß lediglich evaluiert wird, ob beim Mittagessen die Schnitzel groß genug waren. Auf der zweiten Ebene kann man betrachten, ob die Teilnehmenden tatsächlich etwas in dem Trainingsprogramm gelernt haben. Dies lässt sich sehr gut innerhalb des

Trainingskontexts erheben, beispielsweise mit Wissenstests – in der Erwachsenenbildung ist das Abfragen von Wissen im Rahmen einer Prüfung jedoch oft wenig akzeptiert. Hier bietet es sich an, die Trainingsteilnehmenden selbst einschätzen zu lassen, inwiefern sie durch das Training etwas dazu gelernt haben. Als dritte Ebene ergibt sich der Transfer ins Arbeitsfeld; dabei kann man das Verhalten der Mitarbeitenden näher betrachten, also beispielsweise wie es sich nach dem Training verändert hat und ob möglicherweise Kompetenzen aufgebaut wurden, die sich nun im Verhalten widerspiegeln. Als vierte Ebene folgt noch die organisationale Ebene; das wäre in unserem Beispiel etwa die Umsatzsteigerung. Alle vier Ebenen haben ihre Berechtigung und können auch in unserem Fallbeispiel eine Rolle spielen. (Das Modell der vier Ebenen der Erfolgskontrolle wird in ◘ Abb. 7.2 grafisch dargestellt.)

I:

Eben sind Sie bereits auf das Vier-Ebenen-Modell von Kirkpatrick eingegangen, welches im Moment das am weitesten verbreitete und auch am meisten verwendete Evaluationskonzept darstellt (Sugrue und Rivera 2005). Dabei haben Sie auch Bezug genommen auf die vier Ebenen des Modells – Reaktion, Lernen, Verhalten und Resultate. Was versteht man im Evaluationskontext unter einer formativen und unter einer summativen Evaluation?

SK:

Die summative Evaluation fasst abschließend alles zusammen und ähnelt somit der ergebnisbezogenen Evaluation. Mit der formativen Evaluation kann man im Prozess Veränderungen vornehmen und erhält Hinweise darauf, was man verändern könnte, um das Training noch weiter zu verbessern (Kauffeld 2016).

I:

Herr Müller hat nun mit seiner Abteilung den ersten Trainingsblock beendet und würde gerne die Zufriedenheit der Teilnehmenden messen, also die Reaktionsebene von Kirkpatricks Modell. 90 % der Teilnehmenden gaben dem Trainingsblock die Schulnote „Eins" oder „Zwei". Aus dieser hohen Zufriedenheit schließt Herr Müller, dass die Teilnehmenden im Training sicher einiges gelernt haben und sich die Zusammenarbeit im Team auch verbessern wird. Als Laie sieht es aus, als wäre das Training von Herrn Müller ein voller Erfolg gewesen. Wie sehen Sie diese Einschätzung als Expertin?

SK:

Herrn Müllers Evaluation misst die Reaktionsebene, die ich nicht unwichtig finde, da sie auch eine Art Kundenzufriedenheit mit dem Training darstellen kann. Kirkpatrick hat seine Ursprungskonzeption allerdings so angelegt, dass zufriedene Teilnehmende auch mehr lernen. Die Personen, die mehr lernen, transferieren auch mehr und ändern wiederum ihr

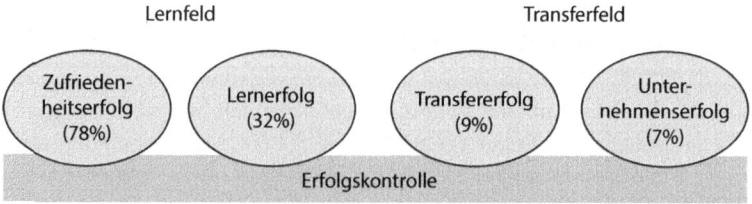

◘ **Abb. 7.2** Vier Ebenen der Erfolgskontrolle. (Kauffeld 2016)

Kapitel 7 · Trainingsevaluation – Wie stellt man den Trainingserfolg sicher?

Verhalten eher. Diese leisten hinterher auch einen größeren Beitrag zur Organisation. Wenn man Ergebnisse aus Metaanalysen (z. B. Alliger et al. 1997) betrachtet, scheint sich diese Annahme in der Realität nicht ganz widerzuspiegeln. Diese Kette zwischen den Ebenen bricht, und dies passiert nicht erst beim Transfer zwischen Trainingswelt und Arbeitswelt, sondern eigentlich schon vorher. Somit hat schon die Zufriedenheit eigentlich relativ wenig mit dem Lernen zu tun, diese Konzepte scheinen etwas sehr Distinktes, sehr Unterschiedliches zu sein. In der Trainingsliteratur wird öfter überspitzt dargestellt, dass Zufriedenheit keine Relevanz für den Trainingserfolg hat. Das würde ich so nicht sagen, da für mich die Teilnehmenden auch eine Art Kunden sind, die dem Lernen und weiteren Trainings gegenüber aufgeschlossen sein sollten. Und natürlich kann es ein Erfolgsmaß sein, Teilnehmende zu haben, die gern bei weiteren Trainingseinheiten dabei sein möchten. Ob die Teilnehmenden im Training etwas gelernt haben und ob sich in der Arbeit etwas verändert, dazu kann man mit der Zufriedenheitsevaluation keine Aussagen treffen. Besser wäre es, bei dieser Erhebung nach der Nützlichkeit zu fragen, das heißt, die Teilnehmenden sollen angeben, wie hoch sie den Nutzen des Trainings für ihre weitere Arbeit einschätzen. Das wäre sozusagen die Minimalanforderung, wenn man weiterführende Aussagen treffen möchte.

I:

Sie sind vorhin bereits darauf eingegangen, dass in verschiedenen Metaanalysen, wie zum Beispiel von Alliger und Kollegen (1997), deutlich wird, dass von der Zufriedenheit auf der Reaktionsebene eben nicht auf den Transfererfolg geschlossen werden kann. Außerdem haben Sie auch genannt, dass sich Unternehmen zum größten Teil, genauer gesagt zu 78 %, auf die Messung der Zufriedenheit, beschränken (◘ Abb. 7.2). Was sind Ihrer Meinung nach die Gründe hierfür?

SK:

Eines der größten Argumente ist, dass den Unternehmen oft das Know-how für weitergehende, systematische Evaluationen fehlt. Zudem werden Entscheidungen meist multifaktoriell bedingt getroffen – möglicherweise ist man auch nicht immer an genauen Zahlen zur Wirksamkeit des Trainings interessiert. Oft ist auch der Aufwand für eine solche Evaluation relativ hoch, verglichen mit dem bloßen Austeilen eines *Happy Sheet* am Ende des Trainings. Mein Plädoyer wäre immer, sich einzelne, eher kleinere Bereiche herauszusuchen, dazu sehr „saubere" Evaluationsstudien zu machen und diese dann wiederum zu generalisieren. Für die entsprechenden Evaluationsergebnisse müssten die Führungskräfte dann sensibilisiert werden, das heißt, sie müssten lernen, diese zu lesen und deren Mehrwert für weitere Trainings und Entscheidungen zu erkennen.

I:

Ein Grund für den zögerlichen Einsatz von systematischen Evaluationen über die Zufriedenheitsebene hinaus könnte auch im mangelnden Angebot von standardisierten und einfach anwendbaren Evaluationsinstrumenten liegen. Sie sind Expertin auf dem Gebiet Trainingsevaluation: Was sind Ihrer Meinung nach die empfehlenswertesten standardisierten Evaluationsinstrumente, auf die ein Unternehmen momentan zurückgreifen kann, und wie erleichtern diese einem Unternehmen die systematische Evaluation?

SK:

Wir haben zum Beispiel den *Questionnaire for Professional Training Evaluation* (Q4TE; Grohmann und Kauffeld 2013; Kauffeld et al. 2009), früher auch Maßnahmenerfolgsinventar genannt, entwickelt. Dieser ist kurz, relativ einfach einsetzbar und hat pro Skala nur zwei Items, deren Zuverlässigkeit und Gültigkeit überprüft sind. Das wäre beispielsweise ein Instrument für die ergebnisbezogene Evaluation – natürlich mit der Einschränkung, dass es ein Befragungsinstrument ist und man demnach die subjektive Einschätzung der Teilnehmenden erhält. Weiterhin gibt es auch Instrumente für die prozessbezogene Evaluation, beispielsweise das Lerntransfer-System-Inventar, das von Holton und Kollegen (2000) entwickelt wurde. Dieses ist mittlerweile weltweit im Einsatz, wurde in viele Sprachen übersetzt und weist hervorragende methodische Gütekriterien auf. An unserem Lehrstuhl arbeiten wir momentan auch mit vielen Unternehmen zusammen und haben das *Adaptive Evaluation System for Training (aes4training®)* entwickelt (Kauffeld 2016). Mit diesem haben wir eine IT-Lösung für entsprechende prozessorientierte Befragungen geschaffen. Dies ist spannend für Unternehmen, wenn sie systematisch bewerten möchten, ob sie auf dem richtigen Weg sind, und Ansatzpunkte für Verbesserungen finden möchten.

I:

In der Praxis stellt das Vier-Ebenen-Modell von Kirkpatrick nach mehr als vier Jahrzehnten noch immer das am weitesten verbreitete und auch am häufigsten verwendete Evaluationsmodell dar. Innerhalb dieser vier Jahrzehnte haben sich die Arbeitswelt und die darauf aufbauenden Trainings aber beispielsweise durch Digitalisierung und Globalisierung stark verändert. Wo sehen Sie möglicherweise Schwachpunkte in Kirkpatricks Modell, und wie könnte dieses erweitert werden?

SK:

Für die ergebnisbezogene Evaluation finde ich dieses Modell noch immer sehr praktikabel. Mein Eindruck ist, dass die heutige Digitalisierung es sogar ermöglicht, viel besser zu evaluieren und auch Evaluationen direkt in die Trainings und Messungen mit zu integrieren. An unserem Lehrstuhl arbeiten wir beispielsweise an einem größeren Projekt, bei dem wir mit Autohäusern kooperieren und Zertifizierungen für die Mitarbeitenden durchführen, die bestimmte Fachkompetenzen erwerben sollen. Dort können sich die Teilnehmenden mit vorgegebenen Fragen und digitalen Lerninhalten immer wieder selbst testen. Haben die Mitarbeitenden das Gefühl, das neu erworbene Wissen verstanden zu haben und anwenden zu können, dürfen sie selbst den Testzeitpunkt bestimmen. Das heißt, Test- und Trainingsmaterial verschmelzen miteinander. Dies ist beispielsweise ein sehr spannender Ansatz, bei dem man Lernen und Testen zusammenlenken kann und beides integriert wird (Kauffeld et al. 2009).

Zudem kann man die ergebnisbezogene Evaluation mit der prozessbezogenen verknüpfen, was meines Erachtens noch nicht voll ausgeschöpft wird. Dabei kann man vorab betrachten, wie diese prozessbezogenen Faktoren ausgeprägt sind und wie man bereits im Vorfeld eines Trainings etwas daran ändern kann. Außerdem kann man auswählen, welche Erfolgsfaktoren man genauer betrachten möchte. Im Nachhinein kann man dann überlegen, wie man diese entsprechend optimieren kann. Das sind alles spannende Ansätze, die in dem Modell von Kirkpatrick noch nicht mit bedacht wurden. Man könnte zum Beispiel auch überlegen, welche die vermittelnden Variablen sind, beispielsweise gibt es Kolleginnen beziehungsweise Kollegen, die sich mehr mit der Transfermotivation beschäftigen (z. B. Quesada-Pallarès und Gegenfurtner 2015). Eine aktuelle Studie unseres Lehrstuhles verdeutlicht ebenso, dass die Transfermotivation ein Mediator ist, das heißt eine vermittelnde Variable ist, auf den verschiedene andere Faktoren, auch schon bevor das Training begonnen hat, einwirken (Massenberg et al. 2017). Zudem konnten wir als weiteren Faktor in Anlehnung an das Rubikonmodell noch die Transfervolition als Mediator für den Transfererfolg identifizieren, also den Willen, an einer Sache dranzubleiben, auch wenn es schwierig wird (Seiberling und Kauffeld 2017). Das sind mit Sicherheit spannende Ansätze.

Weiterhin lässt sich auch betrachten, wie sich diese Variablen über die Zeit verändern, beispielsweise welche Lerntransfer-Erfolgsfaktoren eher dynamisch und welche vielleicht auch statisch sind. Diese geben Hinweise darauf, an welcher Stelle im Prozess etwas verändert werden kann oder auf was möglicherweise mehr geachtet werden muss. Wenn ich an das Lerntransfer-System-Inventar denke, gibt es diesbezüglich Faktoren, die meines Erachtens noch nicht genügend berücksichtigt sind. Wenig erforscht sind bisher die Faktoren im Training selbst; hier hat man sich bislang immer sehr stark auf die Didaktik konzentriert. Derzeit führen wir Untersuchungen durch, bei denen wir die Stimmung in der Trainingsgruppe betrachten und welche Auswirkungen diese hat (Paulsen und Kauffeld 2017). Der weitere Kontakt zu Trainingsteilnehmenden kann wichtig sein. Online-Tools an denen wir gern arbeiten möchten, können helfen, um an den Transferzielen dranzubleiben. Zudem erforschen wir, welchen Einfluss die Trainerin beziehungsweise der Trainer hat und welche Trainerkompetenzen wichtig sind, um ein Training erfolgreich zu gestalten.

I:

Nun noch einmal zurück zu Herrn Müller und seinem Training: Er hatte sich dazu entschieden, nur eine ergebnisbezogene Evaluation durchzuführen, und die prozessbezogene vorerst vernachlässigt. Weshalb ist eine prozessbezogene Evaluation trotz einer ergebnisbezogenen wichtig, und welchen zusätzlichen Gewinn kann diese bringen?

SK:

Die prozessbezogene Evaluation hat den Vorteil, dass sie eine optimale Grundlage für die entsprechende Teamentwicklungs- oder Trainingsmaßnahme bereiten kann, wenn sie im Vorfeld eingesetzt wird. Somit kann man während des Verlaufs nachsteuern, da man sich ein Training als längeren Prozess aus mehreren Bausteinen vorstellen muss. Wenn man die prozessbezogene Evaluation zum Schluss durchführt, kann man für weitere Teamentwicklungs- oder Trainingsmaßnahmen in der Organisation dazulernen und dann das Training darauf aufbauend optimieren. Bei der prozessbezogenen Evaluation findet man also viele Ansatzpunkte, die man bei der ergebnisbezogenen nicht findet. Bei letzterer lässt sich nur feststellen, ob das Training gut war oder nicht, aber man findet keine Hinweise darauf, wieso das Training nicht erfolgreich war und es keinen Lerntransfer gab.

I:

Die prozessbezogene Evaluation ermöglicht es also, Stellschrauben im Prozess zu identifizieren und somit den Transfererfolg nachhaltig über das Ziel hinaus zu sichern. Was sind Ihrer Erfahrung nach die häufigsten Barrieren und Katalysatoren für den Lerntransfer in Unternehmen?

SK:

In unseren Analysen zeigt sich oft, dass in der Person selbst viele Aspekte förderlich ausgeprägt sind. Personen kommen also in der Regel mit einer ausreichenden Motivation und Selbstwirksamkeitsüberzeugung, also dem Glauben daran, selbst die Kontrolle und Fähigkeiten zu haben, um die erwünschten Effekte erzielen zu können.

Kritisch wird es bei den Arbeitsumweltfaktoren, beispielsweise der Einstellung der Führungskraft zu den Trainingsinhalten. Für die Effektivität des Trainings wäre es wichtig, dass dieser sich im Vorfeld mit den Teilnehmenden zusammen überlegt, was im Training gelernt und vermittelt werden soll. Ebenso sollte gemeinsam überlegt werden, welche Lerninhalte in der Arbeit tatsächlich umgesetzt werden können und wie die Führungskraft seine Mitarbeitenden dabei unterstützen kann. Zudem muss die Führungskraft gut signalisieren können, dass die gelernten Inhalte wichtig für die Arbeit sind und auch andere Mitarbeitenden von dem Wissen profitieren sollen. Jedoch erfolgen diese Prozesse in Unternehmen in der Regel nicht. Ein weiteres wichtiges Thema ist auch die Offenheit der Kolleginnen und Kollegen für Änderungen. Das heißt, wenn eine Mitarbeiterin beziehungsweise ein Mitarbeiter ein Training absolviert hat und im Anschluss beispielsweise Veränderungen in der Abteilung einleiten möchte, braucht es eine entsprechende Offenheit, möglicherweise auch eine bestimmte Feedbackkultur in Teams und im Unternehmen. Diese finden wir bislang in unseren Untersuchungen nicht in ausreichendem Maße (Kauffeld 2016).

Ein Faktor, der immer schlecht ausgeprägt ist, betrifft negative Folgen bei Nichtanwendung. Das bedeutet, es hat keine Konsequenzen, wenn eine Mitarbeiterin beziehungsweise ein Mitarbeiter ein Training absolviert hat, hinterher an den Arbeitsplatz zurückkehrt und so wie bisher weiterarbeitet. Letztendlich heißt das auch, dass das, was Mitarbeitende gelernt haben, sie oder ihn vielleicht individuell weitergebracht hat, dies aber keine Bedeutung für die Organisation hat. Der Faktor Erwartungsklarheit ist zudem meistens relativ schlecht ausgeprägt ist, das heißt, die Mitarbeitenden gehen oft in ein Training und wissen eigentlich nicht, was sie erwartet. Wir wissen auch, dass es in der Regel besser ist, wenn die Teilnehmenden vorbereitet sind und beispielsweise Fallbeispiele mitbringen, die sie in dem Training bearbeiten wollen. Diese Punkte sind meines Erachtens ganz wesentliche Stellschrauben.

I:

Sie haben gerade schon die Rolle der Führungskraft angesprochen: Auch Herr Müller betrachtet das Training aus Sicht einer Führungskraft. Er hat allerdings bei einer kurzen Recherche eher gemischte Befunde gefunden, ob und welchen Einfluss die Führungskraft haben kann (Chiaburu und Marinova 2005; Van Der Klink et al. 2001). Welche konkreten Ratschläge können Sie Herrn Müller geben, um den Transfer seiner Abteilung zu unterstützen?

SK:

Generell sollte Herr Müller seinem Team offen vermitteln, dass ihm der Lernerfolg wichtig ist, und auch darlegen, warum dies so ist. Zudem sollte er klarstellen, was er von der entsprechenden Maßnahme und auch von jeder einzelnen Mitarbeiterin beziehungsweise jedem einzelnen Mitarbeiter erwartet. Weiterhin ist es wichtig, im Sinne der Teamentwicklung oder auch der Organisationsentwicklung zu wissen, warum es mir als Führungskraft ein Anliegen ist, dass die Mitarbeitenden diese Inhalte erlernen und in das Team einbringen. Der zweite Ratschlag wäre definitiv eine Art Maßnahmenplanung, das heißt, er muss vorausplanen, welche Inhalte aus dem Training hinterher in die Arbeit einfließen und was umgesetzt werden soll. Gemeinsam mit den Mitarbeitenden sollte er überlegen, welche konkreten Unterstützungsmöglichkeiten es gibt. Der Effekt der Unterstützung durch die Führungskraft scheint dabei vermittelt über die Transfermotivation abzulaufen. Dabei scheint der Einfluss der Führungskraft bei einer überfachlichen Kompetenzentwicklungsmaßnahme wie hier deutlich größer zu sein als bei einer fachlichen, die weniger auf Interaktion angelegt ist und bei der die Führungskraft inhaltlich weniger unterstützen und auch nicht als Rollenvorbild dienen kann (Massenberg und Kauffeld 2015).

Kapitel 7 · Trainingsevaluation – Wie stellt man den Trainingserfolg sicher?

I:

Es können also nur durch eine prozessbezogene Evaluation tatsächlich Ansatzpunkte zur Verbesserung eines Trainings und auch des Transfers gefunden werden. Da das Training in Herrn Müllers Abteilung fortlaufend stattfinden soll, hat er daran ein großes Interesse. Ebenso muss er seiner Führungskraft gegenüber aber auch die Wirksamkeit der Maßnahme nachweisen. Sie haben bereits kurz angesprochen, dass es Möglichkeiten gibt, die prozessbezogene und die ergebnisbezogene Evaluation zu integrieren. Welche Möglichkeiten gibt es, dies zu tun? Wie könnte Herr Müller seine Führungskraft von diesem doppelten Aufwand überzeugen?

SK:

Er könnte argumentieren, dass er das Training besonders wirksam gestalten möchte und dafür die prozessbezogene Evaluation hilfreich ist. Außerdem ist es im Sinne eines Lernprozesses auch wichtig, die Organisation voranzubringen, und er könnte darlegen, wie man möglicherweise auch in anderen Bereichen der Organisation von dem Training profitieren kann. Wie er die Evaluation aufsetzen kann, haben wir im Gespräch bereits kurz angeschnitten. Er könnte vorher überprüfen, ob das Feld bereitet ist, also ob solch eine Trainingsmaßnahme Sinn macht, und er schaut sich dabei im Vorfeld die prozessbezogenen Faktoren an. Als Führungskraft würde ich zuerst an diesen arbeiten und diese entsprechend verbessern, bevor ich in die Maßnahme einsteige. Ist dies nicht möglich, könnte man sich diese Faktoren auch zu einem späteren Zeitpunkt anschauen, um die nächsten Schritte noch besser planen und noch punktgenauer gestalten zu können. Es ist meiner Meinung nach nicht viel aufwendiger, neben dieser ergebnisbezogenen auch noch die prozessbezogene Evaluation durchzuführen. Man kann auch im Vorfeld mit dem Trainer oder dem Evaluationsexperten gemeinsam überlegen, welche Faktoren man näher betrachten möchte. Danach könnte man auswählen, welche Faktoren wichtig erscheinen. Man könnte aber auch überlegen, welche die Aspekte sind, an denen man überhaupt „schrauben" kann. Eventuell gibt es in der Organisation auch Beschränkungen, das heißt, es gäbe aus bestimmten Gründen keine Möglichkeit, an identifizierten Faktoren etwas zu verändern. In diesem Fall würde ich mich auf diese Faktoren nicht so stark fokussieren.

I:

Trainings werden nicht nur in Organisationen evaluiert, sondern ihre Wirksamkeit kann auch wissenschaftlich untersucht werden. In der Forschung werden dabei bestimmte Standards herangezogen, um die methodische Qualität zu sichern. Weit verbreitete Standards sind beispielsweise Prä-, Post- und Follow-up-Messungen (das heißt unmittelbar vor Beginn einer Maßnahme, unmittelbar nach Beendigung einer Maßnahme und einige Zeit nach Beendigung einer Maßnahme), die Verwendung einer Kontrollgruppe (das heißt diejenigen, die nicht an einer Trainingsmaßnahme teilnehmen) und die Betrachtung der internen und externen Validität. Die interne Validität beschreibt, inwieweit das gemessen wird, was gemessen werden soll. Die externe Validität besagt, inwiefern die Ergebnisse der Untersuchung auf die Realität übertragbar sind. Welche dieser Methoden können denn realistischerweise auch in Unternehmen angewandt werden, und welchen Mehrwert bringt das Einhalten dieser Standards?

SK:

Nur wenn ich die von Ihnen genannten Standards berücksichtige, kann ich tatsächlich die Wirksamkeit darlegen und Störeinflüsse ausschalten. Meiner Erfahrung nach ist dies allerdings in Organisationen immer relativ schwer umzusetzen. Schon der erste Schritt der Zufallszuweisung zu einer Experimentalgruppe und Kontrollgruppe, die zudem auch in irgendeiner Form eine Maßnahme eingebunden sein sollte, ist in der Regel schwierig, da ganze Organisationseinheiten die Teilnahme verweigern könnten. Ebenso tritt die Führungskraft oft als Störfaktor auf, da es von ihr abhängt, wer teilnehmen darf. Leichter ist es, solche Untersuchungen an der Universität durchzuführen, oder man rekrutiert Freiwillige und arbeitet mit Wartekontrollgruppen (das heißt, diejenigen, die (vorerst) an keiner Trainingsmaßnahme teilnehmen, erhalten nach Abschluss der Untersuchung die Möglichkeit, ebenfalls an den Trainingsmaßnahmen teilzunehmen). Weiterhin ist es schwer zu realisieren, dass Experimental- und Kontrollgruppe keinen Kontakt miteinander haben. Ein weiteres großes Problem in der Trainingsforschung ist die Selbsteinschätzung der Mitarbeitenden bezüglich ihrer Fähigkeiten. Diese schätzen sich und ihre Arbeitsleistung zu Beginn des Trainings oftmals als gut bis sehr gut ein und revidieren im Laufe der Trainingsmaßnahme ihre anfängliche Bewertung. Denn oft bemerken sie im Training, dass sie ihr Wissensniveau und Handlungsrepertoire überschätzt haben und es beispielsweise noch viele andere Techniken gibt, die sie bisher in ihrer Arbeit nicht anwenden. Dies führt dazu, dass sich die Teilnehmenden am Ende wieder auf dem gleichen Level wie zuvor einschätzen, obwohl sie im Training etwas dazugelernt haben (vgl. ausführlich Kauffeld 2016).

I:
Gerade sind wir unter anderem auf die Rolle der Führungskraft eingegangen. Auch Herr Müller will von seiner Führungskraft die Genehmigung für den Fortbestand des Trainings mit systematischer Evaluation einholen – dieser steht dem Vorschlag jedoch skeptisch gegenüber. Er hat am Morgen in einem Magazin gelesen, dass nur circa 10 % dessen, was in einem Training gelernt wird, auch wirklich in die Praxis umgesetzt wird (Ford et al. 2011). Deshalb bezweifelt er, dass das Vorhaben die nötigen Ressourcen wert ist, und schlägt einen Teamausflug in den Hochseilgarten vor, weil das bereits in der Vertriebsabteilung gut funktioniert und den Zusammenhalt im Team gestärkt hat. Welche Argumente würden Sie an Herrn Müllers Stelle vorbringen, um die Führungskraft von der Wichtigkeit methodisch korrekter Trainings mit systematischer Evaluation zu überzeugen?

SK:
Zuerst würde ich sagen, dass das durchaus eine gute Idee ist, man einen solchen Ausflug jedoch eher im Rahmen eines entsprechenden Events oder Betriebsausflugs machen sollte. Denn es ist in der Regel relativ schwierig, von solchen Eventformaten wie einem Teamausflug in den Hochseilgarten etwas in die Arbeit zu transferieren. Möchte man Aufschluss darüber bekommen, ob tatsächlich Inhalte transferiert werden konnten, müsste man von vornherein eine prozessbezogene Evaluation mit einplanen und zusätzlich Reflexionselemente einbauen, die es erlauben, diesen Ausflug und Arbeitsaspekte zu vernetzen. Dies wiederum wäre auch mit Kosten verbunden und nicht zum Nulltarif zu haben.

Zudem kann Herr Müller anbringen, dass gerade eben eine systematische Evaluation zeigt, ob das Training einen Mehrwert hatte. An dieser Stelle sollte er auch auf bereits bestehende Evaluationsstudien verweisen, die zeigen, dass Trainings eine sehr wirksame Maßnahme sind. Hierbei könnte Herr Müller auch vorschlagen, die Trainingsmaßnahme den Ergebnissen der Evaluation entsprechend zu verändern und weiterzuentwickeln. Des Weiteren würde ich an seiner Stelle anbieten, dass er sein Budget mit den Ergebnissen der

Evaluation koppelt, das heißt, dass ihm bei Erfolg neue Mittel und Ressourcen zur Verfügung gestellt werden und bei Nichterfolg Teile des Budgets wegfallen. Auf diese Art und Weise signalisiert Herr Müller seiner Führungskraft, wie wichtig ihm das Training mit anschließender systematischer Evaluation ist. Zuletzt würde ich an seiner Stelle darauf hinweisen, wie bedeutsam es ist, Arbeit und Lernen zu integrieren. Das heißt, dass Herr Müller verdeutlichen muss, dass lebenslanges Lernen (▶ Kap. 4) ein essenzieller Baustein in der heutigen Arbeitswelt ist und es somit nicht mehr ausreicht, wenn eine Mitarbeiterin beziehungsweise ein Mitarbeiter nach seiner Ausbildung nichts mehr zusätzlich lernt. Vielmehr sollten sich Arbeits- und Lernphasen abwechseln – nicht zwangsläufig nacheinander geschaltet, sondern beide Phasen sollten miteinander verwoben werden. Das heißt, ein Teil der Arbeitszeit muss letztendlich auch Lernzeit sein, und dafür braucht es tragfähige Konzepte (Kauffeld und Frerichs 2018). Was diesen Aspekt betrifft, ist unsere Führungskraft hier eigentlich auf einem ganz guten Weg.

I:
Wir würden an dieser Stelle gerne noch einmal die wichtigsten Punkte des Gesprächs aufgreifen, um dann Implikationen für die Praxis abzuleiten. Dabei möchten wir alle beteiligten Parteien berücksichtigen. Welche Erkenntnisse ergeben sich für Organisationen und welche für die einzelnen Arbeitenden? Was wären Ihrer Meinung nach die wichtigsten *Do's* und *Dont's* bei der nachhaltigen Planung, Durchführung, Teilnahme und Evaluation von Trainings, und welche Trends zeichnen sich derzeit in diesen Bereichen ab?

SK:
Betrachten wir zuerst die organisationale Ebene: Meines Erachtens nach müssen Organisationen lernen, dass Trainings, also Kompetenzentwicklungsmaßnahmen, Bestandteil der Arbeit sind. Daraus folgt, dass es jeder Mitarbeiterin oder jedem Mitarbeiter ermöglicht werden muss, sich weiterzuentwickeln. Um dies zu gewährleisten, braucht ein Unternehmen Personen wie Herrn Müller, die diesen Lernprozess gestalten und arbeitsintegrierte Maßnahmen entwickeln. Mein Eindruck ist, das ist mittlerweile in vielen Unternehmen schon angekommen, unter anderem auch weil in den Ministerien viele Forschungsprojekte finanziert werden, die eben solche Konzepte in Organisationen hineintragen. Ein weiterer großer Trend betrifft sowohl die organisationale Ebene als auch die Mitarbeitenden. Lernprozesse werden in Zukunft individualisierter ablaufen, das heißt, ich brauche in Unternehmen eine Art Lernbegleitung, sodass ich für jede einzelne Mitarbeiterin beziehungsweise jeden einzelnen Mitarbeiter entscheiden kann: Wie kann sie oder er sich entwickeln? Was sind für sie oder ihn die richtigen Maßnahmen? Daraus folgt, das Trainingsreihen immer seltener konzeptioniert und umgesetzt werden, sondern Platz machen für individuelleres und teambezogenes Lernen, das direkt in der Arbeit angewendet werden kann.

Einzig bei Veränderungsprojekten werden noch größere Veranstaltungen bestehen bleiben – hier greifen jedoch Personal- und Organisationsentwicklung ineinander. Somit werden die Grenzen zwischen einem einzelnen isolierten Training und Kompetenzentwicklung weiter verschwimmen, sodass Teamentwicklung, Personalentwicklung, Organisationsentwicklung und Kulturveränderungen in einem Unternehmen Hand in Hand gehen werden. Betrachten wir abschließend die Ebene der Mitarbeitenden, so sind spannende Fragen für jeden Einzelnen: Wie kann ich als Mitarbeiterin beziehungsweise Mitarbeiter diese unterschiedlichen Anforderungen auch bewältigen? Wie kann ich diese Veränderung annehmen? Wie gehe ich in dem Kontext mit dem Thema „Gesundheit" um – vor allem in Bezug auf die Veränderungen, teilweise auch Überforderungssituationen, die wir an vielen Stellen in der Arbeitswelt haben, sowohl hinsichtlich der Quantität der Arbeit als auch dem Druck auf die neuen Anforderungen, die dann bewältigt werden müssen? Das heißt, auch die Themen „Gesundheit" und „Kompetenzentwicklung" sind stark miteinander verknüpft, also letztendlich: Wie gehe ich mit meinen Ressourcen um?

I:

Wenn Sie einen Wunsch frei hätten: Welche Entwicklung würden Sie sich im Bereich Trainingsevaluation für die Zukunft wünschen?

SK:

Zuerst würde ich mir mehr systematische, aussagekräftige Trainingsevaluationen wünschen. Damit verbunden wäre es sehr nützlich, die Kernfaktoren einer solchen systematischen Trainingsevaluation für eine bestimmte Maßnahme zu extrahieren, um diese dann auf andere Maßnahmen generalisieren zu können. Zudem würde ich mir wünschen, dass mehr Fokus auf die prozessbezogene Evaluation gelegt wird, da oft nur eine ergebnisbezogene beachtet wird. Hierbei ist es mir ein großes Anliegen, Tools zu entwickeln, die Unternehmen anwenden können, welche es also überhaupt erst ermöglichen, eine solche Evaluation durchzuführen und daraus Schlüsse zu ziehen.

I:

Wir bedanken uns an dieser Stelle bei Ihnen für das Interview und auch dafür, dass Sie sich Zeit für uns genommen haben.

SK:

Danke auch.

Video des Interviews:

▶ http://tinyurl.com/Kauffeld01

7.3 Fazit

Was müssen Organisationen, insbesondere Personalverantwortliche, Personalentwickler und Trainingsanbieter tun, damit Weiterbildung erfolgreich ist? Um sicherzustellen, dass ein Training zielführend wirkt, ist im ersten Schritt eine Bedarfsanalyse unverzichtbar. Die Analyse des Trainingsbedarfs beantwortet unter anderem, ob ein Training notwendig ist (Organisationsanalyse), was trainiert werden muss (Aufgabenanalyse) und wer trainiert werden muss (Personenanalyse). Sind die Trainingsbedarfe festgestellt, können anschließend die übergeordneten und spezifischen Trainingsziele festgelegt werden. In einem nächsten dritten Schritt ist es sinnvoll, zum einen die ergebnisbezogenen Evaluationskriterien, an denen der Trainingserfolg gemessen werden soll, zu bestimmen. Dabei sollten neben beispielsweise der Zufriedenheit der Teilnehmenden weitere Erfolgskriterien betrachtet werden, wie der Lern- und Transfererfolg sowie der Nutzen für die Organisation. Zum anderen sollten im Vorfeld des Trainings zusätzlich die Erfolgsfaktoren des Trainingstransfers berücksichtigt werden (prozessbezogene Evaluation). Sind geeignete Trainingsmethoden (Trainingsformen, Trainer) ausgewählt, kann das Training durchgeführt und im Anschluss anhand der Bewertungskriterien beurteilt werden. Systematische Trainingsevaluationen in der Aus- und Weiterbildung helfen dabei, nicht nur Trainingsziele zu erreichen, sondern potenzielle Transferbarrieren zu identifizieren und zu beseitigen, um so den Trainingstransfer sicherzustellen.

Literatur

Alliger, G. M., Tannenbaum, S. I., Bennett, W., Traver, H., & Shotland, A. (1997). A meta-analysis of the relations among training criteria. *Journal of Personnel Psychology, 50*(2), 341–358. https://doi.org/10.1111/j.1744-6570.1997.tb00911.x

Chiaburu, D. S., & Marinova, S. V. (2005). What predicts skill transfer? An exploratory study of goal orientation, training self-efficacy and organizational supports. *International Journal of Training and Development, 9*(2), 110–123. https://doi.org/10.1111/j.1468-2419.2005.00225.x

Ford, J. K., Yelon, S. L., & Billington, A. Q. (2011). How much is transferred from training to the job? The 10% delusion as a catalyst for thinking about transfer. *Performance Improvement Quarterly, 24*(2), 7–24. https://doi.org/10.1002/piq.20108

Grohmann, A., & Kauffeld, S. (2013). Evaluating training programs: Development and correlates of the questionnaire for professional training evaluation. *International Journal of Training and Development, 17*(2), 135–155. https://doi.org/10.1111/ijtd.12005

Holton, E. F., Bates, R. A., & Ruona, W. E. A. (2000). Development of a generalized learning transfer system inventory. *Human Resource Development Quarterly, 11*(4), 333–360.

Kauffeld, S. (2016). *Nachhaltige Personalentwicklung und Weiterbildung. Betriebliche Seminare und Trainings entwickeln, Erfolge messen, Transfer sichern* (2. überarbeitete Auflage). Berlin: Springer.

Kauffeld, S., & Frerichs, F. (2018). *Kompetenzmanagement in kleinen und mittleren Unternehmen: Eine Frage der Betriebskultur?* Heidelberg: Springer.

Kauffeld, S., & Paulsen, H. (2018). *Kompetenzmanagement*. Stuttgart: Kohlhammer.

Kauffeld, S., Brennecke, J., & Strack, M. (2009). Erfolge sichtbar machen: Das Maßnahmen-Erfolgs-Inventar (MEI) zur Bewertung von Trainings. In: S. Kauffeld, S. Grote, & E. Frieling (Hrsg.), *Handbuch Kompetenzentwicklung* (S. 55–78). Stuttgart: Schäffer-Poeschel.

Kirkpatrick, D. L. (1967). Evaluation of training. In R. L. Craig (Hrsg.), *Training and development handbook: A guide to human resources development* (S. 18.1–18.27). New York, NY: McGraw-Hill.

Kirkpatrick, D. L. (1994). *Evaluating training programs*. San Francisco: Berrett-Koehler Publishers.

Kirkpatrick, D. L., & Kirkpatrick, J. D. (2006). *Evaluating training programs: The four levels*. San Francisco: Berrett-Koehler.

Massenberg, A.-C., & Kauffeld, S. (2015). Hilf mir (nicht immer) – Eine moderierte Mediationsanalyse zum Einfluss der Unterstützung durch die Führungskraft auf Transfermotivation und Lerntransfer. *Zeitschrift für Erziehungswissenschaft, 18*, 145–167. https://doi.org/10.1007/s11618-014-0603-5

Massenberg, A.-C., Schulte, E.-M., & Kauffeld, S. (2017). Never too early: Learning transfer system factors affecting motivation to transfer before and after training programs. *Human Resource Development Quarterly*, *28*, 55–85. https://doi.org/10.1002/hrdq.21256

Paulsen, H. F. K., & Kauffeld, S. (2017). Linking positive affect and motivation to transfer within trainings: A multilevel study. *International Journal of Training and Development*, *21*(1), 35–52. https://doi.org/10.1111/ijtd.12090

Quesada-Pallarès, C., & Gegenfurtner, A. (2015). Toward a unified model of motivation for training transfer: A phase perspective. *Zeitschrift für Erziehungswissenschaften*, *18*, 107–121. https://doi.org/10.1007/s11618-014-0604-4

Seiberling, C., & Kauffeld, S. (2017). Volition to transfer: Mastering obstacles in training transfer. *Personnel Review*, *46*(4). https://doi.org/10.1108/PR-08-2015-0202

Sugrue, B., & Rivera, R. J. (2005). *2005 State of the industry report*. Alexandria, VA: ASTD.

Van Buren, M., & Erskine, W. (2002). *ASTD state of the industry report*. Washington DC: ASTD.

Van Der Klink, M., Gielen, E., & Nauta, C. (2001). Supervisory support as a major condition to enhance transfer. *International Journal of Training and Development*, *5*(1), 52–63. https://doi.org/10.1111/1468-2419.00121

Coaching und Mentoring

Kapitel 8   **Wie wirksam ist Coaching? – 165**
Heidi Möller, Andrea Beinicke und Tanja Bipp

Kapitel 9   **Kann Coaching negative Auswirkungen haben? – 189**
Carsten C. Schermuly, Andrea Beinicke und Tanja Bipp

Kapitel 10   **Wie erfolgreich ist Mentoring? – 207**
Dagmar Höppel, Andrea Beinicke und Tanja Bipp

Wie wirksam ist Coaching?

Heidi Möller, Andrea Beinicke und Tanja Bipp

8.1 Einleitung – 166

8.2 Interview mit Prof. Dr. Heidi Möller, Professorin für Theorie und Methodik der Beratung an der Universität Kassel – 167

8.3 Fazit – 186

Literatur – 187

Dieses Kapitel enthält Videos online auf https://doi.org/10.1007/978-3-662-55689-4_8; oder laden Sie zum Streamen der Videos die „Springer Multimedia App" aus dem iOS- oder Android App-Store und scannen eine Abbildung, die den „play button" enthält.

© Springer-Verlag GmbH Deutschland, ein Teil von Springer Nature 2019
A. Beinicke, T. Bipp (Hrsg.), *Strategische Personalentwicklung*, Meet the Expert: Wissen aus erster Hand,
https://doi.org/10.1007/978-3-662-55689-4_8

8.1 Einleitung

Andrea Beinicke

Die Aufgabenfelder Coaching und Supervision werden in den Augen von Personalentwicklern in den nächsten Jahren zunehmend an Bedeutung gewinnen (Schermuly et al. 2012). Coaching ist in der Praxis ein weitverbreitetes und etabliertes Instrument der internen Organisations- und Personalentwicklung, welches häufig bei organisationalen Veränderungsprozessen (Böning und Fritschle 2005), aber auch bei personenbezogenen Fragestellungen, wie der Führungskräfteentwicklung, eingesetzt wird.

Im Mittelpunkt von Coaching stehen eine „intensive und systematische Förderung ergebnisorientierter Problem- und Selbstreflexion sowie Beratung von Personen oder Gruppen zur Verbesserung der Erreichung selbstkongruenter Ziele oder zur bewussten Selbstveränderung und Selbstentwicklung" (Greif 2008, S. 59). Business-Coaching im Speziellen ist als prozess- und personenzentrierte Beratung zu verstehen, welche arbeitsbezogene Themen behandelt (Feldman und Lankau 2005), wie zum Beispiel die Übernahme von neuen beruflichen Rollen nach Beförderungen, die Steigerung der Leistungsfähigkeit oder der Umgang mit Konflikten bei der Arbeit. Die entscheidenden Akteure im Coaching-Prozess sind Coach und Klient. Der Coach hilft dem Klienten, Problemzusammenhänge zu erkennen, eigenständig Ziele zu definieren und den Lösungsprozess zu reflektieren (Rauen 2014). Der Klient soll durch diese Förderung sein Verhalten weiterentwickeln, neue Kompetenzen erwerben und folglich seine Ziele erreichen (Blickle 2014).

Gerade in den letzten Jahren erfuhr die „Coaching-Szene" einen regelrechten Boom. Die stetig wachsende Nachfrage nach Coaching geht auch mit einer immer größer werdenden Berufsgruppe einher: Weltweit sind 53.300 Personen als professionelle Coaches tätig, wobei der Hauptanteil mit 18.800 Coaches in Westeuropa arbeitet (ICF 2016). In Deutschland sind circa 8000 Coaches tätig. Damit ist Deutschland in Bezug auf die Anzahl der tätigen Coaches weltweit an dritter Stelle nach den USA und dem Vereinigten Königreich (Universität Marburg 2017). Der Begriff „Coach" ist jedoch in Deutschland nicht geschützt, und es gibt keine allgemein anerkannte Ausbildung, die beispielsweise bestimmte Qualitätsstandards für Coaches oder vermittelte Inhalte vorschreibt.

Es stellt sich daher die Frage, ob der wachsende Markt überhaupt garantieren kann, dass Coaching-Maßnahmen effektiv und wirksam sind. Für welche Anlässe ist Coaching geeignet? Auf welchen Beratungskonzepten baut Coaching auf? Wie kann man die Wirksamkeit von Coaching feststellen? Welche Faktoren tragen zum Erfolg von Coaching bei? Welche Rolle spielt hierbei eine systematische Diagnostik? Was macht eine gute Coaching-Beziehung zwischen Coach und Klient aus? Welche Eigenschaften beziehungsweise Qualifikationen sollte ein Coach haben? Sollte ein Coach aus dem eigenen Unternehmen oder besser von außerhalb kommen? Und wie wissenschaftlich fundiert sind Coaching-Ausbildungen?

Diese Fragen und mehr beantwortet die Expertin Prof. Dr. Heidi Möller. Sie ist Diplom-Psychologin und hat seit 2007 den Lehrstuhl für Theorie und Methodik der Beratung an der Universität Kassel inne. Als wissenschaftliche Leitung des postgradualen Studienganges (Coaching, Organisationsberatung, Supervision) gestaltet sie maßgeblich die Forschung zu Fragen der unterschiedlichen Beratungsformate und -verfahren, ihrer Wirksamkeit und Differenzialindikation. Nach ihrem Studium in Münster und Bochum hat sie verschiedene Tätigkeiten als Diplom-Psychologin in Justizvollzuganstalten, sowie verschiedene Lehr- und Forschungstätigkeiten im In- und Ausland wahrgenommen. Sie leitete fünf Jahre das Institut für Kommunikation im Arbeitsleben und Psychotherapie an der Universität Innsbruck.

Prof. Dr. Möller hat zum Thema „Gütekriterien und Supervisionsprozesse" habilitiert und war lange Jahre Psychotherapeutin in eigener Praxis. Über ihre Ausbildung in Supervision und Organisationsentwicklung gelangte sie zum Thema „Coaching" und ist seither maßgeblich an der Entwicklung und Etablierung von Coaching-Ausbildungen im deutschsprachigen Raum beteiligt.

Referenzen
- Blickle, G. (2014). Personalentwicklung. In F. W. Nerdinger, G. Blickle & N. Schaper (Hrsg.), *Arbeits- und Organisationspsychologie* (3. Aufl.) (S. 291–315). Berlin, Heidelberg: Springer.
- Böning, U., & Fritschle, B. (2005). *Coaching fürs Business*. Bonn: managerSeminare Verlag.
- Feldman, D. C., & Lankau, M. J. (2005). Executive coaching: A review and agenda for future research. *Journal of Management, 31*(6), 829–848. https://doi.org/10.1177/0149206305279599
- Greif, S. (2008). *Coaching und ergebnisorientierte Selbstreflexion: Theorie, Forschung und Praxis des Einzel-und Gruppencoachings*. Göttingen: Hogrefe Verlag.
- ICF (International Coach Federation) (2016). *ICF Global Coaching Study 2016*. Abgerufen von: https://coachfederation.org/about/landing.cfm?ItemNumber=3936&_ga=1.12915255.1272770356.1420626734&RDtoken=8572&userID=
- Rauen, C. (2014). *Coaching* (2. Aufl.). Göttingen: Hogrefe Verlag.
- Schermuly, C. C., Schröder, T., Nachtwei, J., Kauffeld, S., & Gläs, K. (2012). *Personalentwicklung 2020*. Abgerufen von: http://www.wirtschaftspsychologie-aktuell.de/lernen/lernen-20120717-carsten-schermuly-zukunft-der-personalentwicklung-2020.html
- Universität Marburg. (2017). *3. Marburger Coaching-Studie*. Abgerufen von: https://www.coaching-report.de/coaching-markt.html

8.2 Interview mit Prof. Dr. Heidi Möller, Professorin für Theorie und Methodik der Beratung an der Universität Kassel

Das Interview und die Transkription führten Kyra Sophia Dirscherl, Mareike Koolman und Keti Velijanashvili durch.

Interviewerin:
Frau Professorin Dr. Möller, Sie haben in Münster und in Bochum Psychologie studiert und nach verschiedenen Tätigkeiten, unter anderem im klinischen Bereich sowie in der Strafvollzugsanstalt, schließlich zum Thema „Gütekriterien und Supervisionsprozesse" habilitiert. Seit 1999 sind Sie auch approbierte Psychologische Psychotherapeutin. Wie kam neben Ihren zahlreichen Tätigkeiten in der Forschung und in der Ausbildung das Interesse für den Bereich Coaching auf?

Prof. Dr. Heidi Möller:
Ich war neben meiner universitären Tätigkeit immer auch praktisch in diesem Bereich tätig. Bis heute arbeite ich beispielsweise noch für viele Unternehmen als Beraterin. Das bietet sich

bei dem Lehrstuhl, den ich jetzt innehabe – nämlich dem Lehrstuhl „Theorie und Methodik der Beratung" an der Universität Kassel – auch sehr gut an. So kann ich zum einen relevante Fragestellungen für die Forschung direkt aus den Anliegen, die sich in der Praxis ergeben, ableiten. Zum anderen kann ich meinen Studierenden durch meine Praxiserfahrungen sehr viel mehr anschauliches Wissen mitgeben.

I:

Wie vereinbaren Sie Ihre Arbeit an der Universität mit Ihrer Tätigkeit als Coach? Arbeiten Sie auch noch als Psychologische Psychotherapeutin?

HM:

Das Coaching kann ich neben meiner Tätigkeit als Professorin ganz einfach parallel laufen lassen. Mein Arbeitsalltag an der Uni passt hier ideal zum Lebensrhythmus der Führungskräfte. Diese kommen entweder früh morgens oder abends nach ihrer Arbeit zu mir. Universitäre Arbeit und Coaching lassen sich also prima kombinieren.

Bei der Psychotherapie sieht es anders aus. Ich arbeite seit zehn Jahren überhaupt nicht mehr als Psychotherapeutin, bin aber trotzdem sehr froh, dass ich verschiedenste Therapieausbildungen gemacht habe. Ich habe zum einen Verhaltenstherapie gelernt, zum anderen habe ich auch eine Ausbildung in Gestalt- und Gesprächspsychotherapie und in Psychoanalyse gemacht. Das alles kommt mir in meiner Tätigkeit als Coach sehr zugute.

I:

Zu einem späteren Zeitpunkt wird das Thema genauer erläutert, an dieser Stelle aber schon mal die Frage: Welche spezielle Coaching-Ausbildung haben Sie damals durchlaufen?

HM:

Ganz zu Beginn, als das Konzept des Coachings noch neu war, gab es überhaupt keine Coaching-Ausbildungen oder dergleichen. Das musste sich alles erst entwickeln. Ich selber habe damals zunächst eine Ausbildung in Supervision und in der Organisationsentwicklung gemacht. Später habe ich dann bei der Entwicklung der ersten Coaching-Ausbildungen mitgewirkt und mitgeholfen, Coaching und auch die Forschung in diesem Bereich in Deutschland zu etablieren.

Durch meine Tätigkeit als Supervisorin war ich immer in unterschiedlichen Organisationen tätig. Modernere Formen von Supervisionskonzeptionen sehen dabei natürlich vor, dass man regelmäßig die Ergebnisse der Supervisionsprozesse rückmeldet und die Führungskräfte mit einbindet. Es wäre ja fatal, wenn ich all das, was ich an Anregungen über strukturelle Verbesserungen geben könnte, nicht an die Führungskräfte weitergeben würde – zumal die Führungskräfte ja auch diejenigen sind, die solche Supervisionsprozesse beauftragen. Auf diesem Wege bin ich von der Supervision letztlich zum Coaching gekommen. Ich war viel mit Führungskräften in Kontakt und habe so gemerkt, dass an einigen Stellen Supervision gar nicht die Indikation darstellt, sondern ein viel spezifischerer Prozess, der bei der Führung ansetzt, nämlich das Coaching.

I:

Wenn man sich mit dem Thema „Coaching" befasst, stellt sich zunächst die Frage, wo Coaching eigentlich herkommt. Ins Deutsche übersetzt bedeutet das Wort „Kutsche", also eine Person von einem Ort zu einem anderen bringen (Carey et al. 2011).

HM:

Coaching ist erst gegen Ende der 1980er Jahre in Deutschland verbreitet worden. Seitdem hat es sich kontinuierlich weiterentwickelt. Aus den USA kommend wurde dort das Konzept der „Führungskraft als Coach" vertreten. Das sehen wir in Europa jedoch kritisch und differenzieren stärker: Natürlich soll eine Führungskraft unterstützen und die Mitarbeitenden zu Potenzialsteigerung anregen. Ein Coach ist jedoch jemand völlig anderes. Ein Coach hat im Gegensatz zu einer Führungskraft keine Sanktionsmacht, er entscheidet nicht über Boni oder Beförderungen. Das gibt dem Coach einen ganz anderen Handlungsspielraum, da sich Mitarbeitende viel freier äußern können.

Und vielleicht nochmal zurück zur Kutschen-Metapher. Das beschreibt sehr schön, dass man beim Coaching – ähnlich wie in einer Kutsche – in einem zeitlich begrenzten Rahmen ein hohes Maß an Intimität erzeugen kann. In einem solchen geschützten Rahmen sind viele Entwicklungsprozesse möglich. Gerade Führungskräfte sind aufgrund ihrer Position im Unternehmen oftmals stark von Einsamkeit bedroht und brauchen deshalb einen Coach. Führungskräfte erleben ja in der Regel nur strategische Kommunikation. Da braucht es schon ab und an mal jemanden, der sich was traut und sich in heftige Feedbackprozesse begeben kann.

I:

Abgesehen von dem, was jeder aus der Wortbedeutung schließen kann, gibt es je nach Kontext unterschiedliche Definitionen für den Begriff „Coaching". Grant und Kollegen (2010) beschreiben Coaching beispielsweise sinngemäß als ergebnisorientierten, systematischen Prozess, in dem der Coach es seinem Klienten außerhalb des klinischen Kontexts ermöglicht, mehr Lebenserfahrung zu sammeln und seine Ziele sowohl im persönlichen als auch im beruflichen Bereich zu verwirklichen. Wie würden Sie die Begriffe „Coaching", „Klient" und auch „Coach" definieren?

HM:

Der Klient oder auch Coachee beziehungsweise Coaching-Partner genannt, ist derjenige, der meine Beratungsleistung abruft. Ich selbst bin in der Rolle des Coaches. Ich stimme in weiten Teilen mit der Definition von Grant und Kollegen (2010) überein. Was mich von ihnen vielleicht unterscheidet, ist, dass ich die Funktion derjenigen, die zu mir kommen, enger fassen würde. Ich denke, dass es wichtig ist, dass es sich bei Coaching um eine arbeitsfeldbezogene Beratung handelt. Meine Klienten sind dabei ausschließlich Personen mit Steuerungsfunktion, das heißt Selbstständige, Menschen mit Managementfunktion oder Projektleitung, die Führungsverantwortung haben. Ich würde also im Vergleich zu Grant und Kollegen (2010) die Zielgruppe eingrenzen und immer den Fokus auf Arbeit setzen.

I:

Wie hat sich Coaching von seinem Ursprung aus in den letzten zehn Jahren entwickelt?

HM:

Der Beratungsbedarf steigt immens, sei es beispielsweise in Bezug auf Fragen der Komplexität der Arbeitswelt, zur Digitalisierung oder in Bezug auf die Frage des demografischen Wandels. Mittlerweile reden wir ja zum Beispiel von der Rente mit 70 Jahren. Bei der Umsetzung dieser stellen sich jedoch riesige Herausforderungen sowohl für die einzelnen Mitarbeitenden als auch für die Gesamtorganisationen und letztlich auch für die Gesellschaft als Ganzes. Wie schaffen wir es, dass die Menschen bis ins hohe Rentenalter gesund, effizient und bei Laune bleiben? Da in diesem Zusammenhang auch die Anforderungen für

Führungskräfte enorm gestiegen sind, ist klar, dass hier der Wunsch, sich beraten zu lassen und die eigene Arbeit zu reflektieren, stark angestiegen ist. Das ist nur eine Erklärung für den enormen Anstieg des Beratungsbedarfs, der sich auch in den Wachstumsraten zeigt.

I:

Man liest ja viel darüber, dass Coaching in allen möglichen Bereichen angewandt werden kann, unter anderem, um zum Beispiel Führungskräfte zu schulen, aber auch im Bereich des Leistungssports. Wann und wo erachten Sie den Einsatz von Coaching tatsächlich als sinnvoll?

HM:

Ich könnte mir durchaus vorstellen, dass viele Menschen Lust hätten, sich coachen zu lassen. Ich würde dann nur ein anderes Wort dafür benutzen. Wenn es zum Beispiel um die Mitarbeitenden geht, würde ich immer das Wort „Supervision" nehmen. Alles Mögliche wird mittlerweile mit dem Begriff „Coaching" umschrieben, weil der Begriff so „sexy" ist. Der Punkt ist, dass man sich unter dem Begriff „Coaching" quasi alles und nichts vorstellen kann. Webers (2015) geht sogar so weit, Coaching „als eine Art Container- oder Sammelbegriff" zu bezeichnen. Man assoziiert damit sofort Sport, Leistung und Besserwerden. Das hören Menschen gerne und suchen sich häufig allein aus diesem Grund einen Coach. Mir wäre es an dieser Stelle wichtig zu sagen, dass meinem Verständnis nach der Coaching-Begriff viel enger gefasst ist. Coaching stellt in meinen Augen ein systematisches Beratungsangebot für Führungskräfte oder Menschen mit Steuerungsfunktion dar.

Kommen wir zurück zu den Anlässen, bei denen Coaching gebraucht wird und sinnvoll sein kann. Diese Anlässe sind manchmal krisen-, manchmal wachstumsbedingt. Manche Unternehmen nutzen beispielsweise bei ihrer Suche nach neuen Potenzialträgern sogenannte Assessments, woraus sich wiederum ein Entwicklungsbedarf ergibt. Hier wird Coaching gebraucht. Dann gibt es zum Beispiel Führungskräfte, die sagen, dass sie in dem Sinne keine Probleme haben, sondern einfach ein Gegenüber brauchen, mit dem sie ihre beruflichen Tätigkeiten reflektieren können. Außerdem gibt es große Veränderungsprozesse, bei denen sich Führungskräfte gerne unterstützen lassen. Des Weiteren gibt es die Frage nach Performance-Verbesserung. Es kann sein, dass Persönlichkeitsfragen auftauchen, strategische Fragen oder die Suche nach dem Umgang mit Konflikten in der Organisation.

Das Wichtige im gesamten Feld der Beratungswissenschaften ist vor allem abzuwägen, für welche Fragestellung welches Beratungsformat eigentlich adäquat ist. Das nennt man Differenzialindikation. Es gibt vielleicht Fragestellungen, bei denen eher eine Weiterbildung richtig wäre. Dann gibt es Fragestellungen, bei denen sich eher eine Supervision anbietet. Es gibt auch Fragestellungen, die sich auf die gesamte Organisationsentwicklung beziehen, und wiederum Fälle, wo es ausreicht, einfach nur die Führungskraft zu stärken. Oftmals stellen nämlich die Führungskräfte den Zugang zu größeren Veränderungsprozessen dar. So kann beispielsweise durch die Arbeit mit der Führungskraft langfristig Einfluss auf die Organisationskultur genommen werden.

I:

Für welche Zielgruppe eignet sich Coaching, und für welche eignet es sich eher nicht?

HM:

Es geht bei Coaching immer um Menschen, die irgendeine Leitungs- oder Steuerungsfunktion innehaben, und das ist insofern wichtig, als man im Coaching deshalb andere

Referenztheorien braucht. Man kann nicht coachen, ohne neben der Theorie des Individuums auch eine gruppendynamische Theorie und viel organisationales Wissen anzuwenden. Das Verständnis von Gruppen- und Teamprozessen ist also ebenso wichtig wie das Wissen in den Bereichen der Organisationssoziologie und Betriebswirtschaft. All diese Referenztheorien sind notwendig, um Führungskräfte gut unterstützen zu können.

Coaching ist also eher eine projektförmige Wissenschaft, die keiner spezifischen Disziplin angehört. Im Bereich des Coachings arbeiten ganz unterschiedliche Berufsgruppen mit Vorwissen in verschiedenen Bereichen. Demnach müssen die Menschen, die heutzutage eine Coaching-Ausbildung machen, auch ganz unterschiedliche Themenfelder „nachlernen". Die Betriebswirtschaftler, die Coaches werden möchten, müssen sich zum Beispiel mehr mit dem Individuum beschäftigen, während Psychologen in ihrer Ausbildung eher noch lernen müssen, wie Organisationen funktionieren.

Beim Coaching steht die Organisation immer im Hintergrund, auch wenn sie nicht immer der Geldgeber für die Leistung ist. Man muss also auch darauf achten, wie die Coaching-Kultur des Unternehmens aussieht. Wenn die entsprechende Organisation keine Veränderungen ermöglicht, kann auch ein noch so brillanter Coach nichts bewirken. Wenn in der Organisation zum Beispiel die Einstellung vorherrscht, dass nur *Low Performer* kurz vor der Entlassung zum Coaching geschickt werden, dann kann man sich vorstellen, dass Coaching in dieser Organisation ein ganz miserables Image haben wird und keiner teilnehmen möchte. In diesem Fall kann Coaching also gar nicht wirksam sein. Das heißt, als Coach muss man immer auch die Organisation berücksichtigen und was innerhalb der jeweiligen Organisationskultur möglich ist, welche Spielräume und welche Grenzen es für Veränderungen gibt.

I:
Welche unterschiedlichen Konzepte von Coaching würden Sie benennen?

HM:
Das Konzept wird je nach Coach und Klient individuell gewählt und ist damit also nicht einheitlich. Coaching kann zum Beispiel psychodynamische Techniken, Elemente behavioraler Therapie, lösungsorientierte Konzepte, kognitive Verhaltensansätze sowie Erwachsenenbildung enthalten (De Meuse et al. 2009). Darüber hinaus ist man im Coaching prinzipiell sehr offen für Ergänzungsmöglichkeiten aus unterschiedlichen Verfahren. Die meisten Beratungskonzepte stammen aus der Psychotherapie, und auch das methodische Vorgehen ist an die Psychotherapie angelehnt. An vielen Stellen meiner Arbeit ist genau dieses Vorwissen sehr hilfreich. Ich kann beispielsweise besser einschätzen, für welche Fragestellung sich welche Methode eignet, da ich als Psychologin methodisches Vorgehen und ausführliche Diagnostik gelernt habe. Diese Fähigkeiten sind besonders wichtig. Das Grundlagenwissen von Psychologen unterlegt die Interventionen. Beispielsweise macht das Einsetzen von psychometrischen Tests und wissenschaftlich fundierten Methoden einen Coaching-Prozess erfolgreich. Das hilft im Coaching-Prozess. Außerdem erhält man durch diese Verfahren zuverlässigere Angaben über Faktoren wie Berufserfolg oder Persönlichkeitseigenschaften des Klienten, als es durch erfahrenen Personaler der Fall wäre. Systematische Diagnostik, wie es Psychologen lernen, trägt zur Zielklärung bei und damit auch zum Coaching-Erfolg (Möller und Kotte 2016).

Bei all den unterschiedlichen Konzepten darf man einen wichtigen Aspekt niemals aus den Augen lassen. Im Coaching läuft es nicht immer so, dass jemand zu einem kommt und sagt: „Ich hätte gerne diese Art von Beratung." Vielmehr ist es als Coaches unsere beraterische Aufgabe, dass wir uns selbst ein Bild machen und Vorschläge liefern, wie man der entsprechenden Fragestellung am günstigsten begegnen kann. Es geht dabei nicht darum, möglichst schnell auf eine Lösung zu kommen, sondern zunächst einmal gründlich zu explorieren, was eigentlich die konkrete Fragestellung ist. Das heißt, man sollte der Diagnostik einen hohen Stellenwert beimessen. Nur wenn man sich zuvor ein gründliches Bild gemacht hat, kann man auch sinnvoll intervenieren.

I:

Können Sie aufgrund Ihrer Erfahrung erläutern, für welche Fragestellung sich welches Coaching am besten eignet und warum?

HM:

Die Menschen kommen mit ganz unterschiedlichen Fragestellungen ins Coaching. Die einen kennen ihr Anliegen sehr genau und können konkret sagen, welche Form der Unterstützung sie brauchen, um ihr Ziel erreichen zu können. Hier bieten sich natürlich verhaltenstherapeutische Methoden an. Sie kennen vielleicht die Rubikontheorie von Heckhausen; darin wird beschrieben, wie man – bildlich gesprochen – über den Fluss kommt. Das heißt, im Coaching würde es darum gehen, Verhaltensänderungen stabil zu halten und Umsetzungshilfen für das Erreichen von Zielen zu bieten.

Es kommen aber genauso gut Menschen ins Coaching, die diffus unzufrieden sind, ihr Problem jedoch noch gar nicht klar benennen können. In einem solchen Fall braucht es zunächst sehr viel mehr explorativen Zugang, um herauszufinden, was die Belastung, was die Fragestellung und was genau das Ziel ist. Dann würde der Beginn des eigentlichen Coaching-Prozesses sehr viel länger dauern, da zunächst erst mal ein klarer Kontrakt herausgearbeitet werden muss.

Insofern gibt es keine feste Wenn-dann-Regel. Die Menschen kommen in vollkommen unterschiedlichen Situationen ins Coaching. Die Fähigkeit, flexibel auf mein Gegenüber einzugehen und das optimale Vorgehen für den Klienten zu finden, ist in meinen Augen ein wichtiges Kennzeichen für gutes Coaching. So entsteht durch einen individuellen Zugang, der auf jeden Klienten einzeln abgestimmt ist, in jedem Coaching-Prozess etwas völlig Neues.

I:

Wie ist Coaching von Begriffen wie „Training" und „Mentoring" abzugrenzen?

HM:

Mentoring (▶ Kap. 10) bezeichnet eine enge Zusammenarbeit zwischen einer weniger erfahrenen Person und einer erfahrenen Person im jeweiligen (Arbeits-)Umfeld. Dadurch entsteht schon eine völlig andere Beziehung als im Coaching. Durch Mentoring sollen die persönliche und berufliche Entwicklung der jeweiligen Person gefördert werden. Die gängigen psychosozialen Funktionen des Mentors sind hier Beratung, Freundschaft, Vorbildfunktion sowie Akzeptanz beziehungsweise Bestätigung (Joo 2005). Es geht hier also mehr um ein Geben und Nehmen, was nicht mit Geld verrechnet wird, sondern auf einer freiwilligen Unterstützungsleistung basiert.

Ich würde das Training sehr stark von Coaching unterscheiden. Training bezeichnet das zielgerichtete Durchführen von Übungen zum Erwerb beziehungsweise der Steigerung neuer spezifischer Kompetenzen und Fertigkeiten (Wirtz 2017). Coaching ist hingegen eine maßgeschneiderte Maßnahme, sehr viel personalisierter und auf die individuellen Bedürfnisse des Klienten zugeschnitten. Im Gegensatz zum Training zielt es auf einen selbstgesteuerten Lernprozess ab. Kotte und ich (Kotte et al. 2016) nennen darüber hinaus die direkte

Erprobung des Gelernten im Alltag als ein Charakteristikum von Coaching. Sie kann im Vergleich zu Training viel unmittelbarer wirken. Im Übrigen ist die Kombination von Training und Coaching von hohen Erfolgsraten gekrönt.

I:

Nachdem wir nun die Frage nach dem Ursprung, nach verschiedenen Begriffsdefinitionen und Abgrenzungen zu anderen Maßnahmen aus dem Bereich der Personalentwicklung geklärt haben, würden wir gerne auf die Frage, wie wirksam Coaching ist, zu sprechen kommen. Um Forschung betreiben zu können, ist man auf die Mitarbeitenden der Coaches angewiesen. Möchte man die Frage nach der Effektivität beziehungsweise der Wirksamkeit von Coaching jedoch umfassend beantworten, stellt sich die Frage, anhand welcher Parameter die Wirksamkeit messbar gemacht werden sollte.

HM:

Nach Sonesh und Kollegen (2015) werden folgende Kriterien genannt: Verhalten des Coaches, Hintergrund/Erfahrung des Coaches, Beziehung zwischen Coach und Coachee, Art der Intervention, Anzahl der Sitzungen, Zielerreichung, Selbstregulation, Einstellungsänderung, Verhaltensänderung, Wohlbefinden, Performance, Skills und Zielorientierung.

Wir haben ein Problem in der Forschung, und das hängt vor allem damit zusammen, dass sich Coaches nicht besonders gerne in die Karten schauen lassen. Wir arbeiten beispielsweise gerade an einer großen Studie. Der Aufwand, den wir dafür betreiben müssen, ist entsprechend enorm. Besonders schwierig gestaltet sich dabei gar nicht so sehr die Messung vor und nach der Beratung, sondern die Untersuchung des Coaching-Prozesses an sich. Viele Kolleginnen und Kollegen sind nur schwer dafür zu gewinnen, eine außenstehende Person am Coaching-Prozess qua Video- oder Audiotapes teilhaben zu lassen, aus Sorge, dass dadurch die Beziehungsdynamik innerhalb der Beratung gestört werden könnte.

Häufig zeigt sich auch noch ein ganz anderes Phänomen. In dem Moment, in dem jemand Außenstehendes für Forschungszwecke den Coaching-Prozess mit verfolgt, beginnen die Coaches, besonders kritisch mit sich selbst zu sein. Es wirkt fast so, als hätten die Coaches Sorge, schlecht bewertet zu werden oder dass gar Fehler in ihrer Arbeit zum Vorschein kommen. Diese Angst ist natürlich unbegründet, da in allen Forschungsprojekten die Daten völlig anonym bleiben. Bisher habe ich noch keine zufriedenstellende Lösung für dieses Problem gefunden. Wir müssen hier jedoch einen Weg finden, wenn wir langfristig Wirksamkeit nachweisen und vor allem die zentralen offenen Fragen beantworten wollen. Interessant wird es nämlich dann, wenn wir der Frage nachgehen, welches Coaching wann, wie, warum und bei wem am besten wirkt. Dazu ist es nötig, Prozessforschung zu betreiben.

I:

Vor welcher Herausforderung stehen die Forscher, wenn es um die Untersuchung der Wirksamkeit von Coaching geht?

HM:

Ein problematischer Aspekt ist, dass viel Forschung mit Studierenden betrieben wird. Gerade im Coaching, wo es ja eigentlich um die Beratung von Personen in Führungspositionen geht, ist dieses Vorgehen nicht ökologisch valide. Mit dieser Form der Forschung können wir nur begrenzt Aussagen treffen, und deswegen brauchen wir unbedingt Kolleginnen und Kollegen, die sich an der Forschung beteiligen, damit wir Wissenschaftlerinnen und Wissenschaftler daran arbeiten können, Coaching-Interventionen zu verbessern.

Grob gesagt, geht es zunächst immer um die Ausgangssituation, zum Beispiel um Arbeitszufriedenheit, um Leistungsfragen oder um bestimmte Aspekte des persönlichen Auftretens. Je nachdem, welches Ziel das Coaching erfüllen soll, muss ich unterschiedliche Messinstrumente einsetzten, um untersuchen zu können, ob das Coaching wirksam war oder nicht. Das geht nicht ohne vorherige ausführliche Diagnostik. Genau da liegt die Schwierigkeit. Manche Coaches lehnen eine standardisierte Diagnostik ab, aus Angst, ihre Klienten zu sehr in Schubladen zu stecken. Meine Überzeugung ist jedoch, dass es ohne eine systematische Erhebung des Ausgangszustands (ob nun zu Fragen der Persönlichkeit, der Arbeitszufriedenheit, der Belastbarkeit oder der Selbstwirksamkeitsüberzeugung und so weiter) nicht geht.

I:
Viele Coaching-Untersuchungen beziehen sich auf Selbstberichte. Welche Auswirkung hat das auf die Studienergebnisse?

HM:
Das hat in der Tat einen sehr großen Einfluss. Selbstberichte haben das Problem, dass sie oft wahrnehmungsverzerrt sind. Die Coaches selbst finden sich meistens ziemlich gut. Auch die Klienten finden ihren Coach in der Regel sehr gut. Klar, sonst wären sie nicht mehr hingegangen. In einem solchen Fall werden die Wirksamkeitswerte in aller Regel positiv ausfallen. Sie stützen sich jedoch lediglich auf Selbstberichte. Wenn man nun einen Personaler fragt, wie gut beziehungsweise wirksam dieser ein bestimmtes Coaching in seinem Unternehmen bewertet, sieht die Sache schon ganz anders aus. Deswegen brauchen wir unbedingt objektivere Daten als die aus den Selbstauskünften. Ein Weg, diese Verzerrung durch reine Selbstauskünfte zu umgehen, ist das 360°-Feedback, das wir hier in Kassel auch verwenden. Diese Form des Feedbacks holt die Meinung von ausgewählten Mitarbeitenden, Kolleginnen beziehungsweise Kollegen und Vorgesetzten ein und macht dadurch mehr als eine Zufriedenheitsabfrage gemäß der ersten Ebene der Taxonomie von Kirkpatrick (1967, 1994; Kirkpatrick und Kirkpatrick 2006). Das hat auch mit dem Lernen (Ebene 2), dem Transfer von Gelerntem (Ebene 3) in den Arbeitsalltag sowie mit dem Unternehmenserfolg (Ebene 4) zu tun (▶ Kap. 7). Erzielt man hier zufriedenstellende Ergebnisse, nehmen Unternehmen Geld in die Hand, denn letztlich möchte jedes Unternehmen seine Ziele noch besser erreichen. An dieser Stelle rechnen Unternehmen vor allem mit dem sogenannten *Return on Investment* (*ROI*). Der *ROI* basiert auf der Berechnung des Quotienten zwischen monetärem Nutzen und den Kosten der Coaching-Maßnahme. Die Beurteilung der Effektivität von Coaching allein über den *ROI* ist jedoch ein schwieriges Unterfangen, da man sich Coaching oft als eine Art „homöopathische Dosis" am Gesamterfolg des Unternehmens vorstellen kann. Erfolg hängt in diesem Falle nicht nur von der Wirksamkeit des Coachings ab, sondern beispielsweise auch von Schwankungen des Aktienmarktes, politischen Rahmenbedingungen oder strukturellen Veränderungen innerhalb des Unternehmens selbst.

I:
Dennoch wird als Indikator für die Wirksamkeit von Coaching der Parameter des *ROI* berechnet (Grant et al. 2010). Vereinfacht ausgedrückt bedeutet das, dass Coaching wirksam ist, wenn das erzielte Ergebnis am Ende die Investitionen zu Beginn aufwiegt. Nach Kirkpatrick bezieht sich das also auf die Ergebnisebene. Würden Sie sagen, dass der *ROI* ein aussagekräftiges Maß für die Wirksamkeit von Coaching darstellt?

HM:

Auf den ersten Blick klingt es natürlich gut, wenn der ROI 670 % beträgt (das heißt veranschaulicht, dass für jeden in die Coaching-Maßnahme investierten Euro 6,70€ zurückgewonnen werden können). Das Problem ist, dass der ROI oft einfach nur geschätzt wird. Abhängig von der Branche kann das leichter oder schwerer sein. Bei einem Verkäufer könnte man das noch relativ gut messen, aber wie will man den ROI messen, wenn man beispielsweise die Leiterin einer Altenpflegeeinrichtung coacht? Das ist dann schon sehr viel schwieriger. Letztlich wäre es natürlich schon toll, wenn man Studien mit konkreten Zahlen hätte, die belegen, dass durch Coaching der ROI zumindest gesichert ist.

Außerdem sollte man nicht nur den ROI beurteilen, wenn man von der Wirksamkeit von Coaching spricht. Es gibt darüber hinaus ja auch noch ganz andere Parameter. Zum Beispiel kann Coaching das Zugehörigkeitsgefühl einer Mitarbeiterin beziehungsweise eines Mitarbeiters oder die Haltekraft eines Unternehmens verbessern. Angenommen, eine Mitarbeiterin oder ein Mitarbeiter befindet sich in einer persönlichen Krise oder einer weniger erfolgreichen Phase: Auch hier könnte man anfangen, zu rechnen und abzuwägen, wie viel es gekostet hätte, sie oder ihn zu verlieren, verglichen mit den Kosten, die anfallen, wenn man genau diese Mitarbeiterin oder diesen Mitarbeiter dank Coaching wieder auf den „richtigen" Weg bringt. Wiegen diese Kosten das Investment auf, das bei einem Recruiting und der Einarbeitung einer neuen Mitarbeiterin beziehungsweise eines neuen Mitarbeiters anfallen würde?

Fakt ist, dass man eigentlich sehr viel mehr Ebenen in die Rechnung mit einbeziehen sollte als nur den ROI. Es könnte zum Beispiel auch ein Ziel sein, ein Burnout zu vermeiden. Hier könnte man wieder rechnen, was die Fehltage aufgrund des Burnouts kosten würden. Das heißt, man sollte erwägen, was eigentlich das Ziel ist und wie Erfolg gemessen wird.

Nach Kirkpatricks Ebenen zur Evaluation bedeutet das für die Reaktionsebene beispielsweise, dass subjektive Einschätzung zu wahrgenommenem Erfolg und die Zufriedenheit des Coachings durch den Klient erhoben werden. Bezüglich der Ebene des Lernens wird geprüft, inwieweit die Klienten das vermittelte Wissen durch den Coach, die Einstellung, Handlungskompetenzen und Fertigkeiten in der Praxis umsetzen können, also erworben haben. Die Verhaltensebene prüft die Transferleistung der erlernten Inhalte, also inwieweit das Erlernte im Alltag umgesetzt werden kann; dies geschieht zum Beispiel über 360°-Feedbacks. Die Ergebnisebene nimmt Bezug auf den Einfluss des Coachings auf Ziele der Organisation wie zum Beispiel Arbeitsleistung, Produktivität, Mitarbeiterbindung und Kundenzufriedenheit (Kotte et al. 2016).

I:

Sonesh und Kollegen (2015) finden in ihrer Metaanalyse signifikante Effektstärken für beispielsweise den Einfluss von Coaching auf Zielerreichung, Verhaltensänderung, arbeitsbezogene Einstellungsänderung und persönliche Einstellungsänderung. Wie würden Sie diese Effekte erklären?

HM:

Diese Metaanalyse zeigt, dass Coaching in der Lage ist, auf unterschiedlichen Ebenen Verbesserungen zu erzielen. Ich denke, dass wir uns an dieser Stelle gar nicht mehr so viel Mühe geben müssen, um zu zeigen, dass Coaching wirkt – das wissen wir inzwischen. Ich glaube, dass die Herausforderungen mittlerweile ganz andere sind. Für die Forschung und Praxis ist es jetzt vor allem wichtig zu untersuchen, für welche Fragestellung welche Methode optimal ist und welche Kunden von welchem Coaching am meisten profitieren. Ich glaube wirklich, dass es in Zukunft also viel mehr um die Prozessforschung als um die Wirksamkeitsforschung gehen wird.

I:

An einigen Stellen wird die Beziehung zwischen Coach und Klient als wichtiger Parameter für die Messbarmachung von Effektivität bei Coaching genannt. 84 % sagen sogar, dass es der wichtigste Parameter ist (McGovern et al. 2001). Da die Beziehung ein sehr wichtiger Faktor ist, stellt sich die Frage, was genau eine gute Coaching-Beziehung ist und wie das sogenannte *Fitting* eigentlich zustande kommt. Wie entsteht eine „gute Beziehung" genau? Welcher Klient braucht welche Art von Coach, um diese gute Beziehung zu erleben?

HM:

Um eine gute Beziehung definieren zu können, ist zum Beispiel der Parameter Vertrauen sehr wichtig. Die Entstehung von Vertrauen ist ein Prozess. Luhmann (2000) beschreibt, dass sich die Vertrauensbildung in zwischenmenschlichen Beziehungen nach dem „Prinzip der kleinen Schritte" verhält. In einer ersten Stufe des Prozesses der Vertrauensbildung sind kognitive, rationale oder auch kalkulierende Aspekte des Vertrauens wichtig. Personen suchen in dieser ersten Stufe nach möglichst objektiven Informationen, die künftiges Verhalten des Gegenübers, zu dem eine Vertrauensbeziehung aufgebaut werden soll, vorherzusagen erlauben. Erst wenn aufgrund dieser „Testphase" genügend Belege dafür angesammelt sind, dass man sich auf die andere Seite verlassen kann, wird die Suche nach Indizien und Evidenzen abgelöst – durch die Stufe des aktiven Vertrauens. Personen sind sich dann sicher, dem Gegenüber vertrauen zu können (McAllister 1995). Beim Coaching sind zentrale Punkte dieses Prozesses die Wahrnehmung des Klienten in Bezug auf die Kompetenz und die Integrität des Coaches sowie die Überzeugung von dessen Wohlwollen.

Vor dem Beginn eines Coachings kennen sich Klient und Coach nicht. Der Klient achtet auf die ihm wichtig erscheinenden Informationen sowie Signale und Indizien, die der Coach sendet. Diese Hinweise nimmt der Klient vor dem Hintergrund seiner Vorerfahrungen, Haltungen und Einstellungen, seines professionellen Hintergrunds, seiner mentalen Modelle und der Unternehmenskultur wahr. Dabei achtet der Klient auf vertrauensrelevante Zustands- und Verhaltensmerkmale des Coaches unter dem Einfluss von situativen Determinanten, wie seiner aktuellen Bedürfnislage und seiner personenspezifischen Aspekte (Organismus). So unterscheiden sich Menschen in Hinblick auf ihre Wahrnehmungsstile, die eine Vertrauensbildung eher bremsen (*Low Trusters*) oder beschleunigen (*High Trusters*). Auch der Umgang mit dem Risiko, das mit Vertrauen einhergeht, wird hier verarbeitet. Im weiteren Verlauf des Prozesses folgt dann die Reaktion des potenziellen Klienten, die im günstigen Fall Vertrauen ist und eine Erteilung des Coaching-Auftrags wahrscheinlich macht. Durch sich wiederholende Situationen, die den Vertrauensvorschuss bekräftigen, entsteht eine Festigung der Coach-Klient-Beziehung, solange kein Vertrauensbruch die Entwicklung abrupt stoppt.

Auch ist im Zusammenhang mit der Coaching-Beziehung das Feedback des Coaches an seinen Klienten zu nennen. Aus der Forschung wissen wir beispielsweise, dass Feedback umso stärker nachgefragt wird, je höher sich eine Person in der Hierarchie befindet. Es gibt aber auch Personen, die erst mal etwas mehr Unterstützung brauchen, bevor sie überhaupt Feedback annehmen können (Budworth und Chummar 2017).

Aus der Forschung wissen wir auch, dass es sehr unterschiedliche Feedbacktechniken und ebenso unterschiedliche Rezipienten von Feedback gibt. Hier ist es besonders wichtig, dass man als Coach schnell einschätzen kann, wen man als Gegenüber hat und wie es um sein Bedürfnis nach Feedback bestellt ist. Braucht mein Gegenüber Konfrontation oder eher behutsame Hilfestellung im Wachstumsprozess? Das Maß der Direktivität ist von Klient zu Klient sehr unterschiedlich zu setzen. Gute Beziehung heißt also auch, dass es einem als Coach gelingt, mit einer sehr schnellen und effektiven Diagnostik einen adäquaten Coaching-Stil zu finden. Das setzt wiederum viel Erfahrung und ein ziemlich gutes diagnostisches Auge voraus. Der Vorteil ist natürlich, dass im Gegensatz zur Psychotherapie, bei der in der Regel leidende oder kranke Personen kommen, in der Arbeit mit erfolgreichen Menschen zumeist eine schnelle Umsetzung des gemeinsam Erarbeiteten erfolgt.

Ein weiterer wichtiger Faktor, der eine gute Beziehung bedingt, ist Transparenz in der Art und Weise des Vorgehens. Das bedeutet, dass man als Coach immer deutlich machen sollte, was man gerade tut. Ich lasse mir zum Beispiel von meinem Klienten quasi beim Coachen zugucken. Manchmal sage ich meinem Klienten, worüber ich gerade nachdenke oder was mir gerade zu einem bestimmten Thema durch den Kopf geht, damit dieser mein Vorgehen nachvollziehen kann. Das ist wichtig, damit mein Gegenüber zu jedem Zeitpunkt entscheiden kann, in welcher Richtung es weitergehen soll. Ich führe zwar den Prozess an, für die Inhalte ist jedoch mein Gegenüber zuständig.

I:
In der Metaanalyse von Sonesh und Kollegen (2015) weisen die Ergebnisse darauf hin, dass weniger Coaching-Sessions teilweise sogar effektiver beziehungsweise besser wirken. Wie erklären Sie sich das?

HM:
Es könnte sein, dass es sich hierbei lediglich um ein Artefakt, also Verzerrungen aufgrund von Messfehlern, handelt und gar nicht so sehr um einen handfesten Einflussfaktor. In der Psychoanalyse würden wir zum Beispiel von der „Flucht in die Gesundheit" sprechen. Ähnlich wie man auch in der Psychotherapieforschung zeigen konnte, gibt es bei den meisten Interventionen häufig eine Anfangsverbesserung – sozusagen das Gegenteil der Erstverschlimmerung bei homöopathischen Behandlungen.

In dem Moment, in dem sich eine Person entscheidet, Hilfe aufzusuchen, geht es ihr häufig schon besser. Dazu kommt auch das Gefühl, im Coach ein kompetentes Gegenüber gefunden zu haben. Das alles kann zu einer Verbesserung gleich zu Anfang beitragen. Dabei kann durchaus der Eindruck entstehen, dass weniger Coaching-Sessions effektiver wirken. Ob Coaching tatsächlich nachhaltig und lang anhaltend wirkt, kann man jedoch nur klären, indem man wissenschaftlich fundierte Nachuntersuchungen macht und prüft, ob sich die positiven Aspekte auch bei länger andauerndem Coaching noch zeigen.

I:
De Haan und Duckworth (2013) fassen in ihrem Review die Einflussfaktoren auf die Wirksamkeit und das Ergebnis von Coaching grafisch zusammen. Es werden sowohl direkte Einflüsse auf das Coaching-Ergebnis beschrieben (das heißt die Technik des Coaches, die Selbstwirksamkeit des Klienten und die Beziehung zwischen Coach und Klient) als auch indirekte Einflüsse (das heißt Persönlichkeitsunterschiede zwischen Coach und Klient). Was ist Ihrer Meinung nach der zentrale Punkt für ein gutes Coaching-Ergebnis?

HM:
Wichtig für das Coaching-Ergebnis ist, inwieweit Coach und Klient persönlich eine gute Passung haben. Allerdings haben die Autoren den Parameter der Persönlichkeit lediglich

über Selbsteinschätzung erfasst; dies finde ich methodisch sehr fragwürdig. Um die Persönlichkeit zu erfassen, müsste man reliablere und validere Instrumente einsetzen und nicht nur Selbstangaben.

I:

Sie haben in Ihrem Buch *Diagnostik im Coaching kurzgefasst: Eine Einführung für Berater, Personaler und Führungskräfte* (Möller and Kotte 2016) erwähnt, dass es vor allem auf eine umfassende und standardisierte Diagnostik ankommt, um den Coaching-Erfolg zu sichern. Könnten Sie uns das anhand eines Beispiels näher erläutern?

HM:

Im Coaching wird oft die systematische diagnostische Vorgehensweise vernachlässigt. Das Buch dient als Anregung für mehr Standardisierung. Systematisches Diagnostizieren ist auch wichtig, weil man sich selber als Coach korrigieren kann. Das trägt dazu bei, dass man über die eigene Coaching-Konzeptualisierung hinausschauen und die eigene Perspektive als Coach erweitern kann. Beim Coaching ist es daher ganz entscheidend, dass man drei Ebenen gleichzeitig im Blick behält: (1) Man macht sich als Coach ein Bild von der Person des Klienten. (2) Man berücksichtigt die Interaktionszusammenhänge (der Klient als Teil eines Teams, als Führender von einem Team). (3) Man gewinnt Eindrücke über die Organisationsebene.

Des Weiteren haben wir das sogenannte Kasseler Coaching Inventar entwickelt. Mit diesem Tool, das einem Anamnesebogen ähnelt, kann bereits das Erstgespräch standardisierter ablaufen, was oft schon sehr hilfreich ist, um die adäquaten Interventionen einzuleiten.

I:

Würden Sie also sagen, dass systematische Diagnostik die Wirksamkeit von Coaching erhöht?

HM:

Um beweisen zu können, dass systematische Diagnostik die Wirksamkeit von Coaching erhöht, bräuchten wir randomisierte, kontrollierte Studien (RCT). Dies ist aus ethischen Gründen aber etwas schwierig. Man möchte den Menschen schließlich optimale Beratungsmöglichkeiten sowie ein methodisches Vorgehen zu ihrer Fragestellung passend anbieten. Für die RCT-Designs wäre es an der Stelle aber notwendig, eine Kontrollgruppe zu haben, die dann eben einer nichtsystematischen Diagnostik ausgeliefert wäre. Das Dilemma ist offensichtlich: Man möchte natürlich niemandem eine Vorgehensweise anbieten, wenn man bereits weiß, welche Methode das Optimum wäre. Hier ist es also sehr schwierig, mit den Goldstandards der Forschung zu arbeiten. Eine andere Herausforderung an der Stelle ist außerdem die Bereitschaft von Führungskräften, als Versuchskaninchen in die Experimentalgruppe zu kommen, in der lediglich *Treatment as Usual* durchgeführt wird.

I:

Sonesh und Kollegen (2015) fanden in ihrer Metaanalyse heraus, dass der Hintergrund des Coaches (psychologisch versus nichtpsychologisch) eine Moderatorvariable mit signifikantem Einfluss darstellt. Die besten Ergebnisse wurden dabei von Coaches mit gemischtem, also psychologischem und nichtpsychologischem Hintergrundwissen erzielt. Wie könnte man dieses Ergebnis erklären?

HM:

Das Ergebnis unterstreicht noch einmal die Wichtigkeit der drei Ebenen (siehe oben). Es reicht eben nicht aus, nur Theorien über das Individuum zu haben. Als guter Coach muss

Kapitel 8 · Wie wirksam ist Coaching?

man genauso ein Verständnis der Interaktionsprozesse und der Organisation aufweisen. Ein gemischter Hintergrund bedeutet also, dass man in seiner Arbeit auf viele Referenztheorien zurückgreifen kann. Ich glaube, wenn es ein Kriterium für gutes Coaching gibt, dann kann man als Coach viele unterschiedliche Perspektiven einnehmen. Wenn die Mehrperspektivität des Beratungsprozesses gewährleistet ist, kann man seinem Klienten am ehesten die adäquate Interventionsebene anbieten.

I:

Kommen wir nun zur Kernfrage dieses Kapitels. Sie betreiben ja selbst Forschung im Bereich Coaching. Wie machen Sie die Wirksamkeit von Coaching messbar?

HM:

Das gelingt uns mit all den Verfahren, die uns die Psychologie so bietet. Letztlich haben wir als Psychologen zu allen Fragen – ob nun Arbeitszufriedenheit, Belastung oder Managementkompetenz – valide und reliable Mess- beziehungsweise Erhebungsinstrumente. Unser Forscherteam, bestehend aus Frau Kotte, Frau Müller, Frau Hinn und mir, hat beispielsweise eine sehr differenzierte Erhebungsbatterie nach aktuellsten Standards entwickelt, mit der es möglich ist, viele Facetten gleichzeitig abzubilden. Ich hoffe, dass wir damit ein Messinstrument gefunden haben, das zum einen zeitsparend ist und zum anderen aussagekräftige Ergebnisse liefert. Man muss ja schließlich immer auch die Belastbarkeit des Forschungspartners im Blick haben. Ich glaube aber, dass es uns hier ganz gut gelungen ist, eine sehr ökonomische Testbatterie zusammenzustellen.

I:

Looss (2014) schreibt in einer seiner Arbeiten: „Evaluation beim Coaching ist der verzweifelte Versuch, das Leben berechenbar zu machen." Andere Autoren behaupten, dass Evaluation wichtig ist, aber nicht streng standardisiert durchgeführt werden sollte. Wie bewerten Sie dieses Statement?

HM:

Es kommt drauf an, was man unter Evaluation versteht. Ich sehe Evaluation durchaus als sinnvoll an. Vor allem geht es dabei um die Fragen, die man sich am Ende eines Coaching-Prozesses stellen sollte: Was konnte man erreichen? Was ist nicht gelungen? Zum einen sollte man diese Fragen dialogisch mit dem Klienten klären, zum anderen aber auch durch standardisierte Messinstrumente. Somit gewinnt man auch einen Überblick über seine eigenen Grenzen als Coach und erweitert im besten Fall seine eigenen Perspektiven im beruflichen Kontext.

I:

Für Coaching werden in den USA jedes Jahr um die 1,5 Milliarden US-Dollar ausgegeben (Grant et al. 2010). Bei solch hohen Beträgen könnte man annehmen, dass die Wirksamkeit schon allein aus finanzieller Sicht gewährleistet sein sollte. Was sagen Sie dazu?

HM:

Die Tatsache, dass Unternehmen eine bestimmte Beratungsleistung einkaufen, ist per se noch kein Qualitätskriterium. Es gibt beispielsweise keinerlei empirische Evidenz für die Wirksamkeit von Outdoor-Aktivitäten, die gerne und auch häufig als Teambuilding-Maßnahmen herangezogen werden. Trotzdem werden für solche Maßnahmen oft beträchtliche Summen an Geld ausgegeben.

Der Punkt ist, dass man im Grunde drei distinkte Systeme beziehungsweise Gruppen vereinen muss: die Unternehmen selbst, die Coaches sowie die Wissenschaft. Diese haben relativ wenig Öffnung zueinander. Es gibt viele Coaches und Unternehmen, die sich erschreckend wenig mit der Wissenschaft auseinandersetzen. Das heißt, die Frage der wissenschaftlichen Absicherung dessen, was von einem Unternehmen eingekauft wird, wird oft gar nicht gestellt, und das finde ich sehr bemerkenswert.

I:

Leedham (2005) nennt seinerseits von Seiten des Coaches fünf Erfolgskriterien für gutes Coaching. Dazu gehören: prozessbezogene Faktoren, wie den Fokus auf die Entwicklung zu haben, und die Beziehung zwischen Coach und Klient, ständiges Monitoring des Coaching-Prozesses, Problemidentifikation, permanente Anpassung der Coaching-Aktivität und der Fokus auf Weiterentwicklung. Können Sie uns zu diesen Kriterien konkrete Praxisbeispiele nennen?

HM:

Menschen kommen immer mit einem Anliegen ins Coaching. Meist hat dieses Anliegen ein mittleres Angstniveau. Das zunächst vorgetragene Anliegen ist aber oft gar nicht das, um was es letztlich geht. Häufig sind das lediglich Dinge, die man einfacher benennen kann als die tatsächlich zugrunde liegenden Bedürfnisse. Ziele verändern sich im Laufe des Coaching-Prozesses. Natürlich kann es sein, dass jemand zum Beispiel mit dem Anliegen kommt: „Ich möchte gerne wissen, wie meine Mitarbeiterin XY ihre Mitarbeitenden besser führen kann. Sie wird schnell laut und ist affekt-inkontinent." Es ist nicht unüblich, dass sich im Laufe des Coaching-Prozesses herausstellt, dass es gar nicht so sehr um diese Mitarbeiterin geht, sondern um die Person, die bei mir sitzt und deren Führungsstil. Oft ist es für die Menschen jedoch leichter zu fragen, was ich an einer anderen Person verändern kann, als sich zu fragen, was mein Beitrag ist und was ich selbst ändern sollte. Solche Prozesse zeigen sich oft erst im Laufe eines fundierten Erstgesprächs oder auch erst im Laufe des Coaching-Prozesses. Es ist häufig der Fall, dass Ziele formuliert und im Laufe der Zeit noch einmal neu angepasst und konkretisiert werden müssen (Anpassung und Weiterentwicklungsfokus).

I:

Berglas (2002, S. 87) hat Folgendes angemerkt: „Coaching can actually make a bad situation worse." Teilen Sie diese Ansicht?

HM:

Ja, es gibt durchaus empirische Ergebnisse über die negativen Effekte von Coaching. Mein Kollege, Prof. Dr. Carsten C. Schermuly (▸ Kap. 9), hat beispielsweise gezeigt, dass das häufige Verändern des Problemfokus ungünstig ist. Besonders wenn Coaches ohne Erfahrung im Bereich Psychotherapie versuchen, Fragen zu beantworten, hinter denen letztlich ein Thema mit psychischem Krankheitswert verborgen liegt, steht man vor einem ethisch-moralischen Problem. Man kann also im ungünstigsten Fall durch Coaching auch Dinge anstoßen, denen man ohne das entsprechende fachliche Know-how hinterher nicht mehr Herr wird. Deshalb ist auch an dieser Stelle nochmals zu betonen, wie wichtig eine saubere Diagnostik zu Beginn jedes Coaching-Prozesses ist. Darüber hinaus ist es eigentlich die Pflicht eines guten Coaches, erkennen und sagen zu können: „Das kann ich nicht, das ist nicht mein Bereich, weil ich es nicht gelernt habe." Menschen ohne psychotherapeutische Ausbildung sollten schlichtweg die Finger von bestimmten Themen lassen.

Kapitel 8 · Wie wirksam ist Coaching?

I:
Welche Eigenschaften beziehungsweise Qualifikationen sollte ein Coach haben?

HM:
Jeder Coach, den ich als guten Coach bezeichnen würde, hat ein stimmiges Theorie- und Praxiskonzept. Das heißt, er muss erklären können, warum er bestimmte Dinge tut, und nicht nur intuitiv entscheiden. Er braucht also eine gute Metatheorie, eine gute Theorie, eine gute Praxeologie und eine gute Methodologie.

Wünschenswert ist in vielen Fällen auch das Einbringen von eigener Leitungserfahrung, zum Beispiel als Führungskraft. Ich hätte als Klientin große Mühe, zu jemandem zu gehen, der mir etwas über mein Managementverhalten erzählen möchte, sich aber gar nicht praktisch mit Führung auskennt. Eine gewisse Lebenserfahrung ist auch insofern wichtig, als ein guter Coach Erfahrung in vielen unterschiedlichen Branchen haben sollte. Das heißt, der Coach sollte sich beispielsweise nicht nur in der Automobilindustrie auskennen, sondern auch im Bereich Medien, Gesundheitswesen und vielleicht mit dem öffentlichen Dienst Erfahrung haben, sprich, eine große Breite von unterschiedlichen Organisationstypen kennen.

Ich glaube auch, dass ein guter Coach seine Arbeit in Form von Supervision oder Intervision kontrollieren lassen sollte. Sich regelmäßig auf die Finger schauen zu lassen und sein Vorgehen infrage zu stellen, ist aus meiner Sicht wichtig, um sich kontinuierlich zu verbessern. Darüber hinaus sollte ein guter Coach ein gewisses Interesse für wissenschaftliche Erkenntnisse mitbringen.

I:
Was unterscheidet interne von externen Coaches?

HM:
Es gibt interne Coaches, also solche, die aus dem Unternehmen selbst stammen, und externe Coaches, die als Experten von außen dazugeholt werden. Die internen Coaches haben es oft ein bisschen leichter mit der Akzeptanz, sie sprechen die gleiche Sprache, kennen die Probleme. Dieser Vorteil ist gleichzeitig aber auch ihr Nachteil, weil sie unter Umständen die gleichen blinden Flecken wie ihr Coaching-Partner teilen. Organisationskultur ist ja auch etwas, was latent unser Verhalten unterlegt. Wenn man die Metapher der Miniaturgesellschaft zugrunde legt, dann sind interne Coaches auch Teil der Organisationskultur, und das heißt, dass es auch kollektive Abwehrmuster gibt, und zwar dort, wo man bestimmte Dinge einfach nicht wahrnehmen kann. Und es gibt auch eine sehr klare Kontraindikation von internen Coaches, wenn es um hohe Hierarchieebenen geht. Als hierarchisch niedriger Angestellter kann man nicht den Vorstand coachen. Erstens weil er das nicht wollen würde, und zweitens weil ich als deutlich hierarchisch anders eingestufter Mensch nicht ausreichend Mut habe, um dort gut und kräftig arbeiten zu können.

Nach Kotte und Kollegen (2016) zeigt sich externes Coaching weniger effektiv als internes Coaching, was entgegen der Alltagsannahme ist. Zwar zeigen sich beide Formen als effektiv beziehungsweise wirksam, doch für interne Coaches werden aus den Metaanalysen stärkere positive Effekte berichtet (Kotte et al. 2016).

I:
Gibt es auch Eigenschaften, die der Klient mitbringen sollte, damit der Coaching-Prozess wirksam wird?

HM:

Der Klient hat jedes Recht der Welt, so zu sein, wie er ist; es ist der Job des Coaches, sich auf den Klienten einzustellen. Natürlich ist es nützlich, wenn Leute intelligent sind, wenn sie motiviert sind und eine Form von Selbstreflexionsfähigkeit haben, aber das ist für mich eigentlich nicht die Frage, denn wenn jemand diese Kompetenzen nicht hat, kann ja genau das das Problem sein, und dann geht es darum, dass ich in der Lage bin, jemanden zu mehr Selbstbefragung zu befähigen.

Nach Bateman und Crant (1993) sollte der Klient an die eigene Fähigkeit glauben, Schwierigkeiten überwinden und in der Umwelt Veränderungen beeinflussen zu können beziehungsweise zu bewirken. Der Klient sollte außerdem ein Gefühl von Selbstwirksamkeit haben, Offenheit zeigen, Wille zur Veränderung haben und zielorientiert sein. Aber an diesen Fähigkeiten lässt sich auch im Coaching arbeiten.

Natürlich gibt es Leute, mit denen man lieber arbeitet als mit anderen. Aber letztlich geht es ja darum, wenn die Indikation des Coachings klar ist, dass es dann an dem Coach liegt, nach dem alten pädagogischen Prinzip, denjenigen da abzuholen, wo er steht, und die Methoden so zu wählen, dass dieser Person geholfen werden kann – egal wie diese ist, ob schwarz oder weiß, alt oder jung, egal mit was für einem Problem.

I:

Kommen wir nun zu den Coaching-Angeboten: In diesem Zusammenhang hat Greif (2013) die Frage gestellt: Was würde herauskommen, wenn Stiftung Warentest verschiedene Coaching-Angebote vergleichend bewerten würde? Wir würden diese Frage gerne aufgreifen und Sie fragen, auf welche Kriterien man bei einer Bewertung von Coaching-Arten das Hauptaugenmerk während der Evaluation legen sollte.

HM:

Es gibt sehr viele Kriterien. Ein Kriterium ist beispielsweise, ob ich mich aufgehoben fühle, mich in meiner Fragestellung intensiv befragt fühle. Macht der Coach einfach drauf los, oder bemüht er sich um einen systematischen, eigenen Eindruck von der Thematik? Konfrontiert mich jemand, oder redet er mir nur nach dem Mund? Bekomme ich wirklich neue Perspektiven? Oft merken die Klienten bereits im Erstgespräch, ob ihre Perspektive durch neue Aspekte ergänzt wird und ob sie wirklich etwas Neues entdecken. Diese Fragen würde ich mir als Klient stellen. Eigentlich ist das ja nicht anders als beim Hausarzt, da probiert man ja auch so lange rum, bis man merkt, ja, hier bin ich richtig.

I:

De Haan und Duckworth (2013) bewerten den Coaching-Erfolg unter anderem anhand von Parametern wie Kundenzufriedenheit, Nachhaltigkeit des Lernens, Effektivität, Produktivitätssteigerung, Führungsverhalten, Selbstwirksamkeitsempfinden und Zielerreichung. Wie könnte man diese Coaching-Parameter operationalisieren?

HM:

Es gibt für alles Messinstrumente, wie zum Beispiel Skalen, um die Selbstwirksamkeit zu messen. Das ist das Schöne am Fortschritt der Forschung, dass wir uns an vorhandenen Messinstrumenten bedienen können.

I:

In Deutschland gibt es bisher kaum verpflichtende Richtlinien oder Standards für die Coaching-Ausbildung, wie beispielsweise in Australien. Dort hat 2008 ein Gremium in

Zusammenarbeit mit Universitäten, Unternehmen und Coaches Richtlinien auf den Weg gebracht, die mittlerweile auch von der Regierung anerkannt wurden (Grant et al. 2010). Woran liegt es Ihrer Meinung nach, dass es in Deutschland noch nicht diese Standards beziehungsweise diesen Rahmen gibt?

HM:

Grant und Kollegen (2010) weisen in diesem Zusammenhang auf unterschiedliche Coaching-Ausbildungen sowie gegensätzliche Interessen der Ausbildungsinstitute, der Unternehmen und der Coaches selbst hin. Es gibt ja inzwischen mehr und mehr Standards. Nehmen Sie den Roundtable Coaching als Beispiel (www.roundtable-coaching.eu). Hier hat man sich schon auf einige Bestimmungsstücke geeinigt. In Deutschland ist so, dass es 30 Berufsverbände gibt, die alle sehr unterschiedlich sind, auch was die Anforderungen angeht. Ich glaube aber, dass zunehmend die Erkenntnis reift, dass es gut ist, wenn man sich über Standards verständigt, so wie es getan wird. Die Berufsverbände treffen sich regelmäßig, und da ist in letzter Zeit einiges entstanden und gereift – wobei das nochmal ein Unterschied ist zu einem wirklich gesetzlich geregelten Rahmen. Ich muss auch ehrlich sagen, ich bin unsicher, ob man wieder neue Regeln und Rahmenbedingungen wie bei der Psychotherapie einführen sollte. Es ist ein ungeschützter Beruf, aber ich bin nicht sicher, ob wir es ähnlich „verregeln" sollten wie in der Psychotherapie.

Ich versuche, hier in meiner Arbeit gegenzusteuern und meinen Teil zu einer Verbesserung beizutragen, indem ich zunächst untersuchte, wie wissenschaftlich fundiert denn Coaching-Ausbildungen sind. Das Ergebnis war ernüchternd. Um das Problem an der Wurzel anzugehen, habe ich mich mit zwei Kollegen zusammengetan, Prof. Dr. Siegfried Greif und Prof. Dr. Wolfgang Scholl, um den Coaching-Ausbildern und den Praktikern ihre wissenschaftlich fundierte Arbeit zu erleichtern (Greif et al. 2018). Darin haben wir 88 Konzepte zusammengetragen, von denen wir denken, dass sie für das Coaching wichtig sind. Dazu gehören von A bis Z: achtsamkeitsbasierte Ansätze bis zum Thema „Zielerreichung". Jeweils auf zehn Seiten haben wir – ausgehend von einem Fallbeispiel – den *State of the Art* der Forschung zum jeweiligen Thema dargestellt und daraus abgeleitet, was für die Coaching-Prozesse wichtig ist und was man wissen muss, wenn man effektives Coaching anbieten möchte. Man kann sagen, dass diese Arbeit auch ein Versuch ist, Coaching ein Stück weit mehr aus der Ecke der Scharlatanerie herauszubringen und wissenschaftlich zu untermauern.

I:

In einer Ihrer Arbeiten gemeinsam mit Kotte, Oellerich und Hinn (Kotte et al. 2015) weisen Sie in Bezug auf die empirisch fundierte Bewertung von Coaching auf gewisse Widersprüche hin. Um Forschung in diesem Bereich überhaupt einmal betreiben zu können, soll einerseits ein Zugang zur praktischen Tätigkeit geschaffen werden. Andererseits wird Coaching aber auch als eine Art der Beratung angesehen, die gewisse Anonymität und einen geschützten Rahmen anbieten sollte. Gibt es einen Grund, warum Coaches der Forschung generell eher weniger „zuarbeiten"?

HM:

Scheinbar ist es so, dass sich die Coaches mit anderen Coaches vergleichen und sich dann komischerweise in der Selbstbewertung herabsetzen, was überhaupt keinen rationalen Hintergrund hat – vielleicht auch deswegen, weil Coaching eine sehr einsame Tätigkeit ist und man die Kolleginnen beziehungsweise Kollegen nur imaginieren kann und wir einander selten bei der Arbeit zuschauen. Da fängt man unter Umständen schon an, nicht so freundlich mit sich zu sein.

I:

Kommen wir nun zu den Herausforderungen, denen das Coaching gegenübersteht. Theeboom und Kollegen (2014) argumentieren in ihrer Arbeit, dass es unzählige verschiedene Theorien gibt, die Coaching zugrunde liegen. Diese reichen von Lerntheorien bis hin zu Annahmen über Motivation, dem Selbst und Bedürfnissen nach Kompetenz und Autonomie. Auch Künzli (2009) stellt in seinem Vergleich von mehreren Arbeiten zur Wirksamkeitsforschung mit Führungskräften fest, dass häufig schon die zugrunde liegenden Theorien so unterschiedlich sind, dass es zum einen schwer ist, die richtigen Messinstrumente zu entwickeln, zum anderen damit als Folge auch schwer ist, konkrete Wirkfaktoren zu benennen. Wie bewerten Sie diese Problematik?

HM:

Ich erachte dies als weniger kompliziert. Also zum ersten Teil: Wir brauchen genau all diese unterschiedlichen Zugänge. Man kann ja nicht plötzlich auf Lerntheorien oder auf psychodynamische Zugänge verzichten. Das Coaching ist nicht so ein homogenes Gebäude, aber vermutlich werden wir uns damit abfinden müssen, dass das Bruchstücke von unterschiedlichen Referenztheorien sind, die keine Gesamttheorie haben. Ich finde das überhaupt nicht schlimm. Es gibt für die Ziele, die Menschen versuchen, durch Coaching zu erreichen, schon ein recht großes Spektrum an Messinstrumenten, und wenn wir das benutzen, dann können wir schon eine ganze Menge sagen. Ich habe da nicht so eine resignative Haltung.

I:

Kann denn Coaching auch als präventive Maßnahme am Arbeitsplatz herangezogen werden?

HM:

Theeboom und Kollegen (2014) berichten, dass Outcomes des Trainings, wie zum Beispiel Coping (Selbstwirksamkeit, Achtsamkeit), Wohlbefinden (Stress, Burnout, Fehlzeiten am Arbeitsplatz), Arbeitseinstellung (Arbeitszufriedenheit, organisationales Kommittent) sowie zielorientierte Selbststeuerung, auch als Prävention verstanden werden können, wenn sie signifikant positiv gesteigert werden und somit effektiv zur Arbeitszufriedenheit beitragen.

Man kann Coaching schon als präventive Maßnahme am Arbeitsplatz heranziehen, aber da sieht man, dass das mit der Prävention immer etwas „schwierig" ist. Menschen setzen sich nicht in Gang, wenn es nicht irgendwie ein bisschen zwickt. Also Präventionsangebote, auch im Bereich der Gesundheitsförderung, sind nicht wahnsinnig effektiv. Andererseits ist es genauso gut denkbar, dass jemand sagt, für meine Psychohygiene als Führungskraft, für meine Effektivität als Führungskraft, ist eine regelmäßige Reflexion meines Tuns wichtig; das könnte man ja unter dem Thema „Prävention" fassen. Einen Sparringspartner zu haben, mit dem man seinen Führungsalltag reflektieren kann, hat ja viele günstige Begleiterscheinungen, und manche Führungskräfte leisten sich diesen Luxus, so ähnlich wie zur Massage zu gehen, nur eben mit einem anderen Fokus. Andere würden Coaching erst in Anspruch nehmen, wenn sie irgendwo anstehen, also nicht weiterkommen.

I:

Wie sehen Sie die Zukunft der Wirksamkeitsforschung von Coaching in den nächsten zehn Jahren?

HM:

Wir brauchen nicht mehr so viel Wirksamkeitsforschung, wir brauchen in Zukunft Prozessforschung. Die Wirksamkeit ist bewiesen. Das Interessante ist jetzt, was eigentlich wirklich passiert, sprich, welche Methoden bei welchen Fragestellungen sinnvoll sind, bei welcher Persönlichkeitsstruktur man welche Intervention braucht. An der Prozessforschung werde ich in nächster Zeit arbeiten. Ich würde denken, wir können Coaching auch manualisieren, das heißt, dass man einzelne Coaching-Schritte für jede Coaching-Stunde formalisiert, beispielsweise wenn es um Selbstwertprobleme oder Führungstechniken geht. Wir haben ja ein Riesenspektrum an Anlässen. Hierzu würde ich gerne für bestimmte Problembereiche wissenschaftlich fundiert die günstigsten oder effektivsten Methoden zeigen, so wie man das in der Therapieforschung begonnen hat, also was am besten bei phobischen Störungen oder bei Depression hilft, was am günstigsten bei narzisstischen Persönlichkeitsstörungen ist. Genau eine solche Differenziertheit des Vorgehens möchte ich bis zum Ende meiner beruflichen Laufbahn wissenschaftlich fundiert anbieten können. Einerseits sollten die Forscher ihre wissenschaftlichen Herangehensweisen attraktiver für Praktiker machen und interessante Forschungsdesigns entwerfen. Dies gelingt zum einen durch die Identifikation der Praktikerbedürfnisse und zum anderen durch die adäquaten Reaktionen darauf. Andererseits sollten auch die Praktiker in der Coaching-Branche kooperativer werden, indem sie ihre Tendenzen, sich von der Forschung zu isolieren, unterlassen beziehungsweise die Praxis, so weit es geht, der Forschung zugänglich machen (Kotte et al. 2015).

I:

Was würden Sie Coaches für die Zukunft als Praxistipps an die Hand geben, und welche aktuellen Problematiken müssen angegangen werden?

HM:

Ich fände es gut, wenn sich die Coaches ab und zu mit wissenschaftlichen Erkenntnissen beschäftigen würden. Ich kann durchaus nachvollziehen, dass es die Praktiker nicht allzu sehr interessiert, was in der Forschung produziert wird, da vieles davon häufig wenig inspirierend und wenig instruktiv erscheint. Dieser Eindruck trügt jedoch, denn viele Forschungsaspekte sind durchaus praxisrelevant.

Auf der anderen Seite müssen wir als Coaching-Forscher natürlich auch besser werden. Viele Fragestellungen sollten verstärkt aus der Praxis aufgegriffen werden, sodass ein ständiger Dialog zwischen Forschung und Praxis in Gang kommt. Erst dann bekommen Praktiker Lust, sich mit der Forschung zu befassen und sich aktiv daran zu beteiligen.

I:

Im Coaching ist es ja üblich, dass einem Klienten die sogenannte Wunderfrage gestellt wird, um neue Möglichkeiten und Lösungswege für ein gegebenes Problem zu entwickeln und um zu erkennen, was der gewünschte Endzustand ist und mit welchen Handlungsschritten man diesen erreichen kann. Nun würden wir Ihnen gerne die Wunderfrage in Bezug auf den Coaching-Prozess und die Coaching-Evaluation stellen: Was würden Sie sich zum einen für die Coaching-Forschung und zum anderen für die Coaching-Praxis wünschen?

HM:

Für die Coaching-Forschung wünsche ich mir viele mutige Kolleginnen und Kollegen, die sagen: „Ich profitiere auch davon, wenn ich mich als Untersuchungspartner zur Verfügung stelle", und für die Praxis würde ich mir wünschen, dass ab und zu zur Kenntnis genommen würde, was die Coaching-Forscher aktuell erforschen, und für die Ausbildung von Coaches gilt dies erst recht. Mit Erschrecken habe ich festgestellt, dass in den meisten Coaching-Ausbildungen die Coaching-Forschung überhaupt keine Rolle spielt; das ist schade, das würde ich mir anders wünschen.

I:

Wir bedanken uns recht herzlich für das aufschlussreiche und informative Gespräch und die Zeit, die Sie sich genommen haben. Es freut uns sehr, das Interview mit Ihnen geführt zu haben.

Video des Interviews:

▶ http://tinyurl.com/Moeller01

8.3 Fazit

Verschiedenste wissenschaftliche Studien belegen die Wirksamkeit von Coaching. So konnte gezeigt werden, dass sich Coaching positiv auf Zielerreichung, Verhaltensänderung sowie arbeitsbezogene und persönliche Einstellungsänderung auswirkt. Um den Coaching-Erfolg zu sichern, scheint eine umfassende und standardisierte Diagnostik unerlässlich. Die Herausforderung für die Forschung und Praxis besteht darin zu untersuchen, für welche Fragestellung welche Methode optimal ist, welche Kunden von welchem Coaching am meisten profitieren und wie der Prozess von Coaching abläuft. Zu prozessbezogenen Erfolgskriterien für gutes Coaching gehören der Fokus auf die Entwicklung, die Beziehung zwischen Coach und Klient, ständiges Monitoring des Coaching-Prozesses, die Problemidentifikation, permanente Anpassung der Coaching-Aktivität und der Fokus auf Weiterentwicklung. Eine Hauptaufgabe für die Zukunft besteht darin, den Transfer von diesen Forschungsergebnissen in die Coaching-Praxis zu erleichtern. Eine Möglichkeit ist es, die verschiedenen Coaching-Ausbildungen evidenzbasierter zu gestalten und wissenschaftlich zu fundieren.

Qualitätskriterien, wie sie beispielsweise von verschiedenen Berufsverbänden vorgeschlagen wurden (z. B. BDP; http://www.coachingportal.de/coaches/zertifizierung) können zu diesem Ziel auch beitragen.

Literatur

Bateman, T. S., & Crant, J. M. (1993). The proactive component of organizational behavior: A measure and correlates. *Journal of Organizational Behavior, 14*(2), 103–118. https://doi.org/10.1002/job.4030140202.

Berglas, S. (2002). The very real dangers of executive coaching. *Harvard Business Review, 80*(6), 86–93.

Budworth, M. H., & Chummar, S. (2017). *Feedback for performance development*. Berlin, Heidelberg: Springer.

Carey, W., Philippon, D. J., & Cummings, G. G. (2011). Coaching models for leadership development: An integrative review. *Journal of Leadership Studies, 5*(1), 51–69. https://doi.org/10.1002/jls.20204.

De Haan, E., & Duckworth, A. (2013). Signalling a new trend in executive coaching outcome research. *International Coaching Psychology Review, 8*(1), 6–19.

De Meuse, K. P., Dai, G., & Lee, R. J. (2009). Evaluating the effectiveness of executive coaching: Beyond ROI? *Coaching: An International Journal of Theory, Research and Practice, 2*(2), 117–134. https://doi.org/10.1080/17521880902882413.

Grant, A. M., Passmore, J., Cavanagh, M. J., & Parker, H. M. (2010). The state of play in coaching today: A comprehensive review of the field. *International Review of Industrial and Organizational Psychology, 25*(1), 125–167.

Greif, S. (2008). *Coaching und ergebnisorientierte Selbstreflexion. Theorie, Forschung und Praxis des Einzel- und Gruppencoachings*. Göttingen: Hogrefe.

Greif, S. (2013) Wie wirksam ist Coaching. Ein umfassendes Evaluationsmodell für Praxis und Forschung. In R. Wegener, M. Loebbert, & A. Fritze (Hrsg.), *Coaching-Praxisfelder. Forschung und Praxis im Dialog* (S. 159–177). Wiesbaden: Springer VS.

Greif, S., Möller, H., & Scholl, W. (Hrsg.) (2018). *Schlüsselkonzepte für das Coaching*. Heidelberg: Springer.

Joo, B. K. (2005). Executive coaching: A conceptual framework from an integrative review of practice and research. *Human Resource Development Review, 4*(4), 462–488. https://doi.org/10.1177/1534484305280866.

Kirkpatrick, D. L. (1967). Evaluation of training. In R. L. Craig (Hrsg.), *Training and development handbook: A guide to human resources development* (S. 18.1–18.27). New York: McGraw-Hill.

Kirkpatrick, D. L. (1994). *Evaluating training programs*. San Francisco: Berrett-Koehler Publishers.

Kirkpatrick, D. L., & Kirkpatrick, J. D. (2006). *Evaluating training programs: The four levels*. San Francisco: Berrett-Koehler.

Kotte, S., Oellerich, K., Hinn, D., & Möller, H. (2015). Das ambivalente Verhältnis von Coachingsforschung und -Praxis: Dezentes Ignorieren, kritisches Beäugen oder kooperatives Miteinander? In A. Schreyögg & C. Schmidt-Lellek (Hrsg.), *Die Professionalisierung von Coaching. Ein Lesebuch für den Coach* (S. 23–45). Wiesbaden: Springer.

Kotte, S., Hinn, D., Oellerich, K., & Möller, H. (2016). Der Stand der Coachingforschung: Kernergebnisse der vorliegenden Metaanalysen. *Organisationsberatung, Supervision, Coaching, 23*(1), 5–23. https://doi.org/10.1007/s11613-016-0444-6.

Künzli, H. (2009). Wirksamkeitsforschung im Führungskräfte-Coaching. *Organisationsberatung, Supervision, Coaching, 16*(1), 1–15. https://doi.org/10.2307/256727.

Leedham, M. (2005). The coaching scorecard: A holistic approach to evaluating the benefits of business coaching. *International Journal of Evidence Based Coaching and Mentoring, 3*(2), 30–44.

Looss, W. (2014). *„Coaching als Dienstleistung" und die semantischen Stolpersteine in ungewohnten Subkulturen*. Kassel: University Press GmbH.

Luhmann, N. (2000). *Vertrauen: Ein Mechanismus der Reduktion sozialer Komplexität*. Stuttgart: Enke.

McAllister, D. J. (1995). Affect-and cognition-based trust as foundations for interpersonal cooperation in organizations. *Academy of Management Journal, 38*(1), 24–59. https://doi.org/10.2307/256727.

McGovern, J., Lindemann, M., Vergara, M., Murphy, S., Barker, L., & Warrenfeltz, R. (2001). Maximizing the impact of executive coaching. *Manchester Review, 6*(1), 3–11.

Möller, H., & Kotte, S. (2016). *Diagnostik im Coaching kurzgefasst: Eine Einführung für Berater, Personaler und Führungskräfte*. Berlin, Heidelberg: Springer.

Sonesh, S. C., Coultas, C. W., Lacerenza, C. N., Marlow, S. L., Benishek, L. E., & Salas, E. (2015). The power of coaching: A meta-analytic investigation. *Coaching: An International Journal of Theory, Research and Practice, 8*(2), 73–95. https://doi.org/10.1080/17521882.2015.1071418.

Theeboom, T., Beersma, B., & Van Vianen, A. E. (2014). Does coaching work? A meta-analysis on the effects of coaching on individual level outcomes in an organizational context. *The Journal of Positive Psychology, 9*(1), 1–18. https://doi.org/10.1080/17439760.2013.837499.

Webers, T. (2015). *Systemisches Coaching: Psychologische Grundlagen.* Berlin, Heidelberg: Springer.

Wirtz, M. A. (2017). *Dorsch-Lexikon der Psychologie.* Göttingen: Hogrefe.

Kann Coaching negative Auswirkungen haben?

Carsten C. Schermuly, Andrea Beinicke und Tanja Bipp

9.1 Einleitung – 190

9.2 Interview mit Prof. Dr. Carsten C. Schermuly, Professor für Wirtschaftspsychologie an der SRH Hochschule Berlin – 191

9.3 Fazit – 204

Literatur – 205

Dieses Kapitel enthält Videos online auf https://doi.org/10.1007/978-3-662-55689-4_9; oder laden Sie zum Streamen der Videos die „Springer Multimedia App" aus dem iOS- oder Android App-Store und scannen eine Abbildung, die den „play button" enthält.

© Springer-Verlag GmbH Deutschland, ein Teil von Springer Nature 2019
A. Beinicke, T. Bipp (Hrsg.), *Strategische Personalentwicklung*, Meet the Expert: Wissen aus erster Hand, https://doi.org/10.1007/978-3-662-55689-4_9

9.1 Einleitung

Andrea Beinicke

Drei große Metaanalysen haben den empirischen Beleg dafür erbracht, dass Coaching wirksam ist (Jones et al. 2015; Sonesh et al. 2015; Theeboom et al. 2014; ▶ Kap. 8). Coaching zeigte sich als effektive Maßnahme nicht nur zur Unterstützung von individuellem Lernen und persönlicher Weiterentwicklung, sondern auch zur Leistungsverbesserung und Zielerreichung für Organisationen (Jones et al. 2015). Spezifisch auf Klienten bezogen konnte gezeigt werden, dass Coaching in der Lage ist, auf unterschiedlichen Ebenen Verbesserungen zu erzielen: Coaching wirkt sich beispielsweise positiv auf die Erreichung persönlicher und beruflicher Ziele aus, bewirkt Einstellungs- und Verhaltensänderungen wie Leistungssteigerungen oder steigert das Wohlbefinden (Sonesh et al. 2015; Theeboom et al. 2014).

Wenn Coaching in so vielerlei Hinsicht positive Auswirkungen hat, für Klient und Organisation, warum sollten negative Auswirkungen beim Coaching entstehen beziehungsweise relevant sein? Zunächst beinhalten verschiedene Varianten des Coachings Stärken und Schwächen (Rauen 2014). Und während es in der Mentoring-Forschung und auch Psychotherapieforschung Studien gibt, die neben den positiven insbesondere auch negative Auswirkungen einer solchen Maßnahme auf die Beteiligten untersuchen, sind systematische Analysen zu negativen Auswirkungen beim Coaching für Klienten (Graßmann und Schermuly 2016; Schermuly et al. 2014) und Coaches (Graßmann und Schermuly 2017; Schermuly 2014) aber selten. Dies scheint zum Teil daran zu liegen, dass es schwierig ist, Coaching-Prozesse systematisch zu evaluieren, da Coachings durch ihre hohe Komplexität und Unterschiedlichkeit kaum standardisierbar und damit vergleichbar sind (Greif 2015).

Das vorliegende Kapitel geht folgenden Fragen nach: Welche Risiken und Nebenwirkungen können beim Coaching entstehen? Sind die Nebenwirkungen als Misserfolg des Coachings zu bewerten? Wen können die Nebenwirkungen von Coaching betreffen? Was lässt sich über die Häufigkeit, Intensität und Dauer von negativen Auswirkungen von Coaching im Allgemeinen sagen? Welche Hauptursachen von Nebenwirkungen konnten bisher identifiziert werden? Welche konkreten präventiven Maßnahmen können langfristig ergriffen werden von Seiten des Klienten, des Coaches und der Organisation, um negative Auswirkungen von Coaching zu reduzieren?

Prof. Dr. Carsten C. Schermuly ist Diplom-Psychologe und leitet seit 2012 den Studiengang Internationale Betriebswirtschaftslehre mit Schwerpunkt Wirtschaftspsychologie an der SRH (Stiftung Rehabilitation Heidelberg) Hochschule Berlin. Schon während seines Studiums in Mainz war er als freier Berater und kooperierender Partner bei verschiedenen Unternehmensberatungen tätig, promovierte anschließend am Lehrstuhl für Organisations- und Sozialpsychologie an der Humboldt-Universität zu Berlin und übernahm verschiedene Lehraufträge an nationalen und internationalen Instituten. Seine Venia Legendi (Habilitation) bekam er von der Helmut Schmidt Universität verliehen. Prof. Dr. Schermuly forscht speziell zu den Themen „New Work aus psychologischer Perspektive", „Interaktionsprozessen und Diversität in Teams" sowie „Qualität von Personalentwicklungs- und Personalauswahlprozessen". Er ist Vorreiter im Bereich der Forschung zu negativen Auswirkungen von Coaching.

Referenzen

- Graßmann, C., & Schermuly, C. C. (2016). Side effects of business coaching and their predictors from the coachees' perspective. *Journal of Personnel Psychology, 15*(4), 152–163. https://doi.org/10.1027/1866-5888/a000161
- Graßmann, C., Schermuly, C. C., & Wach, D. (2017). Antecedents and consequences of side effects for coaches. Submitted for publication.
- Greif, S. (2015). Evaluation von Coaching: Eine schwer zu bewertende Dienstleistung. In A. Schreyögg & C. Schmidt-Lellek (Hrsg.), *Die Professionalisierung von Coaching. Ein Lesebuch für den Coach* (S. 47–69). Wiesbaden: Springer Fachmedien. Abgerufen von: http://www.springer.com/de/book/9783658081713
- Jones, R. J., Woods, S. A., & Guillaume, Y. R. F. (2015). The effectiveness of workplace coaching: A meta-analysis of learning and performance outcomes from coaching. *Journal of Occupational and Organizational Psychology, 89*, 249–277. https://doi.org/10.1111/joop.12119
- Rauen, C. (2014). *Coaching* (2. Aufl.). Göttingen: Hogrefe Verlag.
- Schermuly, C. C. (2014). Negative effects of coaching for coaches – An explorative study. *International Coaching Psychology Review, 9*, 165–180.
- Schermuly, C. C., Schermuly-Haupt, M.-L., Schölmerich, F., & Rauterberg, H. (2014). Zu Risiken und Nebenwirkungen lesen Sie … – Negative Effekte von Coaching. *Zeitschrift für Arbeits- und Organisationspsychologie A&O, 58*, 17–33. https://doi.org/10.1026/0932-4089/a000129
- Sonesh, S. C., Coultas, C. W., Marlow, S. L., Lacerenza, C. N., & Reyes, D. (2015). The power of coaching: A meta-analytic investigation. *An International Journal of Research, Theory, and Practice, 8*, 73–95. https://doi.org/10.1080/17521882.2015.1071418
- Theeboom, T., Beersma, B., & Van Vianen, A. E. M. (2014). Does coaching work? A meta-analysis on the effects of coaching on individual level outcomes in an organizational context. *The Journal of Positive Psychology, 9*, 1–18. https://doi.org/10.1080/17439760.2013.837499

9.2 Interview mit Prof. Dr. Carsten C. Schermuly, Professor für Wirtschaftspsychologie an der SRH Hochschule Berlin

Jamila Hildenbrand und Annabel Vogel führten das Interview. Das Transkript wurde von Jamila Hildenbrand, Heidi May, Caroline Scholtes und Annabel Vogel erstellt.

Interviewerin:

Guten Tag, Herr Professor Dr. Schermuly. Schön, dass Sie sich hier in Berlin mit uns treffen, damit wir uns mit der Frage „Kann Coaching negative Auswirkungen haben?" beschäftigen können. Vielen Dank, dass Sie, als Experte und Vorreiter auf diesem Gebiet, sich für das Interview Zeit nehmen.

Prof. Dr. Carsten C. Schermuly:

Sehr gerne.

I:

Seit 2012 sind Sie Studiengangsleiter für den Studiengang Internationale Betriebswirtschaftslehre mit Schwerpunkt Wirtschaftspsychologie an der SRH (Stiftung Rehabilitation Heidelberg) Hochschule Berlin. Was sind Ihre aktuellen Forschungsschwerpunkte, und warum finden Sie persönlich Coaching so interessant?

CS:

Zurzeit beschäftigen wir uns an der SRH Hochschule Berlin mit drei verschiedenen Forschungsbereichen: Teamforschung, „New Work" sowie Forschung im Bereich Personalauswahl und -entwicklung. Im Bereich Teamforschung liegt unser Fokus auf der Diversitätsforschung in Teams (▶ Kap. 2). Dabei untersuchen wir zum Beispiel, was Führungskräfte tun können, um die negativen Konsequenzen von Subgruppenbildung in Teams zu verhindern. Sowohl Führungsstile, aber auch die Offenheit von Führungskräften gegenüber Diversität scheinen sehr wichtig zu sein.

Der zweite Forschungsbereich ist „New Work" aus einer psychologischen Perspektive. Im Zuge der Digitalisierung, der Globalisierung und eines extremen Wissenszuwachses demokratisieren immer mehr Unternehmen ihre Arbeitsstrukturen. Wir legen unseren Schwerpunkt nicht nur auf die neuen Strukturen, sondern auch auf die Menschen, die in diesen Strukturen arbeiten müssen. Wir erforschen dabei vor allem die Ursachen und Konsequenzen von psychologischem *Empowerment*. Psychologisches *Empowerment* setzt sich aus vier Bewertungen der Arbeitsrolle zusammen: Es geht um das Erleben von Kompetenz, Bedeutsamkeit, Selbstbestimmung und Einfluss während der Arbeit. Psychologisches *Empowerment* ist mit vielen positiven Aspekten wie mehr Arbeitszufriedenheit, stärkerer Bindung an die Organisation und höherer Leistungsfähigkeit assoziiert. In neueren Studien konnten wir zeigen, dass sich langfristig sogar die Depressionsneigung und der Wunsch, früher in Rente gehen zu wollen, mit psychologischem *Empowerment* senken lassen.

Das Thema „Coaching" verfolgen wir in unserem dritten Forschungscluster. Mir ist das Thema persönlich wichtig, weil ich vor vielen Jahren, während meines Studiums, selbst an einem Coaching teilgenommen habe. In diesem Coaching kam heraus, dass die Karriere als Professor für Arbeits- und Organisationspsychologie für mich sehr interessant sein könnte. Dadurch wusste ich schon früh, was mein Ziel ist, und konnte den Weg in diese Richtung einschlagen. Dafür bin ich dem Coach und Coaching als Instrument der Weiterentwicklung heute noch dankbar. Ich halte Coaching für einen sehr sinnvollen Bestandteil des Personalentwicklungsmarktes und ein sehr spannendes Forschungsthema. Wo arbeiten Menschen am Arbeitsplatz so intensiv und intim zusammen wie in einem Coaching? Das muss einen Psychologen einfach interessieren.

I:

Im Jahre 2014 haben Sie gleich zwei Coaching-Preise gewonnen, den Erdinger Coaching-Preis für den besten wissenschaftlichen Artikel und den Deutschen Coaching-Preis des DBVC (Deutscher Bundesverband Coaching e.V.) in der Kategorie „Wissenschaft" für Ihr Projekt mit dem Thema „Risiken und Nebenwirkungen von Coaching für Coachees und Coaches". Herzlichen Glückwunsch! Wie kommt es dazu, dass gerade dieses Thema so eine große Aufmerksamkeit geweckt hat?

CS:

Vielen Dank. Gerade kam noch der Best Poster Award der Harvard University dazu. Die Aufmerksamkeit stammt, denke ich, aus verschiedenen Quellen. Aus der Supervisions-, der

Psychotherapie- und der Mentoring-Forschung wissen wir bereits, dass Nebenwirkungen in solch engen Beziehungen auftreten können. Im Coaching-Bereich war das Thema jedoch neu. Es war für viele überraschend, dass Coaching auch negative Auswirkungen haben kann, da in einem Coaching ja „nur" geredet wird, und das auch nur mit gesunden Menschen. Aber „nur" durch Reden können sehr viele unterschiedliche Konsequenzen herbeiführt werden, positive wie auch negative. Einige Praktikerinnen und Praktiker haben unsere Forschung auch begrüßt, weil sie durch diese besser verstanden haben, welche Bandbreite an Wirkungen durch ein Coaching möglich ist und was mit ihren Klientinnen und Klienten in einem Coaching geschieht.

Aber auch das Thema „Nebenwirkungen von Coaching für Coaches" hat viele Praktikerinnen und Praktiker angesprochen. Der Coaching-Job ist ein Beruf, der häufig mit Einsamkeit einhergeht. Das ist ein Paradox, weil der Beruf ja zwischenmenschlich sehr intensiv ist. Aber viel Austausch mit Kolleginnen und Kollegen haben die meisten Coaches in ihrem Arbeitsalltag nicht. Durch die Erforschung von Nebenwirkungen haben viele Coaches zum ersten Mal erfahren, dass auch andere Coaches Angst in ihrer Berufsrolle haben oder Themen mit nach Hause nehmen und nicht so gut abschalten können. Das Gefühl, mit den unerwünschten Konsequenzen ihres Berufs nicht alleine zu sein, sorgte bei vielen Coaches für Erleichterung.

I:

2014 veröffentlichten Sie in der *Zeitschrift für Arbeits- und Organisationspsychologie* gemeinsam mit Kollegen den Artikel „Zu Risiken und Nebenwirkungen lesen Sie ... – Negative Effekte von Coaching" (Schermuly et al. 2014). Was verstehen Sie unter Risiken und Nebenwirkungen beim Coaching? Bitte geben Sie uns ein Fallbeispiel, das Risiken und Nebenwirkungen in der Praxis verdeutlicht.

CS:

Es gibt bereits sehr viele Belege in Form von Metaanalysen dafür, dass Coaching positiv wirkt. Coaching hilft Klientinnen und Klienten, leistungsfähiger zu werden, aber auch die Selbstregulationsfähigkeiten sowie ein besserer Umgang mit anspruchsvollen Situationen profitieren von einem Coaching. Was bislang noch nicht erforscht wurde, waren die Nebenwirkungen von Coaching. Daher war unser erster Schritt, das Konstrukt definitorisch zu erfassen. Nebenwirkungen sind Coaching-Effekte, die für den Klienten schädlich sind. Sie treten unbeabsichtigt auf und sind gleichzeitig unmittelbar durch das Coaching verursacht worden. Unbeabsichtigt heißt, dass diese nicht willkürlich durch den Coach hergestellt wurden, um ein Coaching-Ziel zu erreichen. Unmittelbar bedeutet, dass sie nicht durch etwas anderes, das nichts mit dem Coaching zu tun hat, ausgelöst wurden.

Beispiele gibt es sehr viele, da wir fast 30 verschiedene Nebenwirkungen feststellen konnten. Eines davon ist die Entstehung eines Abhängigkeitsverhältnisses zwischen Coaches und Klienten. Das kann dazu führen, dass Klienten ihre Fähigkeiten verlieren, eigenständig Entscheidungen zu treffen. Ein weiteres Beispiel ist, dass Probleme angestoßen werden, die in einem Coaching nicht bewältigt werden können, sodass Klienten nach Abschluss des Coachings damit alleine sind. Konflikte mit Führungskräften sind auch eine mögliche Nebenwirkung. Diese Konflikte können zum Beispiel entstehen, wenn Klienten im Coaching lernen, Nein zu sagen. Lehnen diese aufgrund eines Coachings plötzlich Arbeitsaufträge ab oder vollziehen eine stärkere Abgrenzung gegenüber ihrer Berufsrolle, so ist das für viele Führungskräfte überraschend. Die Führungskraft ist ja nicht beim Coaching dabei und weiß häufig nicht, was dort konkret erarbeitet wurde. Es kann also zu Konflikten kommen, wenn Klienten sich durch das Coaching verändern, das soziale System das aber nicht mitbekommt. Dies gilt übrigens auch für den familiären Bereich. Wir haben in unserer Forschung auch Klienten kennengelernt, deren Familiensystem sich durch ein Coaching verändert hat. Da hat zum Beispiel ein Klient Verhandlungstaktiken, die er im Coaching gelernt hatte, auch zu Hause erprobt.

I:

Inwiefern besteht ein Unterschied zwischen negativen Auswirkungen und Misserfolg im Coaching?

CS:

Es besteht ein kleiner Zusammenhang zwischen Misserfolg und dem Auftreten von Nebenwirkungen (Schermuly 2014); es handelt sich jedoch um zwei verschiedene Konstrukte. Grundsätzlich gibt es in der Praxis, aber auch in der Wissenschaft unterschiedliche Verständnisse davon, was Erfolg in einem Coaching ist. Häufig wird Coaching-Erfolg als Zielerreichung definiert. Zu Beginn des Coachings werden Ziele festgelegt. Wenn diese erreicht werden, so ist das Coaching im Verständnis vieler Coaches und Klienten erfolgreich verlaufen. Es kann jedoch vorkommen, dass alle Ziele erreicht werden und trotzdem negative Auswirkungen entstehen. Wir konnten empirisch zeigen, dass auch in sehr erfolgreichen Coachings zumindest temporär Nebenwirkungen auftreten können (Schermuly und Graßmann 2016). Klienten können alle Coaching-Ziele erreichen und dennoch für einen Zeitraum aufgrund des Coachings unzufrieden mit dem Beruf sein. Oder sie erreichen die Coaching-Ziele, und es kommt gleichzeitig trotzdem zu Leistungsschwankungen, weil die Klientin oder der Klient nicht sofort einen neuen Führungsstil reibungslos in der beruflichen Praxis umsetzen kann.

I:

Im Coaching-Prozess sind verschiedene Personen beteiligt. Wen können die Nebenwirkungen von Coaching betreffen?

CS:

Nebenwirkungen können grundsätzlich alle betreffen, die am Coaching-Prozess beteiligt sind. Das gilt sowohl für die positiven Auswirkungen als auch für die Nebenwirkungen. Wir haben uns bisher stark auf die Perspektive der Klienten konzentriert, also auf Nebenwirkungen von Coaching für Klienten. Nebenwirkungen können aber auch für Coaches auftreten, und das sogar sehr häufig. Darüber hinaus können Nebenwirkungen auch die Organisation betreffen. Zum Beispiel kann es vorkommen, dass Klienten infolge eines Coachings den Job wechseln möchten. Das kann für sie positiv, für die Organisation aber negativ sein.

Hier zeigt sich ein ganz wichtiger Aspekt: Die Perspektive, aus der man auf die Wirkung eines Coachings blickt, ist entscheidend, um festzustellen, ob und für wen eine Wirkung eine Nebenwirkung ist. Es ist außerdem wichtig, Wirkungen aus der zeitlichen Perspektive zu betrachten, da eine kurzfristige Nebenwirkung sich langfristig zu einer positiven Wirkung entwickeln kann. Der Konflikt zwischen Führungskraft und Klient kann langfristig vielleicht die Beziehung stärken. Die angestoßenen Probleme können gegebenenfalls später positiv gelöst werden. Aber diese Komplexität gilt nicht nur für Nebenwirkungen, sondern auch für positive Coaching-Effekte. Im Macbeth heißt es so schön „Fair is foul, and foul is fair". Auch eine positive Wirkung kann unter Umständen langfristig negativ sein. Eine Klientin oder ein Klient gewinnt zum Beispiel durch ein Coaching wieder etwas mehr Arbeitszufriedenheit und verpasst dadurch den Absprung zum Traumjob oder lernt in einem Coaching, sich zeitlich besser zu organisieren. Statt für Müßiggang wird die gewonnene Zeit für noch mehr Arbeit eingesetzt, was gegebenenfalls das Burnout-Risiko erhöhen kann.

I:
Was lässt sich über die Häufigkeit, Intensität und Dauer von negativen Auswirkungen von Coaching im Allgemeinen sagen?

CS:
Häufigkeit, Intensität und Dauer von Nebenwirkungen sind ebenfalls perspektivenabhängig. Nach derzeitigem Kenntnisstand scheinen aus Sicht der Klienten in über 50 % der Coachings Nebenwirkungen aufzutreten, im Durchschnitt 2,1 Nebenwirkungen pro Coaching (Schermuly 2015). Die Nebenwirkungen sind von niedriger bis mittelstarker Intensität und kurzfristiger Dauer. Schwerwiegende negative Auswirkungen, wie zum Beispiel ein Arbeitsplatzverlust, kommen glücklicherweise nur sehr selten vor. Die Befunde über Nebenwirkungen bei Coaches unterscheiden sich hingegen stark von denen der Klienten. Nach eigener Aussage haben 99 % der Coaches Nebenwirkungen für sich selbst erlebt. Coaches nehmen Nebenwirkungen pro Coaching dreimal häufiger bei sich selbst als bei ihren Klienten wahr; im Durchschnitt treten sechs Nebenwirkungen für Coaches pro Coaching auf (Schermuly 2015). Dieser Unterschied hat mich und mein Team sehr überrascht.

I:
Wie lässt sich dieser Unterschied erklären?

CS:
Um auf diese Frage antworten zu können, sollten zuerst die Nebenwirkungen, die Coaches erleben, betrachtet werden. Häufig sind Coaches gefrustet und enttäuscht darüber, dass keine Langzeiteffekte ihrer Arbeit ersichtlich sind. Nachdem ein Coaching durchgeführt wurde, ist es in der momentanen Personalentwicklungsszene nicht üblich, anschließend eine *Follow-up*-Sitzung durchzuführen. Coaches können somit die durch das Coaching angeregte Entwicklung der Klienten nicht mitverfolgen, wodurch die Ganzheitlichkeit der Arbeitsaufgabe nicht erfüllt werden kann. Über 40 % der Coaches hatten im letzten Coaching Angst, der Coach-Rolle nicht gerecht zu werden, oder waren persönlich betroffen durch ein Coaching-Thema. Über 30 % der Coaches waren im letzten Coaching durch die kommunikativen Anforderungen des Coachings belastet. Viele Coaches leiden auch unter dem massiven Konkurrenzdruck in der Branche und haben Angst, etwas Falsches im Coaching zu tun.

Der derzeitige Zugang zum Beruf als Coach könnte hier einen Einfluss haben. Die Bezeichnung „Coach" ist kein geschützter Begriff, also existiert auch kein geschützter Coaching-Beruf. Jeder kann und darf ihn derzeit ausüben, sich als Coach bezeichnen oder gar eine Coaching-Ausbildung anbieten. Nicht wenige Coaches sind auf der Suche nach stabilen Einnahmequellen und entwickeln dann die Idee, eine Coaching-Ausbildung anzubieten. Die unzähligen Ausbildungen unterscheiden sich qualitativ stark, wie meine Kollegin Prof. Dr. Heidi Möller (▶ Kap. 8) herausgefunden hat. Daraus können Kompetenzmängel resultieren, was zu einer verstärkten Unsicherheit auf Seiten der Coaches führen kann. Gerade weil der Coaching-Markt mit Coaches gesättigt ist, ist er auch knallhart. Unsere Studien zeigen, dass nur ein Drittel der Arbeitszeit und des Einkommens der Coaches tatsächlich aus dem Coaching-Beruf stammen. Je mehr Coaching-Ausbildungen angeboten werden und Absolventinnen beziehungsweise Absolventen auf den Markt strömen, desto angespannter wird die

Situation. Die überwiegende Mehrheit der deutschen Coaches arbeitet nur Teilzeit in ihrem Beruf. Gerne würden diese Coaches häufiger als Coaches arbeiten, und nicht selten haben Coaches Angst, etwas Falsches zu tun, weil sie befürchten, dann aus einem Coaching-Pool eines großen Unternehmens zu fliegen. Klienten können sehr mächtig sein. Die Entfernung aus einem Coaching-Pool kann schnell die wirtschaftliche Existenz eines Coaches bedrohen.

I:

Für wen und weshalb ist es so wichtig, dass die Nebenwirkungen von Coaching bekannt sind und diskutiert werden?

CS:

Es ist wichtig, Nebenwirkungen sowohl für Klienten als auch für Coaches bekannt zu machen. Für eine ausreichende Selbstfürsorge sollten Coaches für die Nebenwirkungen ihres Berufs sensibilisiert werden. Auch die Identifikation der Nebenwirkungen auf der Seite der Klienten ist wichtig. Nur so können sie eingeschränkt oder bei einem Auftreten vielleicht sogar für den Coaching-Prozess genutzt werden.

Die Ergebnisse einer aktuell durchgeführten qualitativen Studie belegen, dass Coaches, die für Nebenwirkungen sensibilisiert sind, diese frühzeitig erkennen (Schermuly und Graßmann 2016). Dadurch ist der Umgang mit Nebenwirkungen entspannter, und das Wissen über diese kann positiv genutzt werden. Problematisch wird es, wenn Nebenwirkungen übersehen oder negiert werden und Coaches gar nicht mitbekommen, was sich in der Lebenswelt der Klienten durch das Coaching verändert. Wenn Coaches überzeugt sind, dass Nebenwirkungen weder für sich noch für ihre Klienten auftreten können, dann sehen sie diese auch nicht. Folglich verpassen sie die Chance, diese für den Klienten oder für sich selbst zu nutzen.

I:

Inwiefern lassen sich die negativen Auswirkungen von Coaching kategorisieren, und welche beispielhaften Nebenwirkungen sind am weitesten verbreitet?

CS:

Insgesamt gibt es fast 30 Nebenwirkungen, die wir kategorisiert haben (◘ Tab. 9.1 und 9.2). Eine große Kategorie ist das psychische Wohlbefinden. Dazu gehört zum Beispiel das Anstoßen von Problemen, die innerhalb des Coachings nicht mehr bewältigt werden können. Das tritt relativ häufig – in über 20 % der Coachings – zumindest kurzfristig auf. Die Reduktion von Lebenszufriedenheit gehört beispielsweise auch in diese Kategorie. Die zweite Kategorie ist die soziale Integration und fasst alle Effekte zusammen, die mit dem sozialen System zu tun haben. In diesem Bereich ist die häufigste Nebenwirkung die Verschlechterung der Beziehung zur Führungskraft. Die dritte Kategorie ist die Leistungsfähigkeit, welche insbesondere die Schwankungen der Arbeitsleistung beinhaltet. Neue Verhaltensweisen und Arbeitsstile müssen erst einmal erprobt werden. Da kann es während eines Coachings durchaus zu Leistungsschwankungen kommen, was aber relativ normal ist. Die vierte Kategorie ist die Bewertung der Arbeitsrolle, welche besonders den Bedeutsamkeitsverlust beinhaltet. Es kann vorkommen, dass Klienten infolge eines Coachings feststellen, dass ihr Beruf von nicht so großer Bedeutung ist. wie sie das ursprünglich gedacht haben. Das ist manchmal ein schmerzhafter Erkenntnisprozess, der zu einem Coaching gehört. Die fünfte Kategorie ist der materielle Verlust. Diese Kategorie beinhaltet beispielsweise den Arbeitgeberwechsel zu einem weniger gut bezahlten Job, der aufgrund eines Coachings stattfindet. Das kommt jedoch sehr selten vor.

Tab. 9.1 Nebenwirkungen von Coaching für Klienten. (Schermuly 2015)

Psychisches Wohlbefinden	Soziale Integration	Leistungsfähigkeit	Bewertung der Arbeitsrolle	Materielle Verluste		Sonstige
Anstoßen von Problemen, die nicht bearbeitet werden konnten (26 %)	Verschlechterung der Beziehung: Vorgesetzter (13,8 %)	Schwankungen der Arbeitsleistung (13 %)	Bedeutsamkeit gegenüber Arbeit (17,1 %)	Arbeitgeberwechsel mit schlechteren Arbeitsbedingungen (3,3 %)		Abwandlung von Zielen gegen den Willen des Klienten (17,1 %)
Reduktion der Lebenszufriedenheit (9,8 %)	Abhängigkeitsverhältnis gegenüber Coach (12,2 %)	Reduktion der Arbeitsmotivation (8,9 %)r	Reduktion der Arbeitszufriedenheit (13 %)	Arbeitsplatzverlust (2,4 %)		Rechtsstreit mit Coach (0,8 %)
Verschlechterung der Work-Life-Balance (8,9 %)	Verschlechterung der Beziehung: Ehepartner (5,7 %)	Verschlechterung der Arbeitsleistung (4,1 %)	Reduktion des Kompetenzerlebens (9,8 %)	Finanziell bedrohliche Situation (1,6 %)		Persönliche Information an Dritte (0,8 %)
Arbeitsplatzangst (7,3 %)	Verschlechterung der Beziehung: andere Familienmitglieder (5,7 %)		Reduktion des Einflusserlebens (4,1 %)			
Verschlimmerung der psychischen Störung (2,4 %)	Verschlechterung der Beziehung: Kollegen (4,9 %)		Reduktion des Selbstbestimmungserlebens (4,1 %)			
Entwicklung einer psychischen Störung (1,6 %)	Verschlechterung der Beziehung: Mitarbeiter (2,4 %)					
Mehr Konsum von Zigaretten, Alkohol oder Medikamenten (1,6 %)						

Die Prozentzahl bezieht sich auf die durchschnittliche Auftrittsrate im letzten Coaching.

Tab. 9.2 Nebenwirkungen von Coaching für Coaches. (Schermuly 2015)

Psychisches Wohlbefinden	Soziale Integration	Unangenehme Gefühle gegenüber Coach	Unangenehmes Verhalten gegenüber Coach	Ergebnisbezogene Enttäuschung	Materielle Verluste	Sonstige
Persönliche Betroffenheit durch Thema (44,2 %/78,8 %)	Zu wenig Zeit für Familie und sich selbst (14,4 %/44,2 %)	Schuldgefühle (23,1 %/60,6 %)	Sexuelle Avancen (1,9 %/14,4 %)	Enttäuschung, dass Langzeitwirkung nicht beobachtet werden konnte (45,2 %/77,9 %)	Gefühl der Unterbezahlung (36,5 %/70,2 %)	Anstrengung durch kommunikative Anforderungen (35,6 %/62,5 %)
Angst, Coach-Rolle nicht gerecht zu werden (40,4 %/71,2 %)	Schwierigkeit mit Öffnung im Privatleben (10,6 %/23,1 %)	Ärger (20,3 %/73,1 %)	Beleidigungen (1 %/9,6 %)	Enttäuschung, dass Probleme des Klienten nicht gelöst werden konnten (36,5 %/70,2 %)	Probleme mit Bezahlung (6,7 %/26 %)	Belastende Regulierung des Nähe-Distanz-Verhältnisses (17,3 %/43,3 %)
Unsicherheit (38,5 %/80,8 %)	Einsamkeit (7,7 %/21,2 %)	Langeweile (12,5 %/59,6 %)	Stalking (1 %/2,9 %)	Enttäuschung über nichteffektives Coaching (23,1 %/68,3 %)		
Emotionale Erschöpfung (26,9 %/74 %)		Sexuelle Attraktion (6,7 %/19,2 %)	Bedrohung (1 %/1,9 %)			
Druck aufgrund zu hoher Erwartungen (29,8 %/71,2 %)		Verliebtsein (3,8 %/6,7 %)				
Angst, etwas Falsches zu tun (28,8 %/71,2 %)						
Stress (20,2 %/61,5 %)						
Zu hohe Verantwortung (19,2 %/55,8 %)						
Belastung durch außergewöhnliches Thema (15,4 %/48,1 %)						
Nicht abschalten können (15,4 %/44,2 %)						
Überforderung (10,4 %/64,4 %)						

Die linke Prozentzahl bezieht sich auf die durchschnittliche Auftrittsrate im letzten Coaching, die rechte auf die Auftrittsrate in der bisherigen Karriere.

Kapitel 9 · Kann Coaching negative Auswirkungen haben?

I:

Welche wechselseitige Beeinflussung der Nebenwirkungen für Coaches und Klienten tritt auf?

CS:

Über die wechselseitige Beeinflussung gibt es inzwischen genauere Befunde. Gemeinsam mit der International Coach Federation (ICF) haben wir eine große Längsschnittstudie durchgeführt (Graßmann et al. 2017). Im Längsschnitt bedeutet, dass wir zu mehreren Zeitpunkten die Coaches befragt haben. Wir hatten die einmalige Chance, amerikanische, australische und britische Coaches über ihre Wahrnehmung bezüglich der Häufigkeit von Nebenwirkungen zu befragen. Dabei wurden sowohl die Anzahl an Nebenwirkungen auf Seiten der Klienten als auch auf Seiten der Coaches erfragt. Es hat sich Folgendes gezeigt: Je mehr Nebenwirkungen Coaches bei Klienten wahrnehmen, desto mehr Nebenwirkungen nehmen sie auch bei sich selbst wahr. Vermittelt wird dieser Zusammenhang über das Kompetenzerleben eines Coaches. Das heißt, wenn Coaches sehr viele Nebenwirkungen bei ihren Klienten wahrnehmen, beeinflusst sie das in ihrem beruflichen Kompetenzerleben. Fühlen sie sich weniger kompetent, nehmen sie folglich mehr Nebenwirkungen bei sich selbst wahr. Im Längsschnitt besteht auch ein Zusammenhang mit Gesundheitsvariablen, insbesondere mit dem Stresserleben und der Schlafqualität. Coaches, die in ihrem letzten Coaching sehr viele Nebenwirkungen für sich selbst erlebt haben, schlafen schlechter und fühlen sich gestresster.

I:

Welche Hauptursachen von Nebenwirkungen konnten bisher identifiziert werden?

CS:

Insgesamt konnten wir viele Ursachen identifizieren, wie zum Beispiel die Qualität der Beziehung zwischen Coaches und Klienten (Graßmann und Schermuly 2016). Wenn diese niedrig ist, treten verstärkt Nebenwirkungen auf. Das gilt auch für die Nebenwirkungen von Coaching für Coaches. Ein schlechtes Verhältnis zu Klienten belastet die Coaches deutlich. Themenhopping ist ebenfalls eine Ursache von Nebenwirkungen im Coaching. Es scheinen umso mehr Nebenwirkungen aufzutreten, je mehr Themen angeschnitten, aber nicht lange genug bearbeitet werden. Manche Ursachen lassen sich auch speziell auf Seiten der Klienten, der Coaches oder der Organisation festmachen.

Auf Seiten der Klienten spielt beispielsweise die Veränderungsmotivation eine wichtige Rolle. Je weniger sich Klienten verändern wollen, desto häufiger kommt es zu Nebenwirkungen im Coaching-Prozess. Sich nicht entwickeln zu wollen, ist wirklich eine schlechte Voraussetzung für ein Coaching.

Auf Seiten der Coaches ist fehlende Supervision (▶ Kap. 8) eine Hauptursache von Nebenwirkungen. Nur selten haben Coaches in ihrem Berufsalltag die Chance, sich mit erfahrenen Kolleginnen und Kollegen auszutauschen und auch schwierige Fälle zu besprechen. Häufig fehlt Coaches dazu die Zeit, aber auch das Geld. Auch eine unzureichende Diagnostik scheint das Entstehen von Nebenwirkungen zu begünstigen. Die unzureichende Diagnostik ist dadurch gekennzeichnet, dass der Coach zu wenig Zeit damit verbringt, die Klienten, ihr Arbeitsleben und auch ihr soziales System am Anfang des Coachings kennenzulernen und zu verstehen. Schnell wird das erstbeste Thema fokussiert und mit dem Coaching begonnen. Schnell produziert man damit aber auch Nebenwirkungen, und es kommt zum Themenhopping.

Auch auf Organisationseite liegen Gründe. Manche Unternehmen zwingen immer noch Klienten zu einem Coaching. In diesen Fällen treten vermehrt Nebenwirkungen auf. Das Coaching wird dann als Reparaturwerkstatt begriffen oder als letzte Chance vor der Kündigung. Es ist natürlich klar, dass in solchen Fällen die Veränderungsmotivation des Klienten und dessen Coaching-Ziele eingeschränkt sind. Auch leidet die Beziehungsqualität, wenn an einem Klienten eine Art Zwangsoptimierung vollzogen wird. Eine weitere Ursache von Nebenwirkungen ist die fehlende Transfermöglichkeit der Coaching-Inhalte in den Arbeitsalltag. Mich überrascht es immer wieder, dass sowohl bei Coachings, aber auch bei Trainings so wenig in den Transfer der neuen Kompetenzen und Erkenntnisse investiert wird. Wenn die Klienten wenige Möglichkeiten zum Transfer (▶ Kap. 7) erleben, dann erscheint das Coaching natürlich auch in einem ganz anderen Licht.

I:

Was kann die Organisation gezielt zur Schaffung eines guten Transferumfeldes beitragen?

CS:

Klienten müssen sowohl die Möglichkeit als auch die Zeit haben, das Gelernte aus dem Coaching umzusetzen und zu praktizieren. Ein Ansatzpunkt hierfür kann die Führungskraft sein, die den Coaching-Prozess unterstützen sollte und gegebenenfalls in den Transferprozess involviert werden kann. Ein offener Dialog über Veränderungswünsche der Klienten und die Möglichkeit zu deren Realisierung gehören zu einem guten Transferumfeld. Langfristig könnten durch die Organisation eingeplante *Follow-up*-Maßnahmen hilfreich sein. Coaching sollte nicht zu einem bestimmten Zeitpunkt einfach enden. Ein zusätzlicher Kontakt zwischen Coaches und Klienten nach dem Abschluss eines Coachings, zum Beispiel für den Austausch über Transferprobleme, würde Klienten nachhaltig unterstützen und auch Nebenwirkungen einschränken – besser neun Sitzungen in einer Reihenfolge und eine Transfersitzung nach acht Wochen als zehn Sitzungen hintereinander.

I:

In Ihrer Studie aus dem Jahr 2014 (Schermuly 2014) hat sich gezeigt, dass Coaches Klienten stärker als sich selbst für das Auftreten von Nebenwirkungen verantwortlich machen. Wie erklären Sie sich diesen Effekt?

CS:

In unserer ersten Studie haben Coaches tatsächlich häufiger ihre Klienten für Nebenwirkungen verantwortlich gemacht als sich selbst (Schermuly 2014). Auf eine gewisse Art und Weise ist das selbstwertdienlich und ein bekannter Attributionsfehler. Es ist einfacher für den eigenen Selbstwert, wenn an dem negativen Ereignis jemand anderes Schuld trägt und nicht man selbst. Gleichzeitig liegt hier aber auch eine Gefahr. Der Coach nimmt sich die Chance, zu wachsen und Nebenwirkungen in der Zukunft zu verhindern. Und bei vielen Ursachen, die auf der Seite der Klienten liegen, besitzt der Coach meiner Meinung nach eine Mitverantwortung.

I:

Welche Ursachen sind das?

CS:

Als Gründe wurden zum Beispiel auf der Seite der Klienten von den Coaches genannt, dass der Klient zu wenig Problembewusstsein hatte. Hier sehe ich den Coach in der Pflicht, mit dem Klienten in den ersten Sitzungen daran zu arbeiten, dass dieses Bewusstsein entsteht. Falls ein Klient überhaupt kein Problembewusstsein besitzt oder gar keine Probleme existieren, dann sollte der Coach den Coaching-Auftrag infrage stellen. Wenn ein Coach mit einem Klienten arbeiten will, der kein Problem oder kein Problembewusstsein hat, dann kann man ihn durchaus als mitverantwortlich für etwaige Nebenwirkungen sehen. Dasselbe gilt für falsche Erwartungen oder fehlende Coaching-Ziele, die ebenfalls häufiger als Gründe in unserer Studie genannt wurden. Nicht nur der Klient ist für realistische Erwartungen und Coaching-Ziele verantwortlich. Es ist die Aufgabe des Coaches, dem Klienten zu vermitteln, was mit einem Coaching erreicht werden kann und was nicht. Der Coach hat in diesem Bereich einen erheblichen Erfahrungsvorsprung. Die Ziel- und Erwartungsklärung sollte ganz direkt und transparent in der ersten Sitzung zum Thema gemacht werden.

I:

Zusammenfassend kann man also sagen: Coaching kann negative Auswirkungen haben. Nachdem wir jetzt schon über ihre Ausprägungen und mögliche Ursachen gesprochen haben, würden wir nun gerne einen Blick in die Zukunft werfen. Welchen Mehrwert bringt die Erforschung der negativen Auswirkungen von Coaching?

CS:

Wir kennen durch unsere Forschung jetzt ein größeres Wirkungsspektrum von Coaching. Coaching kann Nebenwirkungen haben. Das wissen wir nun mit Sicherheit. Es ist aber vor allem auch positiv wirksam, wie verschiedene Metaanalysen zeigen (De Meuse et al. 2009; Jones et al. 2016; Sonesh et al. 2015; Theeboom et al. 2014). Deshalb sollte diese Personalentwicklungsmethode auch zukünftig genutzt werden, von meiner Seite auch gerne noch häufiger.

Des Weiteren können wir durch die Erforschung von Nebenwirkungen Klienten, aber auch Coaches selbst, besser über folgende Aspekte aufklären: Welche Erwartungen kann man an ein Coaching haben? Welche Nebenwirkungen können dabei auftreten? Wir können Klienten aufklären, was auf sie in einem Coaching zukommen kann. Das Gleiche gilt für Menschen, die Coach werden wollen. Als Coach zu arbeiten, kann eine sinnhafte und erfüllende Tätigkeit sein. Aber wie viele andere Berufe mit engem Kontakt zu Menschen kann er auch Nebenwirkungen produzieren.

Speziell für die Personalentwicklung kann aus der Erforschung von Nebenwirkungen der Schluss gezogen werden, Coaching nur dann einzusetzen, wenn ein wirkliches Anliegen besteht. Sonst verpasst man gegebenenfalls die positiven Wirkungen und bleibt auf den Nebenwirkungen sitzen. Diese Einschätzung ist Aufgabe der Personalentwicklung. Sie sollte zusammen mit dem Klienten prüfen, ob ein wirkliches Coaching-Anliegen besteht, und den Kontakt zu einem professionellen Coach herstellen, der sich auch mit dem Thema „Nebenwirkungen" auskennt. Sind diese Voraussetzungen erfüllt, können Personalentwickler Mitarbeitende guten Gewissens zu einem Coaching schicken. Letztlich besteht auch ein Mehrwert unserer Forschung darin, dass wir Ursachen und damit erste Präventionsansätze bezüglich des Auftretens von Nebenwirkungen identifizieren konnten.

I:

Welche konkreten präventiven Maßnahmen können langfristig ergriffen werden, um Nebenwirkungen von Coaching zu reduzieren?

CS:

Dafür müssen wir erneut einen Blick auf die Ursachen der Nebenwirkungen werfen. Ich glaube, dass die Vermeidung von Themenhopping einen wichtigen Ansatzpunkt für präventive Maßnahmen darstellt. Die Voraussetzung, um im Coaching Themenwechsel zu vermeiden und fokussiert bei einer Fragestellung zu bleiben, ist eine ordentliche Diagnostik. Dafür ist es wichtig, dass sich die Coaches anfangs Zeit nehmen und sich intensiv mit den Klienten, ihrem Berufsalltag, ihrer Persönlichkeit und besonders ihrem sozialen System beschäftigen und diese Einflüsse verstehen. Auch Klienten können auf diese Weise neue Erkenntnisse erlangen und sich über Einflussfaktoren bewusst werden.

Eine weitere Maßnahme ist die Aufklärung von Coaches und auch Klienten über das Auftreten der Nebenwirkungen, sodass diese frühzeitig erkannt und in Angriff genommen werden können. Auch die Beziehungsqualität zwischen Coaches und Klienten ist ein Ansatzpunkt für langfristige Maßnahmen. Coaching ist Beziehungsarbeit. Gelingt diese, dann gelingt auch das Coaching.

I:

Was zeichnet für Sie eine hohe Beziehungsqualität aus?

CS:

Im Kern steht für mich gegenseitiges Vertrauen, Loyalität und die Begegnung auf Augenhöhe. Das hat sehr positive Konsequenzen, denn es schafft die Grundlage für das Ansprechen kritischer Themen und die Rückmeldung eines ehrlichen Feedbacks. Außerdem sorgt eine hohe Beziehungsqualität für hohe Motivation auf der Seite der Klienten, aber auch der Coaches.

I:

Was versprechen Sie sich davon, Coaches in der Ausbildung über negative Auswirkungen von Coachings aufzuklären?

CS:

Ich verspreche mir einerseits eine Sensibilisierung, andererseits auch eine Entdramatisierung des Themas „Nebenwirkungen". Die Ausbildung (▶ Kap. 8) sollte vermitteln, dass Nebenwirkungen ein normaler Bestandteil von Coaching sind. Das fördert meiner Meinung nach einen entspannten Umgang mit dem Thema. Der entspannte Umgang kann zur Bewältigung von Nebenwirkungen beitragen.

Darüber hinaus ist das Thema „Nebenwirkungen" für die Selbstfürsorge der Coaches essenziell. Für Coaches persönlich ist es sehr wichtig zu wissen, welche Herausforderungen ihr Beruf für sie bereithält und wie sie diesen begegnen. Coaches sollten zum Beispiel in der Ausbildung schon früh lernen, welche Themen sie besonders berühren und in einem Coaching besonders beschäftigen könnten. Habe ich meine eigene Entlassung schon verarbeitet? Welche Verwundungen hat mein ehemaliger Chef bei mir hinterlassen? Fühle ich mich selbst in meinem Beruf zu wenig wertgeschätzt? Wo liegt meine Achillesferse als Coach, und was sind meine Erwartungen an den Beruf? Coaches brauchen in ihren Ausbildungen Selbsterfahrung. Sie müssen sich selbst und potenzielle Quellen für Nebenwirkungen kennenlernen.

Und einen weiteren Effekt wird die Integration des Themas in das Curriculum der Ausbildungen haben. Die Ausbildungen werden professioneller, weil sie mit neuen und validen Erkenntnissen angereichert werden. Der Markt für Coaching-Ausbildungen ist genauso kompetitiv wie der eigentliche Coaching-Markt. Institute, die sich wissenschaftlichen Erkenntnissen öffnen und geschickt mit Praxiseinheiten verknüpfen, werden am Markt bestehen und ihn langfristig dominieren. Qualität zahlt sich langfristig aus.

I:

Werfen wir nochmal einen Blick auf die Forschung zu negativen Auswirkungen von Coaching. Welche Einschränkungen dürfen in diesem Bereich nicht außer Acht gelassen werden?

CS:

Forschung zu Nebenwirkungen von Coaching zählt zur anwendungsbezogenen Forschung. In diesem Bereich ist es schwierig, experimentelle Studien durchzuführen, da es ethisch nicht vertretbar ist, Nebenwirkungen im Studiendesign gezielt zu provozieren. Um kausale Rückschlusse ziehen zu können, wäre aber solch eine Art der Forschung nötig. Damit haben wir einen Nachteil gegenüber anderen Forschungsbereichen. Ein weiteres Problem stellt die geringe Teilnehmerzahl der Studien dar, wodurch ihre Repräsentativität eingeschränkt ist. Da die meisten Klienten Führungskräfte sind, ist es schwierig, sie in großer Zahl für Studien zu begeistern. Wir schaffen es, immer wieder auf eine dreistellige Anzahl an Studienteilnehmenden zu kommen, aber sehr viel mehr ist mit diesem Forschungsthema selten möglich. Auch stellt sich die Repräsentativitätsfrage beim Thema „Stichprobenselektion". Transparenz ist uns sehr wichtig, weshalb wir deutlich kommunizieren, dass wir zum Thema „Nebenwirkungen von Coaching" forschen. Dafür sind wir auch national und international bekannt. Deshalb muss man sich durchaus die Frage stellen: Wer nimmt an unseren Studien eigentlich teil? Wer stellt sich den Nebenwirkungen des eigenen beruflichen Handelns? Ich habe den Eindruck, es sind eher die professionellen und selbstsicheren Coaches. Das schränkt natürlich die Generalisierbarkeit unserer Ergebnisse ein.

I:

Geben Sie uns einen *Sneak Peek* zu zukünftigen Studien in diesem Themenkomplex. Wo sehen Sie die Forschung in fünf, zehn, oder vielleicht 30 Jahren? Und verraten Sie uns Ihren persönlichen Wunsch für die Zukunft des Coachings?

CS:

Mein persönlicher Wunsch ist, dass die Coaching-Szene weiter floriert, sich aber auch weiter professionalisiert. Neuere Forschungen beinhalten zum Beispiel unsere Studien zum Thema „Abbrüche von Coaching". Wir können nachweisen, dass bei einem Abbruch Nebenwirkungen oft eine wichtige Rolle spielen (Schermuly 2017). Ein weiterer Bereich, der zukünftig interessant sein könnte, ist die Untersuchung tatsächlichen, konkreten Interaktionsverhaltens. Coaches und Klienten könnten im Prozess begleitet werden, um zu analysieren, welche Auswirkungen ihre konkreten verbalen und nonverbalen Kommunikationsverhaltensweisen auf Nebenwirkungen und deren Prävention haben. Ich glaube, das ist kein einfacher, aber ein sehr lohnender Weg. Zusammen mit Patrizia Ianiro und Simone Kauffeld haben wir hier die ersten Schritte gemacht. Das nonverbale Verhalten zwischen und Coach und Klient kann relativ deutlich die Beziehungsqualität und die Zielerreichung vorhersagen (Ianiro et al. 2013).

Weiterhin haben wir in Deutschland mit der Forschung zu Nebenwirkungen von Coaching begonnen, und es sind bereits internationale Kooperationen angestoßen worden. Ich denke, dass sich das Thema zukünftig noch stärker internationalisieren wird. Des Weiteren wird es vermutlich auch mehr interkulturelle Studien geben, in denen die Situation in verschiedenen Ländern verglichen wird.

I:

Wir sind gespannt, welche neuen Erkenntnisse und Entwicklungsschritte sich zukünftig ergeben werden, und wünschen Ihnen für Ihre Forschungsprojekte weiterhin alles Gute. Herzlichen Dank, dass Sie sich für uns Zeit genommen und Ihr Expertenwissen mit uns geteilt haben.

Video des Interviews:

▶ http://tinyurl.com/Schermuly01

9.3 Fazit

Auch wenn die generelle Wirksamkeit von Coaching empirisch nachgewiesen ist und Coaching sich als effektives Instrument der Personalentwicklung etabliert hat, zeigen erste Studien, dass Coaching auch negative Auswirkungen für Klienten und Coaches haben kann. Nebenwirkungen, das heißt unbeabsichtigte Effekte des Coachings, die für den Klienten schädlich sind, können auch bei erfolgreichen Coachings auftreten. Aus Sicht der Klienten treten in über 50 % der Coachings solche Nebenwirkungen auf, beispielsweise das Anstoßen von tiefergehenden Problemen des Klienten, die nicht innerhalb des Coachings bearbeitet werden konnten; Abwandlung der ursprünglichen Ziele des Klienten, ohne dass er das wollte; der Klient erlebt seine Arbeit als weniger bedeutsam; Verschlechterung der Beziehungsqualität zu Vorgesetzten oder selbst eine Abnahme der Arbeitszufriedenheit und Arbeitsleistung des Klienten. Auf Seiten der Coaches wurde gezeigt, dass sogar 99 % der Coaches in ihrer Karriere Nebenwirkungen für sich selbst erlebt hatten, beispielsweise Enttäuschung darüber, dass Langzeiteffekte ausbleiben, oder die Angst, der Rolle als Coach nicht gerecht zu werden. Auf Seiten der Organisation kann es negativ sein, dass Klienten infolge des

Coachings den Job wechseln. Hauptursachen sind beispielsweise eine niedrige Beziehungsqualität, das Anschneiden von zu vielen Themen, fehlende Supervision des Coaches oder wenige Möglichkeiten, das Gelernte in der Organisation anzuwenden.

Um langfristig negative Auswirkungen zu reduzieren, sollte beispielsweise innerhalb der Ausbildung bereits über mögliche Nebenwirkungen aufgeklärt werden und die Beziehungsarbeit zwischen Coach und Klient im Vordergrund stehen. Auch Personalentwickler können den Erfolg von Coaching maßgeblich beeinflussen, beispielsweise indem sie die Professionalität und Eignung von Coaches anhand von Qualitätskriterien überprüfen (z. B., BDP – http://www.coachingportal.de/coaches/zertifizierung) oder den Coaching-Prozess evaluieren (▶ Kap. 8).

Literatur

De Meuse, K. P., Dai, G., & Lee, R. J. (2009). Evaluating the effectiveness of executive coaching: Beyond ROI? *Coaching, 2*(2), 117–134. https://doi.org/10.1080/17521880902882413

Graßmann, C., & Schermuly, C. C. (2016). Side effects of business coaching and their predictors from the coachees' perspective. *Journal of Personnel Psychology, 15*(4), 152–163. https://doi.org/10.1027/1866-5888/a000161

Graßmann, C., Schermuly, C. C., & Wach, D. (2017). *Antecedents and consequences of side effects for coaches.* Submitted for publication.

Ianiro, P. M., Schermuly, C. C., & Kauffeld, S. (2013). Why interpersonal dominance and affiliation matter: An interaction analysis of the coach-client relationship. *Coaching: An International Journal of Theory, Research & Practice, 6*, 25–46. https://doi.org/10.1080/17521882.2012.740489

Jones, R. J., Woods, S. A., & Guillaume, Y. R. (2016). The effectiveness of workplace coaching: A meta-analysis of learning and performance outcomes from coaching. *Journal of Occupational and Organizational Psychology, 89*, 249–277. https://doi.org/10.1111/joop.12119

Schermuly, C. C. (2014). Negative effects of coaching for coaches – An explorative study. *International Coaching Psychology Review, 9*, 165–180

Schermuly, C. C. (2015). Nebenwirkungen von Coaching für Klienten und Coaches. In S. Greif, H. Möller, & W. Scholl (Hrsg.), *Handbuch Schlüsselkonzepte im Coaching.* Berlin: Springer. https://doi.org/10.1007/978-3-662-45119-9_45-1.

Schermuly, C. C. (2016). Negative Effekte von Coaching für Klienten – Definition, Häufigkeiten, Kategorien und Ursachen. In C. Triebel, J. Heller, B. Hauser, & A. Koch (Hrsg.), *Qualität im Coaching.* Berlin, Heidelberg: Springer.

Schermuly, C. C. (2017). *Client dropout from business coaching.* Submitted for publication.

Schermuly, C. C., & Graßmann, C. (2016). Die Analyse von Nebenwirkungen von Coaching für Klienten aus einer qualitativen Perspektive. *Coaching: Theorie & Praxis, 2*(1), 33–47. https://doi.org/10.1365/s40896-016-0012-2

Schermuly, C. C., Schermuly-Haupt, M.-L., Schölmerich, F., & Rauterberg, H. (2014). Zu Risiken und Nebenwirkungen lesen Sie … – Negative Effekte von Coaching. *Zeitschrift für Arbeits- und Organisationspsychologie A&O, 58*, 17–33. https://doi.org/10.1026/0932-4089/a000129

Sonesh, S. C., Coultas, C. W., Lacerenza, C. N., Marlow, S. L., Benishek, L. E., & Salas, E. (2015). The power of coaching: A meta-analytic investigation. *Coaching, 8*(2), 73–95. https://doi.org/10.1080/17521882.2015.1071418

Theeboom, T., Beersma, B., & Van Vianen, A. E. (2014). Does coaching work? A meta-analysis on the effects of coaching on individual level outcomes in an organizational context. *The Journal of Positive Psychology, 9*(1), 1–18. https://doi.org/10.1080/17439760.2013.837499

Wie erfolgreich ist Mentoring?

Dagmar Höppel, Andrea Beinicke und Tanja Bipp

10.1 Einleitung – 208

10.2 Interview mit Dr. Dagmar Höppel, Leiterin der Landeskonferenz der Gleichstellungsbeauftragten in Baden-Württemberg (LaKoG) an der Universität Stuttgart – 209

10.3 Fazit – 228

Literatur – 229

Dieses Kapitel enthält Videos online auf https://doi.org/10.1007/978-3-662-55689-4_10; oder laden Sie zum Streamen der Videos die „Springer Multimedia App" aus dem iOS- oder Android App-Store und scannen eine Abbildung, die den „play button" enthält.

© Springer-Verlag GmbH Deutschland, ein Teil von Springer Nature 2019
A. Beinicke, T. Bipp (Hrsg.), *Strategische Personalentwicklung*, Meet the Expert: Wissen aus erster Hand, https://doi.org/10.1007/978-3-662-55689-4_10

10.1 Einleitung

Andrea Beinicke

Welche Möglichkeiten gibt es, zukünftige Führungskräfte auf Ihrem Karriereweg zu unterstützen, beispielsweise indem man Feedback gibt, Türen öffnet, Vorbildfunktion übernimmt oder Ratschläge gibt? Eine Möglichkeit der individuellen Unterstützung sind Mentoring-Programme. Mentoring versteht sich als ein Personalentwicklungsinstrument, bei dem eine erfahrene Person (Mentorin beziehungsweise Mentor) ihr Fachwissen oder Erfahrungswissen an eine (noch) unerfahrene Person (Mentee) weitergibt und sie dadurch bei ihrer persönlichen und beruflichen Entwicklung unterstützt.

Zahlreiche Mentoring-Programme sind in den letzten Jahren in der Wirtschaft und auch in der Wissenschaft als Karrieremanagement-Maßnahme oder Personalentwicklungstool in Organisationen eingeführt worden (Baugh und Sullivan 2005; Kammeyer-Mueller und Judge 2008; O'Reilly 2001; Underhill 2006). Begleitend dazu wurden in empirischen Studien sowohl die Ergebnisse/Vorteile für Mentees (Allen et al. 2004), für Mentorinnen und Mentoren (Ghosh und Reio 2013) und auch für Organisationen (Underhill 2006) untersucht. Diese Studien zeigen, dass mit der Teilnahme an einem Mentoring-Programm oft Vorteile bezüglich der beruflichen Karriere der Person sowie der Organisation verbunden sind, zum Beispiel gesteigerte Arbeitsleistung, Arbeits- und Karrierezufriedenheit, Karriereaufstieg, Bindung an die Organisation, Talent-Spotting oder Führungskräfteentwicklung (Chao et al. 1992; Ragins und Cotton 1999; Scandura und Williams 2004; Underhill 2006). Doch unter welchen Bedingungen gelingt es Organisationen, ein Mentoring-Programm erfolgreich und nachhaltig zu etablieren?

In der Praxis zeigt sich, dass ein Grund für die Implementierung von Mentoring-Programmen die gezielte Förderung des Führungskräftenachwuchses ist und Mentoring insbesondere für zukünftige weibliche Führungskräfte häufig Anwendung findet. Auch heute kommen Frauen oft nur über Umwege an ihre Ziele. Im Gleichstellungsbericht der Bundesregierung konstatiert Familienministerin Katharina Barley (zit. nach Barth 2017): „Es hat sich viel verändert. Aber nicht genug." Mentoring kann dabei helfen, die Entwicklung in Richtung Chancengleichheit zu begünstigen.

Das Experteninterview gibt Einblicke, welche Funktionen Mentoring haben kann, und erörtert, welche Arten von Mentoring bei welchen Voraussetzungen zu den besten Ergebnissen führen. Es werden Fragen beantwortet, wie beispielsweise: Welche Eigenschaften sollten Mentees, aber auch Mentorinnen beziehungsweise Mentoren aufweisen, damit das Mentoring erfolgreich ist? Inwiefern können Mentees und Mentorinnen beziehungsweise Mentoren von einem Mentoring-Programm profitieren? Welche Chancen und Risiken sind mit Mentoring verbunden?

Eine Frau, der es seit vielen Jahren ein besonderes Anliegen ist, sich für die Evaluation von Mentoring-Programmen, vor allem in der Wissenschaft, stark zu machen, ist Dr. Dagmar Höppel. Sie ist Leiterin der Landeskonferenz der Gleichstellungsbeauftragten an den wissenschaftlichen Hochschulen Baden-Württembergs, kurz LaKoG genannt. Sie setzt sich insbesondere für die Gleichstellung von Frauen in der Wissenschaft, aber auch allen anderen Bereichen der Arbeitswelt, ein.

Referenzen

- Allen, T. D., Eby, L. T., Poteet, M. L., Lentz, E., & Lima, L. (2004). Career benefits associated with mentoring for proteges: A meta-analysis. *Journal of Applied Psychology, 89*(1), 127–136.https://doi.org/10.1037/0021-9010.89.1.127
- Barth, J. (2017). *Der lange Weg zur Gleichstellung. Bericht der Bundesregierung. Tagesschau. ARD-Hauptstadtstudio.* Abgerufen von: https://www.tagesschau.de/inland/gleichstellung-107.html
- Baugh, S. G., & Sullivan, S. E. (2005). Mentoring and career development. *Career Development International, 10*(6/7), 425–428. https://doi.org/10.1108/13620430510620520
- Chao, G. T., Walz, P., & Gardner, P. D. (1992). Formal and informal mentorships: A comparison on mentoring functions and contrast with nonmentored counterparts. *Personnel Psychology, 45*(3), 619–636. https://doi.org/10.1111/j.1744-6570.1992.tb00863.x
- Ghosh, R., & Reio, T. G. (2013). Career benefits associated with mentoring for mentors: A meta-analysis. *Journal of Vocational Behavior, 83*(1), 106–116. https://doi.org/10.1016/j.jvb.2013.03.011
- Kammeyer-Mueller, J. D., & Judge, T. A. (2008). A quantitative review of mentoring research: Test of a model. *Journal of Vocational Behavior, 72*(3), 269–283. https://doi.org/10.1016/j.jvb.2007.09.006
- O'Reilly, D. (2001). The mentoring of employees: Is your organization taking advantage of this professional development tool? *Ohio CPA Journal, 60*(3), 51–55.
- Ragins, B. R., & Cotton, J. L. (1999). Mentor functions and outcomes: A comparison of men and women in formal and informal mentoring relationships. *Journal of Applied Psychology, 84*(4), 529.
- Scandura, T. A., & Williams, E. A. (2004). Mentoring and transformational leadership: The role of supervisory career mentoring. *Journal of Vocational Behavior, 65*(3), 448–468.https://doi.org/10.1016/j.jvb.2003.10.003
- Underhill, C. M. (2006). The effectiveness of mentoring programs in corporate settings: A meta-analytical review of the literature. *Journal of Vocational Behavior, 68*(2), 292–307. https://doi.org/10.1016/j.jvb.2005.05.003

10.2 Interview mit Dr. Dagmar Höppel, Leiterin der Landeskonferenz der Gleichstellungsbeauftragten an den wissenschaftlichen Hochschulen Baden-Württembergs (LaKoG) an der Universität Stuttgart

Das Interview und die Transkription führten Robin Köhler und Katharina Trautmann durch.

Interviewer:

Guten Tag, Frau Dr. Höppel! Herzlichen Dank, dass Sie sich heute Zeit für uns und unser Kernthema „Wie erfolgreich ist Mentoring?" nehmen. Ihr Einsatz für Familien und Frauen im Speziellen zieht sich wie ein roter Faden durch Ihr Leben. Sie haben sich auf dem Gebiet der Gleichstellung vielfältig engagiert. Was waren Ihre Beweggründe, sich in diesem Bereich und vor allem für die Gleichstellung von Frauen im Speziellen zu engagieren?

Dr. Dagmar Höppel:

Ursprünglich war es die Erkenntnis, dass die Stimme der Wissenschaftlerinnen oder der Frauen im Allgemeinen zu wenig gehört wird und dass wir für die anstehenden Probleme und Herausforderungen, die die Zukunft bringt, die Kreativität und die Ideen der Frauen brauchen, um Lösungen zu finden. Einer der stärksten Wachstumsfaktoren in unserer Gesellschaft ist der Gesundheitsbereich. In diesem Bereich herrscht noch sehr großer Nachholbedarf, den wir derzeit mit mehr Studiengängen und einer höheren Anerkennung dieser Berufe versuchen abzudecken.

I:

Heute sind Sie Leiterin der Landeskonferenz der Gleichstellungsbeauftragten, kurz LaKoG genannt, an den wissenschaftlichen Hochschulen Baden-Württembergs. Welche Ziele verfolgt die LaKoG, und inwiefern kann die LaKoG Frauen im akademischen Bereich zielgerichtet unterstützen?

DH:

Die LaKoG hat grob drei Ziele: Ein zentrales Ziel ist, die Gleichstellungsbeauftragten an den Hochschulen in Baden-Württemberg zu unterstützen. Ein zweites Ziel ist, Nachwuchswissenschaftlerinnen auf dem Weg zur Professur über geeignete Förderprogramme zu unterstützen, die das Land Baden-Württemberg aufgelegt hat. Und das dritte Ziel bezieht sich auf die Durchführung eigener Forschungsprojekte, um zu überprüfen, ob diese Nachwuchsfördermaßnahmen wirken.

I:

Wie sieht die Unterstützung für Frauen konkret aus?

DH:

Die Unterstützung kann vielfältig sein. Wir haben Beratungsangebote für schwierige oder potenziell problematische Situationen. Wir haben aber zum Beispiel auch Förderprogramme, die finanzielle Unterstützung bieten. Und wir haben ein großes Habilitationsprogramm, das für fünf Jahre eine Stelle anbietet. Wir haben ein Programm, was den Wiedereinstieg fördert, und begleitend zu diesen Programmen, die nur die finanzielle Seite bedenken, auch Maßnahmen wie unser MuT-Programm „Mentoring und Training", was den Wissenschaftlerinnen die notwendigen Skills mit auf den Weg gibt, um sich erfolgreich auf dem Weg zur Professur durchzusetzen.

I:

Wo sehen Sie aktuell die Grenzen der LaKoG, beziehungsweise wodurch werden diese determiniert?

DH:

Die Grenzen der LaKoG werden natürlich durch finanzielle Rahmenbedingungen determiniert. Wir könnten noch viel mehr machen und würden gerne noch vielfältiger in Aktion treten. Im Moment sprechen wir eher von Individualmaßnahmen, mit denen man einzelne exzellente Wissenschaftlerinnen unterstützen kann. Was wir uns aber noch mehr wünschen, ist die Veränderbarkeit von Hochschulstrukturen und Hochschulkulturen, damit Vereinbarkeit von Wissenschaft und Familie – für Männer wie für Frauen – stärker gelebt werden kann, und dass die Leistungen der Wissenschaftlerinnen die Anerkennung erfährt, die ihnen zusteht. Stichwort dabei ist *Genderbias* in der Leistungsbewertung. Das heißt, es existieren Verzerrungen in der Leistungsbewertung zwischen Männern und Frauen. Trotz identischer Leistung werden Männer im Vergleich zu Frauen häufig besser beurteilt (Wenneras und Wold 1997; LaKoG 2011).

I:
Zu einem späteren Zeitpunkt würden wir gerne noch weiter auf den Unterschied zwischen Männern und Frauen in Bezug auf Mentoring eingehen. Zunächst möchten wir gerne verstehen, was Mentoring genau bedeutet und welche Funktionen damit verbunden sind.

DH:
Mentoring ist sehr vielfältig und bedeutet in der Regel, dass eine ältere Person ihr Erfahrungswissen an eine jüngere Person weitergibt und ihr Türen öffnet (Peters 2006). Die jüngere Person bekommt die Chance, sich mit ihrer Mentorin beziehungsweise ihrem Mentor auf Augenhöhe auseinanderzusetzen, Fragen zu stellen, die sie aufgrund gesellschaftlicher Spielregeln in einem offiziellen Rahmen eventuell nicht stellen würde, und von dem Erfahrungswissen der Mentorin beziehungsweise des Mentors zu profitieren. Das heißt, dass diese ältere Person sich auch mit dem Profil der jüngeren Person vertraut macht, mit ihr gemeinsam Zielvorstellungen für die Zukunft entwickelt und ihr ein kritisches Feedback gibt. Im Idealfall beinhaltet das die Weichenstellung für die berufliche Zukunft. Das kann die frühzeitige Vorbereitung und Qualifizierung für eine angestrebte Karrierestufe beinhalten oder, im wissenschaftlichen Kontext, die Festlegung eines geeigneten Promotionsthemas. Und damit verbunden ist auch die Entscheidung, ob das Thema nach drei Jahren noch so hohe Relevanz besitzt, um auf dem Arbeitsmarkt oder bei der weiteren wissenschaftlichen Karriere Türen zu öffnen.

I:
Als ein Werkzeug der Förderung von Frauen in der Wissenschaft wurden Mentoring-Programme entwickelt. Diese haben inzwischen auch außerhalb des universitären Settings Einzug in die unternehmerische Praxis gehalten. Wir möchten nun aus verschiedenen Blickwinkeln beleuchten, wie erfolgreich Mentoring ist. Wie lässt sich Mentoring von anderen Personalentwicklungsinstrumenten, wie zum Beispiel dem Coaching, abgrenzen?

DH:
Coaching und Mentoring unterscheiden sich in vielen Punkten. Das Coaching ist eine prozessbezogene Beratung und keine Fachberatung. Primäres Ziel des Coachings ist der Erwerb von überfachlichen Kompetenzen, um damit dem Klienten durch „Hilfe zur Selbsthilfe" nachhaltig weiterzuhelfen (Schuler und Kanning 2014). Der Coach verfügt als Prozessberater über eine Methodenvielfalt und steht mit dem Klienten auf einer Augenhöhe (Schuler und Kanning 2014) (▶ Kap. 8).

Beim Mentoring dagegen wird an das Erfahrungswissen eines älteren Organisationsmitglieds angeknüpft, in Abhängigkeit davon, welche Erfahrungen diese Person mitbringt. Deshalb sollten beim Mentoring mindestens zwei Hierarchiestufen zwischen Mentorin beziehungsweise Mentor und Mentee liegen, um der Situation vorzubeugen, sich in Zukunft als Konkurrenten auf dem Arbeitsmarkt zu begegnen, wenn man beispielsweise in derselben Branche tätig ist. Die Neutralität, die ein Coach versucht herzustellen, ist beim Mentoring nicht gegeben. Ebenso unterscheiden sich die beiden Personalentwicklungsinstrumente in ihren Zielgruppen. Während Mentoring vor allem an junge und neue Mitarbeitende gerichtet ist, werden durch das Coaching meist Personen mit Führungsaufgaben unterstützt. Weitere

Unterschiede liegen in den Kosten und in der Dauer der Maßnahmen. Coaching ist meist als eine mittelfristige Maßnahme angelegt, wohingegen Mentoring-Maßnahmen einen größeren Zeitraum überdauern. Darüber hinaus kann Coaching, vor allem durch den Einsatz eines externen Coaches, sehr hohe Kosten mit sich bringen. Im Gegensatz dazu geht Mentoring mit geringeren Kosten einher, da organisationsinterne Mentorinnen und Mentoren eingesetzt werden (Schuler und Kanning 2014).

I:

Kram (1985) hat zwei grundlegende Funktionen des Mentorings unterschieden: zum einen die karrierebezogene Unterstützung und zum anderen die psychosoziale Unterstützung. Könnten Sie uns diese noch kurz erläutern?

DH:

Bei der psychosozialen Unterstützung geht es vor allem um eine Ermutigung. Mentorinnen oder Mentoren können ihren Mentees Rollenmodelle beziehungsweise Vorbilder sein, ihnen mit Ratschlägen zur Seite stehen oder ihnen ihren Respekt ausdrücken. Dadurch können freundschaftliche Vertrauensbeziehungen entstehen (Schuler und Kanning 2014). Diese psychosoziale Funktion des Mentorings ist gerade bei Wissenschaftlerinnen ein ganz wichtiger Aspekt. Es gibt Studien von Jutta Allmendinger (2005), die in der Wissenschaft einen sogenannten *Cooling-out*-Effekt festgestellt hat. Das heißt, es wird hochmotiviert begonnen, die eigenen Ziele zu verfolgen. Von Karrierestufe zu Karrierestufe wird aber eine wachsende Ungleichheit wahrgenommen. Man empfindet sich eventuell nicht in gleichem Maße erwünscht oder erfolgreich im Vergleich zu anderen Kolleginnen beziehungsweise Kollegen. Das kann der Beginn eines schleichenden Prozesses sein, der zu einer Entmutigung führt, auch wenn es sich um eine hervorragende Wissenschaftlerin in ihrem eigenen Themenfeld handelt. Die psychosoziale Unterstützung (zum Beispiel Vorbild sein, Hilfestellung und Ratschläge geben, Respekt ausdrücken, freundschaftliche Vertrauensbeziehung anbieten) versucht, diesem Prozess entgegenzuwirken.

Die karriereorientierte Unterstützung legt ihr Augenmerk auf berufliche Herausforderungen und stellt Weichen für die Zukunft. Mögliche Ziele sind hierbei eine positive Bewertung im Rahmen einer Personalbeurteilung, der Erwerb notwendiger Skills oder die Belegung karriereförderlicher Stationen, um für zukünftige Herausforderungen gut aufgestellt zu sein. Ideal ist meiner Meinung nach eine Kombination von beidem. Das ergänzt sich in der Regel sehr gut.

I:

Was würden Sie sagen: Welche Eigenschaften sollten Mentees aufweisen, um ein Mentoring-Programm mit Erfolg absolvieren zu können?

DH:

Die Mentees sollten auf jeden Fall eine aktive Rolle einnehmen. Ein hohes Maß an Selbstreflexion sowie ein überdurchschnittliches Engagement sind wichtige Voraussetzungen. Die Teilnahme an einem Mentoring-Programm ist arbeitsintensiv, insbesondere wenn es um eine karriereorientierte Ausrichtung des Mentorings geht (Graf und Edelkraut 2016). Eine hohe Einsatzbereitschaft ist in besonderem Maße von Vorteil, um mit den Mentorinnen beziehungsweise Mentoren, die meist in Führungspositionen sind, Schritt halten zu können. Gerade was den Arbeitsstil oder die Auffassungsgabe betrifft, sollten beide Parteien ebenbürtig sein und sich gut ergänzen.

In der Vergangenheit gab es Programme, bei denen die Teilnehmenden eine Führungsperson, beispielsweise einen Bundestagsabgeordneten, im Rahmen eines *Shadowing* ein paar Tage begleiten konnten. Unter *Shadowing* versteht man die mehrstündige oder mehrtägige Begleitung einer Schlüsselperson in ihrem beruflichen Umfeld, um Eindrücke und Anregungen zu sammeln, Wissen zu erwerben und anschließend zu reflektieren (Mahlmann 2002). Dabei hat sich gezeigt, dass eine solche Verbindung nur erfolgreich war, wenn beide Parteien miteinander harmonierten und der Abstand zwischen beiden nicht zu groß war. In den Fällen, in denen das Verhältnis zwischen Mentorin beziehungsweise Mentor und Mentee nicht ausgeglichen war, hatte das hohe Arbeitspensum der Mentorinnen oder Mentoren eine abschreckende Wirkung auf die Mentees. Der Mehrwert, der auch durch berufliche Erfolge in der Vergangenheit mitbestimmt wurde, konnte von den Mentees nicht nachvollzogen werden, da ihnen wichtige Zwischenschritte in der beruflichen Entwicklung noch fehlten. Diese Erkenntnis führte schlussendlich zu der Frage, welche Kriterien für ein *Matching* eine Rolle spielen.

I:

Wenn wir uns nun auf der anderen Seite die Mentorinnen oder Mentoren anschauen: Was ist bei der Auswahl dieser wichtig?

DH:

Grundsätzlich sollten Mentorinnen und Mentoren über ein hohes Maß an Berufs- und Lebenserfahrung verfügen und sowohl mit der Kultur des Landes, in dem ein Unternehmen seinen Sitz hat, als auch mit der jeweiligen Unternehmenskultur vertraut sein. Eine überdurchschnittliche Fähigkeit zur Selbstreflexion, aber auch Empathie- und Kommunikationsfähigkeit sind neben Glaubwürdigkeit und Authentizität zentrale Eigenschaften eines Mentors (Höher 2014). Die Motivation der Mentorinnen und Mentoren basiert häufig auf der Erkenntnis, dass sie in der Vergangenheit Fehler hätten vermeiden können und erfolgreicher oder schneller erfolgreich gewesen wären, wenn sie mehr gewusst hätten. Dieses Erfahrungswissen möchten sie an die Jüngeren weitergeben. Im Vergleich zur Auswahl der Mentees, die sich in einer Suchposition befinden, haben potenzielle Mentorinnen und Mentoren die Wahlmöglichkeit, sich als Mentor zur Verfügung zu stellen. Dadurch hat man auf Seiten der Mentorinnen und Mentoren immer Menschen, die bereit sind, ihr Wissen weiterzugeben, was ganz entscheidend für ihre Rolle ist. Zudem müssen sie eine gewisse Offenheit für Neues mitbringen. Wenn Mentees beispielsweise aus einer anderen Generation kommen, in der *Work-Life-Balance* eine Rolle spielt und in der sich jemand nicht 14 bis 16 Stunden am Tag für die Wissenschaft engagieren möchte, muss die Bereitschaft da sein anzuerkennen, dass sich die Kultur verändert hat und dass es trotzdem möglich sein muss für jemanden, der Kinder hat, für die Familie da zu sein und dennoch wissenschaftliche Karriere zu machen.

I:

Sie haben bereits das *Matching* angesprochen. Was ist da Ihrer Meinung nach wichtig, dass das Tandem zwischen Mentorin beziehungsweise Mentor und Mentee gut funktionieren kann?

DH:

Es ist sehr wichtig, bestimmte Rahmenbedingungen abzustecken. Zentrales Thema dabei ist die Verständigung auf ein gemeinsames Ziel und die Festlegung des zeitlichen Umfangs. Ein weiteres wesentliches Element ist die Entstehung einer persönlichen Beziehung. Wenn man sich gut versteht, kann ein im Vorfeld festgelegter zeitlicher Rahmen an Bedeutung verlieren. Es gibt auch Fälle, in denen sich die Mentorinnen beziehungsweise Mentoren in den jungen Menschen, die sie betreuen, widerspiegeln oder auch wiedererkennen und ihnen dadurch bewusst wird, wie viel sie geleistet haben. Oft erkennen sie auch, dass die Fragen, die die Mentees heute beschäftigen, die gleichen Fragen sind, die sie in jüngeren Jahren hatten, und sie realisieren, wie sich diese im Lauf der Zeit verändert haben. Solche Anknüpfungspunkte sind sehr wichtig für eine gemeinsame Basis. Häufig entwickelt sich dadurch ein sehr gutes Verhältnis.

I:

Eine etwas andere Frage: Angenommen, sie wären Geschäftsführerin eines mittelständischen Unternehmens und würden zur Förderung der Mitarbeitenden gerne ein Mentoring-Programm durchführen. Sie haben dabei die Wahl zwischen einem firmeninternen Mentoring und einem firmenexternen Mentoring. Wodurch grenzen sich diese beiden Arten des Mentorings ab, und aus welchen Gründen würden Sie sich für oder gegen internes beziehungsweise externes Mentoring entscheiden?

DH:

Ich finde beide Varianten spannend. Es hängt natürlich immer von dem Ziel des Unternehmens ab. Für ein internes Mentoring ist es sinnvoll, wenn die Personalentwicklung im Vorfeld diejenigen Mitarbeitenden identifiziert, die sich für eine Führungsposition interessieren und eignen. Das kann im Rahmen einer Selbstselektion realisiert werden, bei der sich Mitarbeitende für ein Mentoring-Programm bewerben können oder indem Mitarbeitende von ihren Vorgesetzten für ein Mentoring-Programm vorgeschlagen werden. Zudem sollte festgestellt werden, ob es Mitarbeitende gibt, die sich bereit erklären, sich als Mentorin beziehungsweise Mentor zur Verfügung zu stellen, und denen es ein Anliegen ist, den Nachwuchs zu fördern. Das kann eine sehr wichtige Information für das Unternehmen sein. Bevor man diesen Schritt geht, sollten allerdings auch Führungspositionen im Unternehmen vorhanden sein, die besetzt werden können.

Kürzlich habe ich ein *Cross-Mentoring*-Programm evaluiert, an dem verschiedene Behörden, Unternehmen und Organisationen teilgenommen haben. Unter *Cross Mentoring* versteht man eine externe Form des Mentorings. Die Mentoring-Beziehungen reichen über die Unternehmensgrenzen und unternehmensinterne Hierarchiestrukturen hinaus. Als Mentorinnen und Mentoren werden externe Organisationsmitglieder eingesetzt, die die Mentees in der beruflichen Entwicklung begleiten (Domsch et al. 2017). Im Rahmen dieses Programms gab es Fälle, in denen Unternehmen ihren Mitarbeitenden die Teilnahme an einem Mentoring-Programm angeboten haben – als Alternative für fehlende Aufstiegsmöglichkeiten. Für die betroffenen Mitarbeitenden war das sehr frustrierend. Deshalb sollte sichergestellt sein, dass entsprechende Führungspositionen besetzt werden können, bevor man Mitarbeitende an einem internen Mentoring teilnehmen lässt.

Für Mentorinnen und Mentoren eröffnet *Cross Mentoring* die Möglichkeit, einen Einblick in die Führungskultur anderer Unternehmen zu erhalten und zu erfahren, wie andere Abteilungen oder Einrichtungen mit möglichen Schwierigkeiten, die ein Mentee haben kann, umgehen. Teilweise hat im Rahmen des *Cross Mentoring* eine Art Headhunting stattgefunden, sprich, die Unternehmen hatten ein Interesse daran, die qualifizierten Mentees abzuwerben, aber auch die Mentorinnen beziehungsweise Mentoren hatten Interesse an den anderen Unternehmen. Über das *Cross Mentoring* haben sich für die Unternehmen neue Zugangsmöglichkeiten auf anderen Ebenen in den Bereichen Nachwuchsförderung und Personalentwicklung erschlossen, worüber sich stellenweise neue Netzwerke gegründet haben. Darin zeigt sich, wie offen Unternehmen sind und wie viel Angst sie vor Abwanderung haben müssen. Dies spiegelt letzten Endes die eigene Unternehmenskultur wider.

I:

Würden Sie bei einem mittelständischen Unternehmen eher internes oder externes Mentoring präferieren? Oder würden Sie sagen, dass das individuell abhängig ist von dem jeweiligen Unternehmen und den Unternehmenszielen – und auch davon, welche Menschen in diesem Unternehmen bereit wären, in eine Führungspositionen zu wechseln?

DH:

Es wäre auf jeden Fall wichtig zu wissen, welche Mitarbeitenden eine Führungsposition anstreben. Eine Möglichkeit wäre, dass potenzielle Kandidatinnen beziehungsweise Kandidaten von ihren jeweiligen Vorgesetzten vorgeschlagen werden oder dass sie sich eigeninitiativ bewerben, wenn ein Unternehmen ein Mentoring-Programm anbietet. Bei einem mittelständischen Unternehmen stellt sich natürlich die Frage, wie groß es ist. In dieser Sparte kann die Zahl der Mitarbeitenden zwischen 50 und 499 Beschäftigten variieren (IfM Bonn 2016). Je nach Unternehmensgröße macht es Sinn, eine externe Koordination für ein Mentoring-Programm zu suchen und gewisse Vertraulichkeitserklärungen abzuschließen. Diesbezüglich gibt es eine große Vielfalt. Eine Überlegung könnte beispielsweise sein, berufliche Wiedereinsteigerinnen und -einsteiger oder andere Gruppen über ein Mentoring in ein Unternehmen zu holen beziehungsweise einzubinden und zu halten. Auch hierfür gibt es eine Vielzahl von Varianten.

I:

Dann würden Sie sagen, dass unabhängig von der Wahl, ob das Mentoring extern oder intern ist, die Identifikation potenzieller Führungskräfte dem quasi vorgeschaltet sein sollte, um einen möglichen Bedarf zu erfassen?

DH:

Ja. Vorausgesetzt das Unternehmen sucht Führungskräfte. Wenn ein Unternehmen ein Mentoring-Programm anbietet, setzt es damit nach außen hin das Signal, dass es sich bei diesem Unternehmen um einen Arbeitgeber handelt, der sich um seinen Nachwuchs kümmert und entsprechende Angebote geschaltet hat. Und dass die Entscheidung über eine mögliche Beförderung nicht allein in den Händen eines einzelnen Vorgesetzten liegt, sondern die Entscheidungsebene weiter gefasst ist. Ich denke, für die Außenwirkung eines Unternehmens ist das auch wichtig. Und wenn man Führungspositionen besetzen möchte, ist dies eine gute Möglichkeit.

Selbstverständlich gibt es auch Mentoring-Programme für Geringqualifizierte oder andere Gruppen. Es gibt viele verschiedene Varianten, die denkbar sind. Man darf dabei allerdings nicht vergessen, dass Mentoring nicht für alle geeignet ist. Es gibt Menschen, die an einem Mentoring-Programm nicht teilnehmen möchten, obwohl sie eventuell für die Besetzung einer Führungsposition geeignet wären. Im Grunde muss jede beziehungsweise jeder die Frage für sich selbst beantworten, was sie oder er sich davon erwartet. Die meisten wollen es „aus eigener Kraft schaffen" und ein Stück weit entdeckt werden. Negativ ausgelegt kann Mentoring als eine zusätzliche Maßnahme verstanden werden, die benötigt wird, um ein Ziel zu erreichen. Die strukturellen Hürden, die bestehen und die versucht werden, mit Mentoring zu überwinden, sind vielen nicht bewusst. Wir gehen davon aus, es gäbe diese strukturellen Hürden nicht, obgleich diese das grundlegende Problem bei der Gleichstellung und der Frauenförderung darstellen.

I:

Was wären diese strukturellen Hürden?

DH:

Man spricht diesbezüglich von einer strukturellen Diskriminierung. Das ist ein Urteil des Bundesverfassungsgerichtes (Benda und Ahrens 1986). Das besagt, immer wenn in einer bestimmten Branche, beispielsweise im Bundestag, der Frauen- oder Männeranteil geringer als 40 % ist, müssen Maßnahmen ergriffen werden, um einen Ausgleich zu schaffen. Wenn Männer und Frauen die gleichen Zugangschancen hätten, müsste die Verteilung 50 zu 50 sein. Aufgrund struktureller Abweichungen wird in der Regel ein Verhältnis von 60 zu 40 noch als akzeptabel empfunden. Bei Abweichungen, die die 40 %-Marke unterschreiten, ist der Staat aufgefordert, Maßnahmen zu ergreifen, weil dann in der Struktur Mechanismen wirksam werden, die den Menschen nicht die gleichen Chancen einräumen. Dabei handelt es sich um eine EU-Vorgabe des Gender-Mainstreaming und gleichzeitig um die Rechtfertigung für all diese Maßnahmen. Bei diesen Vorgaben spielen Individualfälle keine Rolle. Wir als Gesellschaft haben die Verantwortung, Maßnahmen zu entwickeln und Strukturen so zu verändern, dass mindestens 40 % jeden Geschlechts, trotz sich verändernder Herausforderungen, der gleiche Zugang zu bestimmten beruflichen Positionen gewährleistet werden kann (Europäische Kommission 2012).

I:

Die Mentoring-Programme sind traditionell formell. Inzwischen gibt es auch vermehrt informelle Ansätze. Was sind die zentralen Charakteristika dieser beiden unterschiedlichen Ansätze des Mentorings?

DH:

Das formelle Mentoring ist im Vergleich zum informellen Mentoring durch die Ausrichtung an organisationalen Zielen gekennzeichnet (Kurmeyer und Höppel 2017). Dieser Ansatz zeigt nach außen, wir machen uns auf den Weg, wir möchten faire Chancen einräumen, wir machen verbindliche Vorgaben, was Zeitstruktur und Rahmenbedingungen anbelangt. Dieser Ansatz ist als Nachwuchsfördermaßnahme in diesem Bereich anerkannt.

Das informelle Mentoring ist im Gegensatz dazu lose strukturiert und in besonderem Maße vom Engagement der Beteiligten abhängig. Dieser Ansatz ist durch seine Flexibilität und die Chance zu einem vertrauensvollen Verhältnis zwischen Mentorin beziehungsweise Mentor und Mentee charakterisiert (Kurmeyer und Höppel 2017). Informelles Mentoring hat es im Grunde schon immer gegeben. Und es war auch immer erfolgreich. Darunter versteht man Maßnahmen, die im Verborgenen wirken und die zum Beispiel über ein *Old Boy Network* funktioniert haben. Ein *Old Boy Network* ist ein Informationsnetzwerk, innerhalb dessen Männer ihre Positionen und ihren Einfluss nutzen, um sich gegenseitig zu unterstützen. Die Verbindung zwischen den Beteiligten entsteht meist durch einen ähnlichen sozioökonomischen Status oder den Besuch der gleichen Hochschule oder Universität (Aquinas 2006). Diese Maßnahmen möchte man ein Stück weit ans Licht bringen oder zumindest benennen, dass es in dieser Form Mentoring-Maßnahmen gibt. Vordergründig werden sie zwar nicht offengelegt, aber das Erfahrungswissen der Mentorin oder des Mentors hilft dabei, Potenziale besser auszuschöpfen.

Kapitel 10 · Wie erfolgreich ist Mentoring?

I:

Was sind denn aus Ihrer Sicht die Gründe dafür, dass Frauen speziell von formellen Mentoring-Programmen weniger profitieren als Männer?

DH:

Ich bin mir nicht im Klaren darüber, ob es tatsächlich so ist. Grundsätzlich ist die Beziehungsqualität zwischen Mentorin beziehungsweise Mentor und Mentee ein besonders wichtiger Faktor. Diese ist bei informellen Programmen höher. Von welcher Form des Mentorings Frauen mehr oder weniger profitieren können, hängt meiner Ansicht nach von individuellen Faktoren ab und wird nicht ausschließlich durch die Beziehungsqualität determiniert (Kurmeyer und Höppel 2017). Wir haben beispielsweise Mentoring-Programme, an denen nur Frauen beteiligt sind, sowohl in der Rolle der Mentee als auch in der Rolle der Mentorin. Aber wir haben aktuell auch wieder ein gemischtes Programm mit Männern und Frauen als Mentoren, da Frauen vielfältig noch überhaupt nicht in den „Türöffnerfunktionen" sind. Es gibt auch Mentees, die ganz bewusst einen Mann als Mentor haben möchten, weil sie der Ansicht sind, dass dieser ihnen die Argumente liefern kann, mit denen sie ihre männliche Umgebung überzeugen können. In diesem Bereich gibt es sehr viele Varianten. Und das macht es so schwierig, eine Empfehlung dahingehend auszusprechen, welche Variante im Individualfall die erfolgversprechendste wäre.

Es besteht natürlich immer ein gewisses Risiko dahingehend, dass einem Mentee unterstellt wird, eine bestimmte berufliche Position lediglich aufgrund der Teilnahme an einem Mentoring-Programm oder aufgrund eines daraus resultierenden Beziehungsnetzwerkes erhalten zu haben. Was natürlich nicht stimmt! Die Teilnehmenden sind hochqualifiziert, und am Ende geben kleine Nuancen den Ausschlag. Es ist natürlich möglich, dass die beziehungsweise der Mentee an diesem Punkt von dem Erfahrungswissen der Mentorin beziehungsweise des Mentors profitieren kann. Aber die Voraussetzung dafür ist die wissenschaftliche Expertise, die die Mentees mitbringen. Ohne fachliche Kompetenz nützt auch das beste Mentoring nichts.

I:

Würden Sie demzufolge Frauen trotzdem eher zu informellen Programmen raten?

DH:

Wir bieten unterschiedliche Varianten an. Und das tun wir auch ganz bewusst. Diese Entscheidung überlassen wir der Mentee. Bei einem formellen Mentoring besteht die Möglichkeit, den eigenen Vorgesetzten mit einzubeziehen. Das hat häufig zur Folge, dass die Vorgesetzten aktiver werden und motiviert sind, sich fortzubilden, um bei der Mentorin beziehungsweise dem Mentor in einem möglichst positiven Licht zu erscheinen (Höppel 2015). Es kann daher sehr konstruktiv sein, die Vorgesetzten mit einzubeziehen. Denkbar ist auch die Variante, in der ein Mentee seinen Vorgesetzten nicht über die Teilnahme an einem Mentoring-Programm informieren möchte, sondern seine Karriereplanung unabhängig vom Unternehmen optimieren und nach außen hin nicht sichtbar machen will. In diesen Fällen handelt es sich um ein informelles Mentoring, und dieses informelle Konzept ist dann auch erfolgreicher.

I:

Im Rahmen Ihres Projekts „Aufwind durch Mentoring", das wir gerne zu einem späteren Zeitpunkt mit Ihnen vertiefen möchten, haben Sie vor über 20 Jahren eines der ersten

Mentoring-Programme ins Leben gerufen. Obwohl dies bereits zwei Jahrzehnte zurückliegt, stagniert die Zahl weiblicher Führungskräfte im Topmanagement und in der Wissenschaft weiterhin laut dem Statistischen Bundesamt (◘ Abb. 10.1). Es scheint so, dass die Implementierung von Mentoring-Programmen bis jetzt noch nicht das Problem an sich lösen konnte. Die Familienministerin Katharina Barley (zit. nach Barth 2017) hat den aktuellen Gleichstellungsbericht mit den Worten zusammengefasst: „Es hat sich viel verändert, aber nicht genug" (Katharina Barley zit. nach Barth 2017). Wie weit ist Deutschland denn gerade in puncto Gleichstellung?

DH:

Wir haben eine Steigerung der Professorenrate von 0,78 % pro Jahr, was wirklich sehr viel Verbesserungsbedarf hat, um es vorsichtig auszudrücken. Auf der anderen Seite darf man nicht vergessen, dass die ersten Studentinnen vor 120 Jahren in Freiburg ihr Studium aufnehmen konnten. Mittlerweile liegt der Anteil der Studentinnen bei rund 50 %, der Anteil der Promovendinnen bei 46 %, was gigantisch ist, wenn man sich das überlegt. Und dass sie oben nicht ankommen, hat andere Gründe. Deswegen ist es für uns so wichtig, die Strukturen zu verändern. Viele Maßnahmen orientierten sich an dem Modell „Fix the Women", also wie wir die Frauen noch erfolgreicher machen und was wir ihnen noch mitgeben können. Aber es wird nicht von „Fix the Structure" oder „Fix the Institution" gesprochen. Und mittlerweile hat man erkannt, dass man in den Strukturen Veränderungen in Angriff nehmen muss. Alles andere hat geringe Erfolgsaussichten (Pollitzer 2014).

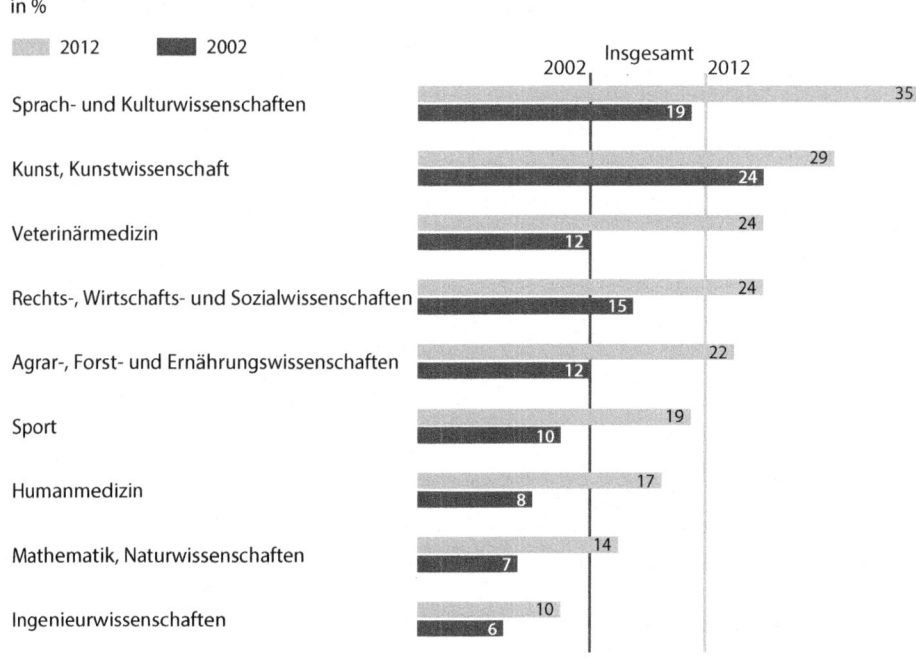

◘ **Abb. 10.1** Frauenanteile in der Professorenschaft im zeitlichen Vergleich in Prozent. (Statistisches Bundesamt 2014)

Vor ein paar Jahren hat sich die Deutsche Forschungsgemeinschaft (DFG 2017) auf den Weg gemacht und forschungsorientierte Gleichstellungsstandards entwickelt. Dadurch entstand eine neue Dynamik. In der aktuellen Situation benötigen wir beides: sowohl die individuelle Unterstützung der Frauen als auch eine Veränderung bestehender Strukturen. Wir müssen den Frauen den Rücken stärken, um sie darin zu bestärken, sich unter den nach wie vor prekären Beschäftigungsverhältnissen und den extrem schlechten Perspektiven in der Wissenschaft auf dem Weg zu machen und die vorhandenen Risiken mitzutragen. Das machen sie gern! Und unsere Aufgabe ist es, ihnen oben die Türen zu öffnen und offen zu halten, beispielsweise über die Mentoring-Programme. Aber Mentoring allein kann das nicht leisten.

I:

Was stellt aktuell eine Hürde dar, durch die Frauen in Führungspositionen weniger vertreten sind als Männer? Liegt das auch an männlichen Machtritualen oder gewissen Mentalitätsmustern von Männern?

DH:

Sie sprechen da einen heiklen Punkt an. Eines der härtesten Bollwerke ist zum Beispiel nach wie vor die Medizin. Es war für die erste Frau sehr schwierig, sich in der Gynäkologie zu platzieren oder auch in der Theologie. Eine Ursache dafür ist, dass das ganze Wissenschaftssystem über 500, 600 Jahre männlich geprägt ist. Diesbezüglich eine Öffnung zu bewirken, um diese Strukturen aufzuknacken, stellt ein großes Problem dar. Die Strukturen sind für die Männer selbstverständlich, sie spüren dahingehend kein Unrechtsverständnis. Die Mentalitätsmuster der Männer spielen dabei eine wichtige Rolle. Es erfolgt eine konservative Exklusion der Frauen, das heißt, dass Frauen durch Gründe der Systemfunktionalität und der Tradition nicht in Führungspositionen gelangen. Frauen gelten trotz einer emanzipierten Grundhaltung durch gesellschaftliche Rollenzuschreibungen als ungeeignet für das Topmanagement. Vordergründig wird behauptet, dass das Geschlecht keine Rolle mehr spielt und die mangelnde Nachfrage der Frauen kausal für das Fehlen der Frauen in Führungspositionen ist (Wippermann 2010). In diesem Bereich Veränderungen zu initiieren, das ist, glaube ich, die große Herausforderung. Aktuell bewegt sich viel, vor allem im Hinblick auf die neuen Generationen, die nachwachsen und ein anderes Wissenschaftsverständnis mit sich bringen.

I:

Welche Veränderungen im gesellschaftlichen Denken könnten den Wandel begünstigen, sodass in diesem Bereich die Gleichstellung zwischen Mann und Frau gewährleistet ist?

DH:

Sehr wichtig ist es, von den Erkenntnissen der *Gender Studies* zu profitieren. Aktuell gibt es diesbezüglich im Bereich der Medizin große Erfolge. Ein Ergebnis ist beispielsweise, dass Männer und Frauen unterschiedlich funktionieren und medizinisch zu versorgen sind. Verschiedene medizinische Tests wurden an Männern im Alter von 35 Jahren mit einem Gewicht von 70 bis 75 Kilogramm durchgeführt, und die Medikation wurde fälschlicherweise auf Frauen und Personen mit anderem Gewicht übertragen (Kaczmarczyk 2014). Es steht fest, dass sich ein Herzinfarkt bei Frauen anders darstellt als bei Männern und dass zwischen Personen mit starken Gewichtsunterschieden differenziert werden muss. Eine weitere Erkenntnis war, dass der Bedarf einer sich stärker auf das Individuum fokussierenden Medizin besteht. Derartige Erkenntnisse werden auch in anderen Lebensbereichen benötigt, und wir erhoffen uns davon, dass blinde Flecken wie in der Wissenschaft mehr und mehr aufgedeckt werden. Wir sehen, dass die Entwicklung in die Richtung geht, und profitieren von den Ergebnissen der Medizin und den Naturwissenschaften, die Nachweise für den Unterschied zwischen den Geschlechtern bringen und den Bedarf an unterschiedlichen Maßnahmen und Entwicklungsschritten aufzeigen.

I:

Wo kann Mentoring ansetzen, um die Entwicklung in Richtung Chancengleichheit zu begünstigen?

DH:

Mentoring hat das Potenzial, Geschlechterkonstellationen durch eine Begegnung auf Augenhöhe zu erneuern und die Hochschulstrukturen und -kultur kritisch zu hinterfragen (Kurmeyer und Höppel 2017). Es sensibilisiert für unterschiedliche Lebenslagen. Ein Effekt des Mentorings ist, dass sich Mentorinnen und Mentoren durch die Fürsorge, die sie für die Mentees übernehmen, bewusst werden, was diese Wissenschaftlerinnen und Wissenschaftler leisten, die zum Beispiel Familie und Wissenschaft verbinden. Sie reflektieren eventuell für ihr eigenes Institut, ob bestimmte organisatorische Abläufe anders zu gestalten sind. So können beispielsweise Termine für Teamsitzungen so festgelegt werden, dass Eltern bis spätestens 17 Uhr die Arbeitsstelle verlassen können, um genügend Zeit für die Herausforderungen des Familienalltags zu haben. Oder indem sie versuchen, eine Mentee zu unterstützen, auf eine Professur zu kommen und dabei feststellen, dass es ihnen beim Mann schon fünf Mal ohne Probleme gelungen wäre. Trotz der Exzellenz gelingt es ihnen bei einer Wissenschaftlerin weniger. Die daraus resultierenden Denkanstöße gehören zu den Dingen, die das Potenzial haben, Kultur zu verändern.

I:

Sie sind auch Leiterin des Projekts „Aufwind mit Mentoring". Können Sie uns von diesem Projekt berichten? Was waren die Ziele des Projekts?

DH:

Im Grunde haben wir mit dem Aufwind-Projekt vor fast 20 Jahren das erste Mentoring-Programm für Wissenschaftlerinnen ins Leben gerufen. Es war uns ein Anliegen, die Effektivität von Mentoring-Programmen nachzuweisen. Wenn man Wissenschaftlerinnen 20 Jahre auf ihrem Weg begleitet und sieht, wie erfolgreich sie sind, ist man hochmotiviert, die Effektivität dieser Maßnahmen tatsächlich wissenschaftlich zu belegen. Die Durchführung der Studie war die praktische Umsetzung dieses Wunsches. Wir haben bundesweit neun große Mentoring-Programme miteinander verglichen und konnten sehr vielfältige Ergebnisse ermitteln.

I:

Ein Ergebnis des Projekts war zum Beispiel, dass 81 % aller Mentoring-Programme sich speziell an Frauen richten (Sieber 2010). Was waren weitere Ergebnisse dieses Projekts?

DH:

Ein Ergebnis war unter anderem, dass viele Mentees sich Mentorinnen wünschen, weil sie diese in ihrem Alltag an den Hochschulen vermissen, und dass es Fragen gibt, die sie gerne mit erfolgreichen Wissenschaftlerinnen besprechen würden. Auf der anderen Seite haben wir mit 25 % nur sehr wenige Professorinnen. Nicht jede Frau ist als Mentorin geeignet, und die wenigen Frauen in den entsprechenden Positionen werden als (Rollen-)Vorbilder zudem doppelt belastet. Die meisten Programme sind auf die Karrieren von Studentinnen und Wissenschaftlerinnen ausgerichtet. Mit 54,3 % ist ungefähr die Hälfte der Programme fachspezifisch. Bei 91 % sind es *One-to-One*-Beziehungen. Die begleitenden Angebote, wie zum Beispiel bestimmte Workshops, sind sehr wichtig. Die Programme werden zu 93,9 % evaluiert, mit dem Ziel, den Erfolg zu kontrollieren und die Qualität zu sichern (Sieber 2010).

Ein spannendes Ergebnis war für uns außerdem, dass die Mentorinnen und Mentoren ihre eigene wissenschaftliche Leistung höher eingeschätzt haben, als diese durch die Mentees bewertet wurde. Dies ist insofern spannend, als wir uns gefragt haben, wie wir den Mentorinnen und Mentoren bestimmte Ergebnisse rückspiegeln können – zum einen vor dem Hintergrund, dass sich die Mentees in bestimmten Punkten etwas anderes von den Mentorinnen und Mentoren gewünscht haben, und zum anderen, dass es sehr schwierig ist, Mentorinnen und Mentoren zu schulen. Dies hängt davon ab, in welcher Position sich die Mentorinnen und Mentoren befinden. Ich spreche jetzt von den Mentorinnen und Mentoren, die professoral sind. Sind sie Studierende oder wissenschaftlicher Nachwuchs, haben sie natürlich mehr Zeit. Mit ihnen kann man mehr machen. Den Führungskräften zu spiegeln, wie sie sich besser aufstellen oder reflektieren können, ist eine schwierige Sache. Ganz davon abgesehen muss man auch sehen: Führungskräfte brauchen bestimmte Durchsetzungsstrategien, und das sind nicht immer Strategien, die sie beliebt machen oder als besonders sensibel beziehungsweise menschenfreundlich wirken lassen. Es gibt durchaus Durchsetzungsstrategien, die kritisch gesehen werden (Welpe et al. 2015).

I:

Inwiefern macht das Anstreben einer erhöhten Frauenquote überhaupt Sinn, beziehungsweise entspricht es den Bedürfnissen und Wünschen der Frauen? Oder hat man fiktive Zahlen im Kopf, die man gerne erreichen möchte?

DH:

Die Frauen würden gerne Einfluss und Verantwortung übernehmen, das machen sie auch vielfältig. Dabei führen sie konsistent besser als Männer, auch wenn der Unterschied gering ausfällt (Eagly und Carli 2007). Sie sind häufig in Positionen, in denen sie Verantwortung übernehmen, haben aber nicht die Bezahlung und Hierarchieebene, der der Aufgabe angemessen wäre (BMFSFJ 2015). Das ist ein Punkt, bei dem wir sagen: Wenn sie sich schon die Arbeit machen, dann sollen sie auch auf der entsprechenden Hierarchiestufe sein und entsprechend bezahlt werden.

I:

Inwiefern bleiben Männer durch die Gleichstellung von Frauen auf der Strecke?

DH:

Das ist eine schwierige Frage. Wenn im Moment 75 % der Professuren mit Männern besetzt sind und wir davon ausgehen, dass Intelligenz gleich verteilt ist (Halpern und LaMay 2000), dann haben wir im Moment auf 25 % der Führungspositionen Männer, auf denen eigentlich Frauen sein müssten. Sie sind ungerechtfertigterweise, unter anderem bedingt durch die Hürden und Hindernisse für Frauen, auf diese Position gekommen. Das sind eigentlich die Plätze, die für die Frauen frei sein müssten. Wir wollen auf jeden Fall, dass die Besten zum Zug kommen. Es ist uns aber wichtig, dass die Kriterien, durch die die Besten charakterisiert sind, sich etwas wandeln, um eine breitere Öffnung zu bewirken und mehr Diversität zu schaffen.

Im Moment ist Burnout auch ein relevantes Thema. Uns ist es deshalb wichtig, auf das Wohlbefinden der Menschen zu achten, die wir auf den Weg Richtung Führungsebene schicken. Wir wollen sowohl für Männer als auch für Frauen bessere Rahmenbedingungen schaffen. Problematisch für Männer in höheren Positionen ist oft die Elternzeit, die teilweise vom Unternehmen nicht erwünscht ist. Männer wollen mehr Zeit und Verantwortung für die Familie. Die Vereinbarkeit von Beruf und Familie ist für sie, vor allem in Führungspositionen, oft nicht gegeben (Hihat und Sopacua 2016). Spannend für uns ist, dass diese Dinge Veränderungspotenzial haben, das beiden Geschlechtern zugutekommt.

I:

Mentoring ist ein Personalentwicklungsinstrument, das das Problem der mangelnden Gleichstellung der Frauen zu bekämpfen versucht. Jetzt möchten wir zu unserer Kernfrage, wie erfolgreich Mentoring ist, kommen. Ghosh und Reio (2013) haben im Rahmen ihrer Metaanalyse angemerkt, dass sich vor allem Personen, die bereits erfolgreich und besonders engagiert sind, für Mentoring-Programme interessieren, sowohl auf der Mentorinnen- beziehungsweise Mentorenseite als auch auf der Menteeseite. Sie haben herausragendes Engagement bereits als Zugangsvorraussetzung auf Seiten der Mentees genannt. Kann daraus resultieren, dass, wenn die Metaanalyse Menschen, die an dem Programm teilnehmen, versus Menschen, die nicht daran teilnehmen, vergleicht, die Ergebnisse stark verzerrt sind zugunsten von Mentoring?

DH:

Ja. Wir haben versucht, Vergleichsdaten aus zwei Studien zu analysieren: eine von der DFG (Enders und Mugabushaka 2005) und eine von HIS (Briedis 2005), um zu prüfen, wie sich die Karriereverläufe entwickelt haben. Wir haben auch überlegt, ob wir eine Zwillingsstudie machen können, bei der uns die Mentees, die geantwortet haben, noch eine Freundin oder eine Kollegin nennen können, die nicht im Mentoring war, um Effekte des Mentorings zu analysieren. Das war bedingt durch das Studiendesign nicht möglich. Von daher ist es schwierig, tatsächlich zu sagen, inwieweit es Verzerrungen gibt. Wir wissen auf jeden Fall, dass es die engagierteren Personen sind, die im Mentoring sind und sich auf den Weg in die Führungsebene machen.

I:

Die Metaanalyse von Allen und Kollegen (2004) hat untersucht, welchen Nutzen die Mentees im Speziellen durch das Mentoring haben. Was sind Ihrer Meinung nach die Vorteile auf der Seite der Mentees?

DH:

Die Vorteile sind, dass sie von der psychosozialen Unterstützung (Kram 1985) des Mentorings profitieren und bei den anstehenden Karriereschritten erfolgreicher sind als jemand, der nicht an dieser Maßnahme teilnimmt. Wichtige Faktoren sind die Aufmerksamkeit, die sie erhalten, sowie das vorhergehende Auswahlverfahren. Das führt zu einer stärkeren Motivation. Dazu gehören auch Zuschreibungen, die im Rahmen ihres Umfeldes stattfinden. Bei formellem Mentoring zum Beispiel wissen sowohl der Chef als auch die Mitarbeitenden, dass die Person an einem Mentoring-Programm teilnimmt. Dahingehend muss zwischen der Mentoring-Beziehung und dem Umfeld des Mentorings differenziert werden. Das war bei uns im Projekt relativ schwierig. Wir haben uns auf die reine Mentoring-Beziehung fokussiert, aber es gibt auch noch die Trainings, das Netzwerk und ähnliche Dinge, die Teil der Mentoring-Programme sind. Entwicklungen und Vorteile der Mentees lassen sich oft nur sehr schwer auf einzelne Aspekte zurückführen. Für uns war es sehr wichtig zu sehen, dass die koordinierende Person des Mentorings eine ganz entscheidende Rolle hat, wenn eine Mentoring-Beziehung zum Beispiel schlecht funktioniert. Sie ist mitverantwortlich, trotz allem eine relativ hohe Zufriedenheit mit der Maßnahme zu gewährleisten (Höppel 2015). Gemessen wurde außerdem, dass Mentees mehr Gehalt bekommen, häufiger promovieren, zufriedener mit ihrem Job und ihrer Karriere sind und weniger das Verlangen haben, das Unternehmen zu wechseln (Allen et al. 2004), wenn man sie mit Personen vergleicht, die kein Mentoring-Programm absolviert haben.

I:

Bei der Metaanalyse von Allen et al. (2004) gab es relativ geringe Zusammenhänge, bezogen auf den Vergleich von Teilnahme an einem Mentoring-Programm versus keine Teilnahme in Zusammenhang mit diversen Erfolgsvariablen. Zum Beispiel fiel die Anzahl der Promotionen ($r = .31$), die Karrierezufriedenheit ($r = .21$), die Jobzufriedenheit ($r = .18$) und das Gehalt ($r = .12$) bei Teilnehmenden nur geringfügig höher aus. Nach Cohen (1992) spricht man bei Korrelationen unter .30 von mittleren und bei unter .10 von kleinen Zusammenhängen. Wie erklären Sie diese relativ niedrigen Korrelationen, die dort gemessen wurden?

DH:

Ähnliche Dinge hat es bei uns auch gegeben. Wir konnten nur im Detail manche Dinge noch nicht auswerten, weil man sich in der Auswertung beschränken muss. Für uns war wichtig, ob die Ziele tatsächlich am Anfang des Mentoring-Programms kommuniziert waren. Damit ist gemeint, dass Mentees für sich definiert haben, dass sie beispielsweise die Promotion abschließen möchten oder dass sie diese vielleicht schneller oder mit einer bestimmten Note abschließen möchten. Entscheidend ist, dass die Ziele und die Effekte, die man am Ende misst, vorher bekannt waren. Ansonsten schreiben die Mentees die Ziele dem nicht zu und sehen das eher in einem allgemeinen Setting. Sie haben dann vermehrt den Wunsch, ihre beruflichen Erfolge ihrer eigenen Leistung zuzuschreiben und weniger dem Mentoring. Mentoring ist im Verlauf einer Karriereentwicklung unter Umständen nur eine kleine Sequenz. Eine Mentoring-Beziehung findet ein Jahr, vielleicht anderthalb Jahre statt. Wenn in diesem Zeitraum kein kritisches Ereignis stattgefunden hat, das Initialzündung für einen großen Fortschritt oder Erfolg war, dann verblassen die Mentoring-Erfahrungen.

Bei unserer Evaluation war zum Beispiel auch die Frage, wie man die Befragung gestaltet und wie der Erinnerungseffekt ist. Mentorinnen beziehungsweise Mentoren haben mehrere Mentees betreut, und es stellt sich die Frage, inwieweit sie sich überhaupt zurückerinnern können. Es gibt auch methodisch relativ viele Herausforderungen, die entstehen, wenn man herausfinden will, ob bei einer Mentee ein Ereignis größeres Gewicht bekommen hat. Ich möchte noch einmal betonen, dass eine unserer Empfehlungen ist, dass bereits zu Anfang klar kommuniziert beziehungsweise vereinbart wird, dass das Ziel des Mentorings diese Anliegen sein sollen und dass man die Zielerreichung am Ende des Mentorings auch evaluiert und misst.

I:

Das war jetzt die eine Seite des Tandems, die Mentees und inwiefern diese profitieren. Aber auf der anderen Seite ist es natürlich auch interessant, inwiefern Mentorinnen und Mentoren denn von einem Mentoring-Programm profitieren können. Was wäre ein Anreiz für sie, sich dort zu engagieren?

DH:

Die Mentorinnen und Mentoren können sehr vielfältig profitieren, und zwar vor allem dadurch, dass sie ihre eigene Laufbahn nochmals reflektieren. Außerdem sind sie häufig in der Vorgesetztenfunktion und haben die Möglichkeit, die Anliegen, die sie durch die Mentees gespiegelt bekommen, in ihr eigenes Führungsverhalten zu integrieren. Das ist ihnen häufig nicht bewusst. Wir haben in den Interviews festgestellt, dass man ihnen eigentlich noch mal spiegeln müsste, was das mit der Organisation, ihrem Führungsverhalten und der Institution zu tun hat. Mentorinnen beziehungsweise Mentoren erhalten eine weitere Reflexionsebene für ihr Führungsverhalten und können sich weiterentwickeln.

Es könnte ein schöner Anreiz sein, dass es Effekte gibt, die über ihre eigenen Motive, wie zum Beispiel Erfahrungswissen weiterzugeben, jungen Menschen etwas Gutes zu tun und Nachwuchs zu fördern, hinausgehen. Ghosh und Reio (2013) zufolge bietet Mentoring je nach Form verschiedene Vorteile für Mentorinnen und Mentoren, wie zum Beispiel eine bessere Arbeitsleistung, mehr Karriereerfolg und eine höhere Jobzufriedenheit.

I:

Welche positiven Auswirkungen kann Mentoring für ein Unternehmen beziehungsweise eine Organisation haben? Sie haben gesagt, beim *Cross Mentoring* kann es dazu führen, dass sogar aus dem Bereich der Mentorinnen und Mentoren neue Arbeitskräfte akquiriert werden können. Was sind weitere positive Auswirkungen für ein Unternehmen?

DH:

Dass es dazu beiträgt zu identifizieren, wo Probleme bestehen. In welchen Bereichen Mitarbeitende Schwierigkeiten haben, sodass man gemeinsam reflektiert, wie für das Unternehmen Rahmenbedingungen geschaffen werden können, die den Schwierigkeiten vorbeugen und den Mitarbeitenden helfen, effektiver zu arbeiten. Ich finde, es ist für beide Seiten, das Unternehmen und die mitarbeitende Person, eine *Win-win*-Situation, wenn jemand am richtigen Arbeitsplatz ist und seine Potenziale gut einbringen kann. Effektiver kann man nicht arbeiten. Sich dahingehend Feedback zu holen, eventuell auch bezüglich der Teamstruktur, macht, denke ich, sehr erfolgreich. Mentoring hilft zu identifizieren, wo die Menschen sind, die sich auf den Weg machen wollen. So können Möglichkeiten geschaffen werden, sich selber zu bewerben, ohne aber zu vergessen, dass es vielleicht noch andere gibt, die es verdient hätten, unterstützt und gefördert zu werden.

Darüber hinaus kreiert Mentoring ein positives Bild des Unternehmens. Das Unternehmen übernimmt Verantwortung für das Wohlergehen der Mitarbeitenden. Es wird als attraktiver Arbeitgeber wahrgenommen, was sich zum Beispiel positiv auf die Anzahl der Bewerbungen auswirken kann. Darüber hinaus können das persönliche Engagement und die Zufriedenheit der Mitarbeitenden gesteigert und sie so an das Unternehmen gebunden werden. Bekannt ist außerdem ein Anstieg in der Effektivität, Produktivität und Kreativität der Mitarbeitenden (Tong und Kram 2013).

I:

Sie haben ja schon vorhin betont, dass die Zielvereinbarung zu Anfang sehr wichtig ist. Was sind weitere Bedingungen, die erfüllt sein müssen, um ein Mentoring-Programm erfolgreich in einem Unternehmen zu etablieren? Sie haben vorhin auch gesagt, dass es sehr wichtig ist zu identifizieren, wer dafür geeignet ist und wer daran teilnehmen möchte. Gibt es noch weitere Dinge, die vorab geklärt sein sollten?

DH:
Die Zielvereinbarung habe ich angesprochen, auch vor dem Hintergrund, dass eine Reflexion stattfinden muss, wo die Person steht, welches Profil sie mitbringt, welches Profil die Führungsposition hat und was zur Zielerreichung noch fehlt. Es kann sein, dass dahingehend Entwicklungspotenziale bei Mentees bestehen. Dort muss im Verlauf der Mentoring-Beziehung angesetzt werden. Das ist nicht festgeschrieben, sondern basiert auf den Vorannahmen, die Mentees haben. Weitere Rahmenbedingungen sind Vertraulichkeit und Offenheit (Höppel 2015). Ich finde auch noch sehr wichtig zu erkennen, wie bedeutsam die Schnittstellenposition ist, durch die das Mentoring-Programm betreut und koordiniert wird. Geeignete Mentorinnen beziehungsweise Mentoren für alle Mentees zu finden, ist eine weitere essenzielle Voraussetzung. Man muss den Personen, die so ein Netzwerk aufbauen, längere Entwicklungsperspektiven geben. Das erachte ich als sehr wichtig für das Unternehmen. Ein weiterer wichtiger Faktor für die erfolgreiche Etablierung und Umsetzung von Mentoring-Programmen ist, dass sie im Unternehmen von „oben" unterstützt, akzeptiert und gefördert werden. Die Programmziele müssen vor Programmstart festgelegt sein, die Teilnehmenden sorgfältig ausgewählt und die Kriterien zur Bildung eines Tandems beachtet werden. Die Dauer und Frequenz müssen vereinbart werden. Schließlich sind das Monitoring und die Evaluation des Programms essenziell für die Etablierung und Entwicklung eines Mentoring-Programms (Höher 2014).

I:
Es gibt generell unterschiedliche Auffassungen von Mentoring, und eine schwierige Frage ist in dem Bereich, was *Best Practices* im Mentoring ausmachen? Können Sie von einer *Best Practice* berichten, die Sie kennen?

DH:
Es gibt unterschiedliche *Best Practices*. Ein gutes Beispiel für Mentoring, das sich dann auch in einer Institution etabliert, ist, wenn es als Gleichstellungsmaßnahme gestartet ist, aber man dann erkennt, dass es für die gesamte Unternehmensstruktur und -kultur Vorteile mit sich bringt. So können sich Mentoring-Programme bewähren. Es stellt oft ein großes Problem dar, dass Mentoring-Programme zunächst nur als Initiative laufen. Sie dann nach und nach einzubinden in Personalentwicklungskonzepte, das ist zum Beispiel eine *Best Practice*, die für viele Unternehmen einen großen Erfolg darstellt. Kriterien für eine *Best Practice* sind, dass sie effektiv in der praktischen Anwendung ist, empirisch belegt ist und den angestrebten Zustand erreicht (Brondyk und Searby 2013).

I:
Sie haben zu Beginn des Interviews angesprochen, dass es beim Mentoring Chancen und Risiken gibt. Was wären denn die Risiken für die Mentees, die Mentorinnen beziehungsweise Mentoren, aber auch für die Unternehmen, die an einem Mentoring-Programm teilnehmen?

DH:
Ein Risiko für eine Mentee ist zum Beispiel, wenn sie Vertraulichkeit vereinbart hat und für sie die Vertraulichkeit nicht gewahrt ist (Graf und Edelkraut 2016). Zu hohe, unrealistische Erwartungen können zu einer unrealistischen Einschätzung der Erfolgschancen führen,

ebenso wie eine zu emotionale Herangehensweise hinderlich sein kann. Ein weiteres Risiko, das auch in der Literatur zu finden ist, ist, wenn man sich als Mentee einen *Hotshot* sucht und die Person kommt in Verruf, zum Beispiel in Zusammenhang mit Forschungsfälschung. Mit den Menschen, mit denen man aufsteigt, kann man im Prinzip auch fallen. Ein anderes Risiko ist, dass man sich die Hoheit über das, was man entscheidet, selbst wahren muss und nicht verliert, zum Beispiel wenn ein Mentor sehr überzeugungsmächtig ist und empfiehlt, in eine bestimmte Richtung zu gehen, für die man sich selbst weniger stark interessiert, und man dann feststellt, dass das die falsche Richtung ist. Man muss in der Lage sein, weiterhin seine eigenen Entscheidungen zu treffen. Graf und Edelkraut (2016) benennen zudem den Altersunterschied innerhalb des Tandems als potenzielles Konfliktfeld, das durch Vorurteile geprägt ist.

Ein Risiko für Mentorinnen und Mentoren könnte sein, dass sie sich für jemanden einsetzen, denjenigen überschätzen, sich stark engagieren und dann enttäuscht werden oder Ähnliches (Graf und Edelkraut 2016). Dabei spielt das Commitment eine wichtige Rolle. Wir raten unseren Mentees, sich nicht zu überfordern, sich nicht zu viel vorzunehmen, um zu vermeiden, dass das Mentoring zu einer Belastung wird.

Ein Unternehmen kann meiner Meinung nach nur gewinnen, weil es nicht nur nach innen, sondern vor allem nach außen signalisiert: Wir tun etwas für den Nachwuchs. Das macht viele Mentoring-Programme so erfolgreich. Auf der anderen Seite ist Mentoring eine sehr kostengünstige Maßnahme, die viel mit eigenen Ressourcen arbeitet. Um Mentoring nachhaltig zu implementieren und erfolgreich zu machen, braucht es allerdings verlässliche Ressourcen, und die Unternehmen sollten bereit sein, diese zur Verfügung zu stellen. Wichtig für ein Unternehmen ist, die ausreichende Verfügbarkeit geeigneter Mentorinnen beziehungsweise Mentoren zu gewährleisten und dysfunktionale Mentoring-Beziehungen möglichst zu vermeiden (Graf und Edelkraut 2016).

I:
Nachdem wir das klassische Mentoring nun ausführlich beleuchtet haben – welche anderen Formen des Mentorings gibt es noch, und wann stellen sie eine geeignete Alternative dar?

DH:
Es gibt zum Beispiel das Peer-Mentoring oder auch Gruppen-Mentoring genannt. Die werden unterschiedlich gehandhabt. Beim Peer-Mentoring sind die Mentees gemeinsam in einer Gruppe und bearbeiten verschiedene Themenschwerpunkte. Sie suchen sich dann eine Person mit Expertise als Mentorin beziehungsweise Mentor, die sie bei verschiedenen Themenstellungen unterstützt und coacht. Die Mentees motivieren sich gegenseitig und kontrollieren sich bei der Zielerreichung. Diese Art des Mentorings ist sehr effektiv. Beim Peer-Mentoring können Hierarchieelemente stärker ausgeschaltet und neuen Abhängigkeitsverhältnissen vorgebeugt werden (Höher 2014).

Beim Professional Mentoring arbeiten die Mentorin und der Mentor primär als solche und werden für diese Dienstleistung bezahlt. Interessant sind auch Kompaktprogramme, die zum Beispiel nur vier Tage dauern und sehr intensiv sind. Ein Kritikpunkt an dieser Art des Mentorings ist, dass die Mentees sehr wenig Zeit haben, um zu reifen und die Erfahrungen auf sich wirken zu lassen.

Eine Besonderheit stellt das Reverse Mentoring dar, bei dem die Mentorin beziehungsweise der Mentor jünger ist und Expertise in einem speziellen Bereich, zum Beispiel im Umgang mit modernen Kommunikationsmedien, aufweist. Die Mentees sind hier die grundsätzlich lebenserfahreneren Personen, die aber Entwicklungspotenzial bezüglich des Mentoring-Ziels mit sich bringen (Graf und Edelkraut 2016; Höher 2014).

Es gibt auch immer wieder Mischformen, bei denen versucht wird, die einzelnen Elemente nicht zu trennen, sondern in bestimmten Situationen zum Beispiel auf das sehr erfolgreiche *One-to-One*-Mentoring zurückzugreifen. In Zukunft versucht man, die verschiedenen Formen des Mentorings weniger zu trennen, sondern flexibel – je nachdem, was als Ziel angestrebt wird – zu mischen.

I:
Bereits Anfang der frühen 1990er Jahre wurden die ersten E-Mentoring-Programme ins Leben gerufen. Diese zeichnen sich dadurch aus, dass die Mentoring-Beziehung durch virtuellen Kontakt, zum Beispiel in Form von E-Mails oder Videokonferenzen, unterstützt wird, wenn persönliche Treffen nicht praktikabel sind. Sehen Sie darin die Zukunft des Mentorings?

DH:
E-Mentoring war am Anfang gerade für Studierende in der Informatik und Bereichen, in denen es um Schülerinnen und Schüler ging, die eingebunden werden sollten. Ich halte zunächst einen persönlichen Kontakt für sehr wichtig, um eine Vertrauensbasis zu schaffen. Ich sehe aber große Möglichkeiten, elektronische Medien zu nutzen und sich per Mail auszutauschen oder Ähnliches. Ein Vorteil bei der Nutzung elektronischer Medien ist die gesteigerte Lerneffizienz, da die benötigten Inhalte sofort am Arbeitsplatz zur Verfügung stehen. Ich glaube, das ist mittlerweile so etabliert, dass es eigentlich gar nicht mehr so im Fokus steht und von vielen gar nicht als E-Mentoring wahrgenommen wird. Trotzdem werden Menschen auch in Zukunft primär von Menschen lernen (Graf und Edelkraut 2016).

I:
Welchen Rat würden Sie heute jungen Frauen für die Planung ihrer beruflichen Karriere geben?

DH:
Ich würde sagen, sie sollen mutig vorangehen und vor verschlossenen Türen nicht stehen bleiben, sondern sich lieber in ihrer Umgebung umschauen und Mentorinnen beziehungsweise Mentoren suchen, um das Ziel auf Umwegen zu erreichen.

I:
Und wenn Sie noch einen Wunsch frei hätten: Was wäre Ihr Wunsch für die Weiterentwicklung des Mentorings?

DH:
Da hätte ich viele Wünsche – vor allem, dass man die Erkenntnisse, die über Mentoring gewonnen werden, stärker zur Planung und Umsetzung konkreter Maßnahmen nutzt. Beispielsweise kann man sich anschauen, wie die Unternehmensstruktur und -kultur verändert werden kann. Das Potenzial, das bei den Mentorinnen und Mentoren liegt und noch ungenutzt ist, sollte besser abgefragt werden. Ihnen sollte die Möglichkeit gegeben werden, die Erfahrungen der Mentoring-Beziehung und die daraus resultierenden Erkenntnisse ihrem Unternehmen rückzumelden. In dem Fall wäre es für die Personal- und

Organisationsentwicklung zu erschließen und zum Beispiel in Entwicklungsprogramme überführbar.

I:

Ich danke Ihnen Frau Dr. Höppel für die vielen Antworten, für Ihre Zeit und für das spannende, aufschlussreiche Interview.

DH: Vielen Dank.

Video des Interviews:

▶ http://tinyurl.com/Hoeppel01

10.3 Fazit

Mentoring ist auf individueller Ebene dann am erfolgreichsten, wenn das Mentoring-Programm auf die Bedürfnisse der Mentee zugeschnitten (formell/informell) ist, ein gutes Matching zwischen Mentee und Mentorin beziehungsweise Mentor erzielt wurde und klare Ziele für das Mentoring gesteckt wurden. Mentees können davon profitieren, dass sie bei Karriere-Mentoring bessere Karriereperspektiven haben (zum Beispiel besser vergütet und eher befördert werden). Beim psychosozialen Mentoring steht die Beziehung zwischen Mentee und Mentorin beziehungsweise Mentor im Vordergrund (zum Beispiel Mentorin beziehungsweise Mentor als Rollenmodell, Akzeptanz, Vertrauen, Reziprozität), und diese Mentoring-Form hängt stark damit zusammen, wie zufrieden Mentees mit ihrer Mentorin beziehungsweise ihrem Mentor sind (Allen et al. 2004).

Beide Mentoring-Formen haben vergleichbare Zusammenhänge mit Arbeits- und Karrierezufriedenheit, und sie haben das Potenzial, gerade bei aktuellen Herausforderungen wie Arbeit und Gesundheit oder Themen der *Work-Life-Balance* zu unterstützen. Auch Mentorinnen beziehungsweise Mentoren (gegenüber Nichtmentorinnen beziehungsweise -mentoren) sind zufriedener mit ihren Jobs, beruflich erfolgreicher und fühlen sich mehr an ihre Organisation gebunden (Ghosh und Reio 2013). Mentoring ist damit wechselseitig wirksam und kollaborativ und somit vorteilhaft für beide, Mentees und Mentoren, Männer ebenso wie Frauen. Mentoring kann erfolgreich implementiert werden, wenn auf gesellschaftlicher Ebene bestehende Unternehmens-/Hochschulstrukturen und -kulturen reflektiert, aufgebrochen und Maßnahmen entwickelt werden, die es jedem Menschen, unter anderem auch unabhängig von seinem Geschlecht, ermöglichen, auf unterschiedlichen Karrierepfaden die gleichen Karriereziele zu erreichen.

Literatur

Allen, T. D., Eby, L. T., Poteet, M. L., Lentz, E., & Lima, L. (2004). Career benefits associated with mentoring for proteges: A meta-analysis. *Journal of Applied Psychology, 89*(1), 127–136. https://doi.org/10.1037/0021-9010.89.1.127

Allmendinger, J. (2005). Fördern und Fordern – was bringen Gleichstellungsmaßnahmen in Forschungseinrichtungen? Empirische Ergebnisse. In A. Spellerberg (Hrsg.), *Die Hälfte des Hörsaals: Frauen in Hochschule, Wissenschaft und Technik* (S. 51–74). Berlin: edition sigma.

Aquinas, P. G. (2006). *Organizational Behaviour: Concepts, realities, applications and challenges*. New Delhi: EXCEL BOOKS.

Barth, J. (2017). *Der lange Weg zur Gleichstellung. Bericht der Bundesregierung. Tagesschau. ARD-Hauptstadtstudio*. https://www.tagesschau.de/inland/gleichstellung-107.html. Zugegriffen: 07. Dez. 2017.

Benda, E., & Ahrens, A. (1986). *Notwendigkeit und Möglichkeit positiver Aktionen zugunsten von Frauen im öffentlichen Dienst: Rechtsgutachten erstattet im Auftrag der Senatskanzlei, Leitstelle Gleichstellung der Frau, der Freien und Hansestadt Hamburg*. Hamburg: Institut für Öffentliches Recht.

BMFSFJ (Bundesministerium für Familie, Senioren, Frauen und Jugend. (2015). *Transparenz für mehr Entgeltgleichheit – Einflüsse auf den Gender Pay Gap (Berufswahl, Arbeitsmarkt, Partnerschaft, Rollenstereotype) und Perspektiven der Bevölkerung für Lohngerechtigkeit zwischen Frauen und Männern*. https://www.bmfsfj.de/blob/95400/82d8c89547a7c9e83dff8d26410c6348/transparenz-fuer-mehr-entgeltgleichheit-data.pdf. Zugegriffen: 07. Dez. 2017.

Briedis, K. (2005). Übergänge und Erfahrungen nach dem Hochschulabschluss. *Ergebnisse der HIS-Absolventenbefragung des Jahrgangs, 2005*, 213–223.

Brondyk, S., & Searby, L. (2013). Best practices in mentoring: Complexities and possibilities. *International Journal of Mentoring and Coaching in Education, 2*(3), 189–203. https://doi.org/10.1108/IJMCE-07-2013-0040

Cohen, J. (1992). A power primer. *Psychological Bulletin, 112*(1), 155.

DFG (Deutsche Forschungsgemeinschaft) (2017). *Die „Forschungsorientierten Gleichstellungsstandards" der DFG*. http://www.dfg.de/download/pdf/foerderung/grundlagen_dfg_foerderung/chancengleichheit/forschungsorientierte_gleichstellungsstandards_2017.pdf. Zugegriffen: 07. Dez. 2017.

Domsch, M. E., Ladwig, D. H., & Weber, F. C. (2017). *Cross Mentoring: Ein erfolgreiches Instrument organisationsübergreifender Personalentwicklung*. Berlin, Heidelberg: Springer-Verlag.

Eagly, A. H., & Carli, L. L. (2007). *Through the labyrinth: The truth about how women become leaders*. Cambridge: Harvard Business Press.

Enders, J., & Mugabushaka, A. M. (2005). *Wissenschaft und Karriere. Erfahrungen und Werdegänge ehemaliger Stipendiaten der DFG. Werkstattberichte* (64). Universität Kassel: Wissenschftl. Zentrum für Berufs- & Hochschulforschung.

Europäische Kommission. (2012). *Structural change of research institutions. Enhancing excellence, gender equality and efficiency in research and innovation. Report of the expert group on structural change*. Brussels: European Commission. https://ec.europa.eu/research/science-society/document_library/pdf_06/structural-changes-final-report_en.pdf. Zugegriffen: 07. Dez. 2017.

Ghosh, R., & Reio, T. G. (2013). Career benefits associated with mentoring for mentors: A meta-analysis. *Journal of Vocational Behavior, 83*(1), 106–116. https://doi.org/10.1016/j.jvb.2013.03.011

Graf, N., & Edelkraut, F. (2016). *Mentoring: Das Praxisbuch für Personalverantwortliche und Unternehmer*. Wiesbaden: Springer.

Halpern, D. F., & LaMay, M. L. (2000). The smarter sex: A critical review of sex differences in intelligence. *Educational Psychology Review, 12*(2), 229–246. https://doi.org/10.1023/A:1009027516424

Hihat, J., & Sopacua, N. (2016). *Gleichstellung voranbringen. SPD-Bundestagsfraktion*. http://www.spdfraktion.de/system/files/documents/web-faltblatt-gleichstellung_6_022016.pdf

Höher, F. (2014). *Vernetztes Lernen im Mentoring: eine Studie zur nachhaltigen Wirkung und Evaluation von Mentoring.* München: Springer.

Höppel. (2015). *Aufwind mit Mentoring. Wirksamkeit von Mentoring-Projekten zur Karriereförderung von Frauen in der Wissenschaft.* Baden-Baden: Nomos.

IfM Bonn. (Institut für Mittelstandsforschung Bonn) (2016). *KMU-Definition des IfM Bonn.* http://www.ifm-bonn.org/definitionen/kmu-definition-des-ifm-bonn/. Zugegriffen : 07. Dez. 2017

Kaczmarczyk, G. (2014). Das Geschlecht macht den Unterschied. Eine Einführung in die Gender-Medizin. *Zeitschrift des Deutschen Frauenrates, 6,* 7–9.

Kram, K. E. (1985). *Mentoring at work: Developmental relationships in organizational life.* Lanham, MD: University Press of America.

Kurmeyer, C., & Höppel, D. (2017). Mentoring in der Wissenschaft. In R. Peters, M. Budde, P. S. Brocke, G. Doebert, H. Rudack, & H. Wolf (Hrsg.), *Praxishandbuch Mentoring in der Wissenschaft* (S. 17–26). Wiesbaden: Springer.

Landeskonferenz der Gleichstellungsbeauftragten an den wissenschaftlichen Hochschulen Baden-Württembergs (LaKoG). (2011). *Faire Berufungsverfahren. Empfehlungen zur Qualitätssicherung und Chancengleichheit.* http://www.lakog.uni-stuttgart.de/.content/PDF/lakog_handreichung_web.pdf. Zugegriffen : 07. Dez. 2017

Mahlmann, R. (2002). Schattentage. *ManagerSeminare, 53,* 70–80.

Peters, S. (2006). *Flankierende Personalentwicklung durch Mentoring II: Neue Rekrutierungswege (Weiterbildung – Personalentwicklung – Organisationales Lernen).* München: Rainer Hampp Verlag.

Pollitzer, E. (2014). *Changing the meaning of normal science. 8th European conference on gender equality in higher education.* https://gender2014.conf.tuwien.ac.at/keynotes_roundtables/keynotes/elizabeth_pollitzer/. Zugegriffen : 07. Dez. 2017

Schuler, H., & Kanning, U. P. (2014). *Lehrbuch der Personalpsychologie.* Göttingen: Hogrefe Verlag.

Sieber, J. (2010). *Zentrale Ergebnisse der deutschlandweiten Onlineerhebung akademischer Mentoring-Programme.* http://opencms.uni-stuttgart.de/stab/lakog/LaKoG-Fotoarchiv/Zentrale_Ergebnisse_der_deutschlandweiten_Onlineerhebung_akademischer_Mentoring-Programme.pdf. Zugegriffen : 07. Dez. 2017

Statistisches Bundesamt. (2014). *Auf dem Weg zur Gleichstellung? Bildung, Arbeit und Soziales – Unterschiede zwischen Frauen und Männern.* https://www.destatis.de/DE/PresseService/Presse/Pressekonferenzen/2014/Gleichstellung/begleitheft_Gleichstellung_2014.pdf?__blob=publicationFile. Zugegriffen : 07. Dez. 2017

Tong, C., & Kram, K. E. (2013). The efficacy of mentoring – The benefits for mentees, mentors, and organizations. In H. S. Leonard (Hrsg.), *The Wiley-Blackwell handbook of the psychology of coaching and mentoring* (S. 217–242). Oxford: John Wiley & Sons.

Welpe, I. M., Brosi, P., Ritzenhöfer, L., & Schwarzmüller, T. (2015). *Auswahl von Männern und Frauen als Führungskräfte.* Wiesbaden: Springer.

Wenneras, C., & Wold, A. (1997). Nepotism and sexism in peer-review. *Nature, 387,* 341–343). https://doi.org/10.1038/387341a0

Wippermann, C. (2010). *Frauen in Führungspositionen. Barrieren und Brücken.* Heidelberg: Sinus Sociovision. http://www.uni-regensburg.de/chancengleichheit/medien/mentoring/2016_charts_wippermann_vortrag_am_15.01.2016.pdf. Zugegriffen : 07. Dez. 2017

 springer.com

Willkommen zu den Springer Alerts

Jetzt anmelden!

- Unser Neuerscheinungs-Service für Sie:
  aktuell *** kostenlos *** passgenau *** flexibel

Springer veröffentlicht mehr als 5.500 wissenschaftliche Bücher jährlich in gedruckter Form. Mehr als 2.200 englischsprachige Zeitschriften und mehr als 120.000 eBooks und Referenzwerke sind auf unserer Online Plattform SpringerLink verfügbar. Seit seiner Gründung 1842 arbeitet Springer weltweit mit den hervorragendsten und anerkanntesten Wissenschaftlern zusammen, eine Partnerschaft, die auf Offenheit und gegenseitigem Vertrauen beruht.

Die SpringerAlerts sind der beste Weg, um über Neuentwicklungen im eigenen Fachgebiet auf dem Laufenden zu sein. Sie sind der/die Erste, der/die über neu erschienene Bücher informiert ist oder das Inhaltsverzeichnis des neuesten Zeitschriftenheftes erhält. Unser Service ist kostenlos, schnell und vor allem flexibel. Passen Sie die SpringerAlerts genau an Ihre Interessen und Ihren Bedarf an, um nur diejenigen Information zu erhalten, die Sie wirklich benötigen.

Mehr Infos unter: springer.com/alert

Printed by Printforce, the Netherlands